苍洱镌石

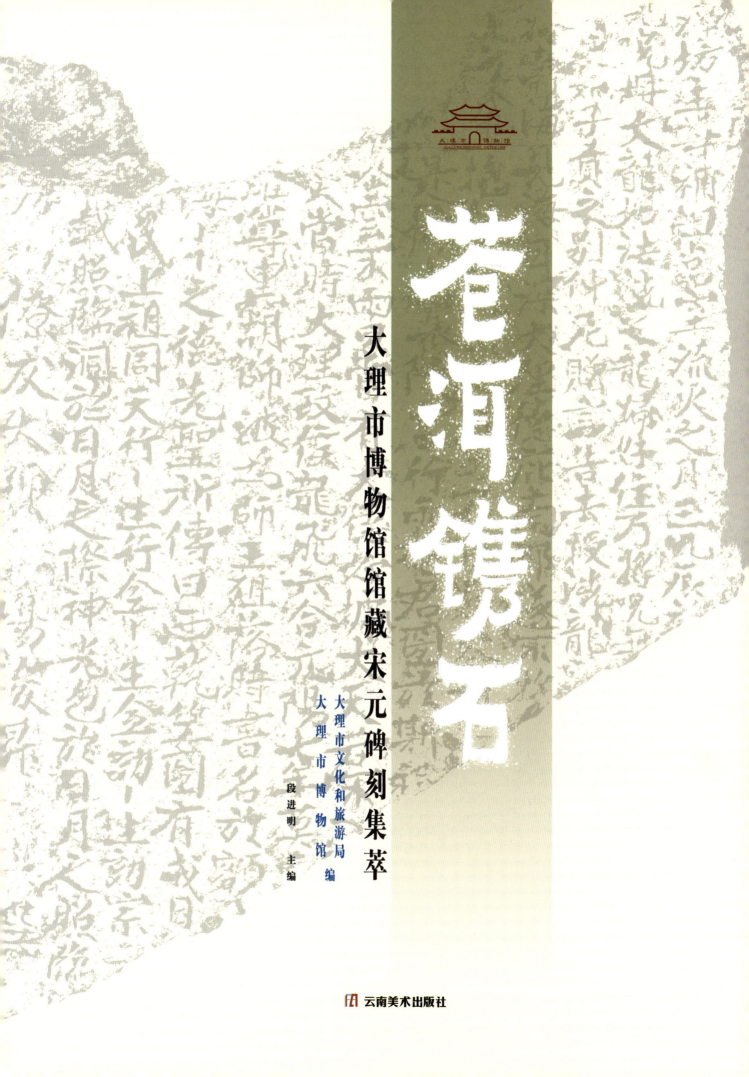

大理市博物馆馆藏宋元碑刻集萃

大理市文化和旅游局
大理市博物馆 编
段进明 主编

云南美术出版社

图书在版编目（CIP）数据

苍洱镌石 ： 大理市博物馆馆藏宋元碑刻集萃 / 大理市文化和旅游局，大理市博物馆编 ； 段进明主编. 昆明 ： 云南美术出版社，2025. 1. -- ISBN 978-7-5489-5525-2

Ⅰ. K877.424

中国国家版本馆CIP数据核字第2024FM8594号

选题策划：段进明　方妍岚　张文璞　肖　超
责任编辑：何　花　张　蓉　严　玲　戴　熙
责任校对：赵雪妮　陈春梅　李志敏
装帧设计：胡　伟　朱　好

苍洱镌石——大理市博物馆馆藏宋元碑刻集萃

大理市文化和旅游局　编
大　理　市　博　物　馆　编
段进明　主编

出版发行：云南美术出版社
地　　址：昆明市环城西路609号
制　　版：昆明集合企划设计有限责任公司
印　　刷：昆明亮彩印务有限公司
开　　本：889mm×1194mm　1/16
印　　张：17.5
字　　数：388千字
版　　次：2025年1月第1版
印　　次：2025年1月第1次印刷
印　　数：1～1500册
书　　号：ISBN 978-7-5489-5525-2
定　　价：360.00元

序

《苍洱镌石——大理市博物馆馆藏宋元碑刻集萃》一书，由原任大理市博物馆馆长段进明任主编，现任大理市博物馆馆长方妍岚任执行主编，何永超、王渐任执行副主编，苏逸娟等人任编委。书中收集了宋代（大理国）碑刻6通、元代碑刻137通。大理有如此多的元碑，在全国也是罕见的。清代著名金石学家叶昌炽曾在《语石》中感叹地说："得唐碑易，得宋碑难，元碑抑又难矣。"

大理市博物馆原馆长段进明及全馆职工编纂的《苍洱镌石——大理市博物馆馆藏宋元碑刻集萃》一书，工作做得比较踏实认真，花了很多心血和精力。他们在已出版的《大理古碑存文录》和《大理五华楼新出元碑选录并考释》等书的基础上，重新对1979年第一阶段在大理明代五华楼遗址发现的60余通宋元碑刻和2011年第二阶段在大理明代五华楼遗址发现的79通碑刻（含碑额雕刻）全部作了重新校对工作，更正了遗漏、错误之处，做到每一通碑都标明碑名、来源、规格尺寸，对碑文的重要性作了简明扼要的介绍，并附有拓片照片，增强了碑刻的真实性、可靠性，也为研究者对碑文剥蚀、阙失字句的地方进行辨识、补遗工作提供了极大的方便。特别是每通碑后都有大量的注释，为研究者和读者节省很多查阅资料的时间。该书收录整理的馆藏143通宋、元碑刻中，除《高兴兰若篆烛碑》《崇奉圣旨碑》《加封孔子圣诏碑》《弘农氏故千户护碑》等碑外，其余均来源于明代五华楼遗址，全部都是宋、元时代的墓碑，这些墓碑在明代以前都立在大理城西、苍山之麓，从碑文内容上看出，其分布范围北起隐仙溪，南至上末村，南北约5千余米范围内的墓碑均被明军挖来修造五华楼。

明代五华楼遗址发现的宋、元墓碑，上面记有死者的姓名、籍贯和生平，有的碑文达数百字，内容涉及唐（南诏）、宋（大理国）、元代的历史，可弥补史书记载的不足。

该书收录的元代《回鹘文残碑》，在云南省尚属首次发现，对研究元代回鹘文有着重要的价值。《回鹘文残碑》只存碑额，未见碑身。碑额为大理石，碑额正中有一双线方框，方框高25厘米、宽19.5厘米，内阴刻回鹘文5行。方框下刻莲花座，周围刻云纹、缠枝纹，碑额上有5月轮，月轮正中刻梵文种子字，因碑额左半部残缺，现仅存梵文3字。碑阴额部正中雕一尊佛像，手结定印，结跏趺坐于六方形须弥莲花座上，两侧雕对称的仙鹤2只，因碑额残损，仅存1只，四周雕8月轮，月轮下有莲花纹及缠枝纹，8月轮正中各雕1梵文种子字，现仅存5字。碑阳额部正中刻写的5行回鹘文，经中央民族大学语言文学系教授张铁山先生释读，5行汉译文为：1. 猴年九月。2. 二十一（日）铁木耳通阿。3. 离开了此世界。4. 度过屠杀之日。5. 实现了天意（他去世了）。对该残碑的断代为1260年9月21日。墓主人铁木耳通阿可能来自西州回鹘，是高昌畏兀儿人。大理发现元代回鹘文碑刻是新中国成立以来文物考古战线上的一大收获。据有关民族词典介绍，回鹘文，亦称“回纥文”。8—15世纪回鹘人使用的文字，属音素文字类型，主要通行于今吐鲁番盆地及中亚楚河流域。以粟特字母为基础创制而成，字母数因年代差异而有所不同。文献中使用较少的为18个，最多达23个。其中22个辅音由18个字母表示，8个元音由5个字母表示。在早期文献中，1个字母有时表示2个以上的语音，后期文献才在相应的字母左右加1个或2个点加以区别，字母分字头、字中、字尾……字体有印刷体与书写体两种，书写体又分楷书与草书，楷书用于经典，草书用于一般文书。行款初时从右向左横书，后改直书左行。（详见陈永龄主编的《民族词典》，上海辞书出版社，1987年版）。大理元代的回鹘文墓碑遗存较少，了解回鹘文这方面知识的人不多，故作简略介绍。据张铁山先生在《云南大理发现回鹘文墓碑考释》一文中考证，碑额背面（即阴面）为梵文“常乐我净”、菩萨坐像及莲花图案。如果张先生的考证无误的话，另外4个梵文字应为“地水火风”。这与景泰《云南图经志书·卷一·云南府风俗》记载的“土人……死则浴尸，束缚置方棺中，或坐或侧卧，以布方幅，令有室僧名阿吒力者，书梵咒八字其上，曰‘地水火风，常乐我净’，而饰以五采，覆之于棺，不问僧俗，皆送之野而焚之，或五日或七日，收骨贮瓶中，择日而葬之”是相吻合的。墓主铁木耳通阿的埋葬习俗深受当时大理白族丧葬习俗的影响。

该书收录的《故溪□谥襄行宜德履戒大师墓志并叙碑》《故大师白氏墓碑铭并叙碑》《故优游天道容众大师墓铭并序碑》等碑刻为研究宋、元时期医学史提供了重要的资料。

先说宋（大理国）《故溪□谥襄行宜德履戒大师墓志并叙碑》上的记载，溪智的先祖出自：“长和之世，安囿之时，撰述百药，为医疗成业，洞究仙丹神术，名显德归，述著脉诀要书，布行后代。时安国遭公主之疾，命疗应愈，勤立功，大赉，褒财物之□焉。继补阇黎之职。”文中说到的“长和之世，安国之时”指的是早在大长和国郑买嗣纪年安国（903—909年）时，溪智生前就以百药为医，著有《脉诀要书》，为大长和国的公主治疗疾病，受到皇室的褒奖。

元代《故大师白氏墓碑铭并序碑》碑阳记载：“大师姓白氏，讳长善……白敏中者，居易之从父弟也。居易（中阙），乃□□□大宋仁宗皇祐四年壬辰，即我大理（中阙）□□□南州府，有和原从之，即敏中之苗裔，（中阙）江，降于大理，其医术之妙则和原，文学（中阙）大理文学医方巧匠，于斯而著，……升和原为医长。”碑文叙及白和原是唐代白居易从堂弟白敏中的后代，白和原从中原进入（宋）大理国，因医术高明，被大理国段氏升为“医长”。

白和原的八世孙白长善也是一位名医。碑阴记载白长善：“自少勤于道业，通知书史……年十三，仕上国公高隆。道隆七年，隆公子庆充姚州、会川等节度，师以医药而为侍从……贞元年，王□以师药有验，常置左右，赏赐不可胜数。至大德三年己亥，段都元帅（段实）有疾，众医更治不愈，乃□师于姚州。师既至，药灸有效……宗教之学穷究于精粹，脉辨生死不问贵贱，心意坦然，类知道者。凡公相贵人、下至士庶，其所活者甚众，故能光祖荣族，足以仪表后世。号曰宝明道蕴由理大师。”

明代五华楼遗址出土的《故优游天道容众大师墓铭并序碑》，碑文述及墓主人杨隆宗族的历史，原本姓郑氏，有家谱记载说郑回为十五世祖，唐封为西泸令，后被南诏所掳，南诏阁罗凤委以清平官。郑回后裔在（宋）大理国时期医儒兼资，大攻医术，医国济民，历代行医，曾治好大理国第九代皇帝段素真的疾病，医术高明。该碑刻不仅是研究南诏、大理国史的重要资料，同时也是研究（宋）大理国医药史的重要资料。该碑碑文说：“杨氏，讳隆……姓郑氏……于尊圣元年戊子岁，剑川节度使杨干贞作乱，亶既遇弑……亶之弟曰玄黄，历遁遐陬，求免无所，因而改姓杨氏，落发为僧，获免斯害。玄黄生和堵，大攻医术传济此方。堵生君，医儒兼资……君生惠、惠生永，皆事修祖德业，擅活人。政治间，圣德皇染暴疾，求永治疗，厥疾遄瘳，赉以庄田、奴仆、衣□、马等物，仍命皇妃嫡腰绣法服而赐之，因补紫绣。大师之号永，生二子，长曰永昇，往四川搜摭经籍（上阙）□□脉乐之要。归，著方诀，名曰：新集经验堂神农院，职太医博士……□后人，大攻医术，医国济民，百不失一，性存仁慈。”

《苍洱镌石——大理市博物馆馆藏宋元碑刻集萃》一书中收录的《□兆郡夫人墓志铭》《杨孝先墓志》《杨实墓志》等碑均为云南元代著名高僧圆护书丹，这些碑刻的发现，为研究元代书法艺术提供了极为珍贵的资料。据《新纂云南通志·宗教考四·元代游方求法之高僧·圆护条》云：“僧永超《五灯全书·卷五十八》曰：‘云南苍山念庵圆护禅师，大理人，因读《证道歌》契入，段氏称为弘辨大师，参中峰本师，初号无念……’”明李元阳《崇圣寺重器可宝者记》载：“《证道歌》二碑，佛都二大字，为寺僧圆护所书，其用笔与赵孟頫同一三昧，为世所珍。世传护右手自肘至腕，洞澈如水晶，然则笔之精妙殆非偶然。’佛都二大字陷崇圣寺山门壁中，《证道歌》亦称《玉手碑》《玉腕碑》《天启志》谓在瑞鹤观，存四片。康熙《荡山志》谓在普贤山，圆护驻锡于此，因立石记，今已不存。”圆护书法，笔画圆润，风格秀丽。

大理国释氏戒净建绘《高兴兰若篆烛碑》并序，立于定安四年（1198年），神州杨德亨撰。碑文所记大理国国王段智兴、国公高妙音护及高僧等人士施舍土地、捐助财物共建高兴寺院。

碑文中有多处是借汉字记白语，对研究大理国时期的白族语言有重要价值。

文中说到的“天王骠信”，“天王”即为“天子”，唐杜甫《忆昔》诗“百官跣足随天王”，“骠信”是白语，意为“君”，《新唐书·南诏传》记载：“元和三年，异牟寻死，诏太常卿武少仪持节吊祭，子寻阁劝立，或谓梦凑，自称骠信，夷语君也。”《南诏中兴二年画卷》题记中也有“骠信蒙隆昊”，白语称“君”为“骠信”，从南诏一直延续到大理国时期。《大理国张胜温画卷》的第六幅上有“利贞皇帝骠信画”。碑文中的“天王骠信”指的是大理国国王段智兴。碑文提到两种土地类型及两套面积计算单位，一曰“禾地”，即白语中的“几”，意即水稻田，单位有“双”“脚”“分”；二曰旱地，碑文称“机地”，白语称“找”，机地或即指旱地、开荒地，以双计算田亩面积的记法。唐樊绰《蛮书·蛮夷风俗·卷八》记载：“田曰双，汉五亩也。”到了宋代，一双则为四亩。（元）陶宗仪《辍耕录·卷二九》引《云南杂志》说：“夷有田，皆种稻，……犁一日为一‘双’，以二‘乏’为一‘已’，二‘已’为‘角’，四‘角’为‘双’，约合中原四亩地。”“双”即碑文上的“双”，“角”即“脚”。碑文中的“储仓一宅”“宅一园”“香一城”等语，其含义有待研究，因一千多年前的古白语不能完全与现代白族的白语画等号。

《高兴兰若篆烛碑》《大理圀故高姬墓铭碑》《扬俊昇碑》《故溪□谥襄行宜德履戒大师墓志并序碑》《周公墓志碑》《大理国□□□□□□□碑》等六通碑的碑文中都有“圀”字，“圀”字为唐武则天所作。《玉篇》上载：“圀，古文國字，唐武后所作。”《正字通》上的著录：“圀，唐武后时有言，國中或者，惑也，请以‘武’镇之。”又有言：“武在国中，与困何异？请改为圀。”《龙龛手镜》认为“圀”是“國”的俗字。《集韵》《类篇》《字彙》《正字通》皆以为武则天所制。唐代武则天新创的“圀”字，云南最早在《王仁求墓碑》上见到，该碑立于武则天圣历元年（698 年），大理地区从南诏时开始流行。剑川石钟山石窟第十六窟造像题记：“沙退附尚邑三赕白张傍龙，妻盛梦和男龙庆、龙君、龙世、龙安、龙千等有善因缘敬造弥勒佡、阿弥陁佡，圀王天启十一年（850 年）七月廿五日题记。”自此以后，大理国的金石碑刻、《张胜温画卷》、佛经、千寻塔出土文物题记等均见到“圀”字，说明唐文化在大理地区影响之深。另外，碑文中的郑回、杨蛮祐等人，在大理地区传播了中原的先进文化，促进了民族的融合和发展。

该书碑文资料对研究南诏史，大理国史，元史以及宋、元时期的宗教史，石刻艺术史，书法艺术，民族语言文字等方面都有极大的帮助。

田怀清

2022 年 9 月 12 日

前言

大理市位于云南省西北部，地处东经99°58′至100°27′，北纬25°25′至25°58′之间。总面积1815平方千米。市境西为苍山，南北绵延42千米，最高峰马龙峰海拔4122米，属横断山脉支脉。东为高原湖泊洱海，古称昆明池、弥河、洱河、叶榆泽等，属断陷湖，湖面面积252.19平方千米，其北有弥苴河注入，西纳苍山十八溪水，东南收波罗江水。洱海东有玉案山、文笔山、牛角山、九鼎山等山脉，属哀牢山系。气候温和，晴多雾少，日照充足，光照资源量多质好，雨热同季，干湿季分明，气候宜人，属亚热带气候带。

早在5000年前，白族先民就在这块美丽富饶的土地上劳作、繁衍、生息，是云南最早的文化发祥地之一。汉武帝元封二年（公元前109年）在大理设置叶榆县，隶属益州郡，东汉时属于永昌郡，三国蜀汉和东晋时期隶属云南郡，魏晋南北朝时归属东河阳郡，隋时属南宁州。唐初，洱海周边有六个部落，称为六诏。738年，南诏统一洱海地区，建立南诏国，定都太和城。779年，迁都阳苴咩城（今大理古城西）。937年，段思平也以阳苴咩作为都城，国号大理。南诏、大理国在此建都时间长达500年，使大理一度成为云南政治、经济和文化中心。1253年，元世祖忽必烈攻破大理，设置大理路军民总管府。明、清时期，先后在大理设置大理路，设太和县、赵州。大理成为滇西政治、经济、文化的中心和重要交通枢纽，被誉为"文献名邦"。辛亥革命后，太和县改大理县，赵州改赵县。中华人民共和国成立后，先后设大理县、凤仪县、下关市。1958年并三县市及漾濞县为大理市。1960年撤销大理市，恢复大理县、下关市、漾濞县建制，将凤仪县划归大理县。1982年，国务院公布大理为第一批全国二十四座历史文化名城之一。1983年9月9日，经国务院批准，撤销原大理县、下关市，组建为大理市。

在大理诸多的文化积淀中，碑刻作为一种独特的文化载体星罗棋布般散落在苍山洱海之间，从汉晋时期到唐（南诏）、宋（大理国）、元、明、清至民国，历代均有大量遗存。它们是大理古代资料宝库的重要组成部分，具有极其重要的学术价值和艺术欣赏价值，是大理地区宝贵的民族文化遗产和悠久历史的见证。

遗憾的是，大理的碑刻在明代初期遭遇了一次毁灭性的破坏。朱元璋在开国之初依照儒家的政治理想，通过文化重建来努力塑造自身的正统形象。首先是废弃了南诏以来的阳苴咩城，另筑大理城府。"……自傅（友德）、蓝（玉）、沐（英）三将军临之以武，胥元之遗黎而荡涤之，不以为光复旧物，而以为手破天荒，在官之典册，在野之简编，都付之一炬。"①《赵州南山大法藏寺碑》载"至大明圣世洪武壬戌（1382年）春，天兵入境，经藏毁之"。其次就是挖掘削平元代及以前的坟墓、碑刻。大量元代及元以前的碑刻就这样作为建筑石材埋葬在五华楼的墙基下，现今仍存留明初的南城楼墙基及北城楼墙基还清晰可见嵌有大量的青石碑刻。文化典籍化为灰烬，众多历史遗迹被摧毁，大理的文明遭到重创，大理文化的历史出现了诸多的空白。1993—1995年，云南省考古所和大理市博物馆联合对凤仪大丰乐墓地进行发掘时，除了出土少量元代火葬罐外，没有发现任何大理国或元代的碑刻②。在大理地区所有的田野调查中仅发现一块大理国的碑刻。难怪晚清金石学家、文献学家叶昌炽在《语石》中感叹："得唐碑易，得宋碑难，元碑抑又难矣。"

提大理宋、元碑刻就不得不提五华楼。五华楼最早是南诏时期的重要建筑，遗址位于南诏都城阳苴咩城内。阳苴咩城，又名紫城，范围含今大理古城及城西一带，原为白族先民"西洱河蛮"筑建的城邑。737年皮罗阁攻占太和城后，随即占领阳苴咩城，并进行大规模修建。唐大历十四年（779年），异牟寻从太和迁都阳苴咩城，并筑“袤延十五里”③的城墙，城内建有王宫、官衙，部署严整，极为富丽堂皇，成为当时一座“大城”。856年，南诏王劝丰佑修建了五华楼。《元史·卷六十一·地理四》载：“有点苍山，再大理城西，周广四百里，为云南形胜要害之地。城中有五花楼，唐大中十年南诏王劝丰佑所建，楼方五里，高百尺，可容万人。世祖征大理时，尝驻兵楼前。”清师范《滇系》载：“以会西南夷十六国君长，亦曰五花台。”南诏以及后来的大长和国、大天兴国、大义宁国、大理国等都一直将其作为官方聚会、宴请贵宾的国宾馆。“至元三年（1266年），尝赐重修焉。”1253年元世祖忽必烈灭大理国后，五华楼仍是大理路军民总管府时的主要建筑。

明洪武十五年（1382年），傅友德、沐英、蓝玉等率兵攻克阳苴咩城，五华楼毁于兵燹。李元阳《大理府志》载：“五华楼，……国初兵燹始废。”大理卫指挥使周能奉命在原阳苴咩城内偏东位置新筑大理府城，立府置卫。次年，都督冯诚又将城东南两面加以拓宽。新筑的大理府城按明代建城之规制修建，呈棋盘式格局，南北城门相互对称，而东西城门相错，南北有三条街，东西有六条街构成了大理城主要道路格局。城市的中心偏西，南北轴线不居中，形成了西重东轻的城市布局。而东西城门相错，是采用了白族建筑中的“东西南北不取中正”的原则。

城内街道纵横有致，有“九街十八巷”之称。据明刘文徵《滇志》载，明代大理府“城方三里，周十二里，高二丈五尺，厚二丈。池阔四丈，深七八尺。开四门，南曰承恩，北曰安远，东曰通海，西曰苍山”。谯楼（又称鼓楼）是此次新建府城中一座较大的建筑，原为南城门，城池拓宽后，即处于城中偏南，明代称为襟山带海楼，并有联云：“檐栏横岛屿，台阁接风云。”曾为叶榆十六景中“谯楼襟带”一景。明万历戊戌年（1598年）曾铸铜钟置于谯楼，作为晨昏钟（现存大理市博物馆）。清康熙三十一年（1692年），云南提督诺穆图、太和县知县张泰交重修四门楼及五华楼，并改题名称，康熙《大理府志·城池》载“康熙三十一年，提督诺穆图捐资货，太和县知县张泰交撤四门楼新之，改东门通楼曰承清，西门楼苍山楼曰永镇，题鼓楼曰五华”，并注云“五华楼遗址不可考，姑存其名云”，以此题名追思怀念南诏、大理国时期“不可考”的五华楼。至此，明初筑建的谯楼（鼓楼）就改称为五华楼。

20世纪30年代初，大理县成立通俗图书馆曾设于五华楼内，到1945年迁至明伦堂（今大理文庙内）。后因年久失修，五华楼破烂不堪、岌岌可危，1951年将楼层拆除，城门及墙于1972年拆毁，同时在墙基出土了大量元代及部分大理国的碑刻。1998年大理市政府重建五华楼。

1977年初，昆明师范学院原副院长、著名云南地方史专家王云教授回老家邓川“吊古访碑”，途经大理古城时，在大理县文化馆无意中发现几块元碑，经咨询碑刻的来历，据当时文化馆馆长杨玉春、副馆长杨益清介绍，知系1972年拆除五华楼时所出。所幸的是这批碑刻出土后被大理县体委干事杨方发现，即刻组织群众将碑刻运往正在建设的灯光球场，作为建筑材料砌入体育场看台，有剩余碑刻或散在原处，或被附近居民、村民抬走，文化馆也收得数块。这批珍贵的碑刻埋藏在五华楼墙基下500余年，刚重见天日又被埋入看台下面，无意间被保护起来。王云教授当即建议大理县政府及有关部门对这批元碑加以保护，避免散失。返回昆明后，王云当即向云南省文化厅领导作了汇报并与云南省博物馆联系。省文化厅划拨专款6000元，组队对大理灯光球场看台下的碑刻进行清理。1979年6月，由王云领队邀约专攻蒙古史的云南师范大学历史系主任方龄贵及潘镛、杨德华三同志，一道赴大理开始清理工作。清理工作由大理州委、大理县委主持，大理文化馆的杨玉春、杨益清参加，对碑刻进行清理初拓。9 月间，方龄贵、王云再赴大理进行查阅补漏，辨认碑文，进行精拓。两次清理共发现碑刻 70 余通，其中宋碑（大理国）3 通，其余均为元碑。

大理五华楼一次发现如此多的宋、元碑刻，在云南乃至全国均属罕见，为我们提供了元代以至南诏、大理国时期的政治、经济、文化、宗教、民族、民俗等方面的重要研究资料。1986 年 4 月，王云、方龄贵先生出版简装小册子《大理五华楼新出元碑选录并注释》。1990 年，在《西南古迹整理》及《西北民族研究》发表关于五华楼出土碑刻的研究论文。先后发表《大理五华楼新发现宋元碑刻选录》《南诏大理国年号考》《〈大理路兴举学校记〉考释》《〈大光明寺住持瑞岩长老智照塔名并序〉考释》《〈故大理□□氏躬节仁义道济大师墓碑铭并序〉考释》《〈故大师白氏墓碑铭并序〉考释》《大理五华楼元碑的发现及其史料价值》《大理五华楼新出宋元碑刻中有关云南地方史的史料（上、下）》《大理五华楼新出元碑史料价值初探》《云南现存北元宣光纪年文献考述》等考释论文。2000 年 3 月，云南大学出版社出版由方龄贵、王云编著《大理五华楼新出元碑选录并考释》一书，上编《大理五华楼新出元碑选录》分三部分介绍了选录的 62 方宋元碑刻并注释，下编《大理五华楼新出元碑考释》收录了方龄贵先生十一篇专题研究考释论文。国家民委民族问题五种丛书之一《中国少数民族社会历史调查资料丛刊·白族社会历史调查》（四）(1991 年 4 月）、《大理丛书·金石篇》（1993 年 12 月）、大理市文化丛书编辑委员会《大理古碑存文录》（1996 年 8 月）、云南民族古籍丛书——云南省少数民族古籍整理出版规划办公室《大理历代名碑》（2000 年 3 月）等均收录、辑选了五华楼新出土碑文资料。

对第一次清理出土的碑刻，方龄贵、王云先生作了深入细致的研究，解决了在南诏、大理国及元史研究中的一些问题，如南诏大理国年号、官职、父子连名制，北元宣光年号纪年问题，元世祖征大理详细时间及相关情况，元代大理佛教盛行状况，元代大理总管世系、职衔，郝天挺任云南行省参知政事时及元代名宦在滇的功绩等。在新出土元碑墓志记载中也有涉及关于南诏大理国及以前的历史，如庄蹻王滇与段氏先世的关系问题，“虽未必即可据为典要”，“但录之亦可备一说”，为白族与汉族的关系问题提供了新研究史料。通过墓志记载还解开了一些历史之谜，如广西农民起义领袖侬智高兵败投奔大理段思廉朝，大理国因在宋王朝的压力下不得不诛杀了侬智高的史实，以及原认为侬智高的军师黄玮[④]在起义失败后下落不明，据碑文记载得知黄玮实入大理，可据补史。有的碑文中还透露了大理国以及元云南行省和大理路军民总管府官僚层之间政治派系相互倾轧争斗的信息以及段功镇压黄巾军战事情况，等等。张锡禄先生著《大理白族佛教密宗》(1999 年）、《元代大理段氏总管史》（2006 年）、李东红先生著《白族佛教密宗教阿吒力教派研究》（2000 年）等专著及谢道辛先生的《大理地区佛教密宗梵文碑刻与白族的佛顶尊胜信仰》［《云南民族大学哲学社会科学版》（2004 年）］以及 2012 年 6 月朱安女女士著《文化视野下的白族古代碑刻研究》等学术论文中也引用了大量的五华楼新发现的元碑资料。

方龄贵、王云先生的研究成果在国内外史学界引起了高度的重视和关注。然而，对这批新出土宋元碑刻的研究范畴还存在一些局限性，如过于地方化和区域化，缺少横向研究，在众多的研究中多强调补史或证史作用，对碑刻本身所承载的历史文化及民族关系论述不多；在专题研究方面也有待加强，如碑刻中所反映的丧葬习俗问题，对碑刻上的纹饰艺术和佛教造像艺术的研究等，特别是对梵文碑的释读和研究迄今仍为空白。

时光流逝，距第一次五华楼出土碑刻清理已有三十余载。在这期间关于灯光球场看台下还有没有未清理的碑刻的问题一直萦绕在大理文物工作者的心中。在方龄贵、王云先生著录的书籍和文章中也从未提及此事。就这个问题，时任大理市博物馆馆长段进明及同事们走访了当时参与清理灯光球场碑刻的大理文化馆原馆长杨玉春老师。杨老师回忆：当年共清理一百多通碑刻，因时间关系及经费问题只拣选了较为完整、研究价值较高的部分碑刻，其他的残碑断碣及梵文碑或文字被磨平或被铲除的碑刻，恢复看台时再次被嵌入看台下。经过三十多年的风吹雨淋日晒，看台上的部分水泥逐渐脱落，一些青石、大理石碑刻、碑额清晰可见。2005 年 7 月，因看台西邻建设宾馆，借用看台搭设脚手架，一块元代至正十五年的《段氏新移墓志碑》大理石碑刻从看台脱落，大理市博物馆及时对其进行收藏保护。此后几年，大理市博物馆的文物工作者一直在关注大理古城灯光球场看台的情况。2010 年底，大理市博物馆向州、市文物主管部门及云南省文物局汇报了大理古城灯光球场看台下尚有遗存碑刻的情况。2011 年 5 月，云南省文物局拨专款 20 万元，由大理市博物馆负责对大理古城灯光球场看台下遗存的碑刻进行第二次清理。2011 年 6 月 28 日至 7 月 18 日，历时 21 天，经大理市博物馆全面清理，共清理出碑刻 236 通（其中 70 通有字，含汉字和梵文，其余均未发现有文字或纹饰等）、石刻 36 件。先后参加清理工作的有段进明、王渐、熊家亮、孙莉玲、张凯等。清理所获资料的整理工作于 2011 年 7 月 19 日开始，先后参加整理的有段进明、王渐、毕丽娟，拓片工作由王渐、何永超、熊家亮、毕丽娟、李金莲等完成。

因诸事繁多，该批碑刻的清理、拓印、释读工作断断续续，延误至今。几年来，大理市博物馆馆长段进明同志对大理古城灯光球场看台下第二次清理出的遗存碑刻的考释付出了大量的心血和精力，而在对该批遗存尚存留有汉字和梵文的 19 块碑刻将要释读整理完成之时，他却因疾病发作溘然离世，可叹壮志未酬身先逝！为纪念缅怀他的功绩和成果，我们对已出版发行过的由方龄贵、王云编著的《大理五华楼新出元碑选录并考释》（云南大学出版社出版）、大理市文化丛书编辑委员会编撰的《大理古碑存文录》（1996 年 8 月，云南民族出版社出版）、云南省少数民族古籍整理出版规划办公室编撰的“云南民族古籍丛书”《大理历代名碑》（2000 年 3 月）等书中收录并作释读的 48 通碑刻再次进行测量、拓片、拍照工作，重新进行整理和重识、加注，并在段进明馆长生前付诸心血的对第二次新清理出的 19 通有字宋元碑刻首次释读和注释的基础上进行二次释读和整理。自 2011 年第二次清理至今十载后《苍洱镌石——大理市博物馆馆藏宋元碑刻集萃》终于得以付梓，与观众见面！因编者水平有限，难免有疏漏和错误之处，敬请方家批评指正。

编者

注释：

①清师范《滇系·卷二十六·典故十一》。

②闵锐、刘旭、段进明《大理大丰乐》。

③《新唐书·南诏传》。

④北宋广州人，进士，以文学著称。与黄师宓赴广源州经商。宋皇祐四年（1052 年）佐侬智高起兵反宋，兵败随侬智高入大理。

目录 CONTENTS

◆ 元碑新整理

苍洱镌石

凡例

一、本书为大理市博物馆藏宋元碑刻资料集。本书收录碑刻均为该馆馆藏，虽大多残泐殊甚，然凡残存有汉字之墓铭碑、记事碑、灵位碑、神道碑均予收录。梵文经咒碑、碑额、纹饰等少部分未收录于此书中，然均以拓片、照片方式收集。

二、本书所录碑刻，始于宋代，截止于元代，并按先后历史年代顺序排列。

三、本书所录碑文，均分碑名（或清理时所用编号）、简介说明、释文、注释四部分。

（1）简介说明部分，均重新进行整体描述，此均用黑体，以示与原出处之区别；

（2）释文部分，因在原作者识读的基础上再次进行重识，因此校正后的字均用黑体，以示区别；

（3）注释部分，原作者的注释用 [ ]（例 [1]、[2]、[3]）表示，新增加的注释用○（例①、②、③）表示，注释中仍有注的则用小字号楷体以①、②、③表示，以示区别。

四、部分碑刻残缺泐殊，字迹模糊，凡能根据碑文推断但无法确认的原作识读用 [] 标识（例 [建]、[沙] 等），新增的用 [] 加黑体字标识（例 **[岁]**、**[道隆]** 等）；无史料可供校补而碑文缺字可计数者，以相应的□来计数加以标识；缺字不可计者则用 (上阙)、(中阙)、(下阙) 等字标识。

五、部分碑刻碑文所刊刻文字中间凡有空格的，在释文中均以对应空格表示。

六、为方便读者阅读，在碑文释文行尾标注行数，大部分释文均根据碑文文字排列情况相应排列。

宋代碑刻

高兴兰若篆烛碑

青石，碑原存挖色乡高兴村。通高 122 厘米、宽 72 厘米、厚 10 厘米。碑阳碑文右起直书阴刻行书 22 行，行 50～60 字不等，碑右侧直书阴刻行书 2 行，行 40～50 字不等。半圆碑额，右残，中间阳刻宽 24 厘米、高 16 厘米、边框宽 1.6 厘米方框，框内阴刻楷书“高兴兰若”4 字，字四角各刻两个双圈梵文种子字母，边框四周满刻阳刻吉祥云纹。碑阴无字。

大理国释氏戒净［建］绘高兴兰若[1]篆烛碑　并序　神州杨德亨　撰（一行）

原夫神而无形，太冲超忽，灵心玄览，掩群有以幽升。默耀韬光，量重玄而永固，千褒殊封集不干其虑，方搔顿赴而不因其（下阙）（二行）

于动静。所以无心则无感不应，无像则无器不形，是故托梦迦维，水镜万法，积诸善之庆，扫庶罪之尘。仰攀玄德，（下阙）（三行）

形倦形以智劳。灵鉴竭于天棺，圣寿穷于双树，因依杨侧，兜率□继慈尊，辉大明以重华，畠金山而并峙。历试玄德于后（下阙）（四行）

烛重夜之昏，奉保身后之□，故得光被百亿，日月神通，妙界乾坤。三圣圆融，二如不动，可谓不行而远，不登而高者哉。盖此招提者，□□超□□□□□□［沙］（五行）

门释求铎之所创也。虑其藩至上国，冀赞天庭，□罪道于包桑，连丕基于捡茹，乃合眉毫，斑彩从丽，川三迭之姿，丹矧□绎□□□□若（下阙）（六行）

鸟猒香以自驯，岚槁秾柯，花腻碧而合榎。涧□春色长盈，枫践则秋，熟先□满砧声碎，松月残，辑图应于金案，辰露（下阙）（七行）

古元亏，可谓神州之佳绂也。我药门释戒净者□□□□□草清爱兰□□□之范，未起□□之志，人而方已行，后言终身□因知命□之艰（下阙）（八行）

凄复履之归返一根则六用佥空，定二如而（中阙）少贫而道，有富乃昭，行大空谓□而汉□地住□□开（下阙）（九行）

硕鼠之能而不培于福利之本，故造瓮（中阙）灯食分□□，□□内禾地十六双三脚。在和尾下场一双三脚，当十八分。□□场内（下阙）（十行）

充塝头机地三禁。随细兰若，修造香花，分禾地（中阙）一脚，施香一城，随机地三双。又女黑洱施香二城，分一脚，佛堂前一脚，随城□佛（下阙）（十一行）

宅一园。释戒超[2]施高道下禾地一脚，东至天王□，西至头□□□□地间禾地一分，在□场一分。又国公高妙音护[3]，施□长育子田禾地一分，随脸大坊内（下阙）（十二行）

矣摩五十，在董定□地一脚，在罗［于］高禾地二双二脚，随□□□□，在□下机地一禁，在白垌鼻。宅二园。文头陀释戒悟施佛前高兴界内长明灯三盏，再［难］香一城（十三行）

分地，在邑前禾地三脚，在白荡谷赞禾地一脚，东至□□则，西至保□师地则。在佛堂前一脚，在大道下禾地一脚，在堋负禾地二脚，在堋心丘禾地一脚，在［樵］□（十四行）

在长岭根一脚，当三双。随机地八禁，□穹堋一林。又□□□□子邑神前禾地四双，在道下一脚，在垌曲丘一脚，在长林健禾地一脚，在细堋头禾地一脚，在□□丘一（十五行）

三件，当禾地五双，机地十二禁，随储舍一宅。牛二头，奴二人：佛奴瑞，佛奴生。释戒净施长明灯一盏，分地一双三脚，随机地二禁。禾地在佛堂前□□下一脚，□□大场（下阙）（十六行）

般若长施香一城，分禾地一脚，在白谷。东至□象地则，西至满□地则，随奴穹机地一禁，东至佛地则，又随山敞五舍，又释［道］施香一城，分堋下禾地［一］［脚］，［东］［至］□□兴（十七行）

西至佛地则，随茨秃门机地二禁，又观音普施香一城，分禾地一脚，在堋［斋］，东至□则。随僧房二间。矣摩阻栋浪□□山大佛名□□部荣□□一群□□□□□□□佛（下阙）（十八行）

岁用此功，奉福天王骠信，冢宰国公。禅师释玄凝虑欲德高天险，威挫地平帝，［里］则恒显飞龙之势，□四［溟］之骜，□□□则（下阙）（十九行）

邪，存诚之运。苍生小子，兴上惠下，恕之基于我此生，包固佛劫，情□纪［觉］，意马无春。翻陈始终，更题□曰：太冲超忽，（下阙）（二十行）

至德因依，此生彼丧。托梦迦维，玄鉴斯阳。[其二]。化情将毕，悬记慈尊。钦鹫峰命，庇群动身。[其三]。立此招提，永保道迹。□虑召□，果全□□。[其四]。于我□民，□□[寿]□。开光（二十一行）

（上阙）篆烛，德利人天。[其五]。属乎君师，玄风大阐。勒铭贞珉，庶已尽善。[其六]。定安四年④皇帝无大朝戊午岁正月六日，头陀释戒净□□[创]（下阙）。（二十二行）

右侧碑文

空女天王工奉施佛前甘檀香□城，分香五□，□与禾地三□□□，在□□西，东至□□□，西至□□□界。机地在□□□东，西至（下阙）（一行）

（上阙）东至白兴界，西至应双洪界，机地在泥白登，东至[春]恒生界，西至□恒界。[地][经]香与佛，代代世世供给佛前。（二行）

①即现大理市挖色镇高兴村。据有关专家考证，高兴兰若寺建于大理国定安四年（1198年），是当时大理国利贞皇帝段智兴钦命所建。

②与《大理五华楼新出元碑选录并考释》中第77页所录《释戒超碑》是否有关联？待考。

③五华楼旧址出土《大理国故高姬墓志铭碑》有“天下相君高妙音护之女，母建德皇女段易长顺，翰林郎李大日贤之内寝也”的记载。此碑所提的高妙音护与五华楼旧址出土《大理国故高姬墓志铭碑》中的高妙音护应为同一人。

④史书作安定四年，即1198年，大理国利贞皇帝段智兴在位时期。

《大理古碑存文录》录文

方妍岚　重识　加注

大理国故高姬墓铭碑

青石，通高 83 厘米、宽 51 厘米、厚 15 厘米。碑额残。碑阳碑阴均刻有文字。碑阳碑文右起直书阴刻楷书 13 行，行约 20 字。碑阴碑文右起直书阴刻行书 13 行，行约 20 字，残泐殊甚，仅识得寥寥数字，其余均已模糊不可辨识。

碑阳

大理囯[1]故高姬墓铭碑（一行）

谏议大夫勑赐紫大师扬俊昇　撰（二行）

文言曰，坤至柔而动也刚，至静而德方，后得主而（三行）

有常，含万物而化光者，其高姬之谓乎。姬大高氏，讳（四行）

金仙贵，天下相君高妙音护之女[2]，母建德　皇[3]女（五行）

段易长顺[4]，翰林郎李大日贤之内寝也。姿过合（六行）

浦，少溢照车之光；质孕兰田，长发联城之莹。厘（七行）

降宫室，心规帝乙归妹之文；［术］延台［阁］，志［虑］齐长济（八行）

晋之术。□□而光庶蘖；谦谦以涉大川。动应承宜，同荇菜（九行）

之生沼；朝暮不爽，类鸤鸠之在桑。妇节妇功，门不入于□（十行）

利；女工女史，［闺］无旷于庶官。备危急则安而可迁，培胜利（十一行）

则□而能敬。黄裳元吉，色不过于所天；牝马利贞，建允（十二行）

谐于应地。乱世风雨，不□□□之音；邪佞雪霜，孰变（十三行）

碑阴文字

……已，意□□运……僧……（一行）

……悲于昔夜□，生昔于……（二行）

……［仁寿］[5]五年五月二十八日，丹桂伤风，至六月九日……（三行）

……春秋四十有□……（四行）

……中，恨□抽于方……（五行）

……之音，迎……（六行）

初六，……申□查之……（七行）

砺石之志……　不足□□动天地，□□不足（八行）

不能……世人（九行）

□大爱……（十行）

钦罔□法……（十一行）

戚斑□空……（十二行）

万古□音传……（十三行）

[1]《正字通·□部》：“囯同国，唐武后作‘囯’。云南自唐初《大周故河东州刺史之碑》（王昶《金石萃编·卷六二》所收）以下大理写经及碑刻多见。范成大《桂海虞衡志·志蛮条》：“大理国间有文书至南边，及商人持其国佛经题识，犹有用囯字者，囯，武后所作国字也。”即此。

[2]当即高护，妙音殆佛号，《南诏野史》或称高妙音。按此碑，护娶建德皇女段易长顺，与段政兴为翁婿，诸书失载。

[3]胡蔚《增订南诏野史》：后理国段正兴（又名易长），“正兴，南宋高宗丁卯绍兴十七年即位，明年改元永贞，又改元大宝、龙兴、盛明、建德”。正兴当即建德皇帝，据《哈佛亚洲研究学报》1944年8月号所载，大理三塔寺主塔供奉铜佛背铭，正兴当作政兴，李京《云南志略》记作政兴是对的。

[4]大理三塔寺主塔供奉铜佛背铭有“皇帝骠信段政兴资为太子段易长生、段易长兴等造记”之文，易长生、易长兴与碑中易长顺正为昆弟行，段易长兴是否即《南诏野史》之段智兴，待考。又易长当亦佛号，《增订南

诏野史》作“正兴（一名易长）”。淡生堂钞本《南诏野史》作“正康皇帝名易长，正严子。”父子俱号易长，或不免令人生疑，然非不可能。云南省图书馆藏凤仪县（现属大理市）北汤天法藏寺所发现元刻《大方广佛华严经》，其卷末宣光年间董贤墨写的造经记中有“施主董药师贤助人何氏观音联，男华严保，观音明，女药师好等……”之文，父女母子同一佛号，是其例。

[5] 二字略可辨识，据杨慎《滇载记》，仁寿为段智祥所用年号。《增订南诏野史·大理国段智祥条》：“智祥南宋宁宗乙丑开禧元年即位，明年改元天开，又改元天辅、仁寿。”

《大理五华楼新出元碑选录并考释》录文

方妍岚　重识

碑阴

扬俊昇碑

青石，高 100 厘米、宽 58 厘米、厚 15 厘米。碑阳碑文右起直书阴刻楷书 3 行。碑阴横书阴刻梵文 28 行，自 2 行起至 12 行中阴刻梅花形单圈梵文五方佛种子字母 5 字，下端 7 行延及碑左侧面，后 2 行且阑入碑阳。

碑阳

衡鉴君国谏议大夫扬俊昇[1]（一行）

碑（二行）

谥曰释龟儒镜圆悟①圀师释照明（三行）

[1] 此扬俊昇当即《大理圀故高姬墓铭》撰人。

①圆悟与《大理五华楼新出元碑选录并考释》第 89 页《圆悟残碑》是否有关联？待考。

《大理五华楼新出元碑选录并考释》录文

方妍岚　重识　加注

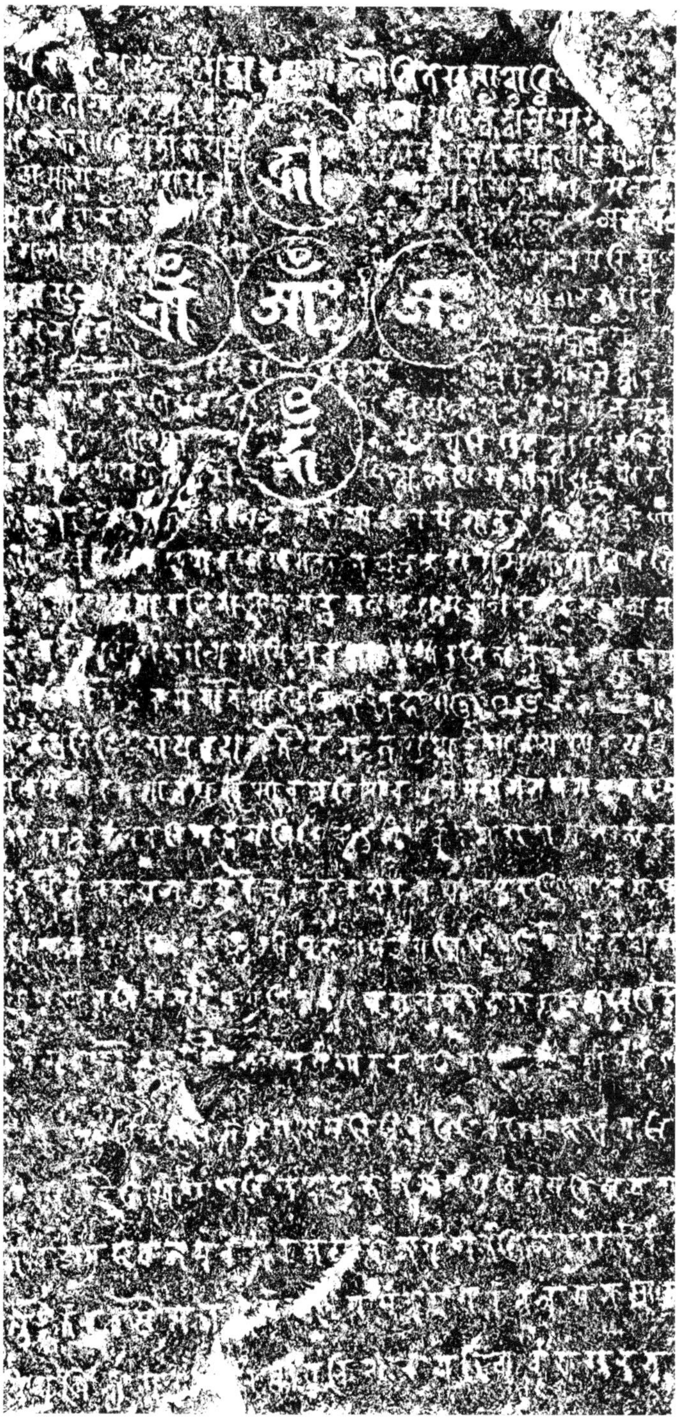

碑阴

故溪□谥襄行宜德履戒大师墓志并叙碑

青石，残高 110 厘米、宽 45 厘米、厚 17 厘米。碑阳碑文右起直书阴刻楷书 19 行，行 32 字。方形碑额，额正中佛龛内雕一阿弥陀佛坐像，佛身着交领袈裟，手结禅定印，结跏趺坐于莲花座，四周雕刻缠枝莲纹。碑阴碑文右起直书阴刻楷书佛说般若波罗密多心经，文不录。碑阴碑额较为残泐，模糊可辨正中佛龛内雕一尊胜佛母坐像。

碑阳

碑阴

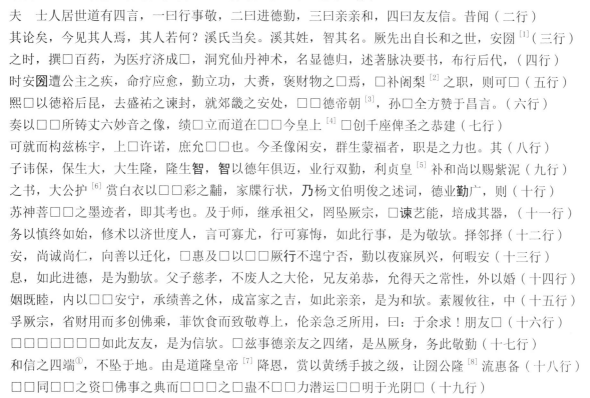

故溪□谥曰　襄行宜德履戒大师　墓志　并叙　逸士司直述（一行）

夫　士人居世道有四言，一曰行事敬，二曰进德勤，三曰亲亲和，四曰友友信。昔闻（二行）

其论矣，今见其人焉，其人若何？溪氏当矣。溪其姓，智其名。厥先出自长和之世，安囵[1]（三行）

之时，撰□百药，为医疗济成□，洞究仙丹神术，名显德归，述著脉决要书，布行后代，（四行）

时安囵遭公主之疾，命疗应愈，勤立功，大赉，褒财物之□焉，□补阇梨[2]之职，则可□（五行）

熙□以德裕后昆，去盛祐之谏封，就郊畿之安处，□□德帝朝[3]，孙□全方赞于昌言。（六行）

奏以□□所铸丈六妙音之像，绩□立而道在□□今皇上[4]□创千座俾圣之恭建（七行）

可就而构兹栋宇，上□许诺，庶允□□也。今圣像闲安，群生蒙福者，职是之力也。其（八行）

子讳保，保生大，大生隆，隆生智，智以德年俱迈，业行双勤，利贞皇[5]补和尚以赐紫泥（九行）

之书，大公护[6]赏白衣以□□彩之黼，家牒行状，乃杨文伯明俊之述词，德业勤广，则（十行）

苏神菩□□之墨迹者，即其考也。及于师，继承祖父，罔坠厥宗，□谏艺能，培成其器，（十一行）

务以慎终如始，修术以济世度人，言可寡尤，行可寡悔，如此行事，是为敬欤。择邻择（十二行）

安，尚诚尚仁，向善以迁化，□惠及□以□□厥行不遑宁否，勤以夜寐夙兴，何暇安（十三行）

息，如此进德，是为勤欤。父子慈孝，不废人之大伦，兄友弟恭，允得天之常性，外以婚（十四行）

姻既睦，内以□□安宁，承绩善之休，成富家之吉，如此亲亲，是为和欤。素履攸往，中（十五行）

孚厥宗，省财用而多创佛乘，菲饮食而致敬尊上，伦亲急乏所用，曰：于余求！朋友□（十六行）

□□□□□□□如此友友，是为信欤。□兹事德亲友之四绪，是从厥身，务此敬勤（十七行）

和信之四端①，不坠于地。由是道隆皇帝[7]降恩，赏以黄绣手披之级，让囵公隆[8]流惠备（十八行）

□□同□□之资□佛事之典而□□□之□蛊不□□力潜运□□明于光阴□（十九行）

[1]《滇载记》："郑买嗣本唐郑回之后，世为蒙氏清平，唐昭宗光化五年，既灭蒙氏而自立，改国号曰大长和，改元曰安国。"按昭宗光化纪元止于四年，是年改元天复，当为901年。光化五年实当为天复二年，902年，王本《南诏野史》系改元于天复二年，与此合。《增订南诏野史》书为"明年建元安国"，略异。

[2]阇黎见《一切经音义·卷二一》，谓"具曰阿阇黎，此曰轨范师"。《新纂云南通志·卷一〇三·宗教考》于此有考，盖唐宋间传至云南之佛法，以阿吒力教为盛，阿吒力即梵经 Acarya之译音，乃瑜伽秘密宗。其在云南，有家室之僧亦称阿吒力，见于志乘及石刻者又作阇黎、阿阇黎、阿左黎、阿佐黎、阿拶哩、阿吒力、阿吒唎。郭松年《大理行纪》中所谓"师僧有妻子"之师僧，即此。阇黎，梵语，高僧，亦泛指和尚。唐代王播《题木兰院·诗之二》："上堂已了各西东，惭愧阇黎饭后钟。"

[3]德上字阙，按大理国有圣德皇帝段素真、孝德皇帝段思廉、上德皇帝段义连（一作连义），不知当属何人。

[4]据下文"道隆皇帝"云云，则此所指疑为《南诏野史》著录之天定皇帝段兴智。兴智乃大理末帝，天定三年为蒙古兵俘获，大理亡。则此碑当立于天定元年（1251年）至三年（1253年）之间。

[5]王本《南诏野史》后理国功极皇帝名（段）智兴，"宋孝宗乾道八年（1172年）即位，改元利贞"。利贞皇即段智兴。

[6]疑即高护。

[7]《滇载记》段祥兴"以宋理宗嘉熙三年（1239年），改元道隆"，当即道隆皇帝。

[8]疑即高隆，高护子。

①孟子曰："乃若其情，则可以为善也，乃所谓善也。若夫为不善，非才之罪也。恻隐之心，人皆有之；羞恶之心，人皆有之；恭敬之心，人皆有之；是非之心，人皆有之。恻隐之心，仁也；羞恶之心，义也；恭敬之心，礼也；是非之心，智也。仁义礼智，非由外铄我也，我固有之也，弗思耳矣。故曰：'求则得之，舍则失之，'或相倍蓰而无算者，不能尽其才者也。"《孟子》一书共有两章谈到四端，一次在《孟子·公孙丑上》，另一次在《告子上》。

《大理五华楼新出元碑选录并考释》录文

方妍岚　重识　加注

苍洱碑石

元碑新释

周公墓志碑

青石，残高 45 厘米、宽 36 厘米、厚 12 厘米。碑身上、下及右前残缺，碑阳碑文右起残余直书阴刻楷书 12 行。碑阴左侧仅存直书阴刻楷书“四　日”二字。

碑残缺严重，据尚存碑文，略知内容，且名之为“周公墓志”。碑文撰写者即《大理圀故高姬墓铭》碑撰写者扬俊升，扬俊升自称为墓主人周公之僚友。

碑阳

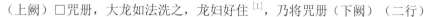

（上阙）禅坊主尊，补俎息室，流火之月，三九辰□（下阙）（一行）
（上阙）□咒册，大龙如法洗之，龙妇好住[1]，乃将咒册（下阙）（二行）
（上阙）之如子贡之别，仲尼赠言：昔去授洗，龙□（下阙）（三行）
（上阙）□静海[2]，见海因深，大理德庇南邦[3]，遂不□（下阙）（四行）
（上阙）□□兼拖，结为地山之友焉，乃求罗[4]，岜兰（下阙）（五行）
（上阙）□是，象山襄陵，云行雨施，君囫[5]于斯□（下阙）（六行）
（上阙）密云不雨，日当有大德必据，大天若不□（下阙）（七行）
（上阙）大当时，大理改佞，龙飞六合，元阳大年[6]，莫□（下阙）（八行）
（上阙）维尊黑胡师波为师[7]。王殂落时，书名于额（下阙）（九行）
（上阙）海—— 之德，先圣所传曰：西乾竺囫有戒日（下阙）（十行）
（上阙）氏，上祖周天行，行生行佥，佥生佥劾，劾生劾宗□（下阙）（十一行）
（上阙）载照临洞，于日月之际，神光忽于日月之照临（下阙）（十二行）
（上阙）□　僚友大师　扬俊昇[8]　　　撰（十三行）

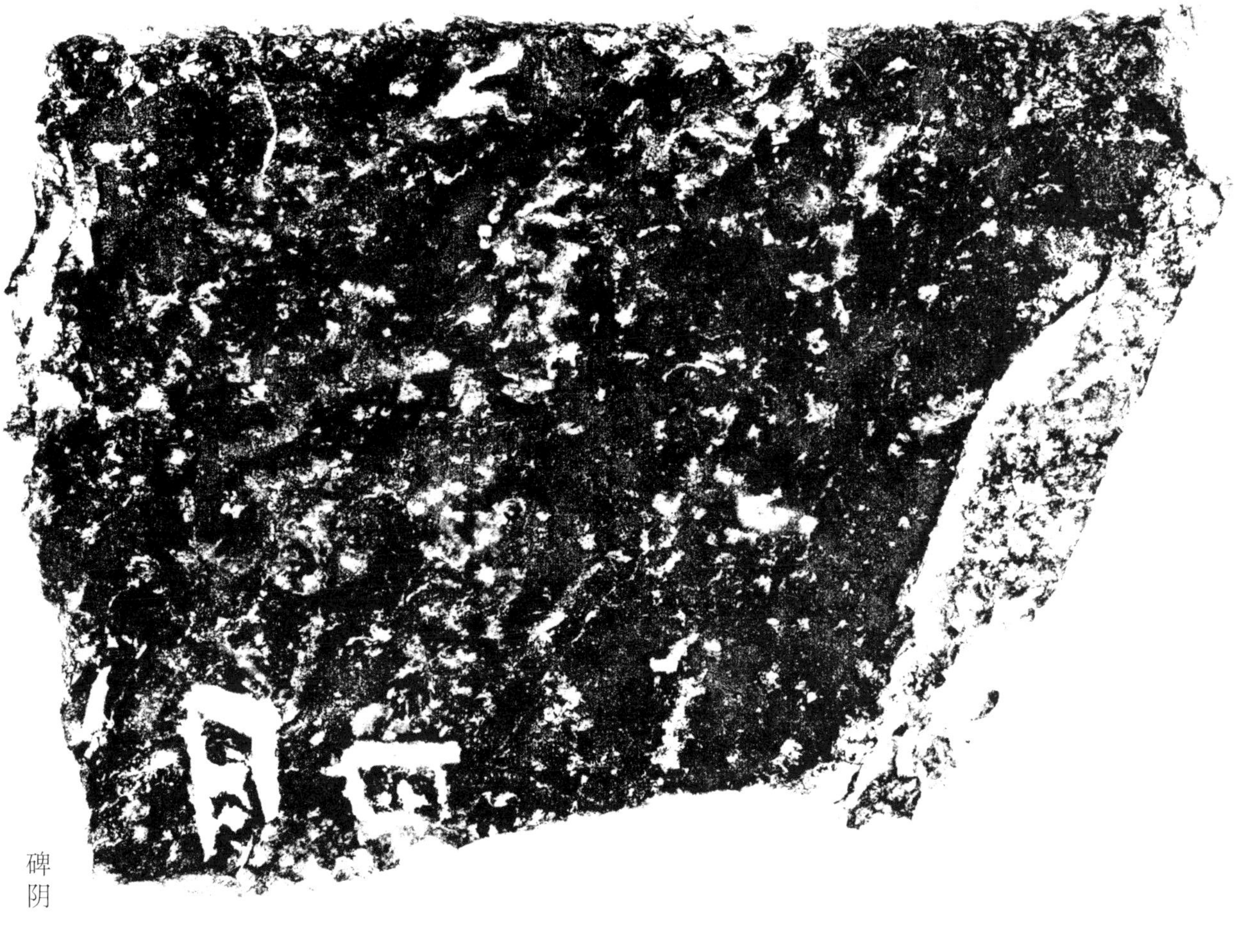

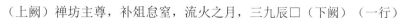

碑阴

[1] 好住，行人临去时慰嘱居留者之词，犹言安居保重。《南史·任忠传》：“忠驰入台，见后主，言败状，曰：‘官好住，无所用力。’”宋范成大《天平先陇道中时将赴新安掾》诗：“好住邻翁各安健，归来相访说情真。”

[2] 静海，疑为静海军，全称静海节度使，是五代十国时期位于越南北部的一个割据政权。

[3] 南邦，指大理国南部蒲甘（缅甸）、暹罗（泰国）及真腊（柬埔寨境内）。

[4] 求罗（动物），迦罗求罗之略，虫名。《摩诃止观》卷五上曰：“如猪楷金山，众流入海，薪炽于火，风益求罗耳。”《大智度论·卷七》曰：“譬如迦罗求罗虫其身微细，得风转大，乃至能吞食一切，光明亦如是，得可度众生，转增无限。”

[5] 君圀，谓居君位而御其国。《国语·晋语四》：“君国可以济百姓，而释之者，非人也。”“圀”同“国”，武周时期，女皇武则天当政时所造“则天文字”之一。南朝·顾野王撰《玉篇》云：“古文國字。注详八画。唐武后所作。”《正字通·口部》：“圀同國，唐武后作‘圀’。”唐武后时，有言国中或者惑也，请以武镇之，又有言武在口中，与困何异，复改为圀，意为八方土地。关于武周造新字的数目，目前学术界一般认同施安昌先生研究得出18字的结论，且分期颁布。大理国时期的碑刻及写经中多见“圀”字。如，武则天圣历元年（698年）《大周故河东州刺史之碑》（王仁求碑）、《大理圀彦贲赵兴明为亡母造墓幢》《大理圀释氏戒净建绘高兴兰若篆烛碑》《大理圀故高姬墓铭碑》《扬俊昇碑》、大理国写经《护圀司南抄》及《张胜温画卷》等。范成大《桂海虞衡志·志蛮条》：“大理国间有文书至南边，及商人持国佛经题识，犹有用圀字者，圀，武后所作国字也。”“圀”字当时还流传到了日本，日本冈山县国胜寺里收藏的一件骨藏器，器上46个铭文中就有“圀”字。日本历史名著《大日本史》的倡修者源光圀，也采用了这一字。

[6] 元阳大年，国运昌盛长久之意。中医谓元阳乃人体阳气的根本。大年，即长寿、高寿之意。《庄子·逍遥游》云：“小知不及大知，小年不及大年。”

[7] 师波，疑为汉字记白音“师傅”之意。在白族地区白语“师傅”的发音为shī bō，与“师波”同音，其中，“师”为借汉字师傅之意，“波”白语为男性的意思。如，白语对“丈夫”的称呼为bō yǎn，对男性“老人”称呼为gū bō yǎn。今大理、剑川、鹤庆、洱源、云龙等地的白语至今仍在沿用。整句译为“尊拜黑胡子师傅为师”，此“师傅”或指白族密宗阿吒力师僧，即是。

自秦汉起，大理就深受中原文化的影响，迄今为止白族一直通行汉文。从汉晋时期的《孟孝琚碑》《爨宝子碑》《爨龙颜碑》，到南诏、大理国时期的《南诏德化碑》《仓贮碑》《大理圀彦资赵兴明之母墓幢》《大理圀故高姬墓铭碑》《大理国渊公塔之碑铭并序碑》《护法明公德运碑摩崖》等碑刻，以及《南诏中兴画卷·文字卷》、《张胜温画卷》、大理国写本佛经《护圀司南抄》《金刚般若波罗蜜多经》至元明清时期的碑刻，包括官方公文、文献典籍、民间书信往来等均为汉字书写。然而，在通行汉字的同时，南诏、大理国时期曾借汉字偏旁或借汉字记白族语音创造了一种方块形白文，这种似是而非的汉字多模印在瓦上，故被称为“有字瓦”。这种白文也常见于碑刻中，如发现于挖色镇高兴村的《大理圀释氏戒净建绘高兴兰若篆烛碑》、洱源县石窦香泉元末《段信苴宝摩崖碑》等碑文中均有白文存在。特别是明代景泰元年（1450年），由白族文学家杨黼撰写的《词记山花·咏苍洱境》，被称为白文第一碑。碑文以白族民歌山花体，即“三七一五”组成，采用汉字记白族语音、训读、自造新字等多种方式表达白语。正如石钟健先生所言：“所谓白文，是以汉字为基础的一种文字，它主要利用汉字作为表意和记音的符号，也就是利用汉字来记写白族的语言。”①

[8] 扬俊昇，生卒不详，与五华楼旧址出土《大理国故高姬墓铭》碑为同一撰写者。据碑载高姬生平及立碑时间为仁寿五年（1231年），可知扬俊昇约生活于大理国末期建德皇帝段正兴至神宗皇帝段智兴在位前后。扬俊昇在碑文中自称为“谏议大夫敕赐紫大师”。谏议大夫，官名。秦置，专掌论议。北宋前期，为寄禄官。神宗元丰年间（1078—1085年）改制，升从四品，复专掌讽喻规谏，左隶门下省，右隶中书省。南宋高宗建

炎二年（1128 年），兼领登闻检、鼓院。敕赐紫大师，敕即敕令，皇帝的诏令[②]。赐紫，“赐紫衣”之略称。我国古代朝廷敕赐臣下服章以朱紫为贵，及于唐朝，乃仿此制，由朝廷敕赐紫袈裟予有功德之僧，以表荣贵[③]。大师，佛的十尊号之一。即天人师。《瑜伽师地论·卷八二》：“谓能善教诫声闻弟子一切应作不应作事，故名大师。”后遂为僧人的尊称。五华楼旧址同时出土的还有《扬俊昇碑》，碑文左右两直行楷书：“衡鉴君圀谏议大夫扬俊昇，谥曰释龟儒镜圆悟圀师释照明。”前为扬俊昇生前官职，后为死后谥号。扬俊昇既是一位佛教密宗阿吒力师僧，又入仕为大理国高级官员，大理国时期的“政教合一”现象可见一斑。目前共发现三方有关扬俊昇的碑刻，一方为扬俊昇墓碑，两方为扬俊昇撰写的碑，其姓均书写为“扬”。笔者发现，在碑文录或诸多研究资料中，有部分作者将“扬”误作“杨”，即书为“杨俊昇”。扬姓为中国罕见姓氏，相传扬姓出自姬姓，是一个由周朝再分封而来的姓氏。周幽王时封周宣王之子尚于扬（约今山西洪洞一带）为诸侯，侯爵，史称扬侯。扬国直到春秋时才被晋中市国所灭。其子孙为纪念故国，便以国名为姓。历史上以天水为郡望。名人有：汉代文学家扬雄、庐江太守扬季等。当代扬姓主要分布于吉林省，江西上饶，山西长治、临汾等地。

①石钟健《论白族的白文》。

②吕宗力《中国历代官制大辞典》、《宋史·职官志一》。

③文物出版社《佛学大词典》（2002 年）。

段进明　录文　注释

方妍岚　重识

大理国□□□□□□□碑

青石，通高 78 厘米、碑额残宽 38 厘米、碑身宽 30 厘米、厚 12 厘米。碑阳额左部残，中间佛龛雕刻一尊胜佛母坐像，尊胜佛母双手合十于胸前，双手合十于头顶，结跏趺坐于莲花座，坐像左右两侧各雕刻有一个单圈梵文种子字母，碑额下部刻绘有吉祥云纹。碑文右起直书阴刻楷书 11 行，剥蚀严重。碑阴额正中雕阿弥陀佛坐像，右边残存 1 单圈梵文种子字母，碑身残存横书阴刻梵文 25 行，自 20 行起中间直书阴刻楷书“追为段明庆”5 字。

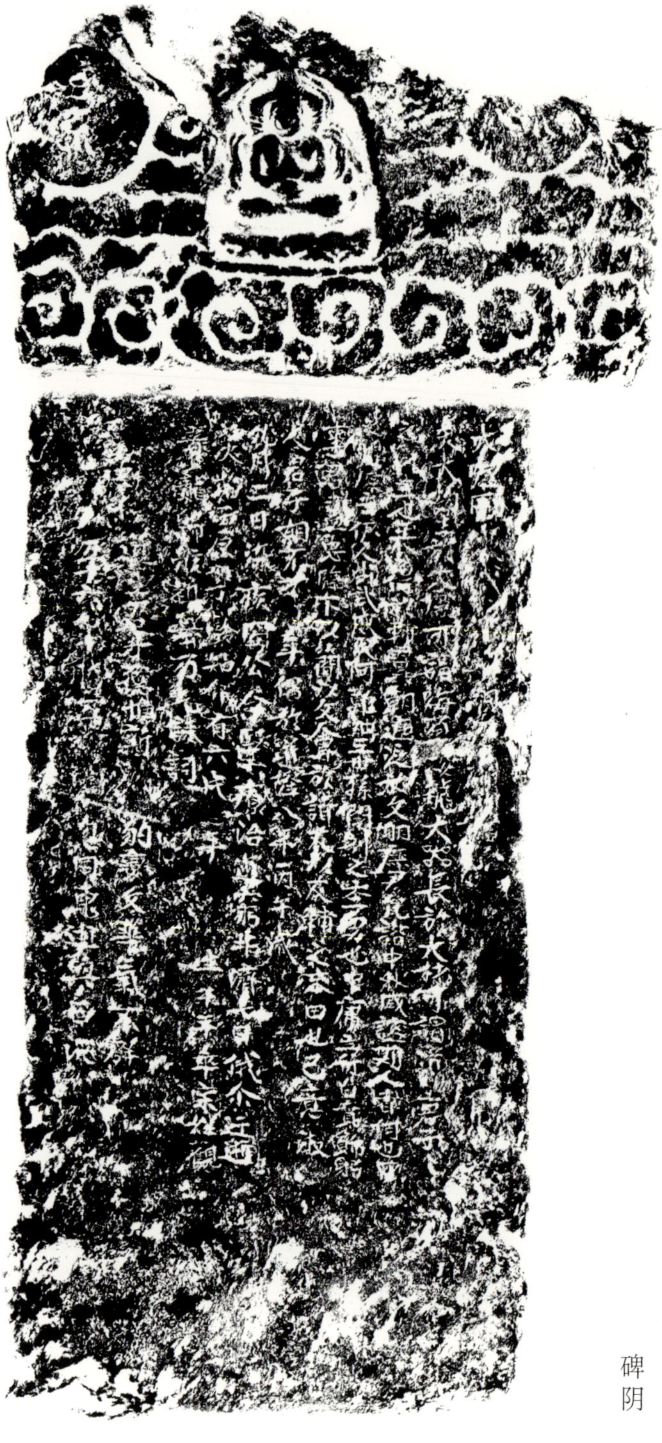

碑阳

碑阴

大理国□□□□□□□□（一行）

夫大物生于大处[1]，可谓：海孕□龙，大器长于大材，可谓；［洛土］君子□（二行）

□□［近］襄□□，辅翼朝廷，□敕文明**庶尹允谐中秋岁谥斯人者，何也**□（三行）

□□□□伊人尚武，威□何难□**三世**孙开列之**大二男也**，中庸**立行**，**白贲**□躬（四行）

事君**尽**忠，临下以简，以文**会于诸友**，**以友辅之忘田也**，已意淑（五行）

□君子，□不□，**年儒于道隆**八年①丙午岁（六行）

九月二日，染**疾囹**公**命医疗治**，**运穷弗济**，七日俄尔迁逝（七行）

焚［于］西原，**享龄知命**有六，戊□年□□［**道隆**］二年②卒。宋□观（八行）

音龙，归骸祖墓乃□诔词（九行）

道［**隆**］君子德**惟新**　　豹夔文华气不**群**（十行）

□□ 曰

五十六［**岁**］龙□□　　**恩**同东逝與□□　（十一行）

［1］郭象注《庄子》："直以大物必自生于大处，大处亦必自生此大物，理固自然，不患其失，又何处心于其间哉。"

①道隆八年：大理国孝义皇帝段祥兴的年号，丙午年（马年），南宋淳祐六年，即1246年。

②道隆二年：大理国孝义皇帝段祥兴的年号，庚子年（鼠年），南宋嘉熙四年，即1240年。

段进明　录文　注释

方妍岚　重识　加注

□宝藏铭碑

青石，残高 54 厘米、宽 43 厘米、厚 17 厘米。上半部残。碑阳剥蚀残缺较为严重，碑文右起直书阴刻行楷 15 行，文字辨识度低。碑阴横书阴刻梵文 12 行。

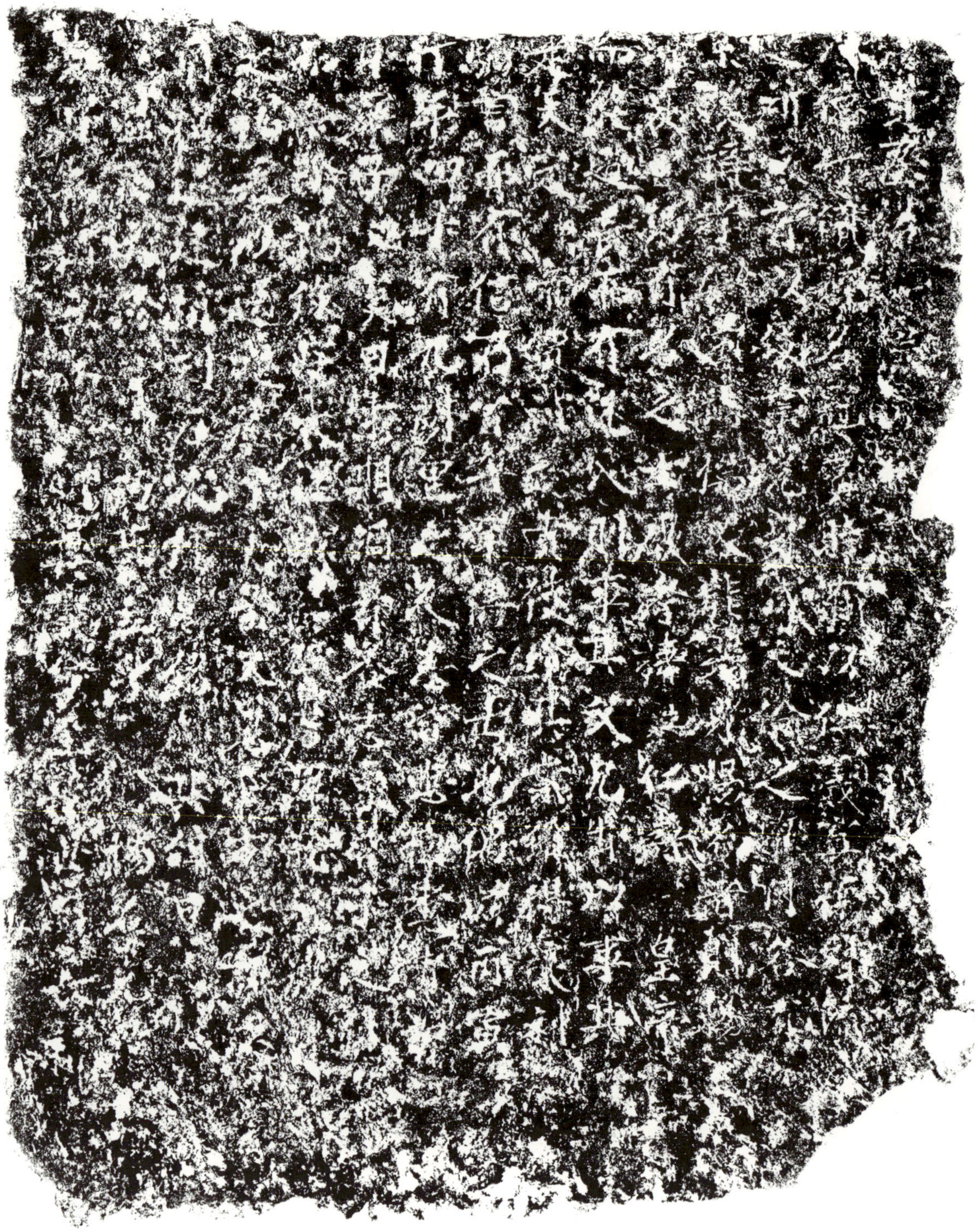

碑阳

（上阙）□宝藏铭□□□（一行）

（上阙）□德行□□名□□□有以仁义□福禄□（二行）

（上阙）□所以□以□□咒□感□俭之□□名□（三行）

（上阙）□□钟孝□□□德□能□身杨□□则杨（四行）

（上阙）□□□□有名之□□孝谏 之　仁寿 皇帝（五行）

（上阙）而从道民和有述，入则事其父兄，出以事其（六行）

（上阙）求天定□帝□□□贵□□其业□□□利（七行）

（上阙）骄言而有信，乃□乎□传之出也，偈□丙寅（八行）

（上阙）行年四十有九，关里之人善□□□□□□（九行）

（上阙）□□子□□日□期酒昂密志□□□□□（十行）

后五行碑文无法辨识

段进明　录文　注释

方妍岚　重识

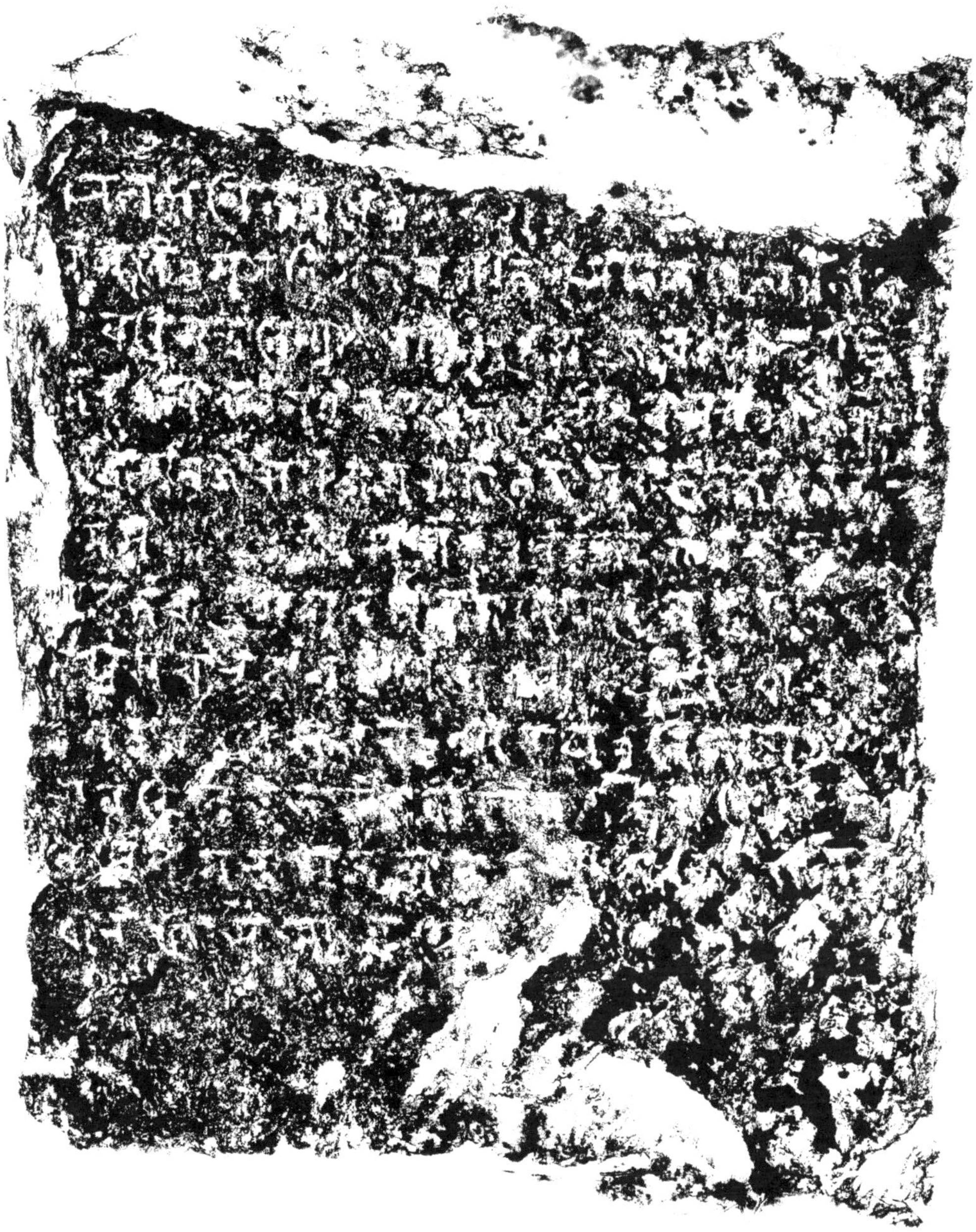

碑阴

回鹘文残碑

大理石。残高 62 厘米、残宽 61 厘米、厚 21 厘米。为半圆形碑额残件，左半部缺失。碑阳正中阴刻宽 2 厘米双线条方框，方框高 25 厘米、宽 19.5 厘米，内阴刻回鹘文 5 行。方框下阴刻莲花座，下饰吉祥云纹，四周呈弧线形阴刻单圈梵文五方佛种子字母仅残存 3 字，且下方均饰有莲花座，额满饰阴刻缠枝花卉纹。碑阴正中浅浮雕一阿弥陀佛坐像，坐像身着圆领通肩袈裟，头戴宝冠，手结定印，身后饰有圆形背光，跏趺坐于六方形高台须弥莲花座上，左侧饰有仙鹤云纹图案，额上方呈弧线形阴刻单圈梵文八大菩萨种子字母仅残存 5 字，其下均饰有莲花座，周围饰有阳刻缠枝花卉纹。

碑阳

碑阳

原文换写

1 bycynyyltwqwz'y

2 yygyrmybyr-k" t'myrtwng"

3 q'cyntybwy'rtyncw-t

4 y'ryn-lyqkwni'rtyp

5 trryyrly-ynbwdwrty

原文转写

1 bicinyiltoquzunc ay

2 yigirmibir-katamirtona

3 qacintibuyairtincui-ta

4 yaryan-liqkiniatip

5 t（a）nri y（a）rl（）y-in buduirti

汉译文：

1. 猴年九月。

2. 二十一（日）铁木耳通阿。

3. 离开了此世界。

4. 度过屠杀之日。

5. 实现了天意（他去世了）。

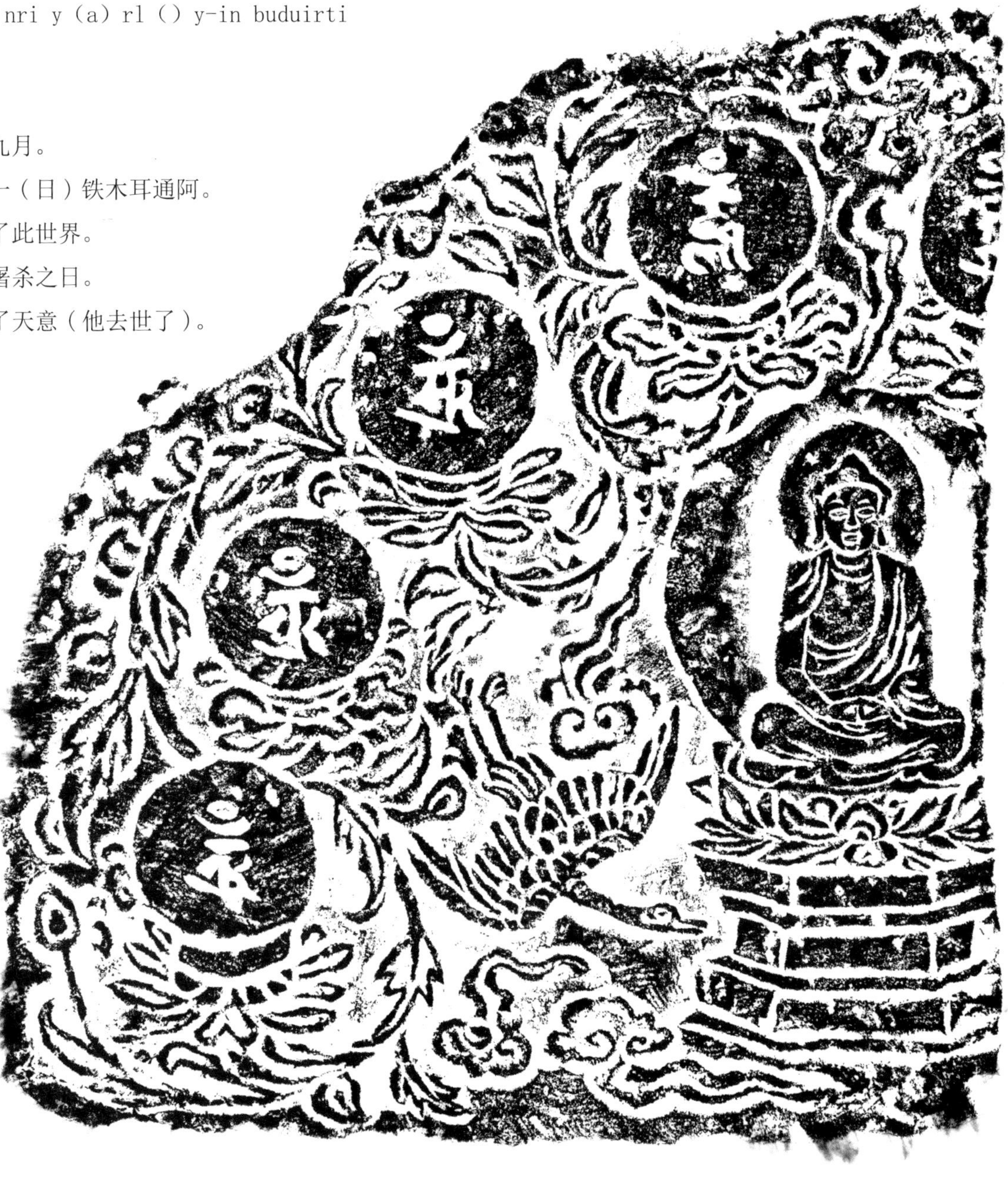

碑阴

千户张山神墓志碑

青石，残高 56 厘米、宽 68 厘米、厚 17 厘米。碑上半部分缺失，中部无字，左面剥蚀严重。碑阳碑文右起直书阴刻楷书 12 行。尚存碑文多模糊不清，可辨者寥寥数字，内容也难以连贯考释。根据残留字迹可判断此碑应为一块元代墓志碑，且作“千户张山神墓志”。碑阴无字。

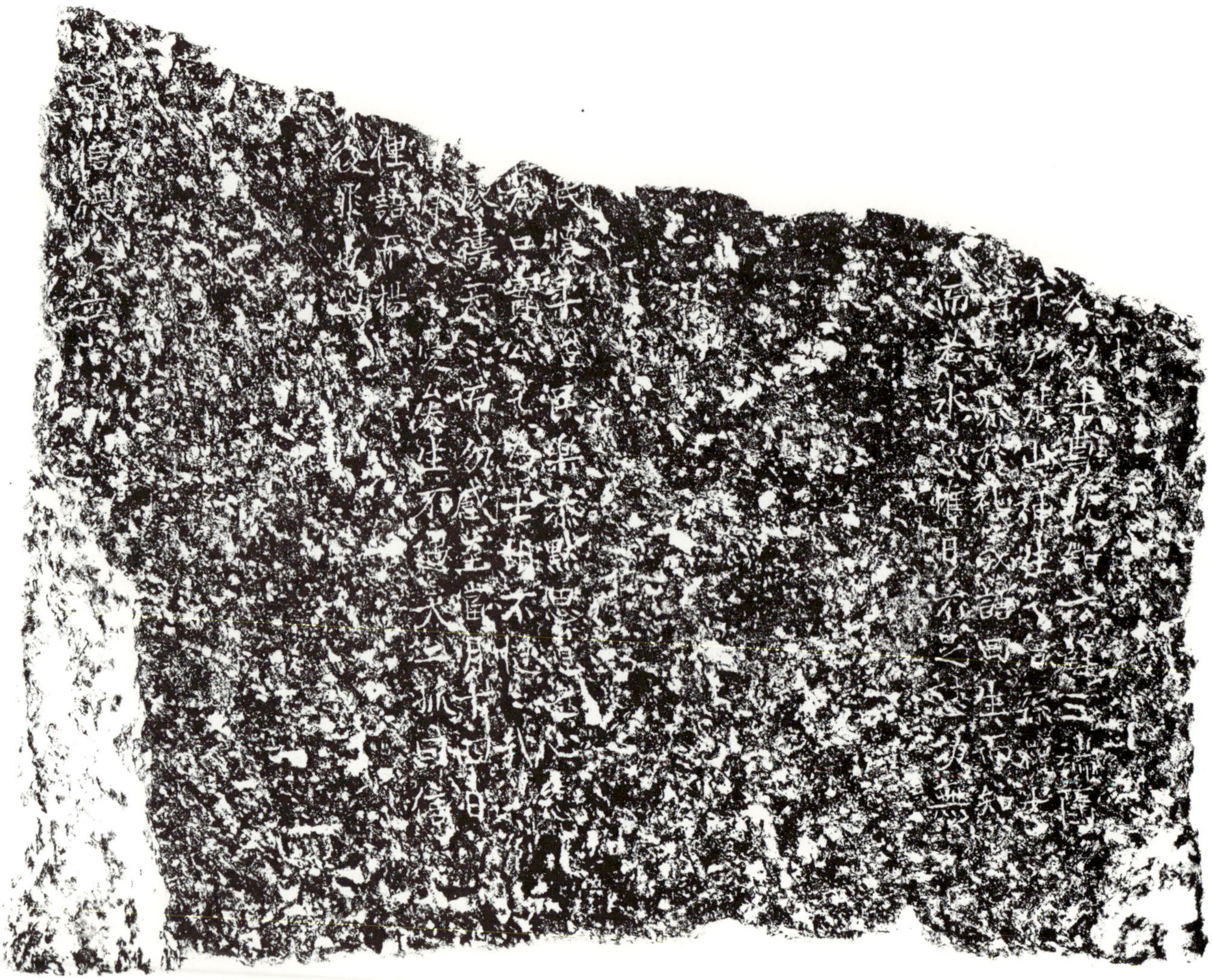

（上阙）撰（以下字迹模糊）（一行）
（上阙）□以□尊□父，知六理三端[1]□（二行）
（上阙）千户张山神[2]生□□孙□□□（三行）
（上阙）□诗书慕于礼义语曰：生而知（四行）
（上阙）□而若水鱼，惟曰不足懋，功无（五行）

（上阙）民怀柔[3]至民乐恭默思忆之心悉（六行）
（上阙）为口实公不为士胡不□□我（七行）
（上阙）□祷天，天而勿感。至当月十四日（八行）
（上阙）［当］［承］心□之忧矣。生不遇天泣孤曰：信（九行）
（上阙）俚语。而杨［公］（十行）
（上阙）后罪也□（十一行）
（上阙）张信德　立［石］（十二行）

[1] 墓主生前知晓“六理三端”，即六艺三端：礼、乐、射、御、书、数或《易》《书》《诗》《礼》《乐》《春秋》。三端，《韩诗外传·卷七》：“是以君子避三端：避文士之笔端，避武士之锋端，避辩士之舌端。”南朝梁简文帝《舌赋》：“夫三端所贵，三寸着名。”

[2] 千户，官名，金朝使设，为世袭军职。成吉思汗即位后，建立千户制，将全国的人民和土地划为九十五个千户，于各路设千户所，置千户为长官，隶属于万户，下领百户，百户下为十户。史称“领户分封制”或“千户分封制”，是蒙古汗国独特的军政统一制度。

[3] 怀柔，是指统治者用温和的政治手段笼络其他国家或本国非主体民族，如采用封王、赐爵、经济扶持、连亲等，使归附自己。《汉书·郊祀志》：“怀，来也；柔，安也。言招来百神而安之。”元初统治者对各少数民族实行怀柔政策，在大理则设立大理路军民总管府，既监视又利用，同时削减了段氏的统治范围。

段进明　录文　注释

方妍岚　重识

杨公释□慧公墓碑铭并序碑

青石，残高 69 厘米、宽 63.5 厘米、厚 16.5 厘米。碑上下残缺，碑阳左右两边各有宽 4.5 厘米阳刻边框，碑文右起直书阴刻楷书残存 21 行，行余字不等。碑文叙述墓主人杨慧生前在光宅寺出家为僧，为大阿左梨，长于佛事，精通密宗和显宗，熟读三学教义和《法华经》，并通晓瑜伽。为人做事清而自守、直廉雅淡，“为时人之所景慕”。碑阴无字。

杨公释□慧公墓碑铭并序（一行）

（上阙）斋杨贤文□　撰　乐山后人祯□赵庆积善[1] 书丹（二行）

（上阙）［享］年七十有五，以微疾端坐而终。越三日，诸孤具葬礼，火化于苍山[2]。（下阙）（三行）

（上阙）□求予以铭，愚虽不能，有契家之旧，乃未牢让，巨书之。杨之为［饮］□（下阙）（四行）

（上阙）柏洎雪庭道人所述厥考大师杨智长之墓铭，今不赘云。公讳□（下阙）（五行）

（上阙）□如，密显之教俱通，直廉雅淡，慎行素格，不越趄于权门，不捐弃（下阙）（六行）

（上阙）□越，生福灭罪，降魔救疫，神效非一。为时人之所景慕。逭至顺二[3]（下阙）（七行）

（上阙）大阿左梨[4]，举族不务浮华，而清白自守，背项相望。为出家僧，同（下阙）（八行）

（上阙）□号照本，识量高远，天才英迈，学兼性相，仍通瑜伽，刚定康（下阙）（九行）

（上阙）结庵于光宅山之阳，缁俗趋附，其如归市焉。处已冰清，［接］（下阙）（十行）

（上阙）受业师，绝氏为僧，诸比丘住光宅禅刹[5]，诸尼建苑于上（下阙）（十一行）

（上阙）□救曰：寂公之嗣维五，胜日[6]通玄关[7]也。初十九出家[8]，投（下阙）（十二行）

（上阙）［玄］理，三学齐举，法华为课。化寂于龙顶山[9]之僧舍，临终□（下阙）（十三行）

（上阙）［双］眸朗朗，轮郭凖头全不陨落，如有所视听，逭乎火灭，（下阙）（十四行）

（上阙）僧腊三十一。次名善福、护庆，改开瑞、明凝也，及妇娌、孙（下阙）（十五行）

（上阙）不能毕举。至于戚里、徒弟，往往从之，落彩者不与焉。嗟（下阙）（十六行）

（上阙）氏之求玄慕道，亦盛而弥勤。可谓上能报于（十七行）

（上阙）议哉！乃强铭之曰：（十八行）

（上阙）示有家室　云聚烟凝　消禳兵疠　风静波澄（下阙）（十九行）

（上阙）景运中兴　师云坐脱　拔宅超升　折伏魔外　（下阙）（二十行）

（上阙）十二年龙集于辰[10]孟冬良月十五日孝嗣开瑞（下阙）（二十一行）

［1］杨贤文、赵庆积善，生平待考。乐山，今四川乐山市。乐山，古称嘉州，又称海棠香国，历史上属古蜀国。两宋改嘉州为嘉定府。元至元十三年（1276 年）升为嘉定路。明朝洪武初年，降嘉定路为府，九年（1376 年）四月，降嘉定府为嘉定州，降眉州、邛州为县，仍属嘉定州。至清雍正十二年（1734 年）方置乐山县，取“城西南五里有‘至乐山’”为名，改龙游县为乐山县，“乐山”之名沿用到今。清嘉庆十七年（1812 年）版《乐山县志・卷二・舆地志・沿革》载：“雍正十二年，升嘉定府，仍置县曰乐山。”故书丹者赵庆积善之“乐山后人”之“乐山”非今之四川乐山。“古人乐山”，取其乐于山水之意，“乐山”应为元初或元以前某文人墨客的别号。待考。

［2］唐樊绰《蛮书》载：“蒙舍及诸乌蛮不墓葬，凡死后三日焚尸，其余灰烬，掩以土壤，唯收两耳，南诏家则贮以金瓶，又重以银函盛之，深藏别室，四时将出祭之。其余家或铜瓶、铁瓶盛耳藏之也。”元李京《云南志略・诸夷风俗・白人》：“人死，既焚，盛骨而葬。”明景泰《云南图经志》载：“人死则置棺于中堂，请阿吒力僧遍咒之，三日焚于野，取其骨贴以金箔，书符咒其上 以瓷瓶盛而瘗之。”这种葬俗可追溯至南诏时期，元、明沿用。

［3］至顺二［年］，《元史》，至顺年号共四年，故为至顺二年，即元辛未年，1331 年。

［4］大阿左梨。《一切经音义・卷二十一》：“阇梨具曰阿阇梨，次曰轨范师，谓与其弟子为规则师范。”唐道宣《四分律行事钞》卷上，有五种阿阇梨：一为出家阿阇梨，出家得度之际授十戒之师，也称“十戒阿阇梨”；二为授戒阿阇梨，受具足戒之际作羯磨之师，也称“羯磨阿阇梨”；三为教授阿阇梨，受具足戒之时教授威仪之师，

也称“威仪阿阇梨”；四为授经阿阇梨，即教读经之师；五为依止阿阇梨，同起居，而从受教之师。《新纂云南通志·卷一〇三·宗教考》：盖唐宋间传至云南之佛法，以阿叱力教为盛，阿叱力即是梵语 Acarya 的译音，乃瑜伽秘密宗。诸志乘或碑刻亦作大阿左梨、大阿阇梨、阿阇梨、阿舍黎、阿祇利、阿遮利耶，略称阇梨。其在云南，则有家室之僧亦称阿叱力，元·郭松年《大理行记》载“凡诸寺，皆得道者居之，得道非师僧比也，师僧有妻子”。景泰《云南图经志·云南府·风俗》曰：“僧有二种，居山寺者曰净戒，居家室者曰阿吒力。”万历《云南通志·卷二·大理府·风俗》曰：“阿阇梨僧，有家室。”今可考大理、宾川、邓川、鹤庆之明代墓碑至夥，称阿吒力僧者，即有家室之佛弟子。至今亦有所谓俺阇梨者，为人祈禳，自称曰“如来弟子”，此自古以来之遗风也。阿吒力之行教，景泰《云南图经志·卷一·云南府·风俗》曰：“土人死则浴尸，束缚置棺中，或坐或侧卧。以方布令有室僧啊吒力者书咒八字其上，曰：地、水、风、火、常、乐、我、净，而饰以五彩，覆于棺。”又《镇南州·风俗》曰：“人死，则置棺于中堂，请阿吒力僧遍咒之，三日，焚于野，取其骨贴以金箔，书咒其上，以瓷瓶盛而瘗之。”（按：闵锐、刘旭、段进明著《大理大丰乐》：1993 年 3 月至 6 月及 1995 年 3 月至 6 月，云南省考古研究所和大理市博物馆联合先后两次对凤仪大丰乐墓地进行发掘，有部分火葬墓四壁用四块大理石板围成墓圹，每块大理石板上部中阴刻三圈，中心为汉字，两旁圈内刻梵文种子字，四块组合为“常”“乐”“我”“净”，石板中刻供养人，两侧刻梵文“佛顶尊胜陀罗尼咒”，下部分刻十二生肖。顶板下面阴刻一法轮纹，上面阴刻一圆形莲瓣纹。烧骨上有朱书梵文，包贴金箔，有部分烧骨上还残留有丝麻织物。部分陶火葬罐顶盖和罐腹有朱书梵文，盖内亦朱书梵文种子字及莲瓣纹。）即阿吒力僧所遗也。滇中，葬以火化，唐、宋以来，如《元史·赛典赤传》曰：“云南俗，亲死则火之，不为丧祭。赛典赤教之，死者为之棺椁奠祭。”至是已渐改其俗，而火葬之风，明代犹盛兴。阿吒力教从元朝以后逐步衰落，明太祖特申禁令，不许传授密教，然云南之阿吒力，土俗奉之，视为土教，犹设僧官焉。康熙《云南通志》凡例曰：“阿吒力教，非释非道，其术足以动众，其说足以惑人，此固盛世之乱民，王法所必禁者也，删之何疑。”自后，志乘鲜载阿吒力事，正由其教之衰败也。另，宣政院、云南释教都总统等对品行兼优、德高望重的大阿左梨，皆授予荣誉称号，称号内容因人而异，各有不同。据五华楼旧址出土《故神功梵德大阿左梨赵道宗墓碑》记载：“云南诸路都元帅也先八哈失赐职曰：‘玄通秘法大阿左梨’”“云南释教都总统补‘德行高洁传印大阿左梨’”“……职受‘泰宽直善大阿左梨’”“宣政分院擢补‘神功梵德大阿左梨’”。

［5］光宅山，光宅禅刹，待考。

［6］胜日，古代五行家谓金、木、土、水、火五行相克之日为“胜日”。亦指亲友相聚或风光美好的日子。《史记·孝武本纪》：“乃作画云气车，及各以胜日驾车辟恶鬼。”《晋书·卫玠传》：“及长，好言玄理……遇有胜日，亲友时请一言，无不咨嗟，以为入微。”明康海《斗鹌鹑·春游南山》词：“胜日寻芳，词人对垒。”

［7］按《辞海》中的解释，玄关是指佛教的入道之门。佛经云：“玄关大启，正眼流通。”现泛指建筑物入门处到正厅之间的一段转折空间，东亚传统建筑中具有“藏”的概念，玄关是屋外和屋内的缓冲，使屋外与屋内有一定的隔开。

［8］观世音菩萨有三个生日。农历二月十九日，是观世音菩萨圣诞日。农历六月十九日，是观世音菩萨成道日，农历九月十九日，是观世音菩萨出家日。每年逢这几个日子佛教寺院都举行隆重的法事，因缘非常殊胜。

［9］按王云、方龄贵《大理五华楼新出元碑选录并注释》“追为亡人大师李珠庆神道”碑中“龙顶山”的记载，疑即九龙顶山，明李贤、彭时、吕原等纂修《大明一统志·卷八六·云南布政司·大理府·山川·九龙顶山》“在赵州南五十里，其山九峰相聚”。《天下名山游记》录李元阳《九顶山记》载：“余约雪屏赵中丞……余初夜宿赵之飞来寺，明日，中丞遂从赵州东山迤逦而行……晓登九龙寺……”[①]明慎蒙《天下名山记钞》载：“九顶寺在云南县（今祥云县）西北二十五里，其山有九鼎，故名。” 清光绪《云南县志》中记有：“九

顶寺，在城西北二十里，周遭九峰相属，若拱若揖，中一峰尤峻拔。寺建于唐，山顶有洞，高广可三四丈许，旧攀铁索乃升，游人苦之。”据《大明一统志》《九顶山记》《天下名山记钞》所载九龙顶山、九顶寺之方位，应为同一寺庙。

［10］据碑文“至顺二［年］”，为元文宗辛未年，即 1331 年。查《元史》，至顺年号以后只有元顺帝至正年号共存三十年，故立碑时间 “十二年龙集于辰……”，“龙集于辰”也应对至正壬辰年，即 1352 年。

①李元阳（1497—1580 年），字仁甫、号中溪，白族，云南大理人。明代云南著名文学家、理学家。嘉靖五年中进士。赵汝廉，明云南太和人，字敦夫，号雪屏。嘉靖十一年进士。授吏部考功主事，历郎中，主内察，力主黜赵文华。官至南京都察院右副都御史。

段进明　录文　注释

方妍岚　重识

故心凝密要大阿左梨墓志铭并序碑

青石，高 89 厘米、宽 52.5 厘米、厚 14 厘米。碑右上角残缺。碑阳碑文右起直书阴刻楷书残存 17 行，行余字不等。碑阴无字。碑文多为对墓主人生前事迹的赞誉之辞，追溯了墓主人世代为佛教密显要职的身世，其母为元初大理名医白氏大师义之女。碑文还记载了因墓主人在佛教界的贡献和影响，被释教总统所、宣政分院先后赐予“大阿左梨”和“心凝密要大阿左梨”的职号。因碑残泐、风化腐蚀、字迹模糊，墓主人姓名及立碑时间无考。

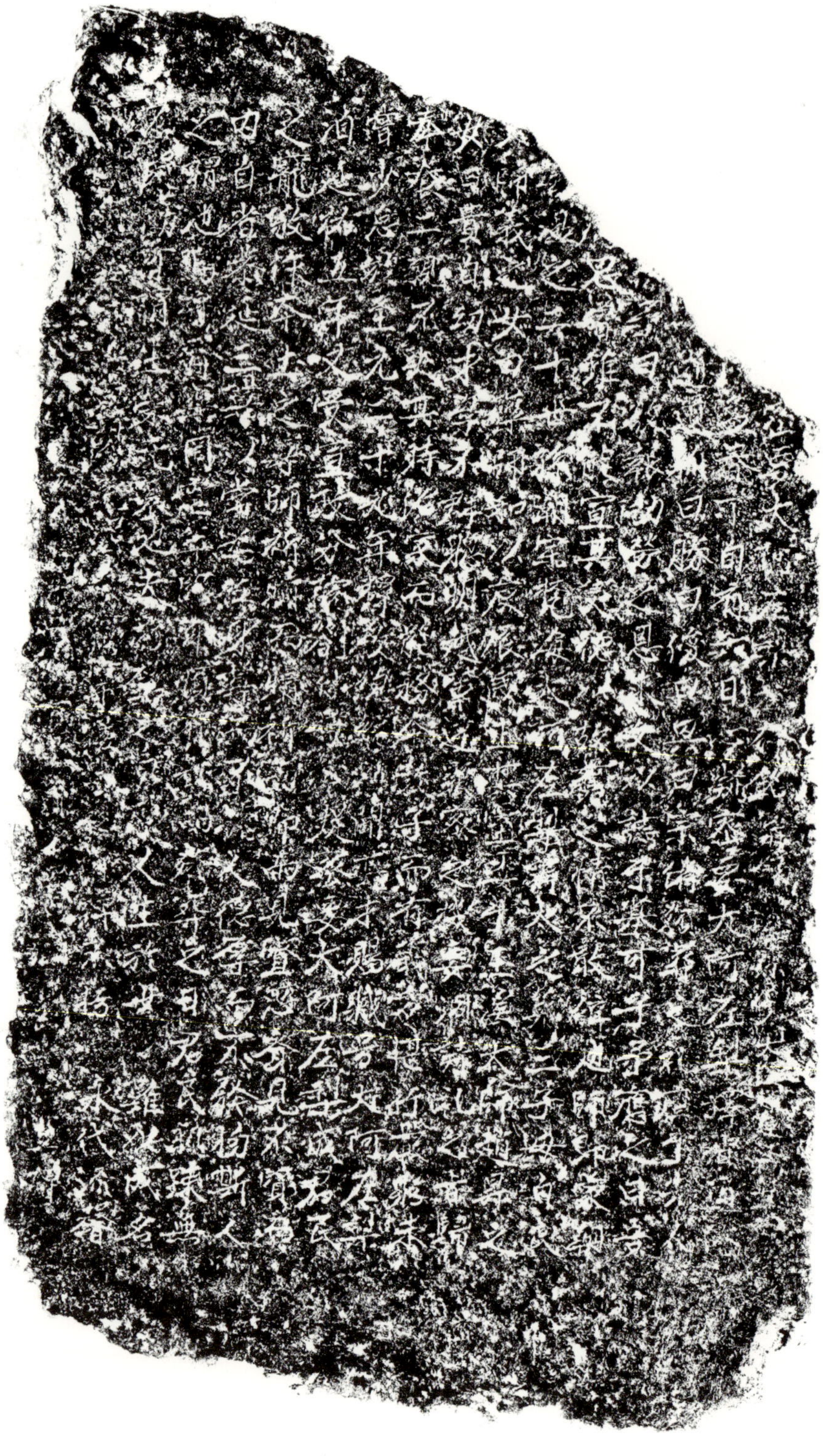

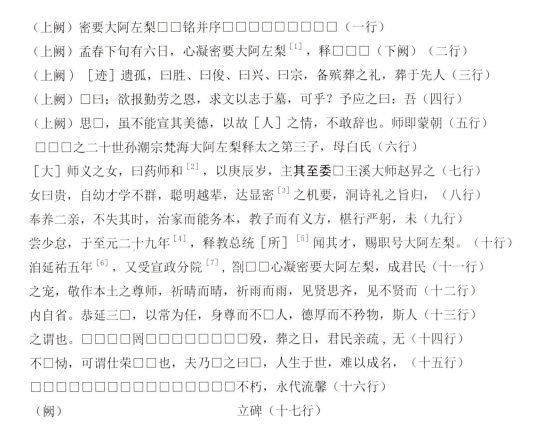

（上阙）密要大阿左梨□□铭并序□□□□□□□□□□（一行）

（上阙）孟春下旬有六日，心凝密要大阿左梨[1]，释□□□（下阙）（二行）

（上阙）［迹］遗孤，曰胜、曰俊、曰兴、曰宗，备殡葬之礼，葬于先人（三行）

（上阙）□曰：欲报勤劳之恩，求文以志于墓，可乎？予应之曰：吾（四行）

（上阙）思□，虽不能宣其美德，以故［人］之情，不敢辞也。师即蒙朝（五行）

□□□之二十世孙潮宗梵海大阿左梨释太之第三子，母白氏（六行）

［大］师义之女，曰药师和[2]，以庚辰岁，主其至委□王溪大师赵昇之（七行）

女曰贵，自幼才学不群，聪明越辈，达显密[3]之机要，洞诗礼之旨归，（八行）

奉养二亲，不失其时，治家而能务本，教子而有义方，椹行严躬，未（九行）

尝少怠，于至元二十九年[4]，释教总统［所］[5]闻其才，赐职号大阿左梨。（十行）

洎延祐五年[6]，又受宣政分院[7]，劄□□心凝密要大阿左梨，成君民（十一行）

之宠，敬作本土之尊师，祈晴而晴，祈雨而雨，见贤思齐，见不贤而（十二行）

内自省。恭延三□，以常为任，身尊而不□人，德厚而不矜物，斯人（十三行）

之谓也。□□□□罔□□□□□□□□□□歿，葬之日，君民亲疏，无（十四行）

不□恸，可谓仕荣□□也，夫乃□之曰□，人生于世，难以成名，（十五行）

□□□□□□□□□□□□□□□□□□□不朽，永代流馨（十六行）

（阙）　　　　　　　　　　　立碑（十七行）

［1］心凝密要大阿左梨。同《杨公释□慧公墓碑铭并序碑》注［6］。

［2］“药师和”名字的含义有二。其一，从南诏中后期开始，因笃信佛教，大理白族将“观音”等佛号加在姓名中间，以示虔诚。一般是第一个字为汉姓，中间两个字为诸佛、菩萨尊号或佛经名，最后一个字为本名。大理国时期，佛教密宗阿吒力教在洱海流域以及其他白族聚居地，受到广泛的崇拜。这种取名方式在大理国时期颇为盛行，元、明时期仍在沿袭，在史籍、碑刻及宗族家谱中均随处可见。宋范成大《桂海虞衡志》：“乾道癸巳冬，忽有大理国人李观音得、董六斤黑、张般若师等率以三字名，凡三十六人至横山，议市马……”《大理国渊公塔之碑铭并序碑》：“苏难陀智奉命书”，碑文中有“高观音政”等。昆明大理国地藏寺经幢《造幢记》中有“高观音政、高观音明”。五华楼旧址出土《大理圀故高姬墓志铭碑》有“天下相君高妙音护之女，母建德皇女段易长顺，翰林郎李大日贤之内寝也”的记载。五华楼旧址出土《追为段观音善神道碑》《追为亡人杨观音护神道碑》，碑名中的姓名即为观音名号。常用的名号有“观音”“易长”“大日”“妙音”“天王”“那陀”“诸天”等尊号，在这些名号中，以观音为名者居多。唐宋时期，在中原地区亦有记载。唐太宗李世民的长孙皇后（601年3月15日—636年7月28日），本姓拓跋，字观音婢。辽道宗耶律洪基的第一任皇后，其姓名即萧观音（1040—1075年），被辽道宗誉为女中才子。唐国公世子李建成之妻郑观音（599—676年），据《续高僧传·释智越传》所载，其父郑继伯与高僧智越深有交往，极有可能为一虔诚的佛教信徒，因此郑氏以观音为名。其二，《故大师白氏墓碑铭并序碑》载，大理国时期大师白长善先人随侬智高逃至大理，侬智高死后，白氏因“其医术之妙”成为大理名医。碑文记载“母白氏大师义之女，曰药师和”，说明白氏后裔仍传承祖业在大理从医。药师佛，全称为药师琉璃光如来，又称大医王佛、医王善逝或消灾延寿药师佛，为东方琉璃净土的教主，故取“药师”为名。

［3］同《杨公释□慧公墓碑铭并序碑》注［3］。

［4］至元二十九年，元至元壬辰年，1292年。

［5］官署名。至元元年（1264 年），置总制院（亦称释教总制院，后改名宣政院），命八思巴领院事，以管理全国佛教及吐蕃全境事务。元世祖至元十六年（1279 年），于江南诸路设释教总统所，先后任命僧官为总统、总摄，管理地方佛教事务的专门机构，为总制院或宣政院驻江南机构。但《元史·百官志》中有关宣政院的记载，没有提到释教总统所，因而常被论者忽略。释教总统所于大德三年被罢除。《续资治通鉴·元纪·成宗大德三年》“五月，壬午，罢江南诸路释教总统所。”上海辞书出版社《中国历史大事年表·古代》：“元大德三年……罢江南诸路释教总统所，请出诸寺佃户五十余万为编民。”

［6］延祐五年，元延祐戊午年， 1318 年。

［7］宣政院，官署名，初名总制院，是元朝统治中国时期设立的一个直属中央政府管辖的国家机构，负责掌管全国佛教事宜并统辖吐蕃（今西藏）地区的军政事务。《元史·百官三·宣政院》： “宣政院，秩从一品。掌释教僧徒及吐蕃之境而隶治之。遇吐蕃有事，则为分院往镇，……如大征伐，则会枢府议。……至元初，立总制院，而领以国师。二十五年（1288 年），因唐制吐蕃来朝见于宣政殿之故，更名宣政院。” 置院使二员、同知二员、副使二员、参议二员、经历二员、都事、管勾、照磨等，后又置断事官、佥院、同佥等。其用人自选，僧俗并用。

段进明　录文　注释

方妍岚　重识

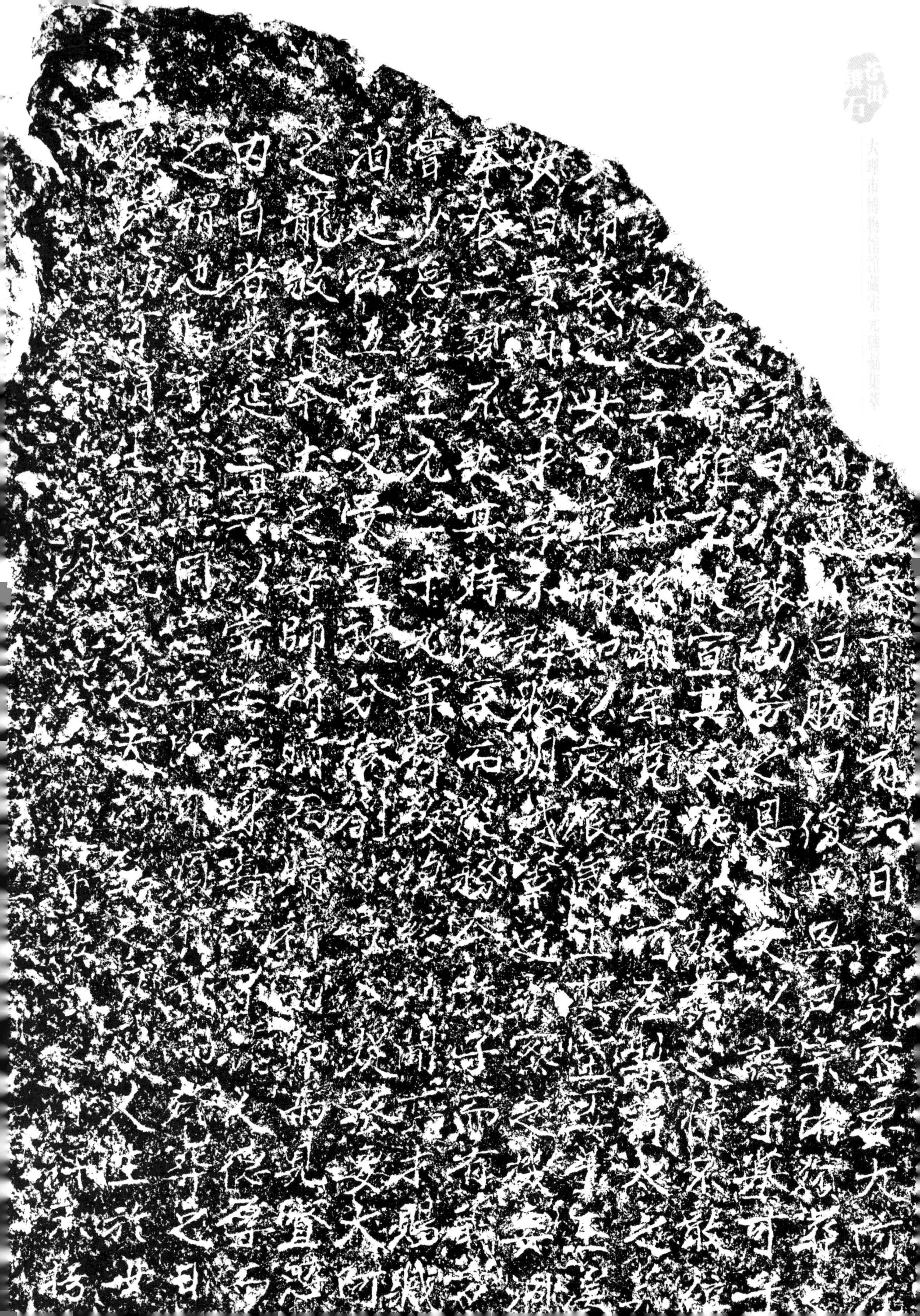

大理庙学残碑

大理石，高 116 厘米、宽 78 厘米、厚 16 厘米。碑体仅残存三块，左中部缺失，上部残损，右下部风化严重。碑阳四周阴刻双线条边框，碑文右起直书阴刻楷书 21 行，行余字不等。碑阴无字。

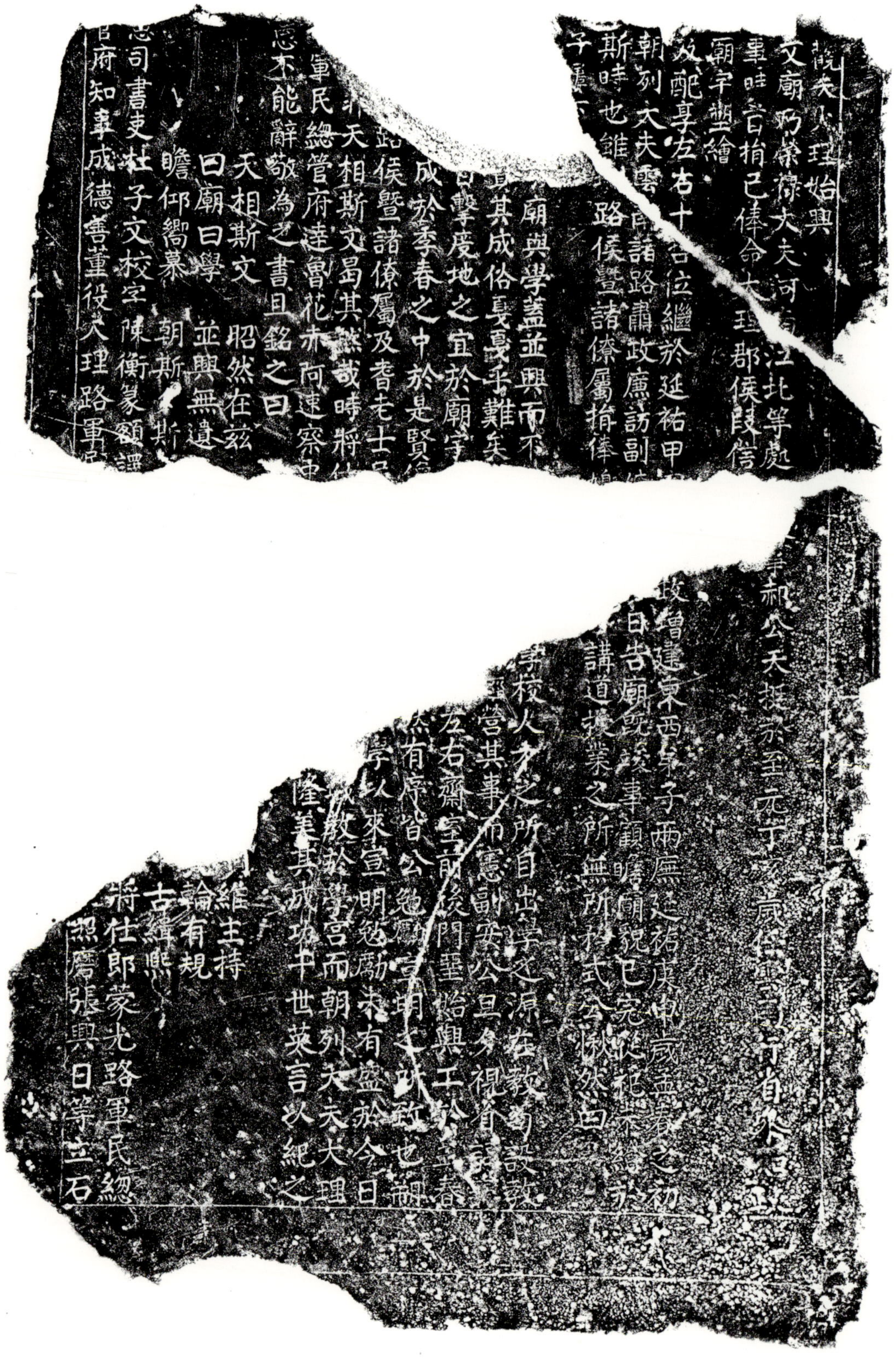

观夫大理始兴（一行）

文庙乃荣禄大夫①河南江北等处②□□［事］郝公天挺③于至元丁亥④岁任云南行省参知政（二行）

事时，首捐己俸，命大理郡侯段信⑤□□（三行 ）

庙宇塑绘（四行）

及配享左右十□位继于延祐甲［寅］⑥□□政，增建东西弟子两庑，延祐庚申⑦岁梦春之初（五行）

朝列大夫⑧云南诸路肃政廉访副［集］⑨（中阙）日告庙既竣事，顾瞻庙貌已完，从祀未绘于（六行）

斯时也，虽□路侯暨诸僚属捐俸（中阙）讲道授业之所，无所矜式，公愀然曰（七行）

子（屡）□□（八行）

（上阙）庙与学盖并兴而不（中阙）学校人才之所，自出学之源在教，苟设教（九行）

（上阙）真其成俗戛戛乎难矣，（中阙）经营其事而宪副安公，旦夕视省，谆谆（十行）

（上阙）日擎，度地之宜，于庙宇（中阙）左右斋室前后门，垩始兴工于孟春，（十一行）

（上阙）成于季春之中，于是贤像（中阙）然有序皆公，勉励宣明之所致也。朔（十二行）

（上阙）路侯暨诸僚属及耆老士民，（中阙）学以来，宣明勉励未有盛于今日。（十三行）

（上阙）□□非天相斯文［曷］其然哉，时将［仕］（中阙）教于学宫，而朝列大夫大理（十四行）

（路）军民总管府⑩达鲁花赤⑪阿速察［中］⑫［中阙］隆[1]，美其成功 ，千世英言以纪之，（十五行）

愚不能辞，敬为之书且铭之曰（十六行）

天相斯文　昭然在兹（中阙）［钢］维主持（十七行）

曰庙曰学　并兴无遗（中阙）［奂］轮有规（十八行）

瞻仰向慕　朝斯夕斯（中阙）［千］古缉熙（十九行）

□司书吏杜子文校字陈衡⑬篆额译（中阙）将仕郎蒙光路军民总（二十行）

管府知事成德善、董役⑭、大理路军民（中阙）照磨张兴日[2]等立石（二十一行）

［1］当即段隆。延祐庚申当为延祐七年，1320 年，据诸书时段隆任大理总管。（《大理五华楼新出元碑选录并考释》中《大理路庙学残碑》注。）

［2］《元史・卷六十一・地理四》云南诸路行中书省有蒙光路军民府。又《元史・卷九一・百官志》，诸路总官府置照磨兼承发架阁一员。

①荣禄大夫，文散官名。金始置，从二品下，元升为从一品。散官即是古代表示官员等级的称号，与职事官表示所任职务的称号相对而言，是有官名而无职事的官称。（段进明注）

②“江北等处”。全称应为“河南江北等处行中书省”。查吕宗力《中国历代官制大辞典》：河南江北等处行中书省。元代官署名，秩从一品，设于世祖至元二十八年（1291 年），省治汴梁（今河南开封）。辖境包括今河南省及湖北、安徽、江苏三省江北地区。置丞相一员，平章二员，右丞、左丞各一员，参政政事二员。《元史·志第十一·地理二》：“河南江北等处行中书省，为十二路、府七、州一，属州三十四，属县一百八十二。”（段进明注）

③郝天挺，（1247—1313 年），字继先，号新斋，安肃州（今河北省徐水县人），元朝时期大臣、文学家，太保冀国公郝和尚拔都之子。历任云南行省参知政事、汉中道廉访使、吏部尚书、江浙行省左丞。《元史》卷一七四《郝天挺传》曰：“建省云南，选官属，遂除参议云南行尚书省事，寻升参知政事。”《新纂云南通志·卷五》元代大学设于初立行省之时。至元十九年（1282 年），命云南诸路设学。大理路文庙成于至元丁亥年二月（1287 年），郝天挺有功于建庙。相关碑刻有《大理路兴举学校记》《加封孔子圣诏碑》《创大理路文庙碑》。皇庆二年（1313 年）卒，年六十七。赠光禄大夫、中书平章政事、柱国，追封冀国公，谥忠定。（王渐注）

④至元丁亥，元世祖忽必烈至元廿四年，丁亥年，1287 年。（王渐注）

⑤⑥信苴，在白语中为王之意。元李京《云南志略·诸夷风俗》载：“诸王曰信苴。”据元史，元仁宗延祐年号共七年，仅元仁宗延祐元年为甲寅年，即 1314 年。《增订南诏野史·下卷·段正》载：“段正，元成宗丁未大德十一年（1307 年）袭……”“延祐三年（1316 年），正卒，庆子隆袭。”是年为段正在位，有碑文及史料记为段政。据五华楼旧址出土《大理路庙学残碑》载：“……政增建东西弟子两庑”，记载了段正在位期间增建文庙两庑之事。（段进明注）

⑦延祐庚申，即延祐七年，1320 年。（王渐注）

⑧朝列大夫。“官名。金代始置，为文散官。天德二年（1150 年）由奉德大夫改，从五品下。元改从四品，宣授。”见吕中力《中国历代官制大辞典》《历代职官表》。（段进明注）

⑨元初，肃政廉访司名为提刑按察使，“掌纠察百官善恶，政治得失”。设廉访使二员，正三品；副使二员，正四品。《元史·卷八十六·百官二》：“（元世祖至元）二十八年（1291 年），改按察司曰肃政廉访司。大德元年(1297 年),从云南行台于陕西,复立云南道。……每道廉访使二员,正三品；副使二员,正四品……”《元史·卷六十一·地理四》：“云南诸路道肃政廉访司。大德三年（1299 年），罢云南行御史台，立肃政廉访司。”至元三十一年（1294 年），大理路军民总管府立《崇奉圣旨碑》载：“若德行文学高出时辈者，有司保举肃政廉访司……本路总管府提举儒学肃政廉访司，宣明教化，勉励学校。”元至大二年《加封孔子圣诏碑》下栏左半部：“奉议大夫佥云南诸路肃政廉访司事张元题额并书丹”“云南诸路肃政廉访司书吏郭志监造”“云南诸路肃政廉访司白贲监造”。五华楼旧址出土《张长老墓碑》载：“皇庆元年春，中奉大夫肃政访使玄庭张子元临按大理。”《云南通志·人物志》载，支渭兴①曾任“云南诸路肃政廉访司佥事，升副使”。（段进明注）

⑩全称为“大理路军民总管府”。《元史·卷六十一·地理四》：“大理路军民总管府，上。本汉楪榆县地。唐于昆明之栟栋川置姚州都督府，治楪榆洱河蛮。后蒙舍诏皮罗阁逐河蛮取太和城，至阁罗凤号大蒙国……段思平更号大理国。元宪宗三年收附。六年，立上下二万户。至元七年，并二万户为大理路。”1253 年（元宪宗三年），蒙古军队发兵击灭大理段氏政权，蒙古统治者给段兴智赐号“摩诃罗嵯”，封为中庆路八府总管，令其继续掌管原大理境内事务。至元七年（1270 年），元廷设立大理路军民总管府，简称大理总管，治大理府（羊苴咩城），下辖大理上万户府、大理下万户府。（段进明注）

⑪ 达鲁花赤，一作“达噜噶齐”，元代官名，成吉思汗征西域时首先设立。品秩高达正二品（大都、上都达鲁花赤，后降为三品），最低的是路府治所的录事司达鲁花赤，正八品。吕宗力《中国历代官制大辞典》：“蒙

古语，意为‘镇守者’，汉译‘宣差’。蒙古国时期在被征服地区所设监治官，掌军民政实权。元朝建立后，路、府、州、县及蒙古军以外军队元帅府、万户府、千户所皆设此职，品秩同各官署正官，地位高于正官。朝内各人匠总管府、营缮司等亦置。多由蒙古人、色目人担任，汉人、南人按规定不得任此职。”《元朝秘史》作答鲁合臣，旁译“镇守官名”。虞集《道园学古录·卷二·大承天护圣寺碑》：“国语达鲁花赤，官属之长也。”又邓玉《师山文集·卷六·徽州路达鲁花赤合剌不花公去思碑》：“皇元奄有天下，立经陈纪，设官分职，所以为吾民者至矣。各路设达鲁花赤一员，位在守贰之上，所以总裁政务，表率僚采，监临一郡也。按译言达鲁花赤汉言括囊玉也，言政之得失，系于长官，犹囊之启闭在于玉耳。”叶子奇《草木子·卷之三下·杂志篇》：“元路州县各立长官曰达鲁花赤，掌印信，以总一府一县之治，判署则用正官，在府则总管，在县则县尹。达鲁花赤犹华言荷包上压口捺子也，亦由古言总辖之比。”此外，达鲁花赤时亦称为监，如监路、监县等。达鲁花赤一职，亦可世袭。立于元至正二十一年（1361 年），由将仕郎云南嵩明州判官段天祥②撰《大元肃州路也可达鲁花赤世袭之碑》载：“太祖皇帝矜其向慕之心，悼其战死之不幸，论功行赏，以其子阿沙为肃州路世袭也可达鲁花赤，以旌其父之功。”五华楼旧址出土《大光明寺住持瑞岩长老智照灵塔铭并序》亦有载：“父完者，袭嵩盟州③达鲁花赤，娶贡驾剌女，生瑞岩。”是为例。（段进明注）

⑫ 阿速察中。“阿速”蒙古语“守卫”之意，“察中”疑为“拔都”之谐音。吕宗力《中国历代官制大辞典》：“阿速拔都达鲁花赤，官名。设于元世祖至元九年（1272 年），掌禁军中的阿速军士。二十三年，归隶前、后卫。武宗至大二年（1309 年），分属于左、右阿速卫亲军都指挥使司，仍各置达鲁花赤。”（段进明注）

⑬ 杜子文、陈衡，生平待考。（段进明注）

⑭ 成德善、董役，生平待考。（段进明注）

①支渭兴，字文举，号龙溪，四川郃阳人。至顺庚午（1330 年）进士，授承事郎、成都路汉州同知、四川儒学提举、云南行省考试官，云南诸路肃政廉访司佥事等。

②段天祥，昆明人，元至正甲午（1354 年）科进士，官至将仕郎甘肃行省判官。《南诏野史·下卷》：“元朝进士王樨、李近仁、段天祥、李天佑、李郁，五人皆三甲同进士出身。”

③今昆明市嵩明县。

此碑由三块残碑拼接而成。下部一块为 1972 年拆除大理五华楼所出，收录于《大理五华楼新出元碑选录并考释》书中，命名为《大理路庙学残碑》。上部左右两块在 2011 年大理市博物馆清理大理古城灯光球场看台中出土，在整理过程中先由段进明作为两通碑分别识读并加以注释，后在进一步整理识读后发现此三块碑为同一通，经过王渐拼接及重新识读后命名为《大理庙学残碑》。

杨实墓志碑

大理石，高 68 厘米、宽 48 厘米、厚 22 厘米。上段残缺，右中部稍残。碑阳碑文右起直书行书 15 行，行字不等。碑阴残留横书阴刻梵文 13 行，中有正方形空白，右侧残留第三行下阴刻“提举杨日□”5 字。

云南元代著名高僧圆护撰文并书丹，赵公亮篆额。碑文叙述墓主人杨实，生卒年不详。生前为大理人匠司事提举，擅长绘画，人物尤精，泰定二年（1325 年）曾为段信苴隆举办的华严善则会法会挥墨添彩，声名鹊起，又得总管段信苴功嘉奖，名公钜卿及名山巨刹均以有其画为幸，在省城昆明及大理的名山古寺均留有墨迹。碑立于元代晚期段信苴功在位期间。

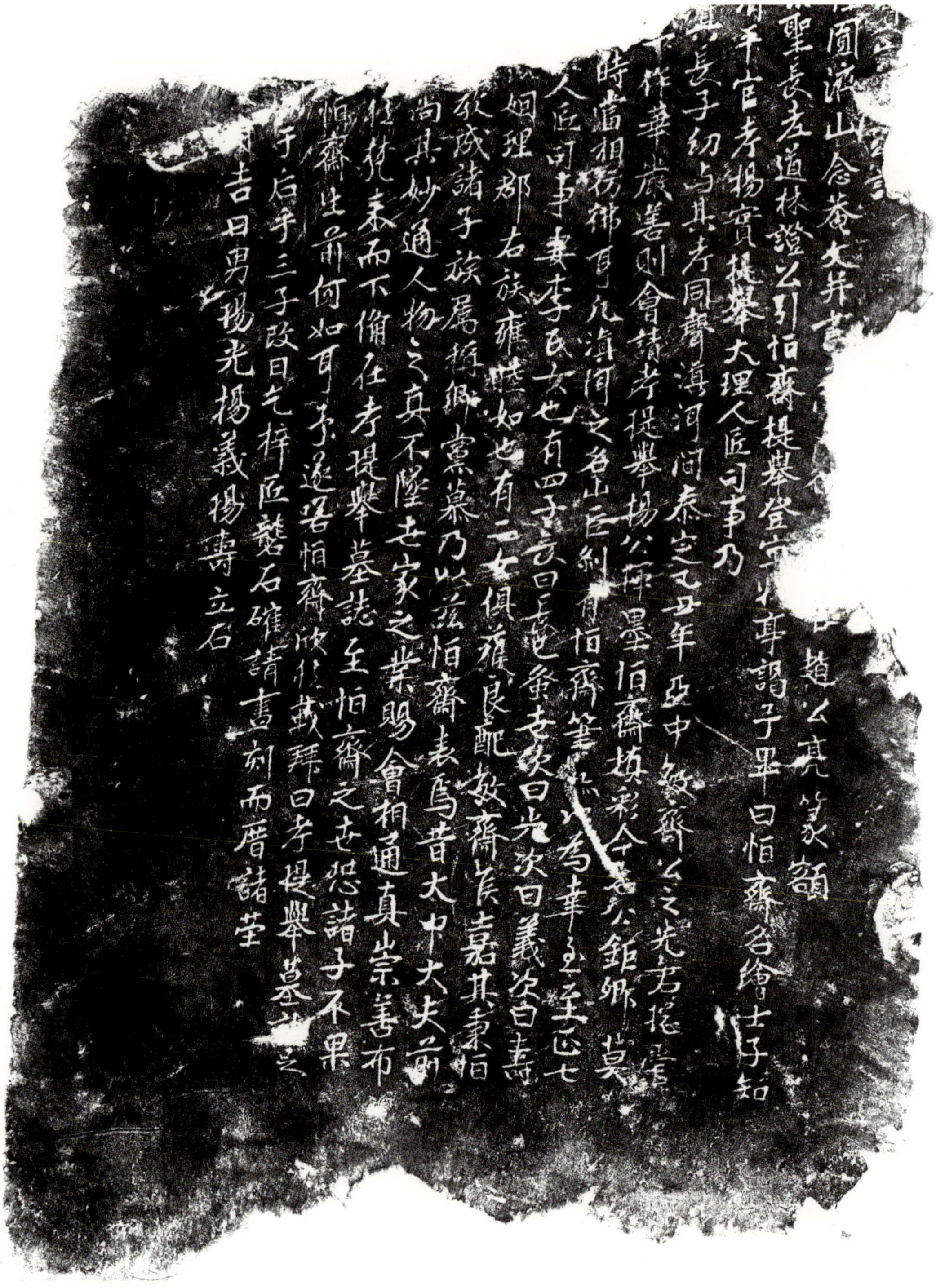

碑阳

（上阙）□□□□［志］（一行）

（上阙）□圆济山念菴文并书□□□□□赵公亮篆额[1]（二行）

（上阙）□圣长老道林证公引[2]怕斋提举，登□□亭，谒予毕曰：怕斋名绘士，子知（三行）

（上阙）□平官，考杨实提举大理人匠司事[3]，乃（下无字）（四行）

（上阙）其长子幼与其考同声滇洱间。泰定乙丑年[4]，亚中敏斋公之先君总管[5]（五行）

（上阙）□作华严善则会，请考提举杨公挥墨怕斋填彩，今名公钜卿，莫（六行）

（上阙）时当相仿佛耳！凡滇洱之名山巨刹，有怕斋笔迹以为幸。至至正七[6]（七行）

（上阙）人匠司事，妻李氏女也，有四子，长曰长，巳蚤世，次曰光、次曰义、次曰寿。（八行）

（上阙）□姻理郡，右族雍睦如也，有二女具获良配，敏斋侯[7]嘉其秉怕（九行）

（上阙）教成诸子，族属称，乡党慕，乃以兹怕斋表焉，昔大中大夫[8]，前（十行）

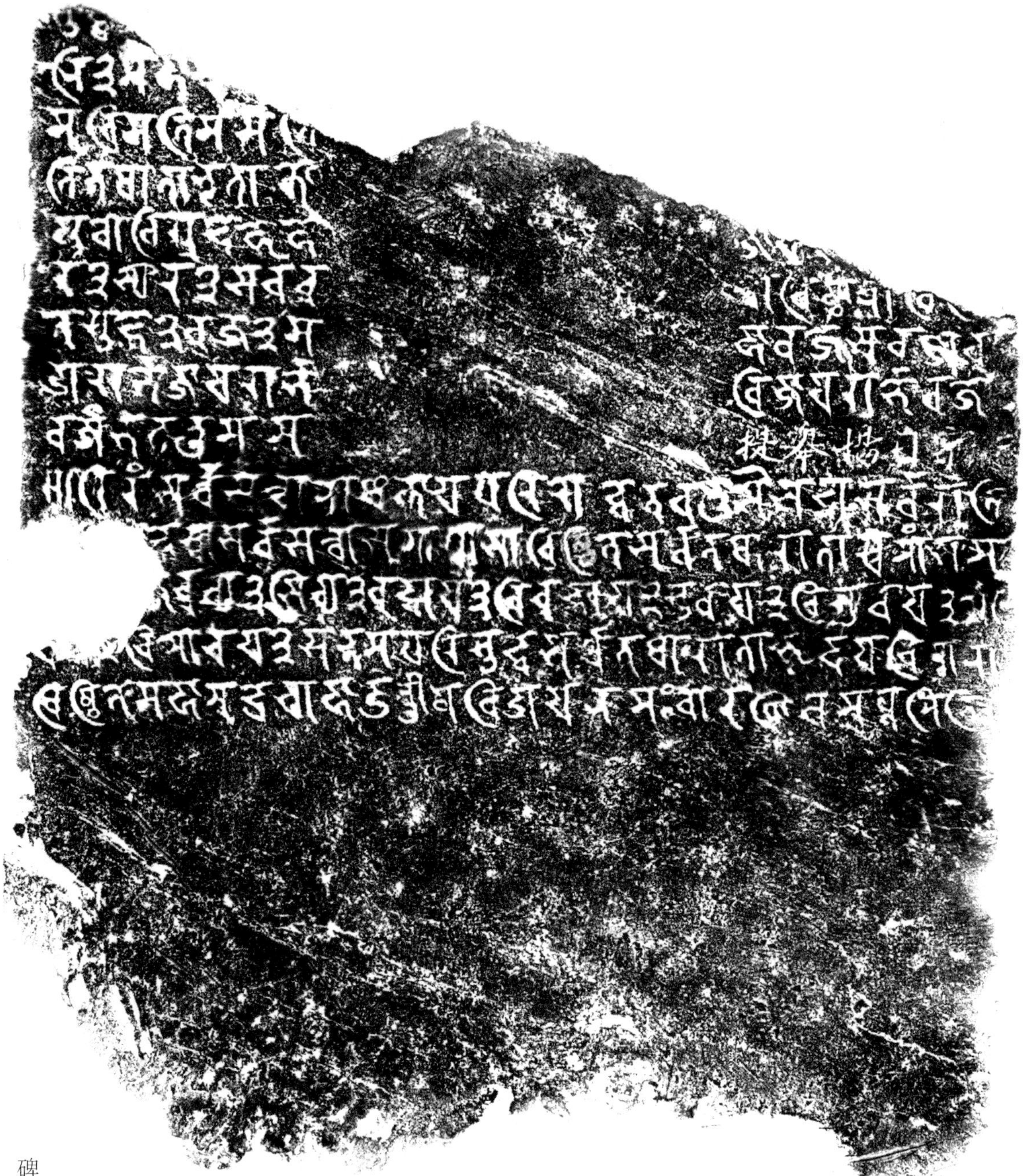

碑阴

（上阙）尚其妙通人物之真，不坠世家之业，赐会相通真崇善布（十一行）

（上阙）然梵来，而下备，在考提举墓志至怕斋之世，恕诸子不果（十二行）

（上阙）怕斋生前何如耳！予遂喏怕斋，欣然载拜曰：考提举墓志之（十三行）

（上阙）□于后乎，三子改日乞梓匠、砻石，确请书刻而厝诸茔（十四行）

（上阙）□月吉日，男杨光、杨义、杨寿[9] 立石（十五行）

[1] 圆济山念菴。圆护，大理人，生卒年代不详，云南元代著名高僧，并“以书法著称”。念菴，为圆护常用法号。《新纂云南通志·宗教考四·元代游方求法之高僧·圆护条》：“僧永超《五灯全书·卷五十八》曰：‘云南苍山念菴圆护禅师，大理人，因读《证道歌》契入，段氏称为弘辨大师，参中峰本师，初号无念……’”清·康熙四十五年丙戌（1706 年），圣元寺住持寂裕刊《白国因由·卷一二一》将圆护与张惟忠、李成眉、买僧顺、凝真，一同推崇为“崇圣五代祖”。圆护以书法著称，《天目中峰和尚广录》称为护藏主焉。师梦神授书法，凡书字时，右腕洞如水晶，人号为玉腕禅师。然圆护的书法真迹史书记载极少：明李元阳《崇圣寺重器可宝者记》载：“《证道歌》二碑，佛都二大字，为寺僧圆护所书，其用笔于赵孟頫同一三昧，为世所珍。世传护右手自肘至碗，洞澈如水晶。然则笔之精妙殆非偶然”。“佛都”二大字陷崇圣寺山门壁中，《证道歌》，亦称“玉手碑”“玉腕碑”，《天启志》云：在瑞鹤观，存四片。清康熙《荡山志》谓在普贤山，圆护驻锡于此，因立石记。清道光《云南通志·金石门》：大理圆济宫天历二年（1329 年）及至顺二年（1331 年）碑记并圆护所书，亦未获见。泰定二年（1325 年）“滇城苾蒭念菴圆护书丹”的《大崇圣寺碑并序》碑，亦毁。所著《磨镜法》也未闻有传本。目前尚存圆护书法真迹作品仅有五华楼旧址出土《京兆郡夫人墓志铭》（“念菴圆护撰并书丹”）、大理市博物馆于 1989 年征集到的《杨孝先先生墓碑铭碑》（“念菴圆护书丹”），均藏于大理市博物馆碑林。《杨实墓志》的发现，又为圆护书法作品真迹增添新的内容。篆额者赵公亮生平无考，能与云南元代著名高僧圆护合作，其书法造诣当不在圆护之下，可惜碑额已佚。

[2] 公引，官方证件、官方消息、官方人士、官方评论。宋范公偁《过庭录》：“……至官，深嫉之，检姚所欠赋税，以公引追纳。”《元典章·刑部十三·防盗》：“凡行路之人，先于见住处司县官司，具状召保，给公凭，方许他处勾当。若公引限满，其公事未毕，依所在例给。”

[3] 提举，官名，宋代开始设置，元朝置为诸提举司长官，专门主管特种事务。按主管事务有：医学提举、宝钞提举、盐课提举、提举左八作、提举都城所、提举富宁库、田赋提举司、织染人匠提举司等官号，其官署称“司”。吕宗力《中国历代官制大辞典》：“元世祖中统四年（1263 年）设置人匠奥鲁总管府，掌管燕京（今北京）诸色人匠。秩从四品。设总管等职。”《元史·卷八十五·百官一》载：“诸色人匠总管府，秩正三品。掌百工之技艺。至元十二年（1275 年）使置。”人匠，意为工匠、匠人，即管理各种工匠和组织生产的机构。大理提举人匠司史籍资料无记载，碑刻中可见。据《大理丛书·金石篇·卷一》（121 页）明宣德二年（1427 年）《故杨处士墓铭碑》载：墓主杨山是“大理巨室之裔也……至其曾大父讳良仕为大理人匠司提举。”《新纂云南通志·卷九十三·金石考十三》收录元泰定二年（1325 年），昆明《人匠提举杜昌海墓志铭碑》载：墓主杜昌海原为大理国官员杜青的世孙，其父从大理移居鄯阐（今昆明）。杜昌海先后担任过万盈库副使、蒙莱甸主簿，后迁升为人匠提举。又载：“云南设人匠提举见于史者，如《张立道传》人匠提举张忠者，燕人也，于立道为族兄。（按：是时张忠官云南）”“《元史·仁宗本纪》延祐七年八月戊申，罢曲靖人匠提举”。

[4] 泰定乙丑年，元泰定二年，1325 年。

[5] 亚中敏斋公之先君总管。亚中敏斋公，即段信苴功，字敏斋，段隆之子，段光之胞弟，大理路军民总管府第九代总管。《新纂云南通志·卷九四·金石考》收录杨庭撰《玉井亭记》载，至正己亥（1359 年）“路

尹段公亚中”云云，即为段功。本碑后文提及的“敏斋侯”亦即段功。清康熙《蒙化府志》载：“元，蒙化州土知州段功。”明杨慎《滇载记》：“九代总管信苴段功初袭蒙化知府。至正十二年（1352年），继为总管。”《南诏野史·段功》：“段功，元顺帝乙酉至正五年（1345年）袭，朝命止授为承务郎、蒙化州知州。至正六年，木邦[①]夷思可判，元命河南参政贾敦熙督师，会云南路兵讨之，以功为前锋，屡战克捷，叙功，升功为大理总管，寻升参政。”蒙化为南诏发祥地，必先授蒙化知府，后任总管府总管。按碑文载“泰定乙丑年，亚中敏斋公之先君总管（碑文缺失）”，“先君”指段功已故父亲，即大理路军民总管府第五代总管段信苴隆。《增订南诏野史》载：“段隆，元仁宗丁巳延祐四年（1317年）袭，元授隆为大理军民总管……庚午至顺元年（1330年）……是年，隆以老退闲。”泰定乙丑年，即元泰定二年，1325年。其时，段隆正值在位。

［6］查元史，至正年号共二十八年，故“至正七”，即为丁亥年至正七年，公元1347年。

［7］敏斋侯，指段信苴功，即立碑时正值段功在位期间。

［8］大中大夫，即太中大夫之异写。官名，秦朝始设，掌论议，汉以后各代多沿置。吕宗力《中国历代官制大辞典》：“金、元、明文散官名。金、元为四十二阶之第十八阶，明为第十六阶。金从四品上；元从三品，宣授；明从三品，加授。”

［9］碑文第八行：“妻李氏女也，有四子，长曰长，已蚤世，次曰光、次曰义、次曰寿。”而碑文最后则记：“三子改日乞梓匠、砻石，确请书刻而厝诸茔。”只有“三子”在料理后事，立碑者仅有“男杨光、杸义、杨寿立石”，长子没在立碑者名单中，碑文仅有“其长子幼与其考同声滇洱间”记载，是何缘故，待考。

①木邦，又称孟邦、孟都等，掸族土司。位于今缅甸掸邦兴威，萨尔温江之西。《元史·卷六十一·地理志四》：“木邦路军民府。”《明史·列传·卷二百零三·云南土司三》载：“木邦，一名孟邦。元至元二十六年立木邦路军民总管府，领三甸。”

段进明　录文　注释

方妍岚　重识

故大理脱不花墓□铭 并序碑

青石，残高 67 厘米、宽 51 厘米、厚 13 厘米。上段断缺，右下角残。碑阳碑文右起直书阴刻行书 19 行，行字不等。碑阴残留横书阴刻梵文 17 行。

此碑残泐严重，文字依稀可辨，加之碑文为行草书写，难以识别，但仍能识读大意。碑文记述墓主为蒙古人脱不花，于 1253 年随忽必烈攻占大理后，又“从大军征安南”，曾驻军定西岭，至晚年分别担任提控、提领之职位，卒于元元贞二年（1296 年），高寿 84 岁。碑文“从大军征安南”的记载，为蒙越战争的研究提供了重要资料。碑文多次提及“童男童女”之事，因碑文缺失，无法考证其事由。碑文 “定西岭”的记载，可补史之不足。

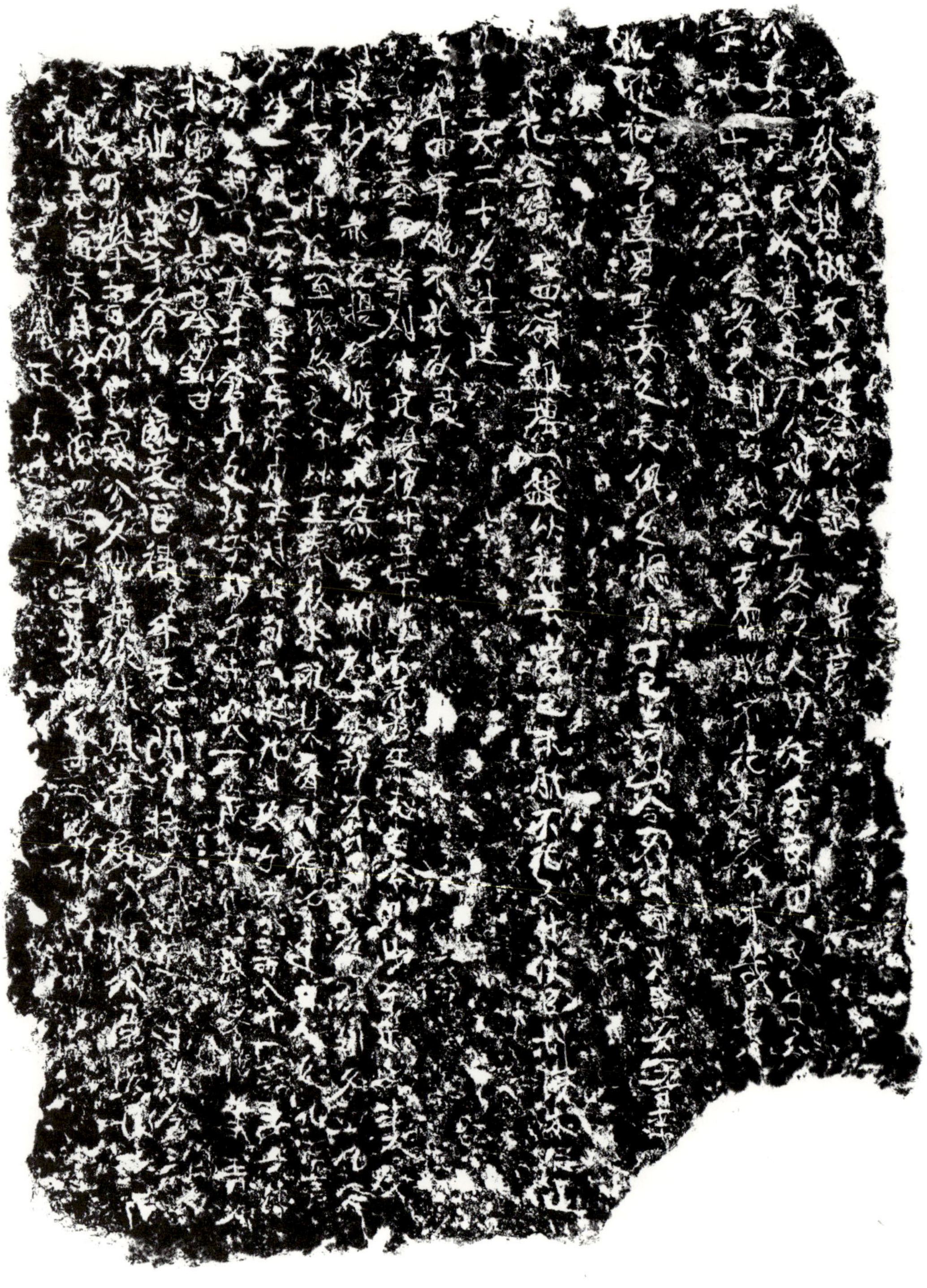

碑阳

故大理脱不花墓□铭　并序（一行）

（上阙）[脱] 不花乃 [昰] 氏□真女[1]后人也，癸丑冬从大军征安南[2] [日] □□六（下阙）（二行）

（上阙）童男童女三十□名，大帅 [可] [战]，令□□脱不花寿养未惑□□（下阙）（三行）

（上阙）□□□（以下空白无字）（四行）

（上阙）脱不花为童男童女之长□之□亦，丁巳[3]□□令密□童男童女□□（下阙）（五行）

（上阙）□□（以下空白无字）（六行）

（上阙）脱不花 [佥] 织定西岭[4]，银 [塼] 一锭，以起□，赏□□脱不花又□□□□太□山（七行）

（上阙）[童] 男童女二十名赴选（八行）

（上阙）[至] 元十四年[5]脱不花承受（九行）

（上阙）□善□□年 [章] 札付充提控。[6]廿五年，[7]脱不花□年老（下阙）（十行）

（上阙）□□□□亦充提领，[8]脱不花慕（下阙）（十一行）

（上阙）□ [持] [斋] 惜□至临终之日，孙王春秋祭□□□□□□□□□人（下阙）（十二行）

（上阙）□生一男二女，元贞二年丙申正月上旬□□九日[9]□□□□寿八十四□□□□（十三行）

（上阙）□□之翼日，瘗于苍山之北，子□于先□□□□□□□□□青□（十四行）

（上阙）□求写文以志，墓铭曰：（十五行）

□□址□于苍山　　历受官禄　　年老八□　　将（下阙）（十六行）

（上阙）□□不可声□□　　寂寞分夕□　　□□□□□□□□□□□□□□（十七行）

（上阙）□竞通天，月分□□□□□□□（下阙）（十八行）

□□□□正月十八日[10]（下阙）（十九行）

[1] 脱不花。脱，为蒙古族姓氏。不花，蒙古语音译，牛的别名。明沈德符《野获编·词曲·蔡中郎》：“胡语以牛为不花也。”清钱大昕《十驾斋养新录·蒙古语》：“元人以本国语命名……或取物类，如不花者牯牛也。”碑文“真女”，疑为“女真”之误写，待考。“脱”姓，属于罕见姓氏，在蒙古族姓氏排名中也难觅其踪。“脱”姓，史上来源说法颇多，其中最大的一支源于元御史大夫、中书右丞相、爵封郑王，主修宋、辽、金三史的脱脱（1314—1355 年）。辽宁《脱氏宗谱》称：“脱脱为始祖，始祖之伯父伯颜公，父马扎儿台公均为元朝宰相，相传至今已二十余世矣……”有史可据的“脱”姓有：元代名人脱端，以及脱罗贴木尔（镇守镇江上万户府达鲁花赤）、脱颖（抚州路；临川县丞）、脱欢察儿（两浙盐运同知）、脱脱木儿（房山县达鲁花赤）以及随元世祖征讨阿里不哥、李擅的将领脱密剌温等。在蒙古史和许多传说中，叫脱脱甚至叫脱某某的很多，如《元史》《成吉思汗传》《忽必烈传》《正说元朝十五帝》及《中华脱姓源流》中，均有许多脱某某之后人或事迹，实为人名，而非姓氏。如，《元史·卷一百一十七·列传第四》载：“帖木儿不花，世祖孙，镇南王脱欢第四子也。初，世祖第九子脱欢以讨安南无成功，终身不许见，遂封镇南王，出镇扬州。脱欢薨，子老章袭封镇南王。老章薨，弟脱不花袭封镇南王。脱不花薨，子孛罗不花幼，帖木儿不花乃嗣为镇南王。”又，北元第二十六位大汗孛儿只斤·脱脱不花（1422—1452 年）。《故大理脱不花墓□铭并序碑》的发现，或为元代蒙古族“脱”姓的研究提供重要的历史依据。遗憾的是因碑文残泐，文字模糊难辨，无法判断墓主人脱不花的族源关系，有待考证。

[2] 癸丑冬从大军征安南。癸丑，宋理宗宝祐元年、蒙古蒙哥汗三年，1253 年。939 年，交趾人吴权击败南汉军，拓土称王。968 年安南正式建立政权，成为国家，取国号为“大瞿越”。据《三国志》载：“赤乌十一年（248 年），交趾九真夷贼攻没城邑交部骚动。以（袁）胤为交州刺史安南校尉。”时交州刺史为袁胤，“安南校尉”之官衔，乃“安南”之称谓的最早记载。至唐高宗调露元年（679 年）置安南都护府，“安南”正式作为行政

区名出现。《通典·卷一八四》载："安南府（今越南河内市），秦属象郡。汉交趾、日南二郡界。后汉因之，兼置交州（领郡七，理于此）。晋、宋、齐因之（晋领郡七，宋领郡五，齐领郡九，皆理于此），宋又置宋平郡，齐因之，亦为交趾郡地，梁、陈因之。隋平陈，郡废，置交州；炀帝初，州废，置交趾郡。大唐为交州，后改曰安南都护府。"《元史·卷二百九·外夷二》载："安南国，古交趾也。秦并天下，置桂林、南海、象郡。秦亡，南海尉赵佗击并之。汉置九郡，交趾居其一。后女子征侧叛，遣马援平之，立铜柱为汉界。唐始分岭南为东、西二道，置节度，立五筦，安南隶焉。"《新元史·卷二百五十一·列传第一百四十八·外国三》："安南，古称效趾，本汉日南郡地。唐高宗调露元年，改安南都护府，隶岭南道，安南之名始此。"《明史·列传第二百九·外国二》："安南，古交阯地。唐以前皆隶中国。五代时，始为土人曲承美窃据。"唐杜佑撰《旧唐书·卷三八》（武英殿校刊本）："安南都护节度使（治安南府，管交、武峨、粤、芝、爱、福禄、长、峰、陆、廉、雷、笼、環、崖、儋、振、琼、万安等州）。"脱脱《宋史·卷四八八·外国传》载："淳熙元年二月，进封（李）天祚安南国王，加号守谦功臣。二年，赐安南国印。三年，赐安南国历日。"《宋会要辑稿·册一九七》："安南，淳熙元年二月一日诏交阯改赐今名。"按唐调露元年（679年），以交州都督府改为安南都护府，故地在今越南横山以北的地区，府治在今越南河内。至五代十国时吴权割据安南脱离南汉，逐渐独立，自称大瞿越或大越，南宋于淳熙元年（1174年）正式称其为安南国，此后越南长期作为中国的藩属国存在。

唐宋时期，南诏国、大理国与安南（交趾）的关系：

唐代末年，南诏国与唐朝关系逐渐恶化，围绕安南发生了一场重要战争。大中十三年（859年），唐宣宗去世，唐朝遣使至南诏告哀，恰逢南诏国王劝丰佑卒，子世隆（佑龙、酋龙）继位，唐朝"以世隆之名犯太宗、玄宗庙讳，唐不册封，隆益致怨望，至是自称皇帝"，[①]国号大礼，不再奉唐正朔。世隆"怒曰：我国亦有丧，朝廷不吊祭，又诏书乃赐故王"，[②]并派兵攻陷唐播州（今贵州遵义），唐与南诏的关系彻底破裂。安南都护李鄠越辖地出兵收复播州。次年，咸通元年（860年）十二月，南诏乘李鄠出外收复播州，攻陷安南首府交趾。咸通二年（861年）正月，唐朝任命王宽为安南经略使率诸道援兵会同李鄠反攻安南，南诏军队撤离途中趁机掳掠邕州（今广西南宁）。咸通三年（862年）二月，南诏军再次进攻安南。唐派前湖南观察使蔡袭率许、滑等率军赴援安南，声势浩大，南诏自动退去。同年十一月，南诏又出兵5万进逼安南。咸通四年（863年）二月，南诏攻陷交趾城，蔡袭及部下大多战死。蔡袭的幕僚樊绰[③]携印渡江逃脱。《资治通鉴·僖宗广明元年》载："自咸通以来，蛮两陷安南、邕管，一入黔中，四犯西川……"胡三省注云："咸通元年，蛮陷安南；二年，陷邕州；四年，又陷安南，进逼邕管；明年，又围邕州。"咸通七年（866年），南诏王派善阐节度使杨缉，协助安南节度使段酋迁守交趾，唐亦任命高骈为安南经略使，率军进攻安南。咸通八年（867年）高骈攻陷交趾城，唐朝收复安南。至此，延续近十年的安南争夺战结束。唐朝在安南置静海军，以高骈为节度使。咸通九年（868年），唐朝戍守桂林，防御南诏的武宁士兵推选庞勋为首领发动起义。乾符五年（878年），又引发了黄巢起义，从而加速了唐王朝的灭亡。

大理国时期，宋朝本着"唐亡于黄巢，而祸基于桂林"[④]的历史教训，认为大理即唐之南诏，唐朝征讨南诏的惨败和南诏入寇四川的暴行成为宋人挥之不去的阴影，所以深信"蛮夷桀黠，从古而然"，[⑤]故而"朝廷不可与四夷生隙，隙一开，祸拿不解，兵民肝脑涂地"。[⑥]而且"蛮夷熟知险易，商贾囊橐为奸，审我之厉害，伺我之虚实"，[⑦]加之宋朝南方无重兵，很难抵挡大理国可能发动的军事攻击，而为了确保与大理国毗邻的四川的安全，宋朝只能通过极力限制大理国的朝贡，抵制大理国的册封要求。"宋挥玉斧"的典故即反映了赵宋王朝对大理国的基本策略，始终坚持使其"欲寇不能，欲臣不得"，"最得御戎之上策"。[⑧]因此，宋朝多方限制与大理国的政治交往，尽量避免两者之间的直接接触。安南地处大理国东南，周去非《岭外代答·海外诸蕃国条》："交阯之南，则占城、真腊、佛罗安也。交阯之西北，则大理、黑水、吐蕃也。"宋朝建立时，安南从原唐朝安南都护府辖区内独立出来并成为一个军力强大的政治行为体，经过短暂的丁朝和前黎朝后，1009

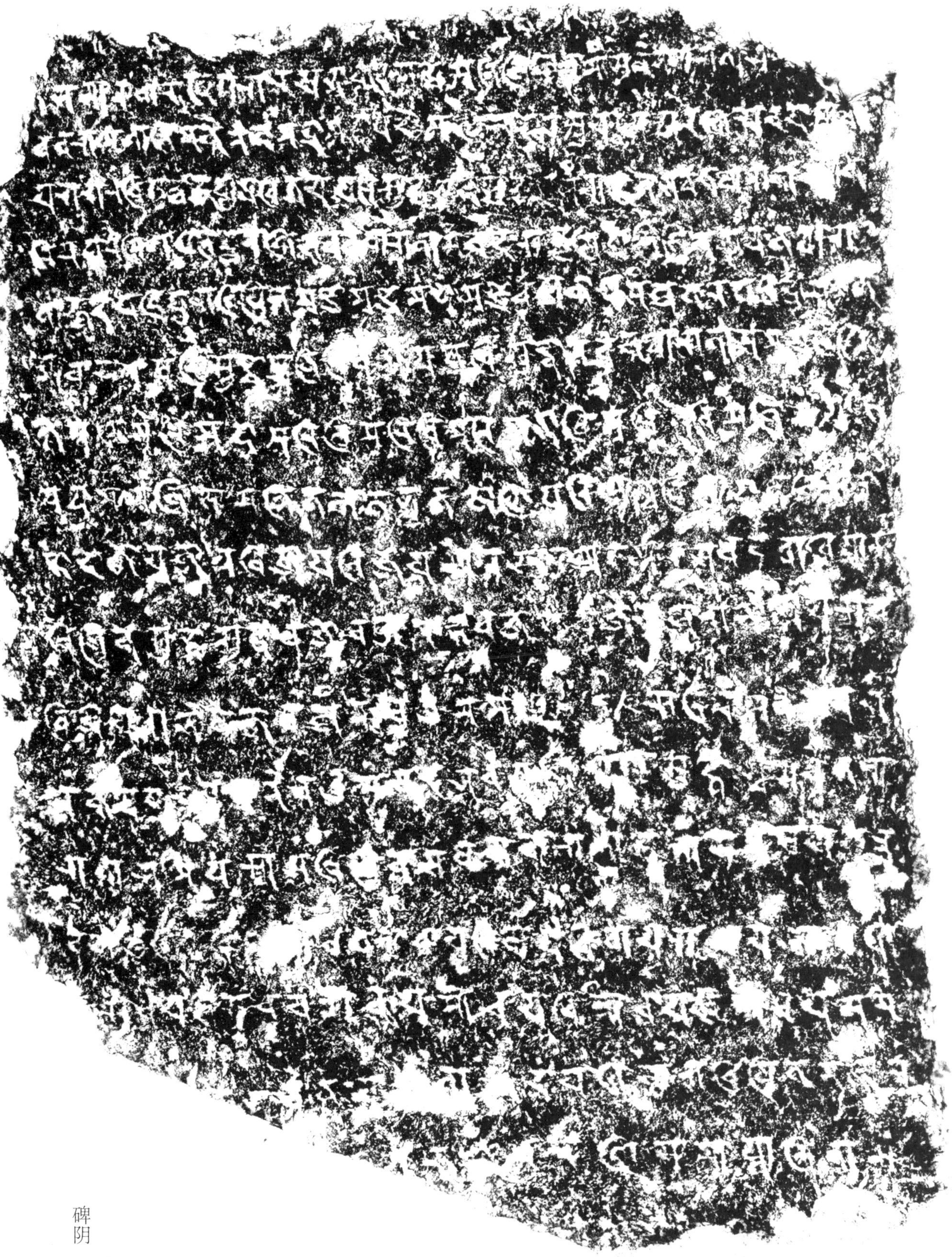

碑阴

年，李公蕴在交趾建立李朝。《元史·外夷二·安南条》：“宋封丁部领为交趾郡王，其子琏亦为王，传三世为李公蕴所夺，即封公蕴为王。”《明史·外国二》亦载：“宋初，封丁部领为交阯郡王，三传为大臣黎桓所篡。黎氏亦三传为大臣李公蕴所篡。”脱脱《宋史·卷四八八·外国传》：“李氏有国，自公蕴至昊旵，凡八传，二百二十余年而国亡。”大理国（ 937—1254 年）与交趾李朝（1009—1225 年）并存近 220 年，与宋朝并存近 300 年。由于交趾的文化、宗教、意识形态均承续了中原文明，因此大理与交趾之间也存在类似宋理之间那样的文明差异。交趾越人也视大理国为“蛮夷”即“鹤拓蛮”，[⑨]据《宋会要辑稿》载：“（李）公蕴上言鹤拓蛮万众于本州界立寨，将图本道。臣发人骑与战于芳林州界，贼众大败。”再加之大理国与交趾从未正式划定边界，导致常引起边界争端和战争。李焘《续资治通鉴长编·卷二二九·熙宁五年正月丁未条》：“侵争之端，常因地界不明欲约束边吏侵彼，亦须先明地界。”大理国段素廉时期（1009—1022 年），交趾李朝刚建立不久，大理国商人至交趾渭龙州（今越南宣光地区）贸易，与渭龙州州牧何昃俊关系十分友好，双方边境贸易繁荣，规模较大。后交趾国王李公蕴使人劫夺边市，引发渭龙何氏叛附大理，李太祖李公蕴借机御驾亲征，何氏无力抵抗，退入大理国求救。孙晓主编 、[越南]吴世连著《大越史记全书·本纪全书·卷二·李纪·太祖皇帝》：“是岁，蛮人过铜柱至金华步及渭龙州贸易，帝使人擒获蛮人及马万余匹。渭龙州叛附于蛮，帝亲征之。”《越史通鉴纲目·正编卷二》载：“顺天四年癸丑（1013 年）冬十月，渭龙州牧何昃俊叛，帝（李公蕴）亲征之，昃俊遁去。先是，蛮人至渭龙贸易，帝使人执之，获马万余匹。至是昃俊叛，复附于蛮。帝来征之，昃俊惧，遁走。”“蛮”即“鹤拓蛮”，指大理国。何昃俊撤入大理国后，得到大理国的支持，遂以杨长惠和段敬芝为将，率军 20 万进攻交趾，进入交趾北部地区以后，在金华步（今越南高平附近）被交趾军队打败。这是大理国建立以来有史可寻的最大规模的一次对外用兵。《越史通鉴纲目·正编卷二》有详记：“顺天五年甲寅（1014 年）春正月，蛮人入寇，命翊圣王击破之。鹤拓蛮杨长惠、段敬芝二十万人入寇，屯金华步，布列军营于五花寨，平林州牧黄思荣以闻。命翊圣王破之，斩首万级，获其士卒马匹而还。”《大越史记全书》亦载有此事：“甲寅五年（宋大中祥符七年，1014 年）春正月，蛮将杨长惠、段敬芝率蛮人二十万入寇，屯金华步，布置军营，名五花寨。平林州牧黄思荣以状闻。帝命翊圣王率师讨之，斩首万计，俘获士卒马匹不可胜数。”《越史略·卷二》亦载：“顺天五年甲寅，命翊圣王讨蛮将杨长惠于金华步，克之，斩首万计，俘获士马不可胜计。” 交趾战胜大理国后，恐惧大理国再次进攻，派出使节，上书宋廷奏章。《宋会要辑稿·蕃夷》有载李公蕴的奏章：“鹤拓蛮万众于本州界立寨，将图本道。臣发人骑与战于芳林州界，贼众大破，斩首生擒主军杨长惠及蛮党人马。遣节度使冯振、左都押衙李皋诣阙，贡马六十匹献捷。”宋真宗诏“所在差使臣接伴赴阙，邮传供顿，务令丰备”，[⑩]并召见来使于崇德殿，“赐冠带、器、币、马有差”。[⑪]由于宋朝的政治外交介入，兵败之后的大理国没有再度出兵，盘踞渭龙、都金、平原诸州的何昃俊孤立无援，势单力薄。次年（1015 年），交趾李朝趁机征讨。《大越史记全书》载：“乙卯六年（宋大中祥符八年）二月，诏翊圣王、武德王讨都金、渭龙、常新、平原等州，擒首领何昃俊归京师，枭于东市。”何昃俊被杀后，交趾李朝最终占领今越北“僚人”区，大理与交趾的渭龙诸地争端告一段落。1075—1077 年，发生了宋交熙宁战争。由于大理东南与宋邕州接壤，也波及了大理国。立于云南省文山州马关县“大坟包”的《宋代难民因公殒命古墓碑》记载：“大坟，相传土人合葬于此。当有宋之时，吾邑接壤越南，越人开拓边疆，不时过界滋扰，土人不服，起而反抗，惨遭杀戮者指不胜屈。昔部落时代……人死多属鸟葬，狐狸丛食，蝇蚋姑嘬，惨不忍闻，惟此地某酋长独怜而合葬之。”由此可见，交趾李 朝入侵宋朝广西的同时，还经常侵扰大理国边境。《越史略·卷二》载：“文盛有大理国奴，能奇术。”或即此一时期从大理边境掳掠而去的“僚子”“白衣”等土著。大理国段正严时（1108—1147 年在位），交趾发生了内讧，交趾皇帝李乾德庶出之子翁申利逃亡大理。《宋会要辑稿·蕃夷·四之四三》记载此事：“绍兴九年（1139 年）六月二十七日，广西经略安抚司言：探得李乾德有妾生一子奔入大理国寄养，改姓赵，名智之，自号平王。知阳焕（李乾德之侄）死，天祚（阳焕之子）为郡王，大理国遣还，现在安南龙令州驮河驻扎要与天祚交割王位，天祚领兵战敌。又探得赵智之差人赍金五十两、象一头，称欲进奉，借兵本司。已密令沿边溪洞首领，如有文字到即婉顺说谕约回。及探知安南州郡尽降智之，惟蛮人不服，相敌势力不及，情愿归明朝廷。”大理国趁李阳焕死，李天祚新立之际，令翁申利返回交趾，争夺王位。“大理以兵三千助之”，[12]翁申利连战告捷，迅速占领了交趾北部的广大地区。但为时不长，翁审利即被击败，被交趾擒获，“送京师斩之”。[13]翁申利夺位事件之后，大理与交趾的交流互动关系疏于记载。《越史略》卷下李龙幹天资嘉瑞四年（1189 年）记载“大理僧惠明、戒日等来朝”进行佛教交流活动的一些情况。此后，大理与交趾的紧张关系通过佛教及文化交流得到缓和，趋向友好。

天彰有道元年（1224 年）农历十月，李朝第八位皇帝李惠宗传位李佛金。李惠宗无嗣，立次女李佛金为皇太子以传位，是为李昭皇。李昭皇时年七岁，年幼无知，任陈守度为辅国太尉。1225 年农历十月，陈守度让其八岁侄子陈日煚和昭皇成婚。是年，十二月，陈守度安排李昭皇禅让给陈日煚，又作陈煚（越南语：Trần Cảnh，1218—1277 年），初讳陈蒲，后世称之为陈太宗（越南语：Trần Thái Tông）。《元史》载：“……李氏传八世至昊旵，陈日煚为昊旵婿，遂有其国。”据《大越史记全书》记载，陈煚的先世是中国闽人，下又附注说“或曰桂林人”。

1206 年，成吉思汗统一蒙古各部，建立大蒙古国，先后灭了西辽、西夏、花剌子模和金朝，向南继续扩张时，被天然的长江屏障阻挡住了南进的步伐。宋淳祐十一年（1251 年），蒙古贵族推拖雷子孛儿只斤・蒙哥为大汗，即元宪宗。次年六月，忽必烈在曲先脑儿（即曲薛兀儿泽，蒙语 kuse’urna’ur，在今蒙古国和林格尔东南）入觐蒙哥。蒙古大汗蒙哥改变战略，绕道西南，从侧背攻南宋。七月，他奉命以皇弟亲王身份率师征云南，[14]并“以兀良合台总督军事”。[15]宪宗癸丑（1253 年）“九月，忽必烈次忒剌[16]地，分兵二道以进。冬十二月，大理平。”[17]随后，即计划占领位于东南的安南（陈朝），从而对南宋形成包围之势。《元史・卷二百九・外夷二》安南条：“元宪宗三年癸丑（1253 年），兀良合台从世祖平大理。世祖还，留兀良合台攻诸夷之未附者。七年丁巳（1257 年）十一月，兀良合台兵次交趾北，先遣使二人往谕之，不返，乃遣彻彻都等各将千人，分道进兵，抵安南京北洮江上，复遣其子阿术往为之援，并觇其虚实。交人亦盛陈兵卫。阿术遣军还报，兀良合台倍道兼进，令彻彻都为先锋，阿术居后为殿。十二月，两军合，交人震骇。阿术乘之，败交人水军，虏战舰以还。兀良合台亦破其陆路兵，又与阿术合击，大败之，遂入其国。……国兵留九日，以气候鬱热，乃班师。”《大越史记全书》亦详细记录了此次战争，“丁巳七年（宋保祐五年）……秋八月，归化寨主何屈驿奏元使来。九月，诏左右将军水步军禦边，受国峻节制。冬十一月，令天下修缮器械。十二月十二日，元将兀良合解（多改切）。犯平厉源。帝自将督战，前冒矢石。官军少却，帝顾左右，惟黎辅陈（即黎秦）。单骑出入贼阵，颜色自若。时有劝帝驻驿视战者。辅陈力谏曰：‘今陛下特一孤注耳，宜避之，岂可轻信人言哉。’帝于是退次泸江，辅陈为殿。贼兵乱射，辅陈以舟板翼之，得免。虏势甚盛，又退保天幕江。从帝议及机密，仁鲜有知之者。帝御小舟，就太尉日皎船问计。日皎方靠船，坐不能起，惟以手指点水，写“入宋”二字于船舷。帝问星罡军何在（星罡，日皎所领军），对曰：‘徵不至矣。’帝即移舟问太师陈守度。对曰：‘臣首未至地，陛下无烦他虑。’……二十四日，帝及太子御楼船，进军东部头逆战，大破之。元军遁归，至归化寨。寨主何俸招集蛮人袭击，又大破之。时元人新取云南，游兵畧至，无攻取意。当时谓之佛贼。贼退，赐俸侯爵。”战争结束后，陈太宗嘉奖了何俸等有功之臣。赐黎秦“辅陈”之名，授御史大夫，并将昭圣公主（前陈太宗皇后）嫁给他。同时，一方面“遣使通好于宋”，一方面“遣辅陈、周博览如元”，与蒙古政府订下协议，规定“卒定三年一贡为常例”。[18]其后，元朝于 1284—1285 年及 1287—1288 年，又两次对安南发起战争，均无功而返。

碑文载：脱不花“癸丑冬从大军征安南”。查诸史，皆无癸丑年（1253 年）蒙古军出征安南的记载。越南黎朝时期吴世连编撰的越南古代重要史著《大越史记全书》中对元宪宗丁巳七年（1257 年）这场蒙越战争记载非常详细，而对癸丑年（1253 年）的记载却仅寥寥数语，更无提及蒙古军入侵安南之事。《故大理脱不花墓□铭并序》，因碑文残泐严重，撰文及书写者无法考证。碑立于元贞二年（1296年）丙申正月十八日，距碑中记载“癸丑冬从大军征安南”之事相隔仅43年，碑文文字朴实简练、言简意赅、时间记载准确，书法流畅、笔力遒劲，有较深的文学和书法功底，应出自当时名家之手，或即所亲身经历，碑文记载所说当有据。碑刻是重要的史料依据，墓志则是碑刻史料中广受关注的史料之一，墓志类原始文本相对于同一传世文本来说，具有无可争议的准确性，可以填补传世文献的空白。《故大理脱不花墓□铭并序碑》的发现无疑对宋元史的研究，特别是蒙越战争的研究提供了重要研究资料。

[3] 丁巳，宋保祐五年、蒙古蒙哥汗七年，1257年。碑文“丁巳□□令密”，应与“七年丁巳十一月，兀良合台兵次交趾北”有关联。

[4] 定西岭，在今云南大理市东南，凤仪镇南四十里。定西岭，原名昆弥岭，红河与澜沧江于此分岭，为云南山脉枢纽之一，是东西向的蜀身毒道和南北向的茶马驿道的交会点，曾经的大理门户，地处咽喉枢纽，为“往来必繇之道”，兵家必争之地。《明一统志·卷八六·大理府》：定西岭“在赵州（今凤仪镇）南四十里。高千余仞，设关其上。”民国二十六年重印《云南凤仪县志》载：赵州，“左濒西洱河，右障昆弥山。”明杨慎《滇载记》载：“至汉，有仁果时，九隆八族之四世孙也，强大，居昆弥川今白崖定西（岭）”，明冯时可《滇行纪略》称：“七擒孟获：一擒于白崖，今赵州定西岭。”《增订南诏野史·下卷·段光条》：“顺帝至元元年（1335年）[19]，梁王侵大理，光自督兵与战于昆弥山即今大理府赵州南之定西岭，梁王大败。”昆弥山何时更名定西岭？诸史记载均认为西平侯沐英更名。《读史方舆纪要》记载：“定西岭州南四十里。本名昆弥山。明初平西侯沐英过此，更今名。岭高千余仞，设关其上，波罗江出焉。又岭东南七里有故垒，蒙氏灭大理时屯兵处也。俗谓之胡营。”《清一统志·大理府》引《云南通志》：昆弥山，“本名昆弥山。明初西平侯沐英过此更今名。”腾越李根源识、剑川赵藩书《定西岭》碑载：“明洪武十四年（1381年），征南将军颍川侯傅友德、副将军平西侯沐英、永昌侯蓝玉率师入滇……十六年，师旋于白岩，立石记功，大书曰：‘定西岭’，古所称昆弥岭是也。”《故大理脱不花墓□铭并序碑》记载“脱不花［佥］织定西岭，银［塼］一锭”。据碑文相关年代可确定，在元世祖忽必烈“至元十四年”，即1277年前后，已有“定西岭”一名，可补正史之不足，至于何时称为“定西岭”，有待考证。西平侯沐英更名为定西岭一说，或为沐英借元时之名，感慨而书矣！

[5]［至］元十四年，为丁丑宋景炎二年，元世祖忽必烈至元十四年，1277年。

[6] 提控。提控案牍的简称。元朝始置，为各衙署首领官。置于府、上中州者为专职，置于路总管府及肃政廉访司者为兼职。掌文书案牍之事。多由书吏及都目升任，未入流。《元史·卷九十一·百官七》：“下万户府，管军三千之上。达鲁花赤一员，万户一员，俱从三品，虎符；副万户一员，从四品，金牌。其官皆世袭，有功则升之。每府设经历一员，从七品；知事一员，从八品；提控案牍一员。”《元史·百官七·诸路万户府》、吕宗力《中国历代官制大辞典》。

[7] 廿五年。按年代推算，为戊子元至元二十五年，1288年。是年，元朝第三次对安南战争失败，元军从安南撤退，途中遭陈日烜邀击，损失惨重。

[8] 提领。官名。元始置。级别很低的官员。《元史·百官志一》：“提领一员，从七品；大使一员，从八品。”

[9] 元贞二年丙申正月上旬□□九日。1296年。按碑文载，墓主脱不花“寿八十四”，推算出脱不花生于宋嘉定四年、金卫绍王崇庆元年、蒙古成吉思汗六年，1212年。

[10] □□□□正月十八日。缺失文字应为“元贞二年”，墓主人去世之年，即立碑时间。

①《增订南诏野史·上卷·世隆条》。

②《资治通鉴·第二百四十九卷（唐宣宗）·唐纪六十五》。

③樊绰，唐人，生卒不详。唐懿宗咸通三年（862年），南诏王世隆派兵攻打安南，樊绰跟随蔡袭就任，为了对付南诏，蔡袭命樊绰对南诏情况进行调查了解，搜集大量的南诏资料，并在参考前人著作（主要是袁滋《云南记》）的基础上，写成《蛮书》，是唐代仅存有关云南的专著，为研究唐代云南历史的最重要的资料，原书无名，后人著录又名《云南志》《云南记》《云南史记》《南夷志》《南蛮志》《南蛮记》共十卷。

④《新唐书·南诏传》。

⑤《宋会要辑稿》记载："上谕辅臣曰：'蛮夷桀黠，从古而然'"。

⑥《宋史·赵挺之传》帝临朝，语大臣曰："朝廷不可与四夷生隙，隙一开，祸拿不解，兵民肝脑涂地，岂人主爱民恤物意哉！"

⑦南宋·李心传《建炎以来系年要录·卷一O五》。

⑧《续资治通鉴·宋纪·一百十七》。

⑨《新唐书·南诏传》云："南诏，或曰鹤拓，曰龙尾，曰苴咩，曰阳剑，本哀牢夷后，乌蛮别种也。"

⑩孙晓主编［越南］吴世连著《大越史记全书·本纪全书·卷五·陈纪·太宗皇帝》。

⑪徐松《宋会要辑稿·蕃夷·四之三O》，大中祥符七年（1014）七月条。

⑫李心传《建炎以来系年要录·卷一二九》，绍兴九年（1139）六月条，《四库全书》第326册。

⑬《越史略·卷三》。

⑭《元史·卷四·本纪第四》，又据拉施特《史集》载，蒙哥原是命忽必烈率兵征南宋，忽必烈奏准蒙哥，先攻取大理，以从西南侧后迂回包抄南宋。

⑮兀良合台（1201—1272年），蒙古帝国名将。开国功臣速不台长子，蒙古兀良哈部人。早年曾充当成吉思汗的怯薛军。因是功臣世家，受命护育皇孙蒙哥，后成为蒙哥的一怯薛长，掌管蒙哥宿卫。《新元史·卷一百二十二·列传第十九》："兀良合台，太祖时以功臣子，命监护皇孙蒙哥。后掌宪宗潜邸宿卫。"

⑯今四川松潘附近。吴景敖《西陲史地研究·元代平滇征缅线路》（上海中华书局印行）考证认为，诸种史籍仅提及"忒剌"地名，甚或缺载。"忒剌"系"塔拉"之蒙古词语异写，《元史》中的"忒剌"地望大致在洮河之阴、叠山之阳，即今甘肃南迭部县境内的达拉沟。

⑰《元史·本纪第三·宪宗》。

⑱孙晓主编［越南］吴世连著《大越史记全书·本纪全书·卷五·陈纪·太宗皇帝》。

⑲元世祖忽必烈曾使用过"至元"年号，取意《易经》"至哉坤元"（1264—1294年，共31年）。元顺帝以世祖为帝王典范，立志恢复世祖的辉煌，1335年同年十一月，顺帝以"祖述世祖"为名改年号为"至元"。史学家为了更好地区分，把世祖忽必烈使用长达31年的至元年号称为前至元，把元顺帝使用6年的至元年号称为后至元。

段进明　录文　注释

方妍岚　重识

故张案牍墓志碑

青石，残高 77 厘米、宽 55 厘米、厚 21 ～ 25 厘米。左上段缺失，右下稍残。碑阳碑文右起直书阴刻楷书 16 行。碑阴横书阴刻梵文 17 行，第 12 行中左起横书阴刻行书“□□亡人□□□神道”，下端五个种子字母组成十字金刚杵形。

碑文记载墓主人张福，字君禄。生于至元丙子（1276 年），卒于元文宗天历元年（1328 年），临终前追述白子国王张乐进求乃本族二十八代祖先，后有先祖“追王”，其父连庆，并言及其母般若恒乃南诏坦绰（宰相）何常诚之孙女。大德丁酉年（1297 年）因克勤罔怠，从事溢有成效，被大理路军民总管府段信苴庆荐保为万户府提控案牍。

碑阳

故张案牍墓志（一行）

（上阙）乐山后人易庵先生[1]□伯□　□　苍山［杨］（下阙）（二行）

（上阙）至后日，有张案牍之子，曰义、曰祥、曰珠、曰海等作揖□（下阙）（三行）

（上阙）昊晓，父乃暴疾，或作弃我诸孤，攸然逝矣[2]，仍状其谱次，云：本族之（下阙）（四行）

（上阙）□相张进求[3]者，即二十八代祖也。其后子孙或仁或否，□□绣□（下阙）（五行）

（上阙）载矣。追王，考讳连庆；妣般若恒，乃坦绰何常诚之孙，忠福之女[4]（下阙）（六行）

（上阙）世。今考讳福，君禄其字也，以至元丙子夏五[5]生，既长成材，戊子[6]（七行）

（上阙）其俸秩，令掌吏治[7]，而克勤罔怠。洎大德丁酉[8]春蒙　大［理］（下阙）（八行）

（上阙）总管府吏，从事溢有成效。是以总管段公明**威**①荐保，其名曰（九行）

（上阙）而有蒙古军万户府提控案牍[9]，之除□以□年，在仕而善（十行）

（上阙）□不意终于今年[10]十月之初九，以礼葬于本郡北原之先（十一行）

（上阙）［后］尽得其□才，虽不**敢**深**歆**□，邻里之交益感其孝□（十二行）

（上阙）［君］禄之为人也，幹固□勤廉能谨慎，蒙□亲忠于君，睹（十三行）

（上阙）［天］不假年，良可哀哉[11]，天命矣夫！春秋五十有二也。（十四行）

（上阙）□奈情何　命矣，斯人皆可叹！（十五行）

（上阙）□空长望　垒垒孤塚慰南柯（十六行）

[1] 乐山后人易庵先生。《杨公释□慧公墓碑铭并序碑》书丹者祯□赵庆积善亦称乐山后人，注亦同。

[2] 攸然逝矣。语出《孟子·万章上》："始舍之，圉圉焉，少则洋洋焉，攸然而逝。"攸，疾走的样子，攸然迅走。明张居正《四书集注直解说约》解：攸然，是顺适的意思，方鱼始舍于池中。圉圉焉困顿而未舒。少顷则洋洋而放纵，久之遂攸然自得而竟逝矣。

[3] 张进求，疑为张乐进求。张乐进求，白子国王，今白族先民，白族认可的先祖之一。《僰古通纪浅述》："僰人之初，有骠苴低者，其子低牟苴……其妇曰沙壹……生九男……故号九隆族……八子牟苴颂。"传说"九隆族"第八子牟苴颂即为白子国王张乐进求之祖先。胡蔚本《南诏野史》载：蜀汉建兴三年（225年），诸葛亮封白子王仁果十五世孙龙佑那为酋长，赐姓张氏，于白崖（今弥渡红岩）筑建宁城，号建宁国，立铁柱（今弥渡有铁柱宫，铁柱尚存，先为建宁国王张乐进求甫铸，后为蒙世隆重铸），传三十二世至十七世孙张乐进求。唐太宗己酉贞观二十三年（649年），封为首领大将军，后见蒙舍川蒙细奴逻有奇相，遂妻以女，逊国与之。奴逻自称奇嘉王，建号大蒙国，又称南诏。明杨慎《滇载记》："龙祐那之十六世孙，曰张乐进，求逊位于蒙氏。考其时，盖唐世也。张氏或称昆弥国，或称白国，或称建宁国，其年系莫可推详。"元李京《云南志略》记载："蛮酋张氏名仁果，时当汉末。传三十三王，至乐进求，为蒙氏所灭。"明诸葛元声《滇史》记载："苴颂（张氏始之祖）始居白崖，因号白国，又号大白国，是为僰国。白子国即云南县。今滇有白人子，是其种类。"又载："永徽二年（651年），始改云南县为匡州，领勃弄、匡川二县。张氏据之，号白子国。永徽四年（653年），蒙氏细奴逻始代张乐进求。"又载，"永徽二年，始改云南县为匡州，领勃弄、匡川二县。白子国即云南县，为南诏灭之。"又载，"永徽四年，蒙氏细奴逻始代张乐进求。益夷，尚战死，恶病亡，犷难制，故愈分而愈狭也。"清康熙《剑川州志》记载："细奴罗者，耕于巍山（即蒙化）数有祥异。白国王张乐进求，因以国让之，细奴罗立为奇王。白国世绝。"

[4] 因碑残泐，不知"追王"为何人士？其父连庆，亦无考。碑文云"追王"之母"般若恒，乃坦绰何常诚之姪，忠福之女"。坦绰，唐代南诏职官名。辅佐诏主执掌国事的重臣、王之下最高官阶。胡蔚本《南诏野史·上卷·南诏称谓官制》载："其设官则有把国事八人，曰坦绰，曰布燮，曰九赞，谓之清平官。"据《新

唐书·南蛮传》载：其职位在南诏王之下、百官之上，为三个清平官之一，所以决国事轻重，犹唐之宰相也，秉政用事，权力极大，并兼九爽、三托之官[①]。《旧唐书·卷十九上·本纪第十九上》："十一月，南诏蛮骠信坦绰酋龙率众二万寇㑩州。"《全唐文·第九部·卷八百二十七》载：唐懿宗咸通十四年（873年）牛丛《报南诏坦绰书》："十二月二十四日，剑南西川节度观察安抚使守兵部尚书成都尹牛丛，致书于南诏国坦绰麾下：专人遽到，示翰忽临……"五华楼旧址出土《故大师白氏墓碑铭并序碑》亦有"坦绰"记载："……遂娶李氏坦绰明朱之孙监府事宗救之女。"方龄贵先生考证：盖大理国时仍沿用坦绰一称，《宋会要稿》《册府元龟》《桂海虞衡志》诸书所载甚明。值得注意的是《续资治通鉴长编·卷一八·太宗·太平兴国二年春正月庚辰条》载："邕州言：'广源州蛮酋侬民富以伪汉时所置十州首领诏敕来献，欲比七源州内附，输赋税，而思琅州蛮蔽塞，使不得通，愿朝廷举兵诛思琅州。'诏授坦绰侬民富检校司空，令广州转运使徐道召之。"此事亦见《宋史·太宗本纪》，然其书"坦坦绰侬民富"，当衍一"坦"字，正当作"坦绰侬民富"，以《长编》为是。按坦绰既为南诏、大理官称，而广源州侬氏先世旧有此号，则其与大理关系之深可知。然则侬智高兵败后远投大理，绝非偶然，此中或不无待发之覆，是可令人深长思之的[②]。碑文载坦绰何常诚及忠福二人，史籍无记载，待考。

关于般若恒的名字，带有浓郁的佛教色彩，注同《故心凝密要大阿左梨墓志铭并序碑》。

[5] 至元丙子夏五，元至元十三年，1276年。夏五，按中国传统历法，夏至后阴历逢五为伏，其三伏，叫作"夏五"。

[6] 戊子。查元史，介于"至元丙子"及"大德丁酉"之戊子年为元至元二十五年，1288年。墓主张案牍时年方十二岁，因碑文缺失，无法确定与下文"其俸秩，令掌吏治"的关系。

[7] 掌吏治，即负责文职官吏的任免、考核、升降等事务。最高长官是吏部尚书。

[8] 大德丁酉，元大德元年，1297年。

[9] 万户府提控案牍。万户府，官署名。元代都总管府、都指挥使司、万户府等多设此官。蒙古成吉思汗建国，封右、中、左三万户，分领属下军民。元朝分设于中枢及各路，置官万户，统领属下千户。按兀良合台平定云南后，"遣使献捷于朝，且请依汉故事，以西南夷悉为郡县。"在云南设置了十九个万户府，万户下设千户、百户。元宪宗六年（1256年），元朝设立了大理上下二万户府。大理上万户府领有：太和三千户所、德源千户所、浪穹千户所、谋统二千户所、义督千户所、蒙舍千户所、永平千户所。大理下万户所领有：赵睑千户所、品甸千户所。至元十一年（1274年），云南平章政事赛典赤撤销了原来的万户、千户、百户军事性的建置，改设路、府、州、县，建立了云南诸路行中书省，置路三十七、府二、属州五十四、属县四十七，还设立了甸、寨、军民府等。

[10] 据碑文 "至元丙子夏□生"及"春秋五十有二也"推算出墓主张案牍卒于元文宗天历元年，1328年。

[11] 良可哀哉。语出宋窦材《扁鹊心书》："十种必死大证，世人莫能救疗，束手待毙，良可哀哉。"宋章云心《古意十四首·其九》："百川毕东注，两丸尽西颓。二物常汲汲，未尝少徘徊。短生亦如斯，逝者良可哀。"

①总管段公明威。与《大理古碑存文录》中32页《加封孔子圣诏碑》下栏三行"明威将军大理路军民总管段信苴政等立石"关联。

①高文德主编《中国少数民族史大辞典》。

②方龄贵《侬智高死事新证——新出元碑〈故大师白氏墓碑铭并序〉考释》。

段进明　录文　注释

方妍岚　重识

何永超　加注

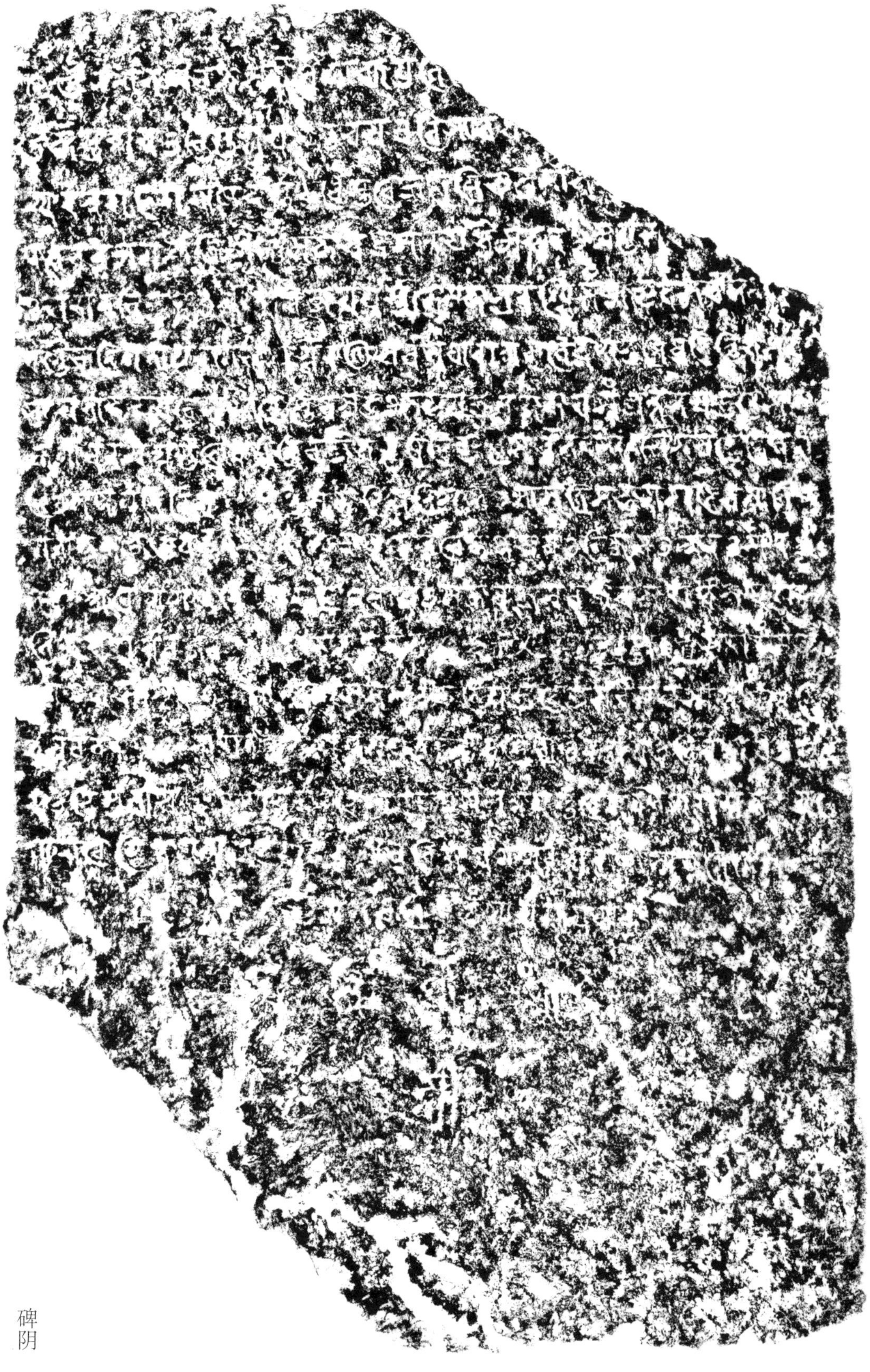

碑阴

大理石，残高25厘米、宽45厘米、厚9厘米。下段大部分残缺，碑阳碑文右起直书阴刻楷书16行，残留95字。碑阴横书阴刻梵文残留5行。

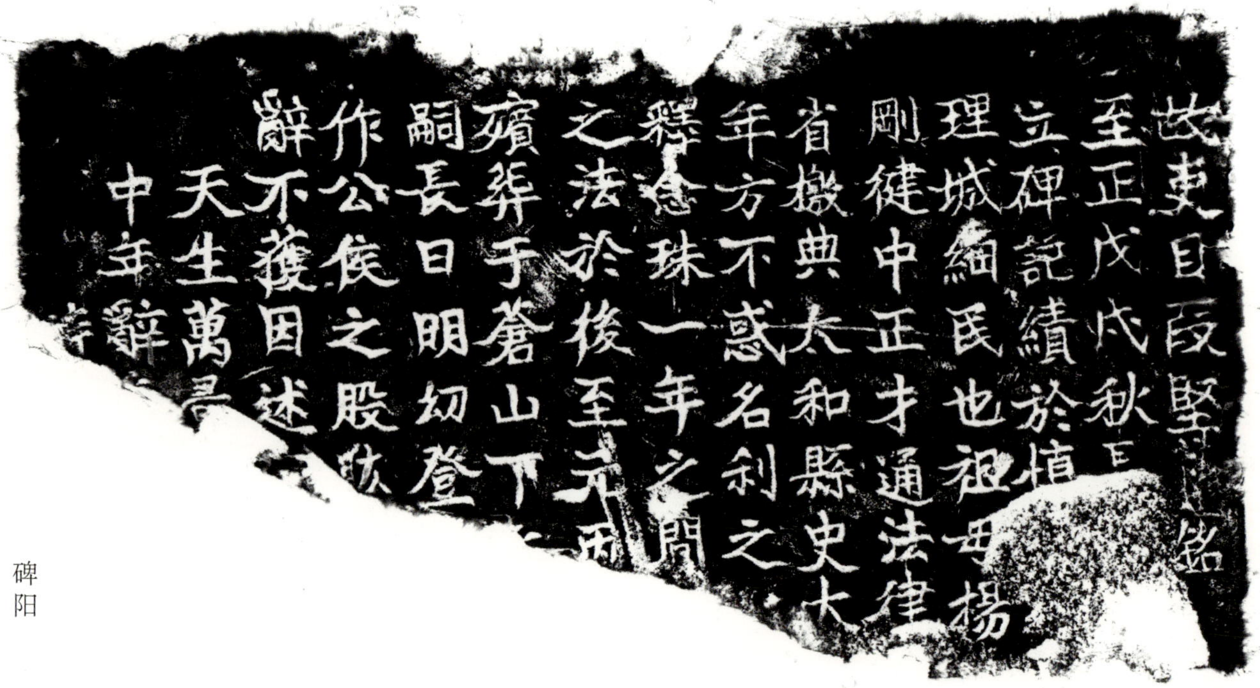

碑阳

碑阴

故吏目[1]段坚墓铭（一行）

（上阙）至正戊戌[2]秋（下阙）（二行）

（上阙）立碑记绩于［慎］（三行）

（上阙）理城细民也，祖母杨（下阙）（四行）

（上阙）刚健中正，才通法律（下阙）（五行）

（上阙）省檄典，太和县[3]史［太］（下阙）（六行）

（上阙）年方不惑，名利之（下阙）（七行）

（上阙）释念珠，一年之间（下阙）（八行）

（上阙）之法。于后，至元丙[4]（下阙）（九行）

（上阙）殡葬于苍山下（下阙）（十行）

（上阙）嗣，长曰明，幼登（下阙）（十一行）

（上阙）作公侯之股肱（下阙）（十二行）

（上阙）辞不获，因述（下阙）（十三行）

（上阙） 天生万［汇］（下阙）（十四行）

（上阙） 中年辞（下阙）（十五行）

［诗］ （下阙）（十六行）

［1］吏目。吕宗力《中国历代官制大辞典》：“官名，金朝始置，为首领官。掌案牍和管辖吏官，负责处理官府内部具体公事。元朝沿置，亦为首领官。中下州地方官府中设一至二名，为流外职，任满可升为都目。例由路总管府、府、州司吏考满升入。”《元史·卷九十·百官六》修内司“……吏目一员”。又《元史·卷九十一·百官七·诸州》：“下州，吏目一员或二员”。

［2］至正戊戌。至正十八年，1358 年。

［3］太和县。《元史·卷六十一·地理四·大理路军民总管府》：“太和。倚郭。宪宗七年，于城内外立上中下三千户。至元二十六年，即中千户立录事司，上下二千户立县。”

［4］“至元丙□”。查元史，至元年号共三十一年。其中，至元三年（1266 年）为“丙寅”；至元十三年（1276 年）为“丙子”；至元二十三年（1286 年）为“丙戌”。碑文年号“至元丙□”，不知为何年？

段进明　录文　注释

方妍岚　重识

武定郡夫人高氏墓志碑

大理石，残高 90 厘米、宽 52.5 厘米、厚 22 厘米。碑上部稍残，右边大部残缺。碑阳碑文右起直书阴刻楷书 18 行，行字不等。碑阴无字。据碑文载墓主人为大理军民总管第五代总管段信苴隆“之嫡室”高氏，元延祐丁巳年（1317 年）被元朝廷锡封为武定郡夫人，次年以疾病故。碑文还记载了大理国权臣高升泰后裔与大理段氏之间错综复杂的裙带关系。高夫人死后葬于苍山以北“段公之先茔”，为段氏王陵的调查研究提供了重要参考资料。

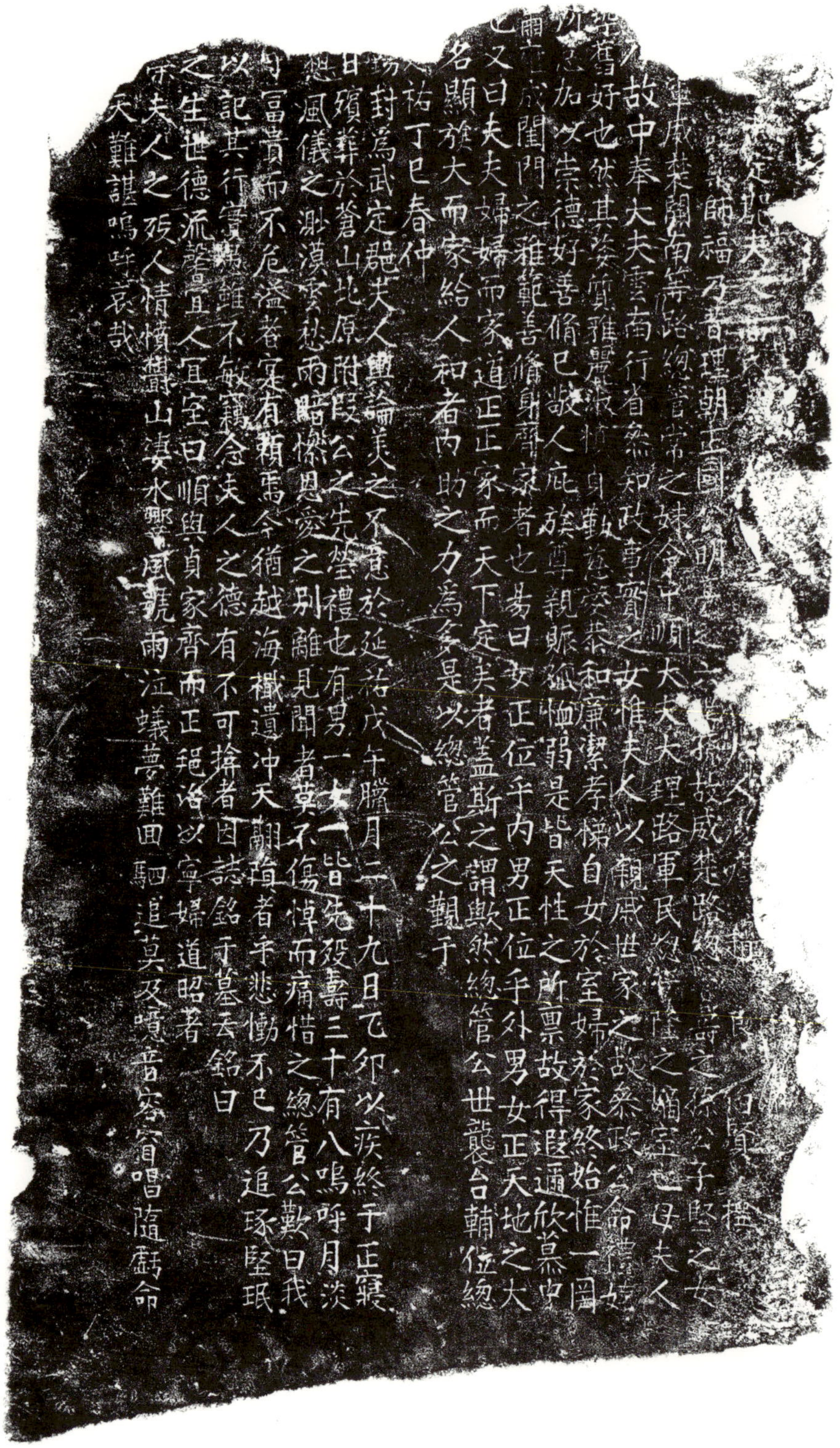

（上阙）［武］定郡夫人[1]高氏［墓］［志］（下阙）□□后人□□赵　良　伯贤[2]　撰（一行）

（上阙）□□乐师福，乃昔理朝正国公明亮[3]之六□孙，故威楚路总管寿[4]之孙公子坚之女（二行）

（上阙）军，威楚开南等路总管常[5]之妹，今中顺大夫大理路军民总管隆之嫡室[6]也。母夫人（三行）

（上阙）［乃］故中奉大夫云南行省参知政事实[7]之女。惟夫人[8]以亲戚世家之故参政公[9]命礼［婷］（四行）

（上阙）［筑］旧好也。然，其姿质雅丽，淑慎贞勤，慈爱恭和，廉洁孝悌。自女于室妇于家，终始惟一罔（五行）

（上阙）□怠。加以崇德好善，修己敬人，庇族尊亲，赈孤恤弱，是皆天性之所禀，故得遐迩欣慕。中（六行）

（上阙）尔雍，成闺门之雅范，善修身齐家者也。易曰：女正位乎内，男正位乎外，男女正，天地之大（七行）

［义］也。又曰：夫夫妇妇，而家道正，正家而天下定矣者！盖斯之谓欤！然总管公世袭台辅[10]位，总（八行）

（上阙）名显族大，而家给人和者，内助之力为多，是以总管公之觐于（下空格）（九行）

（上阙）［延］祐丁巳[11]春仲（下空无字）（十行）

（上阙）锡封为武定郡夫人[12]，舆论美之。不意于延祐戊午[13]腊月二十九日乙卯，以疾终于正寝，（十一行）

（上阙）日，殡葬于苍山北原附段公之先茔，礼也。有男一女一皆先殁，寿三十有八，呜呼！月淡（十二行）

（上阙）想风仪之渺漠，云愁雨黯，惨恩爱之别离。见闻者莫不伤悼而痛惜之。总管公[14]叹曰：我（十三行）

（上阙）守富贵而不危溢者，寔有赖焉！今犹越海檝遗，冲天翮陨者乎，悲恸不已，乃追琢坚珉。（十四行）

（上阙）以记其行实。愚虽不敏，窃念夫人之德有不可掩者，因志铭于墓云铭曰：（十五行）

（上阙）之生世，德流馨、宜人宜室。曰：顺与贞，家齐而正，䝉治以宁，妇道昭著。（十六行）

（上阙）荣，夫人之殁，人情愤郁，山凄水响，风号雨泣，蚁梦难回，驷追莫及，噫音容窅，唱随亏命。（十七行）

（上阙）天难谌，呜呼哀哉！（十八行）

［1］［12］武定郡夫人。郡夫人是中国古代妇女封诰之一。吕宗力《中国历代官制大辞典》："命妇封号名。宋朝置，以封执政、东宫三太、文武二品、御史大夫、六尚书、两省侍郎、太常卿、留守、节度使、诸卫上将军、嗣王、郡王、国公、郡公、县公之妻。徽宗政和二年（1112 年），规定执政以上官之妻始得此封。"元正从二品官之母或妻封存郡夫人。武定是封号，寓意为武定安邦。如，五华楼旧址出土《京兆郡夫人墓志铭》，亦记载了腾冲大理国布燮高泰廉后裔高通之女高夫人，死后被追赠为"京兆郡夫人"。又，元代著名的女书法家、画家、诗词创作家管道升，嫁吴兴书画名家赵孟頫为妻，封吴兴郡夫人，世称管夫人，延祐四年（1317 年），封魏国夫人。元统元年（1333 年）著名的《姚天福神道碑》载："赠正奉大夫，河南河北等处行中书省参知政事护军，追奉平阳郡公，谥忠肃姚公。"夫人赵氏、杨氏皆封平阳郡夫人。

［2］赵良伯贤，生平待考。

［3］［4］［5］理朝正国公明亮。"正"疑为"政"的谐音；"亮"或"量"，是为谐音，《元史》记为高明量；《南诏野史》为高明亮。国公，封爵名。吕宗力《中国历代官制大辞典》："隋朝始置，为九等爵之第三等，位郡王下、郡公上，从一品。炀帝大业三年（607 年）废。唐朝复置，食邑三千户，从一品。唐末及五代受此封者甚滥。宋置，位郡王下，郡公上，从一品。金朝置，食邑三千户，实封三百户，从一品。"《元史·卷九十一·百官七》："国公，正二品。"《元史·卷六十一·地理四》载，云南诸路行中书省"威楚开南等路，下。为杂蛮耕牧之地，夷名俄碌，历代无郡邑，后爨酋威楚筑城俄碌睒居之。唐时蒙舍诏阁罗凤合六

诏为一，侵俄碌，取和子城，今镇南州是也。后阁罗凤叛，于本境立郡县，诸爨尽附。蒙氏立二都督、六节度，银生节度即今路也。及段氏兴，银生隶姚州，又名当箸验。及高升泰执大理国柄，封其侄子明量于威楚，筑外城，号德江城[①]，传至其裔长寿。元宪宗三年（1253 年）征大理，平之。六年，立威楚万户。至元八年（1271 年），改威楚路，置总管府。领县二、州四。州领一县。本路军民屯田共七千一百双”。由此可知，“正国公明亮”，即高升泰的侄子高明量。高明量，白族，点苍山莲花峰茫涌溪人氏。有史称高明量是“大中国皇帝高升泰的孙子”，《大理国渊公塔之碑铭并序》云：高皎渊公为“故相国高太（泰）明之曾孙，政国公明量之孙”，又“高泰明于大理国开明元年（1097 年）封其子高明量于威楚府”，皆为误。大理国文安四年（1108 年）段正淳避位出家后，高泰明拥立段和誉继承帝位，段和誉封高明量为政国公。高明量又将威楚总管“传至其裔长寿”即“故威楚路总管寿”。徐嘉瑞《大理古代文化史》“高泰祥……有二子，一曰琼，二曰长寿”。威楚开南等路总管“常”的生世史书无记载，应为“寿”之子，按碑文载，“常”是高夫人的哥哥，即段信苴隆之大舅子。

［6］中顺大夫大理路军民总管隆。中顺大夫，金始置，正五品中，元升正四品，辽、宋、金、夏时期官阶纵向前后朝代相互沿用、引用，横向朝代相互借用、引用，朝令夕改，变换频繁。《元史•卷九十一•百官七•文散官四十二》：“中顺大夫，以上正四品。”

《元史•卷六十一•地理四》：“大理路军民总管府，上。本汉叶榆县地。唐于昆明之栟栋川置姚州都督府，治叶榆洱河蛮。后蒙舍诏皮罗阁逐河蛮取太和城，至阁罗凤号大蒙国。云南先有六诏，至是请于朝，求合为一，从之。蒙舍在其南，故称南诏。徙治太和城。至异牟寻又迁于喜郡史城，又徙居羊苴咩城，即今府治。改号大礼国。其后郑、赵、 杨三氏互相篡夺，至石晋时，段思平更号大理国。元宪宗三年收附。六年，立上下二万户。至元七年，并二万户为大理路。”1253 年（元宪宗三年），蒙古军队发兵击灭大理段氏政权，蒙古统治者给段兴智赐号“摩诃罗嵯” [②]，大理国主称号，大理降元后大理总管仍沿用。封为中庆路八府总管，令其继续掌管原大理境内事务。至元七年（1270 年），元廷设立大理路军民总管府，简称大理总管，治大理府（羊苴咩城），下辖大理上万户府、大理下万户府。“有点苍山在大理城西，周广四百里，为云南形胜要害之地。城中有五花楼，唐大中十年，南诏王劵丰佑所建。楼方五里，高百尺，上可容万人。世祖征大理时，驻兵楼前。至元三年，尝赐金重修焉。领司一、县一、府二、州五。府领一县，州领二县。”大理路军民总管隆，即第五代总管段信苴隆。《南诏野史•下卷》载：“段庆，即阿庆，实之子。”“段隆，庆之子，元仁宗丁巳延祐四年（1317 年）袭元授隆为大理军民总管。……庚午至顺元年（1330 年）……是年，隆以老退闲，子俊袭。隆任职十四年。”李源道撰《大崇圣寺碑铭并序》载“中顺大夫总管隆之祖实，中奉大夫云南行中书省参知政事，赠武定郡公”“泰定二年（1325 年）岁次乙丑夏六月辛卯，中顺大夫大理军民总管段信苴隆立石。”《中国少数民族社会历史调查资料丛刊——白族社会历史调查》（四）《元故副相墓碑》载：“蒙化太守信苴隆俾辅导之，由是陈力就列，自州牧升路侯，官至中顺大夫，大理路军民总管。礼觐北阙，择被南中。莅政仅十三年。”段信苴隆在位时间有“十四年”或“十三年”之说，或为计算有误。据碑文所载，得知大理军民总管段信苴隆的妻子为权臣高升泰后裔高氏，并于延祐四年（1317 年）段信苴隆被任命为大理军民总管时赐封为武定郡夫人。

［7］中奉大夫云南行省参知政事实。中奉大夫，文散官名。宋为文散官第七阶，正四品。元丰改制后停用。徽宗大观二年（1108 年）又置，为文官第十三阶，金为从三品。元升从二品。《元史•卷九十一•百官七•文散官四十二》：“中奉大夫，以上从二品。”参知政事，官名。唐宋时期最高政务长官之一，与同平章事、枢密使、枢密副使合称“宰执”。辽、金承宋制。元中书省设参政，即参知政事的简称。在行中书省则于丞相、平章、左右丞下设参知政事。《元史•卷八十五•百官一》：“参政二员，从二品。”云南行省参知政事实，即第一代大理路军民总管段实（日）。《南诏野史•下卷•段实》载：“段实，又名信苴日。”信苴实，大多文献资料记载为“日”，目前发现的碑刻多记载为“实”。《元史•卷一百六十六•信苴日》载：“信苴日，僰人也，姓段氏。其先世为大理国王，后累为权臣高氏所废。”宪宗癸丑年（1253 年）忽必烈统一大理，

杀权臣高祥，以其兄段兴智主其国事，兴智令他治理国事，不久，兴智死。“中统二年（1261年），信苴日入觐，世祖复赐虎符，诏领大理、善阐、威楚、统失、会川、建昌、腾越等城，自各万户以下皆受其节制。”至元元年（1264年）平定其余各部。“（至元）十一年（1274年），赛典赤为云南行省平章政事，更定诸路名号，以信苴日为大理总管。”至元十三年（1276年），因平定诸爨及抗击缅国（今缅甸）入侵有功，特授大理蒙化等处宣抚使。“（至元）十八年（1281年），信苴日与其子阿庆复入觐，帝嘉其忠勤，进大理威楚金齿等处宣慰使、都元帅，留阿庆宿卫东宫。及陛辞，复拜为云南诸路行中书省参知政事。十九年（1282年），诏同右丞拜答兒迎云南征缅之师，行至金齿，以疾卒。信苴日治大理，凡二十三年。”（按：《元史·信苴日》实治大理二十三年，这应该从中统元年段兴智卒后始，段实任总管是从至元十一年开始，那他任总管只有九年。）方慧经考证认为：“至元十九年，并非如《元史》所云为段实卒年，而实为段实卸任总管之年，亦即段忠继任总管之年……但其（段实）任总管之年，实只由至元十一年至十九年，共八年。”[③]段实死后，胡蔚本《南诏野史》载：“诏以……赠为武定公。”五华楼旧址出土《故大师白氏墓碑铭并序碑》：“至元十七年（1280年），段参政持大宝藏自□朝始回，……”方龄贵、王云注释：“段实拜参政在至元十八年，此于至元十七年谓段参政盖撰时追称。”《新纂云南通志·卷九二·金石考》所收《大胜寺修造记》载：“……至元二十一年甲申，云南省参政段信苴实奏闻朝廷……”五华楼旧址出土《追为亡人杨庆良神识碑》碑文载：“祖般若庆勤，随云南行省段中奉信苴实为秉。”泰定二年（1325年），李源道撰《大崇圣寺碑铭并序》载：“中顺大夫总管隆之祖实，中奉大夫云南行中书省参知政事赠武定郡公。”

［8］惟，或为段信苴实之女之名；或为文言助词，常用于句首。待考。

［9］参政公。指参知政事段信苴实。

［10］台辅。宰相、三公等高级官员的尊称。《后汉书·李固传》：“臣闻台辅之位，实和阴阳，璇机不平，寇贼奸轨，则责在太尉。”《宋书·卷六十八·列传第二十八》：“陛下推恩睦亲，以隆棠棣，爰忘其鄙，宠授遂崇，任总内外，位兼台辅。”这里特指大理军民总管之职。

［11］延祐丁巳。元延祐四年，1317年。

［13］延佑戊午。元延祐五年，1318年。

［14］总管公。指段信苴隆。

①胡蔚本《南诏野史·下卷》载：“德江城，楚雄府城西北二里，后理国段正淳时封高明量于此。后高量成让位居之。人化其德故名城曰德江。”两说，不知谁是。

②又译马合剌昔、摩合罗嵯。源于梵语maharaja，意为大王。大理国主称号。大理降元后大理总管仍沿用。

③张锡禄《元代大理段氏总管史》、方慧《大理总管段氏世次年历及其与蒙元政权关系研究》。

段进明　录文　注释

方妍岚　重识

故优游天道容众大师墓铭并序碑

青石，残高 98 厘米、宽 54 ～ 63 厘米、厚 20 ～ 22 厘米。上部稍缺。碑阳碑文右起直书阴刻楷书 23 行，24 行至 29 行延至碑左侧面。碑阴横书阴刻梵文 17 行。

碑文追述墓主人杨隆其宗族源流乃周宣王母弟郑桓公，据家谱载郑回为其十五世祖，天宝十一年被掳至南诏，阁罗凤委以清平官。唐天复二年（902 年）郑回后裔郑买嗣弑孝哀帝篡位建大长和国，经历三主。后唐天成三年，即尊圣元年（928 年），剑川节度使杨干贞废郑隆亶，拥立赵善政，建大天兴国。次年，杨干贞废赵善政，建大义宁国。郑隆亶之弟玄黄逃离大理，改姓杨氏，落发为僧。其后裔在大理国时期医儒兼资，大攻医术，医国济民，历代行医，曾为大理国第三代皇帝段思良作祝告仪式，治愈了大理国第九代皇帝段素真暴疾。至墓主人杨隆的曾祖父杨功，开始从事佛教密宗阿吒力教，传承至杨隆成为优游天道容众大师。元世祖忽必烈攻占大理时，杨隆率其族属归觐末代皇帝段兴智抗击元军。大理路军民总管段信苴日期间，至至元十六年己卯（1279 年）墓主人杨隆以疾而终，春秋七十有二。

碑阳

碑侧

故优游天道容众大师墓铭 并序（一行）

（上阙）天降下民，作之君，作之师[1]，所以代天工而济物也。然君［上］政师之□，其揆一焉。有能德感天心，才出人有（二行）

（上阙）达。为君以治国穷，为师以惠民者，其杨氏之谓欤！杨氏，讳隆，源其宗派，乃周宣王母弟桓公友[2]之后也。本（三行）

（上阙）姓郑氏，有家谱云：十五世祖曰：回，河南新郑人[3]也，以儒学擢第，唐封为西泸令。于唐天宝十一年壬辰[4]岁，（四行）

（上阙）大蒙神武王阁罗凤厚礼而请之[5]，食邑浪穹郡[6]，令王公将相子弟受儒业于其门，由是南中[7]文风大振。回（五行）

（上阙）之三世孙曰：买嗣[8]，志节俱美，文武兼资，禀拔率之材，有济时之气。于建极初尝获一神珠[9]，献于蒙景庄帝[10]，（六行）

（上阙）因命为侍中[11]，既而善司其职，嘉绩屡闻，乃擢为家宰[12]。凡佐蒙三主[13]历四十余年，揔摄国政，洎蒙哀帝遇弑[14]，（七行）

（上阙）诸臣尊而立之，遂即位，号威桓帝，乃唐天复三年壬戌岁[15]。世子曰旻，号肃文帝[16]，孙曰亶，号恭惠帝[17]。凡三主，（八行）

（上阙）合二十六年，丕成诏业。于尊圣元年戊子岁[18]，剑川节度杨干贞[19]作乱，亶既遇弑，宗族悉遭刑戮。亶之弟曰：玄（九行）

（上阙）黄，历遁遐陬，求免无所，因而改姓杨氏，落发为僧，获免斯害。玄黄生和堵，大攻医术传济此方。堵生君，医（十行）

（上阙）儒兼资，遇至治皇[20]白马被失，请君祝告，君遂烧文一通，三日而罗虎，景帝自焚，马从其堂走出[21]，皇大崇其（十一行）

（上阙）□。君生惠、惠生永，皆事修祖德业，擅活人。政治[22]间，圣德皇[23]染暴疾，求永治疗，厥疾遄瘳[24]，赉以庄田、奴仆、衣（十二行）

（上阙）□［妆］、马等物，仍命皇妃嫡腰绣法服而赐之，因补紫绣大师之号。永生二子，长曰永昇，往四川搜摭经籍（十三行）

（上阙）□□脉乐之要。归，著方诀，名曰：《新集经验堂神农院》，职太医博士[25]。次曰永辉，辉生贤，贤生二子，长曰和，妻（十四行）

（上阙）□□相何氏之女，讳观音香勅[26]，号恩矜。七子，□国明妃[27]。次曰功，职僧禄阇梨[28]。功生福，福生世，世生隆，职优游天（十五行）

（上阙）［道］容众大师[29]。于天定三年癸丑冬十二月十三日[30]，（十六行）

（上阙）兵南下。当酋长未降之际[31]，隆乃率其族属于紫城[32]西南郊祀之原归觐（下无字）（十七行）

（上阙）王幸蒙（下无字）（十八行）

（上阙）［息］矜恤赐以旗，命俾复旧业兼委副官人之政令，招集人民归附之[33]。后有云南土官段信苴日[34]。以隆乃故，（十九行）

（上阙）□耆德，于是益加敬重。至至元十六年己卯[35]□月二十四日，以疾而终，春秋七十有二，越翌日葬于苍山（二十行）

（上阙）之先茔西方，道俗无不感伤，咸谓：故藏被□慈□溺海渚也。有二男，曰通，曰公，赉其家□揖□曰：尝闻君（二十一行）

（上阙）子疾没世而名不称焉[36]！然我先人勋名头者，若不铭石，无以示于将来，敢（二十二行）

（以下碑文延至碑左侧面）：

（上阙）□□□□作以志□墓，予见而叹曰：夫郑回绩德于前，买嗣荣□

（上阙）于后。今天文以□□□□□□□（二十三行）

□□□□□奕茂而枝荣者也。愚学虽□略，义不可辞，因为之铭　　铭曰（二十四行）

（上阙）□□民　有物有则[37]　坚之若师　治其邦国

爰有郑回　研精翰墨　善流子孙　光临此域（二十五行）

（上阙）□买嗣　诏业恢张 位传三主　奄有南方　及干贞乱　亶已灭亡　玄黄剃发　改姓曰杨（二十六行）

（上阙）□后人　大攻医术　医国济民　百不失一　性存仁慈

志穷经律　紫绣法衣　［为］高僧□（二十七行）

（上阙）□□隆　德行昭宣　首出酋长　归顺（二十八行）

□□□□　□□□贤　于今反［朴］　今誉当传（下阙）（二十九行）

［1］语出《孟子·梁惠王章句下·第三节》：“天降下民，作之君，作之师，惟曰其助上帝宠之。”

［2］周宣王（？—前 783 年），姬姓，名静，字靖 ，周厉王之子，镐京（今陕西省西安市）人。西周第十一代君主（前 828—前 783 年在位），任用召穆公、周定公、尹吉甫等大臣，整顿朝政，使王道已衰落的周朝王室得到一时的复兴，大大提高了王室的威信，遂使周势复振，诸侯又重新来朝，史称“宣王中兴”。《汉书·地理志》云：“本周宣王母弟友为周司徒，食采于宗周畿内，是为郑桓公。”郑桓公（？—前 771 年），姬姓，郑氏，名友（受封前称王子友），公元前 806 年，受封郑地（今陕西华县东），建立郑国，伯爵，故称郑伯友。《史记·卷四十二·郑世家第十二》：“郑桓公友者，周厉王少子而宣王庶弟也。宣王立二十二年，友初封于郑。”郑桓公身世还有一说为周宣王之子。此碑文为“周宣王母弟”说。

［3］郑回，生卒年不详。玄宗天宝年间 （742—756 年）中举明经①，任嶲州西泸（今四川西昌）县令。天宝战争时南诏攻陷嶲州，郑回被俘。阁罗凤以其有儒学，甚爱重之，任为王室教师。异牟寻即位后，任为南诏清平官（宰相），秉政用事，积极推进汉化，主张在各个方面仿效唐朝，促使南诏与唐恢复友好关系。其后代世居南诏，七世孙郑买嗣灭南诏国，建立大长和国。后晋刘昫等《旧唐书·列传第一百四十七·南蛮·西南蛮》：“有郑回者，本相州人，天宝中举明经，授嶲州西泸县令。嶲州陷，为所虏。阁罗凤以回有儒学，更名曰蛮利。甚爱重之，命教凤迦异。及异牟寻立，又命教其子寻梦凑。回久为蛮师，凡授学，虽牟寻、梦凑，回得箠挞，故牟寻以下皆严惮之。蛮谓相为清平官，凡置六人。牟寻以回为清平官，事皆咨之，秉政用事。余清平官五人，事回卑谨，或有过，回辄挞之。”宋欧阳修等《新唐书·卷二百三十九·列传第一百四十七上·南蛮上》：“故西泸令郑回者，唐官也，往嶲州破，为所虏。阁罗凤重其惇儒，号‘蛮利’，俾教子弟，得棰搒，故国中无不惮。后以为清平官。”宋司马光等《资治通鉴卷第二百三十二·唐纪四十八》：“初，云南王阁罗凤陷嶲州，获西泸令郑回。回，相州人，通经术，阁罗凤爱重之。其子凤迦异及孙异牟寻、曾孙寻梦凑皆师事之，每授学，回得挞之。及异牟寻为王，以回为清平官。清平官者，蛮相也，凡有六人，而国事专决于回。五人者事回甚卑谨，有过，则回挞之。”明杨慎撰《滇载记》：“阁罗凤之立，以天宝八年故事。酋长勶都督偕妻子行，凤挈家至云南。太守张乾拖（虔陀）皆私之，复多征求，凤怒，反攻云南，杀乾拖（虔陀），取夷州三十二，陷嶲州，获唐西泸令郑回，拜清平官。”《云南志略》：“买嗣，唐西泸令郑回之后。阁罗凤陷嶲州，得回，以〔为〕清平官，迁侍中。”明王士性《广志绎·卷五·西南诸省》：“子阁罗凤用段险（检）魏为相，获唐西泸令郑回而尊之……蒙氏历年二百五十，而郑氏、赵氏、杨氏迭兴。”《南诏野史·上卷·十三》“凤怒，遣大将军王毗双、罗时等发兵攻虔陀，虔陀饮酖死，遂取姚州，并夷州三十二。获唐嶲州西泸令郑回以归，爱其才，用为清平官”。

［4］唐天宝十一年壬辰，752 年。关于南诏攻陷嶲州，郑回被俘并被掳至南诏的时间，史籍均无详细记载。唯元张道宗《纪古滇说原集》有载：“十三年（754 年）六月，再遣前云南郡都督李宓，广南节度使何履光统雄兵二十万再伐大蒙，又战于龙尾关东，唐兵败绩，将士卒多死之。阁罗凤曰：‘天子致讨，兵士何辜！’遂敛尸葬之，为万人，其如山之高也。王遂得唐西泸令，姓郑名回，回者巨儒也。蒙王请回以师礼之，赐爵国贤大丞相宰辅清平官，文风始大振矣。”关于郑回被掳时间说法不一，一说唐肃宗至德元年（756 年），一说至德二年（757 年），或说天宝（742—756 年）末。徐嘉瑞《大理古代文化史》：“唐德宗贞元三年（787 年），阁罗凤陷嶲州，获西泸令郑回。”按此碑记载：“于唐天宝十一年壬辰岁，大家神武王阁罗凤厚礼而请之，食邑浪穹郡”，即 752 年，是年发生了第一次天宝战争，且分封地亦记载详细。可知，郑回被俘并被掳至南诏的时间，应为唐天宝十一年，752 年。

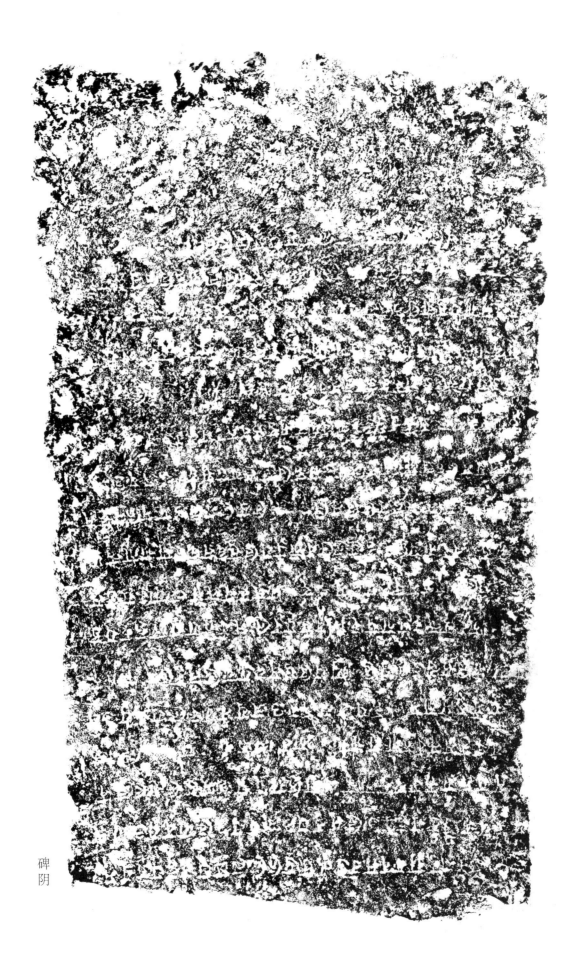

碑阴

[5] 阁罗凤（712—779 年），《南诏野史·上卷·十三》：“阁罗凤，一作觉乐凤，袭封云南王，伪谥神武王，天宝七载即位，年三十六岁。”为南诏第五代王，748—779 年在位，其养父皮罗阁[2]在中国唐王朝扶持下统一六诏，受唐朝封为云南王。748 年皮罗阁死，阁罗凤与二弟于诚节（也作成节）争位，胜，将诚节流放。在其养父死前，他已参与削平六诏的活动，即位后，继续发展势力，消灭在其东方的东爨、西爨，控制滇东地区。《南诏德化碑》载阁罗凤“不读非圣贤书”“阐三教，宾四门”“通三才而制礼”“唯孝唯忠，乃明乃哲”，是最有建树的南诏王。阁罗凤在位期间，发生了二次与唐朝的天宝战争，大获全胜。766 年，阁罗凤在都城太和城（今云南大理南太和村）立南诏德化碑，表明愿与唐世代友好。

[6] 食邑，指古代君主赐予臣下作为世禄的封地，又称采邑、采地。唐宋时亦作为一种赐予宗室和高级官员的荣誉性加衔。《史记·曹相国世家》：“参将兵守景陵二十日，三秦使章平等攻参，参出击，大破之。赐食邑于宁秦。”浪穹郡，唐朝前期云南的一个部落，六诏之一。在今云南洱源县，位于六诏西北。唐朝设置浪穹州，以浪穹诏王世袭浪穹州刺史。

[7] 南中，历史上指今天的云南、贵州和四川西南部。三国蜀汉以巴、蜀为根据地，其地在巴、蜀之南，故名。

[8] 郑买嗣，又名昊（？—909 年），郑回七世孙[3]，世为南诏清平官（宰相）。南诏王隆舜后期沉于酒色，不问政事，乾宁四年（897 年），郑买嗣指使南诏蒙氏之近臣杨登杀死隆舜，立其子舜化贞为傀儡。元李京撰《云南志略》：“买嗣，唐西泸令郑回之后。阁罗凤陷嶲州，得回，以伪清平官，迁侍中。至买嗣，渐盛，竟至于篡。买嗣易名昶（昊），国号大长和，改元安国。”《南诏野史·上卷·二十九》：“唐昭宗壬戌天复二年（902 年），舜化贞卒”，郑买嗣“遽起兵杀蒙氏亲族八百人于五华楼下，遂篡立焉”，灭亡南诏，建立大长和国，建元安国。后梁开平四年（910 年）八月，郑买嗣病死，谥号圣明文武威德桓皇帝。其子郑仁旻继位。

[9] [10] 建极，南诏大礼国景庄帝蒙世隆年号。世隆，南诏昭成王晟丰佑的长子，唐大中十三年（859 年）即位，唐乾符四年（877 年）卒，在位十八年，享年 34 岁，谥号景庄皇帝。《南诏野史·上卷·二十五》载：“世隆，唐书作酋龙，……唐宣宗己卯大中十三年（859 年）即位，年十六岁。明年，伪懿宗庚辰咸通元年（860 年），改元建极”，“唐禧宗丁酉乾符四年（877 年）二月……世隆气夺，因恚发疽，卒于越嶲景净寺，在位十八年。子隆舜立。”关于“神珠”，传说隆舜时期郑买嗣家道中落，所住的村边有一个龙潭，每天便到潭边做篾活。一天，忽然见龙潭里伸出一个龙头，吐着一颗五颜六色的龙珠戏耍，于是郑买嗣用竹篾编了一个龙头，然后再用纸裱糊起来，上好颜色，好像真龙一般，抬到龙潭边与真龙戏耍，真龙无意中把龙珠吐进假龙嘴里，郑买嗣便得了龙珠。清蒋旭《康熙蒙化府志》载：“幸臣郑买嗣，郑回之后也。得龙珠于浪穹之河头，献于南诏，诏大悦，以为清平官，谓之健士。”

[11] 侍中。《南诏野史》载：“郑买嗣……隆舜时历官侍中，权势日重。”吕宗力《中国历代官制大辞典》：侍中，官名。秦使置，西汉为加官，武帝以后常授重臣儒者，与闻朝政。魏晋以后，侍中往往成为事实上的宰相。唐宋沿置。

[12] 家宰是中国古代卿大夫家中的管家。《东周列国志·第七十八回》：“季斯起初任为腹心，使为家宰，后渐专季氏之家政，擅作威福。”

[13] 三主，即景庄帝蒙世隆（844—877 年）；圣明文武帝蒙隆舜（？—897 年）；孝哀帝蒙舜化贞（877—902 年）。

[14] 蒙哀帝遇弑。孝哀帝蒙舜化贞（877—902 年），南诏皇帝隆舜之子，南诏末代皇帝。《南诏野史·上卷·二十九》：“舜化贞，唐昭宗丁巳乾宁四年（897 年）即位，年二十一岁，明年改元中兴。”“唐昭宗壬戌天复二年（902 年），舜化贞卒”，郑买嗣“遽起兵杀蒙氏亲族八百人于五华楼下，遂篡立焉”。

[15] 此碑文记载郑买嗣即位时间为“乃唐天复三年壬戌岁”，有误。查唐史，唐天复壬戌年为 902 年，即唐天复二年。明·诸葛元声《滇史》载：“唐昭宗天复二年（902 年）郑买嗣自立为王。”上海辞书出版社《中国历史大事件年表·古代·902 年·壬戌·唐天复二年条》：“是年，南诏舜化贞为郑买嗣所杀。郑买嗣建大长和国。”

[16] 肃文帝郑仁旻（889—926 年）乃郑买嗣之子，“后梁太祖庚午开平四年（910 年）即位”大长和国第二代皇帝。“明宗丙戌天成元年（926 年）八月……暴卒”，谥号肃文皇帝。其子郑隆亶嗣位。

[17] 恭惠帝郑隆亶（915—928 年）乃肃文帝郑仁旻之子，大长和国第三位，也是最后一位皇帝。“明

宗丙戌天成元年（926年）即位”，剑川节度使杨干贞，后唐天成三年（928年），废郑氏，拥立赵善政。

［18］尊圣元年戊子岁。尊圣（928—929年）是大天兴赵善政的年号，共计2年。《中国古代史辞典》载：“尊圣，南诏赵善政年号（928—929年）。”《南诏野史·上卷·三十一》：“赵善政，后唐明宗戊子年天成三年（928年），为东川节度使杨干贞所立，改国号曰大天兴国，建元尊圣。”《中国历史大事件年表·古代·929年·己丑·后唐天成四年·辽天显四年条》（上海辞书出版社1983年版）：“是年，杨干贞废赵善政，建大义宁国。大天兴国共历十个月。”

［19］剑川节度杨干贞。节度使，官名。唐初沿北周及隋朝旧制，重要地区置总管统兵，旋改称都督，惟朔方仍称总管，边州别置经略使，有屯田州置营田使。唐代开始设立的地方军政长官。因受职之时，朝廷赐以旌节，节是当时一种全权印信，受有此全权印信者，便可全权调度，故称节度使。杨干贞，一作杨干真，云南萂村（今宾川萂村）人④，母名弥录，与南诏骠信隆舜私通，生干贞。及长，仕郑氏大长和国，官至剑川节度使。诸多资料载杨干贞为东川节度使。如，《南诏野史·上卷·杨干贞》：“仕郑氏，官至东川节度使。”元李京撰《云南志略》载：“善政立，国号兴元，改元应天。历二年，剑川节度使杨干真（贞）杀之。”李元阳撰万历《云南通志》：“明宗天成元年，东川节度使杨干贞弑郑隆，立侍中赵善政。”后唐天成三年（928），废郑氏，拥立赵善政。次年，篡赵氏位自立，建国号为大义宁。在位八年间，贪虐无道，内外交怨。“后晋高祖丁酉天福二年（937年），通海节度使段思平起兵讨之，灭大义宁国，干贞出逃被俘。四年，思平赦其罪，废为僧人，贞遣弟杨诏等五人出拒。诏兵败，干贞出奔。思平遂得位。寻赦其罪，废为僧。计贞在位八年。”谥号肃恭皇帝。民国三十一年（1942年）《南诏大义宁国尊圣杨干贞故里碑记》载，传说杨干贞到永昌（今保山市）金鸡寺出家修行。明诸葛元声《滇史·卷七》载：“干贞率其妻子亲属出关而走永昌，欲入缅国以图报复。思平遣将追之，至万箭树，干贞自缢死，亲属皆为俘。”此二说，不知谁是谁否。或说，杨干贞弃城而逃，下落不明，子孙隐居云南剑川。杨干贞的身世与生平，史料记载不一，有待于今后进一步研究调查。本碑文“于尊圣元年戊子岁，剑川节度杨干贞作乱”的记载，为杨干贞为“剑川节度使”之说，增添了强有力的佐证资料。

［20］至治，大理第三代皇帝段思良（胄）年号。按《南诏野史·上卷》“文经皇帝”“圣慈文武皇帝”载：段思良(899—952年)是段思平之弟，在大理政权建立过程中出过不少力，颇有功劳。段思平在位时对他信任有加，委以重任，是皇族中的实力人物。后晋出帝乙巳开运二年(945年)段思良废黜了其侄段思英夺位，次年改元至治。后周太祖壬子广顺二年（952年）段思良病逝，谥号圣慈文武皇帝，在位七年。

［21］“堵生君，医儒兼资，遇至治皇白马被失，请君祝告，君遂烧文一通，三日而罗虎，景帝自焚，马从其堂走出，皇大崇其□。”医儒，旧时指读书人出身的中医。广义乃指具有一定文化知识素养的非道、非佛的医者。狭义乃指宗儒、习儒的医者和习医、业医的儒者。以儒家易经为圣典。“医儒不分家”，是中国古代社会特有的一种现象。《说文解字》对“儒”的解释是：儒，柔也，术士之称。古代读书人和从巫、史、祝、卜中分化出来的专司礼仪的人称“儒”。“祝告”，即儒家之儒术，意思是祷告于神灵，向神明祷告。南朝梁刘勰《文心雕龙·祝盟》：“陈辞乎方明之下，祝告于神明者也。”《敦煌曲子词·拜新月》：“万家向月下，祝告深深跪。”此段或为“君”进行的儒术仪式的一传说佳话，内容无解，待考。其中，“景帝”为大理族地区供奉的神祇——本主。杨政业先生在《育物景帝庙碑记》中说：“夫本主崇拜始于蒙段南诏大理国之时，以历史帝王、文臣武将或传说人物入祀。”《红山景帝祠碑记》云：“生则有骠信之隆号，崩则有景帝之美称。”以景帝为封号的本主在大理地区比比皆是。圣慈文武皇帝段思良病逝后，或被民间封为景帝本主祭祀。

［22］［23］政治，政为正谐音，即正治。大理国第九代皇帝段素真年号。《南诏野史·上卷·三十六》：“素真，宋仁宗丙寅天圣四年（1026年）即位。明年，改元正治。仁宗辛巳庆历元年（1041年）素真禅位为僧。在位十五年。”去世后谥号圣德帝。

［24］厥疾遄瘳。《尚书·说命篇》：“若药不瞑眩，厥疾弗瘳。”遄，快，急速之意。意为药到病除。

［25］太医博士。宫廷医官名。北魏置。从七品。专门负责传授医学知识。隋唐时期医学进一步分科，各科逐步增设了博士如针博士、按摩博士等。博士立职，后世都有沿袭。见吕宗力《中国历代官制辞典》。

［26］何氏之女，观音香勅。注同《故心凝密要大阿左梨墓志铭并序》。

［27］□国明妃。待考。

［28］阇梨。同《杨公释□慧公墓碑铭并序注》。

[29] 优孝天道容众大师。“优孝天道容众”为大师的封号。大师，源自拉丁文的“magister”，意思是“发号施令的人”。佛的十尊号之一。即天人师。佛教徒称佛，也用作对和尚的尊称。唐代朝廷封通晓佛教教义的僧人为大师。《佛祖统纪·卷四十二》：“咸通十一年（870年）十一月延庆节[⑤]，敕两街入麟德殿讲论佛法，赐左街僧录清兰‘慧照大师’右街僧录彦楚‘明彻大师’”；“上素闻雪峰义存禅师名，敕赐‘真觉大师’”。此外，对前朝名僧也往往赐谥号“大师”。按碑文记载“次曰功，戢僧，禄阇梨”可知，优孝天道容众大师的曾祖父为杨功，四代传承为僧。

[30] 于天定三年癸丑冬十二月十三日，兵南下。即1253年。天定是大理皇帝段兴智的年号，共计3年。诸书只记有天定一号。而《南诏野史》作利正、兴正、天定；清李兆洛《纪元编》作天定、利正、兴正。李家瑞先生认为“以元廷在段兴智死时追赠他为‘天定贤王’言之，天定可能不是第一纪元”。而张增祺认为大理诸王即位当年不改元，段兴智在位三年多。1964年在大理出土的《故正直温良恭谦和尚墓碑》载有“天定二年”。据此认为胡氏《野史》所载改元三次不确。又认为段兴智只有一个天定年号。根据五华楼旧址出土《故大师白氏墓碑铭》内文“道隆十二年庚戌”“至天定三年癸丑，天军南下”推知，天定元年为1251年，前一年为道隆十二年。此碑“天定三年癸丑冬十二月十三日，兵南下”的记载，再次证明，天定是段兴智唯一的年号，天定纪元年为宋理宗淳祐辛亥十一年，即1251年。

[31] 当酋长未降之际。酋长，即天定贤王段兴智。元军南下进攻大理时，段兴智顽强抵御。《南诏野史·上卷·兴智》：淳祐十二年（1252年），“太弟忽必烈等奉宪宗命伐大理，受制。”“十二月，再遣三使入大理招兴智，皆被杀。智命相国高泰祥守金沙江与蒙古将伯颜不花、虎儿敦等相持。”

[32] 紫城，即阳苴咩城，范围含今大理古城及城西一带，原为白族先民“西洱河蛮”筑建的城邑。

[33] “王幸蒙。[息]矜恤，赐以旗，命俾复旧业兼委副官人之政令，招集□民归附之。”1253年，忽必烈“跨革囊”，翻过苍山，长驱直入，攻占大理。段兴智逃往缮阐（昆明），“泰祥被执大理，不屈，乃斩于五华楼下”。《南诏野史·上卷·兴智》：“南宋理宗癸丑宝祐元年，为蒙古宪宗之三年（1253年），忽必烈班师。大将兀良合台拔缮阐（昆明），获兴智以献。宪宗命赦之，封为摩诃罗嵯[⑥]，管理八方，仍守其地，世系总管”，“抚恤已附之民”。

[34] 段信苴日。云南行省参知政事实，第一代大理路军民总管段实（日）。《南诏野史·下卷·段实》载：“段实，又名信苴日。”信苴实，大多文献资料记载为“日”，目前发现的碑刻多记载为“实”。《元史·卷一百六十六·信苴日》载：“信苴日，僰人也，姓段氏。其先世为大理国王，后累为权臣高氏所废。”宪宗癸丑年（1253年）忽必烈攻占大理，杀权臣高祥，以其兄段兴智主其国事，兴智令他治理国事，不久，兴智死。“中统二年（1261年），信苴日入觐，世祖复赐虎符，诏领大理、善阐、威楚、统失、会川、建昌、腾越等城，自各万户以下皆受其节制。”至元元年（1264年）平定其余各部。“（至元）十一年（1274年），赛典赤为云南行省平章政事，更定诸路名号，以信苴日为大理总管。”至元十三年（1276年），因平定诸爨及抗击缅国（今缅甸）入侵有功，特授大理蒙化等处宣抚使。“（至元）十八年（1281年），信苴日与其子阿庆复入觐，帝嘉其忠勤，进大理威楚金齿等处宣慰使、都元帅，留阿庆宿卫东宫。及陛辞，复拜为云南诸路行中书省参知政事。十九年（1282年），诏同右丞拜答兒迎云南征缅之师，行至金齿，以疾卒。信苴日治大理，凡二十三年。”段实死后，胡蔚本《南诏野史》载：“诏以……赠为武定公。”五华楼旧址出土《故大师白氏墓碑铭并序碑》：“至元十七年（1280年），段参政持大宝藏自□朝始回，……”（方龄贵、王云注释：“段实拜参政在至元十八年，此于至元十七年谓段参政盖撰时追称。”）《新纂云南通志·卷九二·金石考》所收《大胜寺修造记》载：“……至元二十一年甲申，云南省参政段信苴实奏闻朝廷……”五华楼旧址出土《追位亡人杨庆良神识碑》碑文载：“祖般若庆勤，随云南行省段中奉信苴实为秉。”泰定二年（1325年），李源道撰《大崇圣寺碑铭并序》载：“中顺大夫总管隆之祖实，中奉大夫云南行中书省参知政事赠武定郡公。”

[35] 至至元十六年己卯。元世祖至元十六年，1279年。

[36] “君子疾没世而名不称焉”一句，出自《论语·卫灵公》，原文为：“子曰：君子疾没世而名不称焉。”意为君子担心死后自己的名字不被人称道。

[37] 出自《诗经·大雅·烝民》：“天生烝民，有物有则。”“烝民”意为一切的人；“则”是法则，做人处事的法则，也就是“为人之道”。

《故优游天道容众大师墓铭并序碑》人物、事件关系图解

墓主人：杨隆。职业：优游天道容众大师。

宗族源流：西周。周宣王母弟。郑桓公（王子友）。

十五世祖郑回：唐天宝十一年（752 年），唐西泸令掳至南诏，阁罗凤拜为清平官。

建极初（860—877 年）：郑回后裔郑买嗣献神珠，南诏大礼国景庄帝蒙世隆擢为家宰。

唐天复二年（902 年）：郑买嗣弑孝哀帝篡位，建大长和国。

后梁开平四年（910 年）：郑买嗣死，谥号圣明文武威德桓皇帝，子郑仁旻嗣位。

明宗天成元年（926 年）：郑仁旻，谥号肃文皇帝，子郑隆亶嗣位。

后唐天成三年，即尊圣元年（928 年）：剑川节度使杨干贞废郑隆亶，拥立赵善政，建大天兴国。

后唐天成四年（929 年）：杨干贞废赵善政，建大义宁国。

尊圣元年（928 年）：郑隆亶之弟玄黄逃离大理，改姓杨氏，落发为僧。玄黄之子和堵，大攻医术。

大理第三代皇帝段思良在位间(945—952 年)：和堵之子君，医儒兼资，为至治皇帝段思良祝告，寻得丢失的白马。

君之子惠、惠之子永，皆事修祖德业，擅活人。

大理国第九代皇帝段素真在位间（1026—1041 年）：圣德皇染暴疾，永为其治愈。

永生二子，长子永昇，著有《新集经验堂神农院》，职太医博士。

次子永辉 ，辉生贤。

贤生二子，长子和，和之妻观音春敕，号恩矜，七子□国明妃。

次子功，职僧，禄阁梨。

功之子福，福之子世，世之子隆，职优游天道容众大师。

大理皇帝段兴智天定三年癸丑（1253 年）：隆率其族属于紫城归觐段兴智抗击元军。

大理路军民总管段信日（1261—1282 年）期间：至至元十六年己卯（1279 年），墓主人杨隆以疾而终，春秋七十有二。

①明经，汉朝出现之选举官员的科目，始于汉武帝时期，至宋神宗时期废除。被推举者须明习经学，故以“明经”为名。《汉书·刘向传》：“更生年少于望之 、 堪 ，然二人重之，荐更生宗室忠直，明经有行，擢为散骑宗正给事中。”宋·俞文豹《吹剑录外集》：“夏侯胜以明经取青紫语门人，臣尝鄙之，何敢复以此辞诱其徒。”

②《新唐书·卷二百二十二上·列传第一百四十七上》：“炎阁（皮罗阁）未有子时，以阁罗凤为嗣，及生子，还其宗，而名承阁，遂不改。”

③碑文载三世孙，有误。

④一说，云南东川郡杨家大山人（今云南省会泽县者海镇杨家大山人）。《中国历代杨姓名人（明朝续篇）》。

⑤延庆节是唐代以懿宗的诞辰所设置的节日，为每年的七月四日。《唐阙史·李可及戏三教》。

⑥又译马合剌昔、摩合罗嵯。源于梵语 maharaja，意为大王。大理国主称号。大理降元后大理总管仍沿用。

段进明　录文　注释

方妍岚　重识

武略将军杨元厚墓志碑

大理石，高 97 厘米、宽 58 厘米、厚 18 厘米。碑额已佚，下端及左上角残泐。碑阳碑文右起直书阴刻行书 26 行，行字不等。碑阴横书阴刻梵文 20 行，第 1 行部分残缺，左侧及左下部分风化腐蚀严重，第 14 行中左起横书阴刻行书“追为治中[1]杨庆宗神道”9 字。

墓主人杨宗，字元厚，号允斋，祖籍昆明，生于辛亥元至大四年（1311 年），卒于至正二十八年（1368 年）。碑文载其父杨庆，皇庆二年（1313 年）朝廷敕授大理路司狱，为仕宦之家。杨元厚自幼好学，志趣不凡，爱读史书，弱冠即攻吏业，曾任罗雄、弥勒二州幕官，至正十二年（1352 年），得到大理路尹段功赏识，“仍以旧家宰寄以心腹之任”。至正十七年（1357 年）春，辅佐段功剿捕强贼阿海。至正二十年（1360 年），平定品甸（今祥云）朵里只班大王后，段功被授云南参政，杨元厚升任大理经历。至正二十三年（1363 年），红巾军攻入云南，梁王暨诸宰臣逃至威楚（今楚雄），杨元厚跟从段功倡义起兵赴讨，因优于韬略，谙于兵法，被选为都镇抚，佩以金符。战退红巾军后，因战功卓著，“以君之功为尤多”，梁王锡赐龙衮衣，令旨任赵州守兼管义军都万户。二十六年（1366 年），钦受宣命为武略将军。至正二十八年（1368 年）殁于贼难。至正三十年（1370 年），其子大理路军民总管府知事杨义立碑。

碑阳局部

碑阳

□□武□将军大理路军民总管府治中□□□□□墓志□（一行）

儒林郎大理路军民总管府推官　滇郡　　恒山李　　敬仁[2]　　撰文（二行）

忠翊校尉广西路军民总管府判官　立斋洪　中道　书丹[3]（三行）

咸阳王后人　昭信校尉大理路军民总管府达鲁花赤　留铸　　　篆额[4]（四行）

维至正庚戌[5]秋七月，元厚子，大理路军民总管府知事[6]，曰：义，字宜甫者，访余洱村所隐之第，且告之曰：卿为适滇，闻（下阙）（五行）

非命至于大故，路阻无由，自尽丧葬之礼，罔极未酬，追悔莫及，已逾三年矣。谓余与父旧有同僚之分，况州科第，善（下阙）（六行）

志于石，以彰不朽，庶为子孙，有所稽焉。示此，滇省乡贡进士[7]苏君、济川为之行状，固辞弗获，因悯其孝诚，抱□深切，（下阙）（七行）

君讳宗，字元厚，号允斋，姓杨氏，其先中庆[8]人也。皇庆二年[9]，考庆　敕授大理路司狱[10]，回仕家[11]于斯焉。妣赵氏，子五人，长（下阙）（八行）

磨，先卒；次君也；次朱；次宝，大理司农忙甸相副官[12]。君自幼好学，性敏，志趣不凡，及弱冠攻吏业，爱读史书，日记千余（下阙）（九行）

秩满，省除富民县乐□甸，罗雄、弥勒[13]二州幕官，所仕郡邑，咸有淳美之风，莫不称其善。至正十二年，大理路尹敏斋[14]（下阙）（十行）

遇甚异，仍以旧家宰寄以心腹之任，□□民之惠政，报国之嘉谋，皆出于君赞画[15]而决焉。十七年春，强贼阿海纠众[16]（下阙）（十一行）

楚城蔓毒至□满甸，官军无如之何。君佐路尹举兵剿捕，首众全获，擒斩无遗，方面以赖而宁　　梁王[17]验功旌赏，（下阙）（十二行）

事。二十年，品甸朵里只班大王[18]等阻化弗顺从。路尹奉　　王命定，难以功升，路尹遥授云南参政[19]，君升大理经历[20]（下阙）（十三行）

月[21]，红寇犯滇，　　梁王暨诸宰臣如威楚羽檄告援，君从参政倡义起兵赴讨，蹉至镇南[22]　　令旨升参政为云南行［省］（下阙）[23]（十四行）

总兵以君优于韬略，谙于兵法，选为本省都镇抚[24]，佩以金符[25]，督整大军。是则，军中训练有方，巡警有序，遂与贼战，威楚（下阙）（十五行）

振，四向征兵，云集十万余众，进而攻安宁寨[26]，拔中庆城[27]，克复省治。梁王论功行赏，宴劳军士，以君之功为尤多，锡□（下阙）（十六行）

龙衮衣[28]，官升前职，又奉　令旨□赵州守[29]兼管义军都万户[30]，三载，盗息民安，政平讼简，歌颂鸿乎！道路且去州治西（下阙）（十七行）

山［寺］，创建久矣，僧劳负汲者君，乃穷源引泉直至厨舍，人称以为智。二十六年[31]秋，钦受　宣命武略将军[32]，准大理路治（下阙）（十八行）

年春[33]，省委抚慰白崖[34]兵后残民，摆置巡铺[35]、邮驿[36]。是岁，五月二十日，不幸殁于贼难。凶问所至，靡不悲痛，以八月十九（下阙）（十九行）

□［辛］亥年生，春秋五十有七[37]，配杨氏，生一子即宜甫也，由省宣使[38]调充大理知事[39]。娶段氏孙二人，曰俊，曰宝，就外傅（下阙）（二十行）

□□□荣享富贵，虽出于天，固由人之积德，然父子相继其贤，不肖讵可必乎！余知元厚为人刚毅果决，性不妄交（下阙）（二十一行）

□□□多中其言，非独儒雅是好，凡浮图、胜善、肖像、书经之类，尤笃焉！故元厚操修，前不忝于祖考，后垂验于子孙。（下阙）（二十二行）

□□□谦和以孝敬□□本孜孜焉，慕父之德，如或见之，殊不知大名巨爵，出于忠孝之门。由此观之，杨氏之福□（下阙）（二十三行）

□□□［而］为之铭，曰：　　君之生兮荣而宜　君之殁兮哀且悲　非人所必命而为　（下阙）（二十四行）

碑阴

（上阙）点苍崒嵂洱涟漪　佳名传绩壮丰碑　千年垂裕惟□稽（二十五行）

至正三十年[40]菊秋吉日　大理路军民总管府知事孝男　杨义　立碑（二十六行）

[1]“治中”，在碑文中未见记载，疑在“君升大理经历”后文缺失。治中，官名，官府案卷文书。汉始置，魏、晋以来，治中例用本地人，由刺史自辟，后渐由中央敕用。自北周始，合州衙军府佐吏为一。隋初于诸郡置，开皇三年（583 年）改司马。唐初亦称治中，永徽时又改司马。元代史籍无记载。

[2] 儒林郎大理路军民总管府推官 滇郡 恒山李敬仁。景泰《云南图经志书·卷一·云南布政司·云南府·科甲》：“李敬仁，字德元，以书经登第三甲，赐同进士出身、授将仕郎，四川云阳州判官，终大理宣慰司副使，见旧志。”正德《云南志·卷二云南府·进士·元·李敬仁条》略同。王本《南诏野史·元朝历科进士》：“李敬仁，至顺庚午（1330 年）进士，昆明人，仕至宣慰司副使。”亦有资料记为“李近仁”。五华楼旧址出土《敕授鹤庆路照磨杨伯□墓志》：“赐进士承务郎云南诸路儒学举提李敬仁书”，又，《追为亡人杨昭宗神道》：“儒林郎大理路军民总管府推官滇郡李敬仁撰。”根据史书记载及诸碑刻自称“滇郡”，证明李敬仁是昆明人，此碑中亦云“卿为適滇”，再次证明李敬仁为云南昆明人无疑。然，碑中又自称“恒山李敬仁”，待考。儒林郎，文散官名。隋文帝置，炀帝时罢。唐为文官第二十六阶，正九品上。宋正九品上。元丰改制用以代节度、观察掌书记，支使，防御判官、团练判官。后定为第三十二阶。金正七品下。元从六品。推官，官名。唐始置，节度使、观察使、团练使、防御使、采访处置使下皆设一员，位次于判官、掌书记，掌推勾狱讼之事。五代沿袭唐制。宋时三司下各部每部设一员，主管各案公事。金时推官始为地方正式职官，品秩为从六品或正七品。元朝各路总管府及各府亦沿置，掌治刑狱。

[3] 忠翊校尉，武散官名。金始置，正八品，元升正七品，敕授。判官，官名。为长官的佐吏，协理政事，或备差遣。唐朝遍置于使府。《唐六典·卷二》：“凡别敕差使，事务繁剧者给判官二人”“非繁剧者，判官一人”。元代太医院、上都院、散府和各州都置判官。见《元史·百官四·百官七》。广西路，元至元十二年（1275 年）置，治所在今云南泸西县，辖区为现在的云南师宗县、弥勒市、文山县等地。《元史·卷六十一·广西路》：“广西路，下。东爨乌蛮弥鹿等部所居。唐为羁縻州，隶黔州都督府。后师宗、弥勒二部浸盛，蒙氏、段氏莫能制。元宪宗七年（1257 年），二部内附，隶落蒙万户。至元十二年，籍二部为军，立广西路。十八年（1281 年），复为民。领州二。” 书丹者洪中道，号立斋，生平无考。

[4] 咸阳王。赛典赤·赡思丁（1211—1279 年），回回人。至元十一年（1274 年）任云南行省平章政事。在滇期间，整顿行政、兴办屯田、兴修水利、发展生产、建立学校，他尊崇汉文化、修庙办学，在各地修建清真寺，使穆斯林有场所过正常的宗教生活。他高度重视民族团结，积极理顺与当地各民族的关系，增强了各民族之间的团结，显示了其卓越的政治才能，得到了云南各族人民的拥戴。咸阳王是赛典赤·赡思丁归真十八年后，忽必烈对他的追谥号①。《元史·一百二十五·列传第十二·赛典赤赡思丁》：“赛典赤居云南六年，至元十六年（1279 年）卒，年六十九，百姓哭巷，葬鄯阐北门。帝思赛典赤之功，诏云南省臣尽守赛典赤成规，不得辄改。大德元年（1297 年），赠守仁佐运安远济美功臣、太师、开府仪同三司、上柱国、咸阳王，谥忠惠。”昭信校尉，官名。金代置，为武散官正七品下。见《金史·百官一·武散官》。元代昭信校尉为武散官正六品。见《元史·百官七·武散官》。篆额达鲁花赤留铸，无考。达鲁花赤，一作“达噜噶齐”，元代官名，成吉思汗征西域时首先设立。品秩高达正二品（大都、上都达鲁花赤，后降为三品），最低的是路府治所的录事司达鲁花赤，正八品。吕宗力《中国历代官制大辞典》：“蒙古语，意为‘镇守者’，汉译‘宣差’。”蒙古国时期在被占领的欧亚大片地区均设监治官，掌军民政实权。元朝建立后，路、府、州、县及蒙古军以外军队元帅府、万户府、千户所皆设此职，品秩同各官署正官，地位高于正官。朝内各人匠总管府、营缮司等亦置。一般由蒙古人、色目人担任。《元朝秘史》作答鲁合臣，旁译“镇守官名”。虞集《道园学古录·卷二·大承天护圣寺碑》：“国语达鲁花赤，官属之长也。”王毅《木讷斋文集·卷三·代章溢三上黑的元帅书》：“（六月）二十七日克服（青田）县治，惜乎钱粮全乏，士卒饥疲，其官长达鲁花赤赍印远逃，不知去向。”又邓玉《师山文集·卷六·徽州路达鲁花赤合剌不花公去思碑》：“皇元奄有天下，立经陈纪，设官分职，所以为吾民者至矣。各路设达鲁花赤一员，位在守贰之上，所以总裁政务，表率僚采，监临一郡也。按译言达鲁花赤汉言括囊玉也，言政之得

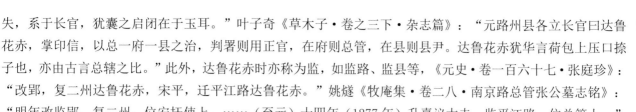

失，系于长官，犹囊之启闭在于玉耳。”叶子奇《草木子·卷之三下·杂志篇》：“元路州县各立长官曰达鲁花赤，掌印信，以总一府一县之治，判署则用正官，在府则总管，在县则县尹。达鲁花赤犹华言荷包上压口捺子也，亦由古言总辖之比。”此外，达鲁花赤时亦称为监，如监路、监县等，《元史·卷一百六十七·张庭珍》：“改郢，复二州达鲁花赤，宋平，迁平江路达鲁花赤。”姚燧《牧庵集·卷二八·南京路总管张公墓志铭》：“明年改监郢、复二州，位安抚使上，……（至元）十四年（1277 年）升嘉议大夫，监平江路，位总管上。”达鲁花赤一职，亦可世袭。立于元至正二十一年（1361 年），由将仕郎云南嵩明州判官段天祥②撰《大元肃州路也可达鲁花赤世袭之碑》载：“太祖皇帝矜其向慕之心，悼其战死之不幸，论功行赏，以其子阿沙为肃州路世袭也可达鲁花赤，以旌其父之功。”五华楼旧址出土《大光明寺住持瑞岩长老智照灵塔铭并序》亦有载：“父完者，袭嵩盟州③达鲁花赤，娶贡驾剌女，生瑞岩。”是为例。

[5] 至正二十八年（1368 年）元顺帝惠宗出逃大都，迁都滦京（即上都，位于今内蒙古自治区锡林郭勒盟正蓝旗境内），在塞外仍称元朝，史称“北元”。至正庚戌年（1370 年），元朝末代皇帝元顺帝在应昌（今内蒙古克什克腾旗西达来诺尔附近）病死，子爱猷识里达腊嗣位，次年改宣光，是为元昭宗。

[6] 官名。金朝始置。元朝沿置，设于户部、礼部、兵部各司、库，以及肃政廉访司（原为提刑按察司）、诸路总管府等官署者，为经历之副职，掌理案牍和管辖吏员。设于散府、上州等官府者，位在提控案牍之上，多由吏员升任。其品秩有正八品、从八品之别。见《元史·百官一》、吕宗力《中国历代官制大词典》。

[7] 乡贡进士，即地方的州县官吏依据私学养成的士人，经乡试、府试两级的选拔，合格者被举荐参加礼部贡院所举行的进士科考试，而未能擢第者则称为“乡贡进士”。《唐泉州开元寺陀罗尼经幢记与泉州清源山木龙石刻记》即有泉州郡人乡贡进士欧阳偃的记载。见《辽史·一百零五卷·列传第三十五》。

[8] 中庆，路名。赛典赤主滇后，元至元十三年（1276 年）改鄯阐路置。把军事统治时期所设的万户、千户、百户改为路、府、州、县，正式建立云南行中书省。置昆明县，为中庆路治地（昆明命名即始于此），并把行政中心由大理迁到昆明。自此，昆明正式成为云南省政治、经济、文化中心。

[9] 皇庆二年，公元 1313 年。十一月，元仁宗下诏恢复科举。规定经学用程、朱传注。蒙古、色目人与汉人、南人分别命题。见上海辞书出版社《中国历史大事件表·古代》。

[10] 官名。金朝始置，设于各司狱官署，为管理监狱之官长，正九品，另有属诸节镇者，正八品。元、明、清三朝沿置，为司狱司之主官。见吕宗力《中国历代官制大词典》。

[11] 仕家。谓仕宦之家。《新唐书·韦宙传》：“立学官，取仕家子弟十五人充之。”

[12] 大理司农忙甸相副官。司农，官名。掌农政。《吕氏春秋·季冬》：“命司农，计耦耕事，修耒耜，具田器。”元世祖至元七年（1270 年），置司农司，掌农桑、水利、学校、饥荒之政，分派劝农官及知水利者巡行郡邑，察举勤惰。忙甸，《汉语大词典》：甸，元代云南地方行政单位。后作地名，今东北和云南仍作地名用字。《中国历史地图集》载：“北宋时期，大理国境内有布忙甸（今瑞丽）。”相副官，元代级别较低的官吏。《元史·卷八十九·百官五》：“以上八所，提领、副提领、相副官各一员。”

[13] 罗雄、弥勒。罗雄，今罗平县罗雄街镇。《南诏野史·南诏三十七蛮部》载：“弥勒部。今广西州弥勒县。……罗雄部。今曲靖府罗平州。”元至元十三年（1276 年）置罗雄州辖亦佐县，属曲靖路。弥勒，今云南红河州弥勒市。元初，弥勒部隶属落蒙万户府（今石林）。至元十二年（1275 年）置千户总，隶属广西路（今泸西），至元二十七年（1290 年）改置弥勒州，始设土知州。

[14] 至正十二年，1352 年。大理路尹敏斋，即段信苴功，字敏斋，段隆之子，段光之胞弟，大理路军民总管府第九代总管。《新纂云南通志·卷九四·金石考》收录杨庭撰《玉井亭记》载：至正己亥（1359 年）“路尹段公亚中”云云，即为段功。本碑中多次提及“路尹”亦即段功。清康熙《蒙化府志》载：“元，蒙化州土知州段功。”明杨慎《滇载记》：“九代总管信苴段功初袭蒙化知府。至正十二年（1352 年），继为总管。”《南诏野史·段功》：“段功，元顺帝乙酉至正五年（1345 年）袭，朝命止授为承务郎、蒙化州知州。至正六年，木邦④夷思可判，元命河南参政贾敦熙督师，会云南路兵讨之，以功为前锋，屡战克捷，叙功，升功为大理总管，寻升参政。”蒙化为南诏发祥地，必先授蒙化知府，后任总管府总管。

[15] 赞画。辅佐谋划。唐刘得仁《送灵武朱书记》诗："从容应尽礼，赞画致元功。"元舒頔《酹江月·送指挥司王仁卿知事代广陵郡官作》词："赞画公余闲拭目，午夜剑光明灭。"

[16] 元顺帝至正十一年（1351 年），韩山童、刘福通、徐寿辉等领导的元末农民大起义，爆发于颍州（今安徽阜阳）。因起义军头裹红巾，故称"红巾军"。早在红巾军起义之初就开始在云南边境频繁骚扰。《南诏野史·下卷·段功》载："至正癸巳十三年（1353 年），红巾贼流入建昌⑤旁，掠云南边地。"碑文载"十七年春"，即至正十七年，1357 年，"强贼阿海纠众"，"路尹举兵剿捕，首从全获，擒斩无遗"。据大理市博物馆征集原五华楼旧址出土至正癸卯年（1363 年）仲冬十一月立《杨孝先先生墓志铭》碑载："后以佐路尹，今平章政事敏斋段公讨判贼阿海及战退红巾军帅万胜⑥。"方龄贵先生在《新出元碑杨孝先墓志考释》中说"讨叛贼阿海"事，无考。认为：唯检胡蔚《增订南诏野史·段功传》云"随命陕西参政车力帖木儿拒之，擒明二。于时四方乘机窃发，群盗满山"，王本《南诏野史·段功传》亦云"各处乘机叛段"，则当红巾军入滇时，各地起而相应者当大有人，阿海所率当即其中一支。即方龄贵先生认为"讨叛贼阿海"的时间为至正癸卯二十三年，即 1363 年。根据此碑文记载，可以确定段功剿捕强贼阿海为至正十七年，1357 年。方龄贵先生若早看到此碑，就不会有此论述了，实为遗憾。阿海，何人何事？仍无考。应该与早期红巾军入滇有一定联系。正如方老所言，"可惜这些无名英雄今俱淹没不彰，只有阿海之名幸得借碑以传了"。

[17] 梁王，中国古代王爵称号之一。云南梁王，至元二十七年（1290 年）始封，握有重兵，有监督、干预行省事务和指挥用兵的权力，是蒙古皇族驻云南的最高代表。元中叶后，段氏总管割据大理，梁王权力相对削弱。此碑记载为云南最后一任梁王孛儿只斤·把匝剌瓦尔密。《明史·卷一百二十四·列传第十二》载："梁王把匝剌瓦尔密，元世祖第五子云南王忽哥赤之裔也。封梁王，仍镇云南。顺帝之世，天下多故，云南僻远，王抚治有威惠。至正二十三年，明玉珍僭号于蜀，遣兵三道来攻，王走营金马山。明年以大理兵迎战，玉珍兵败退。久之，顺帝北去，大都不守，中国无元尺寸地，而王守云南自若；岁遣使自塞外达元帝行在，执臣节如故。"直到明军攻入云南，明洪武十五年（1382 年）一月六日，梁王把匝剌瓦尔密逃离昆明后自杀。

[18] 二十年，即至正二十年，1360 年。品甸，今云南大理州祥云县。唐元和元年（806 年），置品甸赕。大理国开国皇帝患难时曾在品甸住宿，《增订南诏野史·大理国条》载："思平与其弟思良、军师董迦罗……牵一犬至品甸（今大理府云南县地）宿旅舍……"元宪宗六年（1256 年），县境内立品甸千户所，属大理下万户府。《大明一统志·卷八六·云南布政司·云南县》："蒙氏至段氏，并为云南州，又称品甸。元初立品甸千户所，至元中复云南州，后降为县，隶大理路。"《元史·卷三十五·文宗四》：至顺二年夏四月乙卯，"镇西武靖王搠思班等已平云南，各遣使来报捷。诸王朵列捏镇云南品甸，自以赀力给军，协力讨贼，诏以袭衣赐之"。《新纂云南通志·卷九十四·金石考十四》录元至正壬子年⑦（1372 年）《大盘龙庵大觉禅师宝云塔铭》载：至正二十三年（1363 年），"平章政事段敏斋偕品甸大王宝花延住水目山⑧"。五华楼旧址出土《追为亡人大师李珠庆神道》载："品甸赛因达南请画金龙山……""大王"即品甸最高长官。然朵列捏、宝花、赛因达南、朵里只班品甸大王，其系属均无考。

[19] 路尹遥授云南参政。段功升任参政的具体时间，诸史均无记载。据碑文记载，得知至正二十年（1360 年）段功奉王命平定品甸朵里只班大王后，"以功升"，"遥授云南参政"。参知政事，官名。唐宋时期最高政务长官之一，与同平章事、枢密使、枢密副使合称"宰执"。辽、金承宋制。元中书省设参政，即参知政事的简称。在行中书省则于丞相、平章、左右丞下设参知政事。《元史·卷八十五·百官一》："参政二员，从二品。"

[20] 经历，官名。金朝始设。为枢密院、都元帅府等机构之属官。掌出纳文移。元朝沿置，在宣政、枢密诸院、诸大都督、通政司、各大都督等衙署设经历。其品秩分别为正五品至从七品。见《续通志·职官》《清通志·职官》《历代职官表》。

[21] [27] 碑文残泐，疑为至正二十三年（1363 年）三月。关于明玉珍领导的一支红巾军入滇的年代及明玉珍是否"自将"攻云南、明二是否被擒，方龄贵先生如是考释：《明史·卷一二三·明玉珍传》系于至正二十三年，与滇中文献合，是。明杨慎《滇载记·段功条》："癸卯，明玉珍自楚入蜀，据之。分兵四掠，号曰红巾。明玉珍自将三万攻云南，梁王及宪司官皆奔威楚，诸部悉乱，功谋于员外杨渊海，渊海卦之吉，乃进

兵。至吕阁，败红巾于关滩江，杀获千计，红巾收合余衄，再战复胜，杀段氏骁酋铁万户。红巾屯古田寺，段氏夕潜火其寺，红巾军乱，死者什七八。又追至红磴关，大败之。红巾大呼之曰：待明年来复仇。时功在战间得玉珍母寄其子书云：尔征南务得之，不得轻还，军少粮乏，我当添补。杨渊海效其书迹易之曰：中国兵来急，尔宜早还。遂募能人红军营者，有小卒陈惠愿行。玉珍得书，恐国中有变，又新失利，遂急收军，功追之，至七星关，又胜之而还。红巾既退，梁王深德段功，以女阿盖妻之，为之奏授云南平章。"各本《南诏野史》所记稍详，而大同小异。按癸卯当至正二十三年，与《明史》所载相同。又五华楼新出《追为亡人张逾城端神道》残碑："癸卯三……境……蕴忠……贼兵大溃……"碑残泐不可卒读，然所记必为红巾人滇事无疑，又杨孝先墓志立于至正癸卯，碑文盖即作于是年红巾退军之后，均足为确证。至若《滇载记》及各本《南诏野史》所云明玉珍自将攻滇及其母寄书云云，则属傅会不足信。查黄标《平夏录》："天统元年（按：原作二年，误，据重庆新出《玄宫之碑》改正）癸卯春，命司马万胜攻云南，由界首入。"墓志云：段功"战退红巾军帅万胜"，可互证。是玉珍未尝亲征云南。又据《平夏录》："戊戌春二月，完者都来自果州屯嘉定之大佛寺（一名凌云），规复重庆，玉珍使义弟明二御之。明二者黄陂人也，智勇过人，玉珍宠爱之，妻以弟妇，称为明二（一曰三奴），后复姓名曰万胜。"是明二即万胜，统军入滇的红巾统帅是他，而非玉珍本人。然则所谓玉珍母遗书云云，也就事所必无了。至于《元史·卷四六·顺帝纪》：至正二十二年三月甲寅"四川明玉珍陷云南省治，屯金马山，陕西行省参知政事车力帖木儿等击败之，擒明玉珍弟明二"云云，乃非实录。钱谦益《国初群雄事略·卷五·夏明玉珍》于此有辨，云："按：夏兵陷滇省，《元史》记于壬寅年（龄贵按：至元二十二年），又云擒明二，皆误也。且云南之役，玉珍不在行，或即明二之讹乎？"所说是。据《明史·玉珍传》："胜兵深入，元梁王走，营金马山。逾年（龄贵按：二字有误）王挟大理兵击胜，胜以孤军无继，引还。"又玉珍卒后子升嗣，"升甫十岁，诸大臣皆粗暴不肯相下，而万胜与张文炳有隙，胜密遣人杀之。文炳所善玉珍养子明昭复矫彭氏（龄贵按：升母）旨缢杀胜。胜于明氏功最多，其死蜀人多怜之。"则万胜（明二）在滇被擒之说不攻自破。⑨

[22] 镇南，今云南省楚雄彝族自治州南华县。元朝宪宗七年（1257 年），设欠舍千户；至元十二年（1275 年）改为镇南州，治今沙桥镇，属威楚路，并置定边、石鼓二县属镇南州；至元二十四年（1287 年），定边、石鼓省入镇南州为乡。见康熙《镇南州志》。

[23] 令旨升参政为云南行［省］（下阙）。令旨，指帝王的命令。金代曾以皇太后之命为"令旨"。《元代白话碑集录》载有 1243 年鄠县草堂寺《阔端太子令旨碑》。因碑文残泐，联系下文内容，残泐碑文疑为"总兵"，即指段功。总兵，即总兵官，最早是作为动词在史料中出现，意为"总辖、统领"。如《后汉书·郑玄传》记载："时大将军袁绍总兵冀州。"《金史》有"总兵者"的称谓。元代"总兵官"开始作为表示职务的名词正式出现，用于称呼高级统兵将帅。《元史·本纪第十六》：元世祖至元二十七年（1290 年），"杨震龙余众剽浙东，总兵官讨贼者，多俘掠良民，敕行御史台分拣之，凡为民者千六百九十五人"。"总兵官"最早用于称呼个人出现于元末农民起义爆发之后。明·朱国桢《涌幢小品》记载："总兵之名见于元末，国初因之。"顺帝至正十二年(1352 年)，元朝"命四川行省平章政事月鲁帖木儿为总兵官，与四川行省右丞长吉讨兴元、金州等处贼"。段功"起兵赴讨"红巾军，"令旨升""总兵"，与月鲁帖木儿情况相似。史书及其他资料均无段功曾任"总兵"的记载，今得此碑，可据补史。

[24] 都镇抚。官名。元及明初掌军事司法的职官。《元史·卷九十一·百官七·各省属官》："都镇抚司，都镇抚一员，副都镇抚一员。"

[25] 金符。古代帝王授予臣属的信物，包括铜虎符、金鱼符、金符牌等。《元史·卷一百四十九·列传第三十六》："忙古带，宝童之子也。世祖时，赐金符，袭父职，为随路新军总管，统领山西两路新军。"《元史·百官三》："大都尚饮局，秩从六品。中统四年(1263 年)始置。设大使、副使各一员，俱带金符。掌酝造上用细酒。"

[26] 安宁寨，今安宁市。

[28] 龙衮衣。简称"衮"。亦称"衮服"。为古代天子及王公的礼服，因上有龙的图案得名。衮衣是皇帝在祭祀天地、宗庙、社稷、先农、册拜、圣节和举行大典时所穿的礼服。见《南齐书·志第九·舆服》《明史·舆服二》。

[29] 赵州守。赵州，今大理市凤仪镇。《元史·卷六十一·地理四》："赵州，下。昔为罗落蛮所居地。蒙氏立国，有十睑，赵（州赕）[川睑]其一也。夷语睑若州。皮罗阁置赵郡，阁罗凤改为赵州，段氏改天水郡。宪宗七年立赵睑千户，隶大理下万户。至元十一年（1274年）改为赵州，又于白崖睑立建宁县，隶本州，即古勃弄地。二十五年（1288年）县革入州，隶大理路。"守，太守。战国时对郡守的尊称。汉景帝时成为一郡的最高行政长官。至隋初存州废郡，州刺史代太守。宋以后为府、州，习称知府、知州为太守。明清时专以称知府。见吕宗力《中国历代官制大辞典》《历代职官表》。

[30] 义军都万户，或义兵万户府，官署名，元朝置。惠宗至正十四年（1354年）置南阳、邓州等处毛胡芦义兵万户府，管理并指挥本地各处地主武装，免除其差役。以后于汴梁等地又续有建置，迄于元亡。见吕宗力《中国历代官制大辞典》。

[31] 二十六年，1366年。

[32] 钦受宣命武略将军。钦受宣命，受即授之谐音，指用皇帝制书的形式委命官职，传达皇帝的诏命。《元史·选举志三》："凡迁官之法……自六品至九品为敕授，则中书牒署之；自一品至五品为宣授，则以制命之。"武略将军，南朝梁置。金为武散官名，以授从六品下武官。元沿置，改武官从五品，宣授。明从五品初授武略将军。见《元史·百官七·武散官》《明史·职官一·兵部》、吕宗力《中国历代官制大辞典》。

[33]、[37] 碑文残泐，疑"年春"前缺失年代为"至正二十八年"。据碑文记载"……年春……是岁，五月二十日，不幸殁于贼难"及 "[辛]亥年生，春秋五十有七"，推算出墓主人杨庆宗生于辛亥元至大四年（1311年），并确定"年春"前缺失年代为至正二十八年（1368年），即墓主人杨庆宗之殁年。

[34] 白崖，今大理州弥渡县红岩镇白崖城遗址。白崖城，又谓彩云城，或文案洞城。郭松年《大理行记》："县西石崖斩绝，其色如雪，故曰白崖。"《新唐书·地理志》戎州开边县下注："白崖城，又八十里至龙尾城。"明·李元阳《大理府志·卷二十三·古迹·彩云城》："……在白崖西山下，白国主张龙佑那⑩所筑。"《南诏野史》《白国因由》中提及的"白子国"即此城池，是通往南诏的重要门户，唐天宝十载（751年）鲜于仲通进攻南诏，进薄此城，大败引还。唐天宝十一载（752年）重新修建白崖城。唐樊绰《蛮书·六赕第五》载："白崖城在勃弄川⑪……依山为城，高十丈，四面皆引水环流，……南隅是旧城，周回二里。东北隅新城，大历七年（772年）阁罗凤新筑也……川东西二十余里，南北百余里。"南诏时置白崖赕，又称勃弄赕，为南诏直辖西洱河（今洱海）区域十赕之一。大理仍旧。元至元十一年（1274年）改置为建宁县，属大理路赵州（今大理市凤仪镇）。

[35] 吕宗力《中国历代官制大辞典》："巡铺官，贡院官名。宋太宗雍熙二年（985年）礼部试，派官巡察廊下，以防应试举人作弊。真宗景德四年（1007年），命官员巡试铺。仁宗天圣二年（1024年），正式置巡铺官。其后，每开科必置。"《续资治通鉴长编·卷一百二·仁宗天圣二年》："春正月甲午，诏：'礼部贡院、开封府、国子监及别头各曾置点检试卷、封弥、巡铺、监门官有差。'"《元史·卷八十一·志第三十一·选举一·中书省》所定条目："诸巡铺官及兵级，不得喧扰，及辄视试文，并容纵举人无故往来，非因公事，不得与举人私语"。

[36] 邮驿，即传递官方文书的地方。邮驿也称驿传，是从早期的声光通信和专人送信演变而来的。据甲骨文记载商朝就有邮驿。邮驿早期称传、遽、邮、置等，汉代称邮驿。《后汉书·卷四五·袁安传》："公事自有邮驿，私请则非功曹所持。" 隋唐时期建成了以首都长安为中心的四通八达的驿路网。在宋朝，由于皇帝的重视及战争需要，军事通信十分发达。沈括《梦溪笔谈》一书中曾写道："急递最速，唯军兴用之。"元代邮驿，蒙古语叫站赤，规模庞大，尚有亭、舍、馆、铺等。《马可·波罗游记》描写说："有宏伟壮丽的建筑物，陈设华丽的房间。"元代疆域辽阔，驿路四通八达，驿传运输发达，驿站制度之盛是我国历史上少见的，它是"元朝政府的神经和血液网络"，对维持政府在全国广大地区的统治具有重大的作用。尤其对边疆地区的交通，有重要的促进作用。《元史·卷一百一·兵四·站赤》载："元制站赤者，驿传之译名也。盖以通达边情，布宣号令，古人所谓置邮而传命，未有重于此者焉。"《元史·地理志》记载："元有天下，薄海内外，人迹所及，皆置驿传，使驿往来，如行国中。"据统计，元朝全国1119处驿站共约有驿马45000匹。在东北的哈儿宾（即今哈尔滨）地区则有狗站15处，供应驿狗3000只。南方一些水运发达地区，主要是水驿运输，有水驿420多处，

备驿船5920多艘。这些交通设施，构成了元朝在全国的一个很大的驿路交通网。元代在云南推行的驿传制度，与内地基本一致，而又有其特点。元朝在云南行省西部边疆、南部边疆以东，以北地区（包括今云南大部、贵州西部和四川凉山地区），修建了纵横交错的驿道网络。驿道网络以省治中庆（今昆明）为中心，以大理、威楚（今云南楚雄）、建昌（今四川西昌）、乌蒙（今云南昭通）、曲靖、临安（今云南通海）、车里（今云南景洪）、永昌（今云南保山）、丽江等重要路、府所在地为枢纽，通向四面八方。在云南行省西部、南部边疆地区，也有驿道经过而通向今缅甸、越南等国⑫。我国邮驿制度经历了春秋、汉、唐、宋、元各个朝代的发展，一直到清朝中叶才逐渐衰落，被现代邮政取代。见楼祖诒《中国邮驿发达史》、元熊自得《析津志·天下站名》、《经世大典·站赤》。

[38] 省宣使。宣使，即宣抚使。官名。唐宪宗元和十四年（819年）始置。宋不常置，掌宣布威灵、抚绥边境及统护将帅、督视军旅之事，以二府大臣充。元代在西南少数民族地区置宣抚司，司置使，为地方长官，管理军民。《元史·世祖本纪七》：“至元廿一年改宣抚司，以罗蒙为之，二十四年升宣慰司。”《元史》乌蒙改宣抚司在至元十八年（1281年），以乌蒙阿穆任宣抚司，隶云南行省。《元史·卷九十一·百官七》：“宣抚司，秩从三品。每司达鲁花赤一员，宣抚一员，同知、副使各二员，佥事一员，计议、经历、知事各一员，提控案牍架阁一员。”见《宋史·职官七·宣抚使》。

[39] 知事，官名。金朝始置，大兴府、按察司、统军司、招讨司等皆置此官。《金史·百官三·大兴府》：“知事，正八品，掌付事勾稽省署文牍，总录诸案之事。”元代户部各库、礼部各司、兵工两部各总管府都有知事，从八品。见《元史·百官一》。

[40] 据碑文，墓主人杨宗死后“已逾三年矣”。即至正三十年，1370年，其子杨义方请李敬仁先生撰文且立碑。

①清康熙二十三年（1684年）刊印《咸阳王抚滇功绩》。

②段天祥，昆明人，元至正甲午（1354年）科进士，官至将仕郎甘肃行省判官。《南诏野史·下卷》：“元朝进士王楫、李近仁、段天祥、李天佑、李郁，五人皆三甲同进士出身。”

③今昆明市嵩明县。

④木邦，又称孟邦、孟都等，掸族土司。位于今缅甸掸邦兴威，萨尔温江之西。《元史·卷六十一·地理四》：“木邦路军民府”。《明史·列传·卷二百零三·云南土司三》载：“木邦，一名孟邦。元至元二十六年立木邦路军民总管府，领三甸。”

⑤今四川西昌。唐懿宗咸通元年（860年），南诏占领西昌，设建昌府。宋时，大理国袭其建制。元世祖至元十二年（1275年）置建昌路，以罗罗斯宣慰司总之，隶四川行省，不久改隶云南。

⑥明黄标《平夏录》：“戊戌春二月，完者都来自果州，屯嘉定之大佛寺，（一名凌云），规复重庆。玉珍使义弟明二御之。明二者，黄陂人也，智勇过人，玉珍宠爱之，妻以弟妇，称为明二（一曰三奴），后复姓名，曰万胜。”据《杨孝先先生墓志铭碑》立碑时间及诸史籍记载，“战退红巾军万胜”应为至正二十三年。

⑦至正庚戌年（1370年），元朝末代皇帝元顺帝在应昌（今内蒙古克什克腾旗西达来诺尔附近）病死，子爱猷识里达腊嗣位，次年改宣光，是为元昭宗。所谓至正壬子年，即1372年，已是北元宣光二年，明洪武五年。方龄贵先生《大光明寺住持瑞岩长老智照灵塔铭并序碑》注⒄：“当时云南在梁王统治下，犹奉北元正朔，交通阻隔，不知改元事”，可谓“山中无历日，寒尽不知年”，或是仍对元顺帝的怀念寄托之情。无独有偶，元末明初著名画家、诗人，“元代四家”之一的倪瓒，其作品《雅宜山斋图》落款时间亦为“至正壬子”，不知何解。

⑧位于祥云县城东南约20多公里处，是云南著名的佛教圣地之一。据《滇释记》记载，普济庆光禅师为姚安人，建塔水目，大理国段氏赠为普济庆光禅师。2006年，被国务院公布为全国重点文物保护单位。

⑨方龄贵《新出元碑杨孝先墓志考释》。

⑩张龙佑那，白族先民。相传为三国时白子国、建宁国国主，又作龙凤佑那、凤佑那、张佑那等。

⑪ 大理州弥渡县，南诏时称勃弄川。

⑫ 云南大学民族与社会学学院方铁教授《试论元代云南驿传的特点及其作用》，载《内蒙古社会科学》1988年第3期。

段进明 录文 注释

方妍岚 重识

故太原王氏墓铭并叙碑

大理石，高 77 厘米、宽 56 厘米、厚 14 ～ 17 厘米。碑阳额左上残失，中部佛龛内雕尊胜佛母坐像，尊胜佛母两手合什胸前，另两手合什头顶，结跏趺坐于莲花座，两旁各饰双圈梵文种子字母 3 字（左侧残留半圈），座下部刻梵文种子字母 3 字。碑文右起直书阴刻行楷 16 行，行字不等。碑阴碑额右上残失，中部圆形佛龛内雕阿弥陀佛坐像，坐像右上残失，手结禅定印，结跏趺坐于莲花座，两旁应各饰梵文八大菩萨种子字母，右侧四圈残失。碑文横书阴刻梵文 13 行，右侧残留 6 行梵文与碑阴相连，下刻阴刻法轮纹，有明显凿纹。碑文叙述墓主人王氏，名观音，其父大理国人，名遍照连。其夫王义祥，任佛教密宗高僧大阿左梨之职。王氏生有六子、一女，皆已婚嫁。碑文引用《易经》《汉书》《左传》《阙子》之经典名句赞誉王夫人的品行美德，与丈夫有礼有则，相敬如宾，有母之仪，能勤俭持家，教子有方，邻里和睦，子孙昌盛。王氏于至元三十一年（1294 年）先其夫而逝，享年六十岁。碑文撰文及书丹者，应为其时饱读诗书之士，可惜碑文款识残泐，无法辨识。

故太原王氏墓铭　并叙　　　僧官庆瑞□（一行）
易曰：坤，天下之至顺也，德行恒简以知阻。坤为地，为（二行）
母，则坤之经，有母之仪，王氏可谓矣。[1] 观音善，其讳也。（三行）
父讳遍照连，[2] 大理之为国也，□□□□，母杨氏女［也］。（四行）
观音娘，祖父实籍士林□并未及□，稼 [3] 大阿左梨 [4] 王（五行）
义祥为妻，于闺门雍穆，有礼有则，相敬如宾，容焉。[5] 有（六行）
子六人，女一人，训之以礼义焉。男已婚、女已嫁焉。于（七行）
家以勤俭，以丰洁 [6] 焉，于浮图以致尚焉。家产飨有［容］，（八行）
宴于宾客，谷丰厚焉。邻里有贫病者，必饷恤焉。于亲（九行）
疏其礼遇，元适莫焉 [7]。行年六十，以至元三十一年 [8] 正（十行）
月二日，先其夫而逝焉。［后］二日，附先姑而葬焉。其生（十一行）
也，荣焉，其死也，哀焉。叔澹曰：晋公子，姬出也，至于今，（十二行）
古也 [9]。令王氏为婚，寔□其子孙，后其昌乎。厥子曰：昇（十三行）
□，吾游攸 [10]。作文志其墓，用慰其子心焉，铭曰：（十四行）
□□之□　　立石峨峨　　后千万年　　行人相指（十五行）
（上阙）孙母之墓也　（十六行）

[1] 语出《易经 · 系辞下》：“夫乾，天下之至健也，德行恒易以知险；夫坤，天下之至顺也，德行恒简以知阻。”译为：阳乃天下最刚健之象征，善美是永恒不变的规律，凭借它可以了解世事艰难。阴是天下最柔顺的象征，其美好的规律恒久简约，凭借它可以知晓阻碍。坤之经，即《易经》六十四卦之第二卦坤卦。乾为天，坤为地，乾为阳，坤为阴，乾为父，坤为母，寓意天地阴阳互生万物。碑文以《易经》之坤卦，赞誉墓主人王氏柔顺、包容、配合和厚德，“有母之仪”。

[2] 观音善，其讳也。父讳遍照连。王氏之名观音，取自观世音菩萨。其父王遍照连之名，取自大日如来佛。注同《故心凝密要大阿左梨墓志铭并序碑》注 [2]。

[3] 稼，据碑文词义，“稼”应为“嫁”。

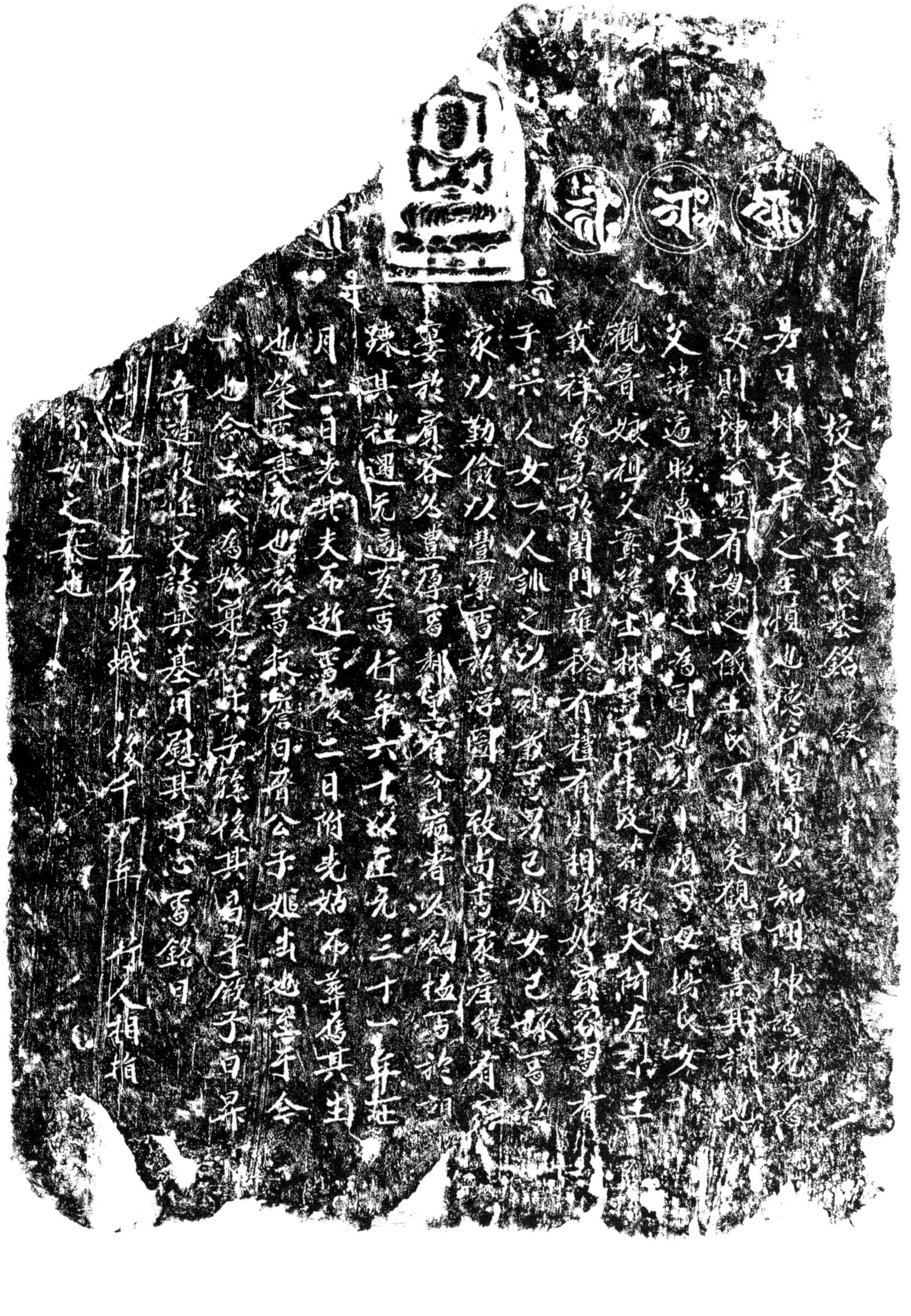

碑阳

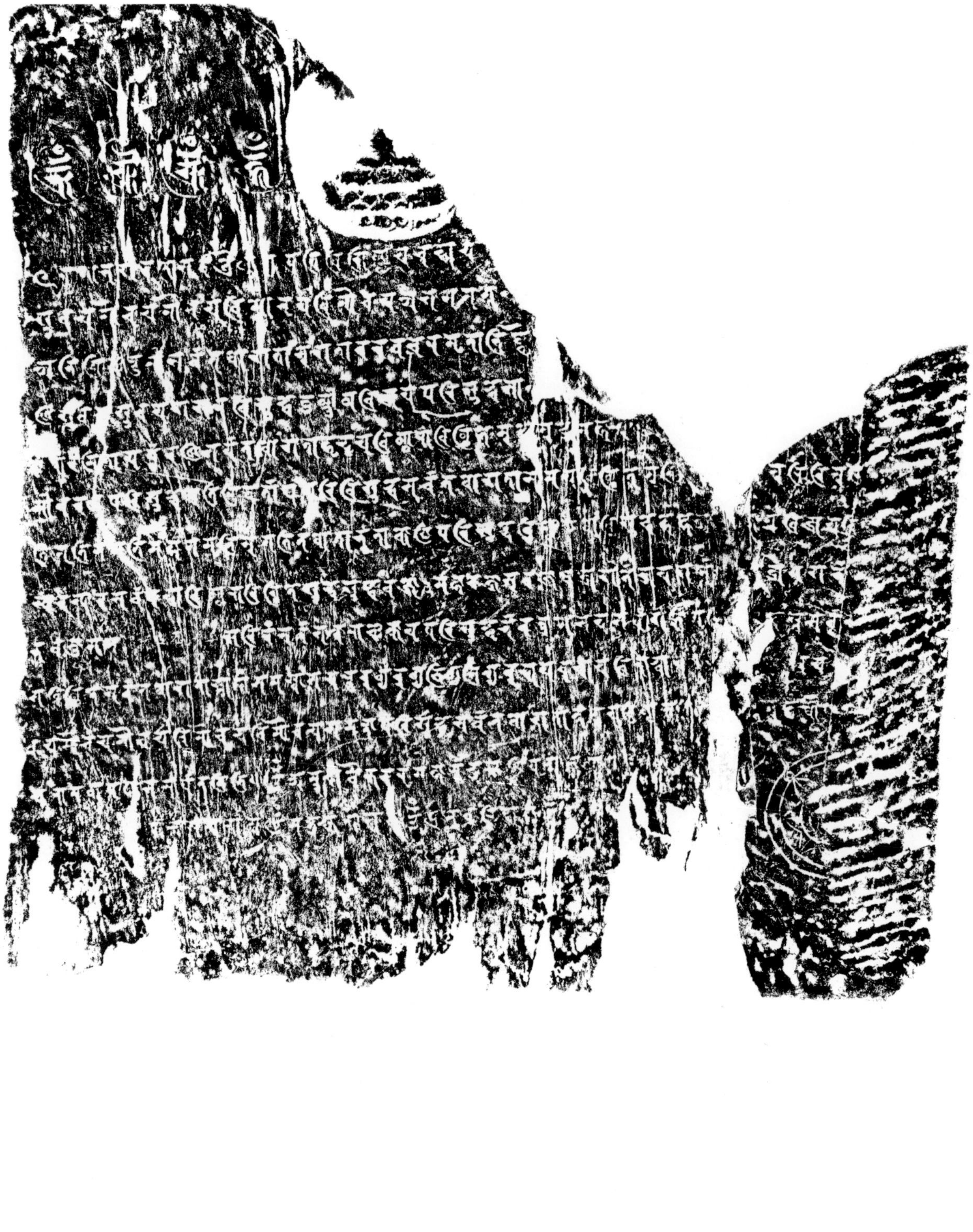

碑阴

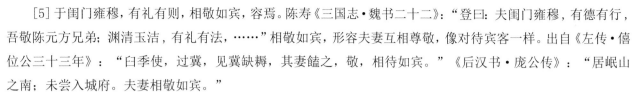

[4] 大阿左梨。注同《杨公释□慧公墓碑铭并序》注 [6]。

[5] 于闺门雍穆，有礼有则，相敬如宾，容焉。陈寿《三国志·魏书二十二》："登曰：夫闺门雍穆，有德有行，吾敬陈元方兄弟；渊清玉洁，有礼有法，……"相敬如宾，形容夫妻互相尊敬，像对待宾客一样。出自《左传·僖位公三十三年》："臼季使，过冀，见冀缺耨，其妻馌之，敬，相待如宾。"《后汉书·庞公传》："居岘山之南；未尝入城府。夫妻相敬如宾。"

[6] 丰洁。谓俎豆饮食丰盛洁净。《左传·僖公五年》公曰："吾享祀丰洁，神必据我。"《汉书·淮南厉王刘长传》："养牺牲，丰洁粢盛，奉祭祀，以无忘先帝之功德。"元袁桷《翰林学士赵公行状》："岁时奠荐，虽甚匮啬，犹丰洁尽力如旧礼。"

[7] 元适莫焉。元，笔误，应为"无"。意为对人没有什么亲疏厚薄。《论语·里仁》子曰："君子之于天下也，无适也，无莫也，义之与比。"《后汉书·刘梁传》："是以君子之于事也，无適无莫，必考之以义焉。"

[8] 至元三十一年，1294 年。是年正月，忽必烈病逝，庙号世祖。四月，皇孙铁木儿即位，是为成宗。据碑文"行年六十"推算，王氏观音善生于甲午宋理宗端平元年，金天兴三年，蒙古窝阔台汗六年，1234 年。

[9] "叔澹曰：'晋公子，姬出也，至于今，一也。'"此句节选自《晋公子重耳之亡》①："……及郑，郑文公亦不礼焉。叔澹谏曰：'臣闻天之所启，人弗及也。晋公子有三焉，天其或者将建诸！君其礼焉。男女同姓，其生不蕃。晋公子，姬出也，而至于今，一也。离外之患，而天不靖晋国，殆将启之，二也。有三士足以上人而从之，三也。晋、郑同济，其过子弟，固将礼焉，况天之所启乎？'弗听。……"叔澹，春秋时郑国大夫，与堵叔、师叔被称为郑之"三良"。晋公子，即晋文公（公元前 697 年？—公元前 628 年），姬姓晋氏，名重耳，是中国春秋时期晋国的第二十二任君主，公元前 636 年至前 628 年在位，晋献公之子，母亲为狐姬。晋文公文治武功卓著，是春秋五霸中第二位霸主，也是上古五霸之一，与齐桓公并称"齐桓晋文"。碑文"叔澹曰：'晋公子，姬出也，至于今，一也。'"（译文：晋公子重耳的父母都姓姬，他一直活到今天，这是第一件不同寻常的事。）乃借晋文公母亲狐姬之名与王夫人相比。

[10] 厥子曰：昇山，吾游攸。厥，笔误，应为"阙"。阙子，姓阙，生平无考，名、字、里、爵皆无考，战国纵横十二家之一，与庞煖、苏秦、张仪等齐名。著有《阙子》，因战乱已失传。《后汉书·孝献帝纪》李贤（章怀太子）注引，《风俗通》云："阙， 姓也，承阙党童子之后也，纵横家有阙子著书。"《水经注》《艺文类聚》《太平御览》等书中辑录佚文有六节。《旧唐书·经籍志》《新唐书·艺文志》著录梁元帝补《阙子》十卷。昇山，疑为今浙江湖州市昇山。清同治《湖州府志》载："越王无疆封会稽，为楚所灭。无疆子蹄更封于乌程欧余山之阳，为欧阳亭侯，遂以为氏。"王羲之于东晋孝武帝宁康、太元间（约 373—374 年）任吴兴太守。公暇常与宾客登临郡治乌程城东的欧余山。《入东记》载："王羲之为太守，尝游践，因（上曰下升）此山。顾谓宾客曰：'百年之后，谁知王逸少与诸卿游此乎。'"

①《晋公子重耳之亡》出自春秋末期左丘明《左传》，记载了晋文公重耳出奔，从流亡到回国夺取政权的经历。同时对各诸侯国君主和大臣的政治远见和性格也有所记录。是了解春秋时期的政治、军事、外交等不可多得的史料。此文运用了多种艺术手法描写人物，记叙事件，其中最为成功的是细节描写，把人物性格表现得淋漓尽致。

段进明　录文　注释

方妍岚　重识

李公墓志碑

青石，高 71 厘米、宽 53 厘米、厚 19 厘米。上段残缺，下部稍残，部分字迹风化残泐。碑阳碑文右起直书阴刻楷书 18 行，行字不等。碑阴横书阴刻梵文 23 行。碑文载墓主人李祥龙西氏，大理人，生年不详，卒于元至正九年（1349 年）。先祖李昇系出名门，为丹青世家，大理国时段氏曾授选官之职。墓主李祥龙西氏传承祖业，随段正参与悯忠寺的彩绘，得到嘉奖。后因以儒学为业，从省城昆明调回大理路赵州为儒宗，并重建感通寺北隅禅门。

碑阳

碑阴

（上阙）□李公墓志　　将仕帅大理［路］军民［总］［管］府知事[1]□□（下阙）（一行）

（上阙）穹壤间□，二五之精[2]，铚光[3]［器］之霸道，蚩有［翼］，其藯［蒙］，不闻于□世□（下阙）（二行）

（上阙）明意□长老，李公讳祥龙西氏，本苍山人也。祖出粹族，□□丹青□（下阙）（三行）

（上阙）□曰坚，坚生智，智生□□，段氏有国时，职授选官[4]，祖曰：昇（四行）

（上阙）一之后，几□□合师率（五行）

（上阙）□［间］，并建中庆闵忠寺[5]，□□□□圣容，妙叶[6]、逾□兀□师嘉其功，授以（下阙）（六行）

（上阙）段正[7]奉命，以彩绘崇圣梵宇，焕然一新，赐以大师□职。岁后，□经出□（下阙）（七行）

（上阙）□不下山堂，终而迁化。庚□祥□［性］明［然］功行□□□□先人，光昭前（下阙）（八行）

（上阙）□□□□云南□□□□□□□□□旦夕□□□□□□（九行）

（上阙）不日怠矣，重建感通北隅禅门[8]□以为□灵之所因得恙，以至正九祼[9]四（下阙）（十行）

（上阙）□□耳。□有五□□□□千□□之□原焚成舍利[10]，附先祖之□□郡□（下阙）（十一行）

（上阙）□曰：势□已势如□□能，以治儒业□，　行省符调大理路赵州儒宗□[11]（下阙）（十二行）

（上阙）矣。然则□□子者［不］可以不□□人之德，不可以不念先人之□，亦不［可］（下阙）（十三行）

（上阙）［石］于祖之墓，书□景仰，使后世之子孙□感兴起，而不敢□也。于是乎，志（下阙）（十四行）

（上阙）□氏之出□　太白［梁］□　先□□［艺］　丹青薰殊　段赐选官　英誉□□（下阙）（十五行）

（上阙）王□公　然□□□　□□□盛　□□□□　职号长老　授行省（下阙）（十六行）

（上阙）十□孙　□□□始　□以其丧　绵绵不已　立石刻铭　万世善［美］（下阙）（十七行）

（上阙）至［正］己丑猣宾月[12]三日　子李惠等立石（十八行）

［1］1253 年，蒙古军队攻占大理国，蒙古统治者给段兴智赐号“摩诃罗嵯”，封为中庆路八府总管，令其继续掌管原大理境内事务。至元七年（1270 年），元廷设立大理路军民总管府，简称大理总管，治大理府（羊苴咩城），下辖大理上万户府、大理下万户府。将仕郎，官名。隋始置，唐为文官第二十九阶，即最低一阶，从九品下。唐代自开府至将仕郎，为文散官，共二十九阶。见《新唐书·百官志一》。唐宋从九品下为将仕郎，金升为正九品，元升为正八品，敕授。知事，官名。金朝始置，大兴府、按察司、统军司、招讨司等皆置此官。《金史·百官三·大兴府》：“知事，正八品，掌付事勾稽省署文牍，总录诸案之事。”元代户部各库、礼部各司、兵工两部各总管府都有知事，从八品。见《元史·百官一》。

［2］二五之精。出自宋代周敦颐《太极图说》：“五行一阴阳也；阴阳一太极也；太极本无极也。五行之生，各一其性。无极之真，二五之精，妙合而凝。乾道成男，坤道成女，二气交感，化生万物。万物生生，而变化无穷焉。”

［3］铚，古代割禾穗的短镰刀。《说文·金部·铚下》曰：“获禾短镰也。”

［4］选官，古代主持铨选官吏的官员。

［5］中庆闵忠寺。中庆，路名。赛典赤主滇后，元至元十三年（1276 年）改鄯阐路置。把军事统治时期所设的万户、千户、百户改为路、府、州、县，正式建立云南行中书省。置昆明县，为中庆路治地（昆明命名即始于此），并把行政中心由大理迁到昆明。自此，昆明正式成为云南省政治、经济、文化中心。闵忠寺，閔，笔误，应为“悯”。《新纂云南通志》录《重修五华寺记》按：李元阳《云南通志·卷十三》曰：“五华寺在府城中五华山，旧名悯忠寺，元至元初建。云南诸刹之最者。”碑亦云：“至元十四年（1277 年），忽哥赤云南王、平章赛典赤公及郁凹麻师谋为保国安民，乃于中庆城北隅高阜之上创建五华大殿，匾曰‘悯忠寺’。”唯按《元史·本纪》，至元四年八月丁丑封皇子忽哥赤为云南王（亦见《经世大典·叙录》，又《诸王表》曰在至元五年），又至元八年二月丁巳大理等处都元帅宝合丁、王傅阔阔带等协谋杀云南王（亦见《博罗欢传》及《张立道传》）。是忽哥赤薨于至元八年，而悯忠寺之建在至元十四年，忽哥赤未与其事也。若悯忠寺为忽哥赤建，

则赛典赤来滇在至元十一年，亦未得见忽哥赤也。盖自至元初至是已九十余岁，传闻或失实，抑初为忽哥赤创建而成于赛典赤，则不得而知也。五华寺故址即在今五华山，已废。李《志》已言在城中，而碑称“中庆城北隅”者，以元代城垣在五华山。李源道《创修圆通寺记》称寺在滇城之北陬一里许可证也。[①]悯忠寺的建筑规模，《重修五华寺记》载：“其地左蟠龙，右玉案，滇池朝于前，商山耸于后。像设五如来于其中，周檐四壁绘画诸佛、菩萨、神龙之行仪，范金填彩、绚烂人目。其殿制高美而廊庑重檐，叠拱奇巧，异乎他构，真一方兰若之甲者也。又置田庄以给苾蒭之饘粥，备人户以隶院宇之使，令旦望禅诵，祝皇帝万万岁以无疆。省、府宪司诸公、僚属祈香于兹，遐迩人民祈祷者亦时集焉。八九十年香火之盛，有隆无替。”悯忠寺因大殿中的五尊大佛，金碧辉煌，被形象地比喻为五朵莲花。寺名山名，不久因之都被称为“五华”。悯忠寺的兴建，目的虽在于追荐阵亡将士，但崇奉佛教，并为皇帝祈福的内涵依然明显。此碑文亦有“□□□□圣容”的记载，可证。

元惠宗至正二十二年（1362 年），地方官员推荐大休高足本空的弟子慧喜禅师为五华寺住持，梁王认可，被接至五华寺。创建了八十多年的五华寺，首次有了高僧说法谈禅。次年，红巾军义军入滇，据中庆城，五华寺除大殿幸存外，其余建筑毁于战火。《重修五华寺记》载：“至正癸卯春三月，红巾贼兵乘虚入寇，陷中庆城，毁民庐以为寨栅，梵宇神祠亦不免焉。于是，寺之门庑、僧房，扫地而尽，惟大殿俨然独存。”战事平息后，慧喜四处募化，在平章脱欢普化等人的支持下，照原样重建竣工，焕然一新。至正二十八年六月，慧喜特请中庆路总管支渭兴撰《重修五华寺记》，刻石立碑。“说法度人数百余会，受其戒牒五千余人，宗风大振。”

《南诏野史》载：“山有五华寺 ，为滇南诸刹之冠。”入明以后，仍是云南府城中禅宗道场之一。明初，赛典赤的后裔明代航海家、外交家郑和曾在悯忠寺施印《大藏经》。至明末清初，大西军孙可望、南明永历帝朱由榔、平西亲王吴三桂，先后在五华山建王府、辟宫室，五华寺成为禁地。吴三桂叛乱平定后，五华寺除正殿外，其他设施已被拆毁。据康熙二十九年（1690 年）《云南府志》，该寺“渐次兴修”，到道光十五年（1835 年）《云南通志・寺观志》，又用上了“悯忠寺”的旧名，并说明其一名五华寺。光绪三十三年（1907 年），云南高等学堂改办两级师范学堂时，利用五华寺址，建造洋式讲堂。重九光复后，讲堂改称五华山光复楼，五华寺从此成为历史陈迹。[②]

[6] 妙叶，疑为元明之际之高僧妙叶大师，又作妙协，明州（以境内四明山得名）鄞县（今浙江鄞州）人，生卒年及生平不详。妙叶出家为僧，精研台教。专修念佛三昧，著《宝王三昧念佛直指》上下卷。史籍皆无妙叶大师来滇或与悯忠寺的记载，待考。

[7] 碑文载“段正奉命，以彩绘宗圣梵宇，焕然一新”。段正，大理路军民总管府第四代总管。关于段正的系属，有四说。方慧女士有考：一说正为段庆之弟，段忠之子。淡生堂钞本《南诏野史》“段庆，忠之子”“段正，庆之弟”。王本《南诏野史》同，一说段正为段庆之子。康熙《大理府志・沿革・卷三》：“段庆死，子正袭。”一说段正为段庆之弟，段实之子。《增订南诏野史》“段庆（即阿庆），实之子”“段正，庆之弟”。又一说段正为段忠之子，而段庆为段实之子。清邵远平《续宏简录・大理传》：“段氏自兴智后效忠于元，世为大理总管。兴智弟实以攻石城及仁德府功，赐金虎符，为第一代；实弟忠随元帅伐西林，破会泽，通鄯阐，平休林、武定、缅甸皆有功，为第二代；实子庆宿卫东宫，尚公主，归授云南参政，为第三代；忠子正为第四代。”清屠寄《蒙兀儿史记・段实传》《元书・段兴智传》及《新纂云南通志・汉至元耆旧传》均从之。今按，段庆为段实之子，段忠为段实族弟……史不载段正为段实之子，则段正为段忠之子，其说可信。从方慧所考，段正为段忠之子。[③]张锡禄先生亦认为其说有本，从方慧所考，段正为段忠之子。[④]然段正任总管的年代，虽各种史籍记载不同，唯《增订南诏野史・下卷・段正》较为可信，其载“段正，元成宗丁未大德十一年（1307 年）袭……仁宗丙辰延祐三年（1316 年）卒，子隆袭。正任职十年”。此碑载“段正奉命，以彩绘宗圣梵宇，焕然一新”，与支渭兴《重修五华寺记》所记载悯忠寺“周檐四壁绘画诸佛、菩萨、神龙之行仪，范金填彩、绚烂人目”的描述相符。其时，正值大理第一代总管段日在任期间。前文《武定郡夫人高氏墓》已考“段实任总管之年，实

只由至元十一年（1274年）至十九年（1282年），共八年”。据此碑记载，可知至元十四年（1277年），由云南行中书省平章政事赛典赤·赡思丁等创建的悯忠寺，彩绘工程是由段正负责监造。段正于三十年后方任大理总管。遗憾的是因碑刻残泐，不知段正当时奉命于谁，官职为何，赐以何职。

[8] 重建感通北隅禅门。感通寺，又称荡山寺，位于点苍山圣应峰麓，大理古城南约5千米。《荡山志略》记述：“点苍山荡山寺始建于汉，重建于唐。”李元阳《重建感通寺记》记载：“大理城南十里，西入山谷有寺曰感通，唐初李成眉贤者所建。”感通寺，元代又称上山寺，徐霞客《游大理日记》：“三里，乃稍下，度一峡，转而南，松桧翳依，净宇高下，是为宕山。”宕山，《大明一统志》作荡山，又称上山。云南著名高僧圆护曾在感通寺修行，清康熙《荡山志》谓在普贤山，圆护驻锡于此，因立石记。圆护，字念庵，“以书法著称”，人号玉腕禅师，为崇圣寺题书的“佛都”二字，被列为崇圣寺镇守的五件法宝之一。《大元混一方舆胜览·大理路》：“又西南有上山寺，幽雅之趣，非云南诸寺比。”可见，感通寺在元代已是很著名的寺庙。感通寺曾在元代扩建，碑文“重建感通北隅禅门”的记载，可证。然今北隅禅门已荡然无存。

[9] 至正九禩。至正己丑年，1349年。禩，同“祀”，殷商时指年。《书经·洪范》：“惟十有三祀，王访于箕子。”

[10] 舍利。即舍利子，梵语 śarīra，一译“设利罗”“室利罗”，意为骨身或遗骨。在佛教中，舍利通常指佛陀、高僧圆寂后遗留下来的身骨、头发或遗体，火化时结成的结晶体。

[11] 以治儒业□，行省符调大理路赵州儒宗□……赵州，今大理市凤仪镇。《元史·卷六十一·地理四》：“赵州，下。昔为罗落蛮所居地。蒙氏立国，有十睑，赵（州赕）[川睑]其一也。夷语睑若州。皮罗阁置赵郡，阁罗凤改为赵州，段氏改天水郡。宪宗七年立赵睑千户，隶大理下万户。至元十一年（1274年）改为赵州，又于白崖睑立建宁县，隶本州，即古勃弄地。二十五年（1288年）县革入州，隶大理路。”儒宗，儒者的宗师。汉以后亦泛指为读书人所宗仰的学者。《史记·卷九九·刘敬传·太史公》曰：“叔孙通希世度务，制礼进退，与时变化，卒为汉家儒宗。”元代理学家吴澄一生以斯文自任，四方之士负笈从学者，不下千数百人，与许衡并为当时儒宗。

[12] 至[正]己丑甤宾月。至正己丑，至正九年，1349年。甤宾，即蕤宾。古人律历相配，十二律与十二月相适应，谓之律应。蕤宾位于午，在五月，故代指农历五月，亦指代农历五月端午节。《国语·周语下》：“四曰蕤宾。”韦昭注：“五月，蕤宾。”

①《新纂云南通志》录支渭兴《重修五华寺记》按。

②昆明宗教事务局、昆明市佛教协会编《昆明佛教史》。

③方慧《大理总管段氏世次年历及其与蒙元政权关系研究》。

④张锡禄《元代大理段氏总管史》。

段进明　录文　注释

方妍岚　重识

序公諱文□□修仕郎大理寺□□所□□□□世□
壙簡□一□□皆重光□之靈道並有奇其□□□不聞於世
朗□□□孝□□□西□本為山人也祖出□族□□丹青
曰堅□生□□生□□有聞時識俊選官祖曰昇
之□九歷人合師參□□
簡□建中歷周忠寺遂□宣聖之□□寺道□□□開嘉其切教之出
淺□□□以經綸宗聖孔子□□一新陽秋大職□之□□□出
問不□□堂□而後化□□□□□明□功行□□□光□
□□一雲南有投□□□□□□已□□□□□□
□□矣□□威通于倫祥□以□□□□□□□□九祥
□正□□有五進之□□之之□□□舍□□□祖□三世□
書曰□□□□□□以治□業□行有符聞大□□□則儒宗
之□則□子者完可以不□之德不可以不念□人之亦一
居子□之□書□□使後世之子□□與起而不敢□□是
民之出□□□□光□□□丹青□殊□段腸選官英
之□公□□□□□□□□□職□長□□□校行
二十□孫□□□□其□□錦□□□右刻銘□萬世書

佛说地藏菩萨经碑

青石，高 74 厘米、宽 49 厘米、厚 15.5 厘米。此碑通体较为残泐，无碑额，字迹较模糊。碑阳碑文右起直书阴刻楷书 12 行。碑阴横书阴刻梵文 22 行 ，22 行末分上下两行右起阴刻直书楷书 “追为亡人李观音日神道” 10 字。

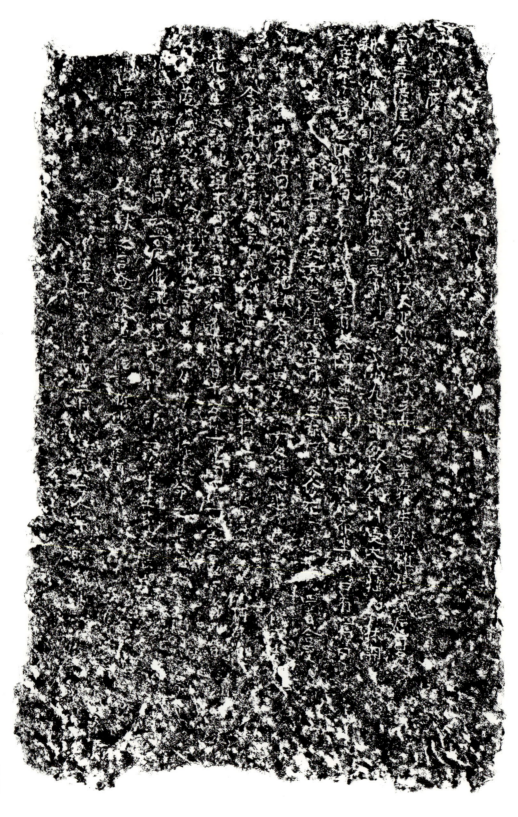

碑阳

（上阙）□藏菩萨经（一行）

（上阙）藏菩萨住在南方琉璃世界，以净天眼**观见**地狱之中受苦众生，□碓□**藏**（下阙）（二行）

（上阙）耕、□□解，镬汤涌沸，猛火**亘**天，饥则吞热铁丸，渴即饮**于**铜汁，受大□□□□□，（三行）

（上阙）**菩萨**不忍见之，即从南方来到地狱□□，阎罗王**伺大一殿**，别床而坐，**赞**曰有**因得**因（四行）

（上阙）□□□□□不来，二者恐文案交错□□□□，三者□未合死，□□□□，四者合受（五行）

（上阙）□□□□□四种因缘，所□在于地狱，若有善男子善女人**我心悲也**。（下阙）（六行）

（上阙）□□念□地藏菩萨□□□□□世□□□□以（下阙）（七行）

（上阙）莲花化生，□□□乐，不可□□**具**□**于通**（下阙）（八行）

（上阙）**菩萨**□□之□□□**地藏菩萨名**□□□□□□□**命之**（下阙）（九行）

（上阙）□□□地藏菩萨同□一处。佛说此□□龙神□□□□□众生皆大欢（下阙）（十行）

（上阙）**地**藏菩萨经　　破地狱之言：唵啵罗□□□你□□□（下阙）（十一行）

至正十八年[①]戊戌三月　日　□亡人李追为（下阙）（十二行）

①元朝末代皇帝元惠宗孛儿只斤·妥懽贴睦尔的年号，即1358年。

段进明　录文

方妍岚　重识　注释

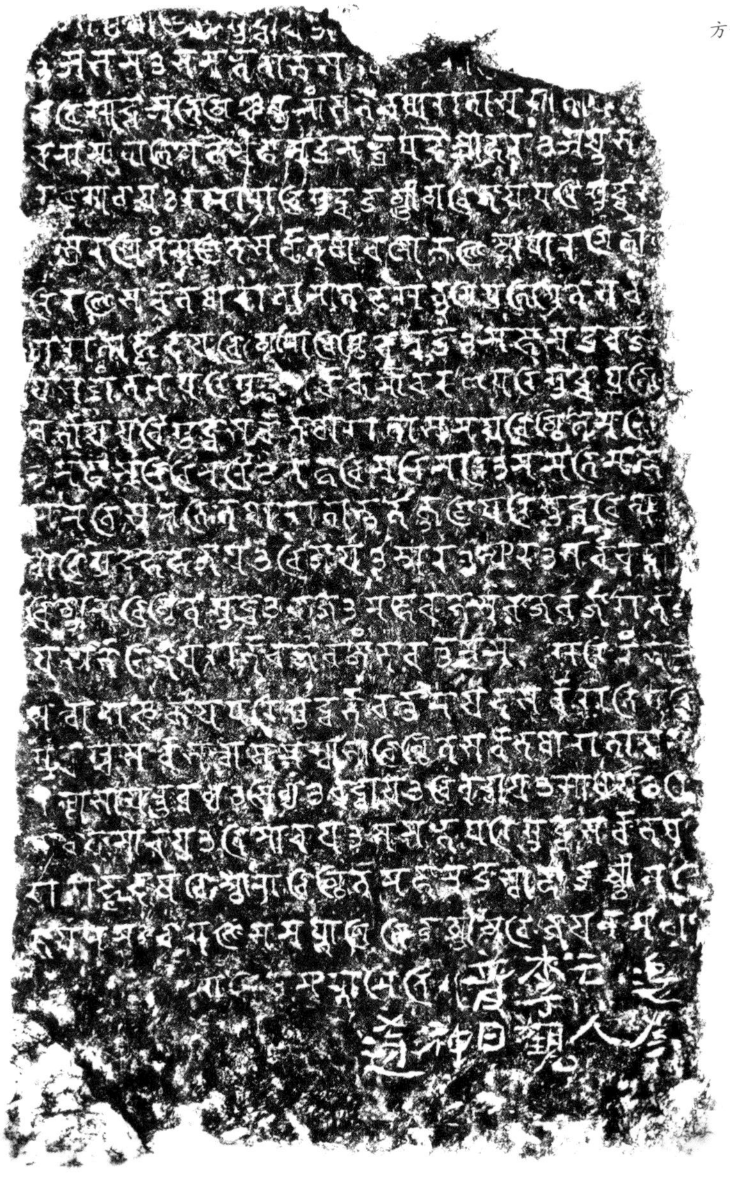

碑阴

段氏新移墓志碑

大理石，高 62 厘米、宽 61 厘米、厚 17 厘米。碑阳碑文右起直书阴刻楷书 16 行，行字不等。碑阴无字。此碑记载至正十五年（1355 年）中秋，段氏长老段长主持将祖坟群由绿玉溪迁至“隐仙溪之平原”，并列请 33 名祖先名号铭刻于碑之事。原五华楼出土《段氏长老墓碑铭并序》碑“撰并书丹”者与此碑叙述者同为王子廉，碑文记载了段氏长老段长的生平事迹，以及此碑部分段氏新移墓主间的家族关系。为研究南诏大理国时期佛教文化和官制发展史提供了重要资料。

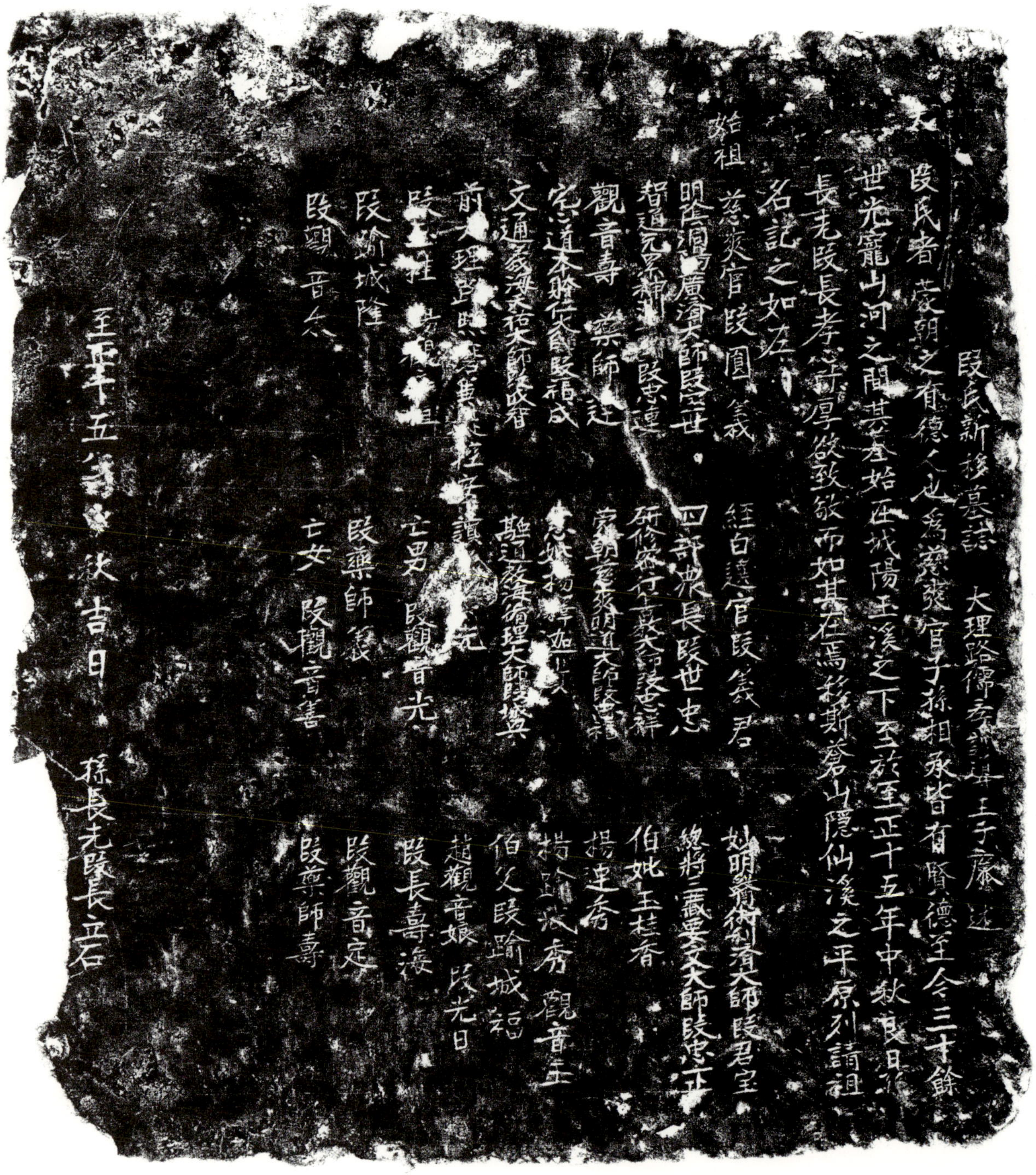

段氏新移墓志　　大理路儒学训导王子廉述[1]（一行）

夫　段氏者，蒙朝之有德人也，为慈爽官子孙，相承皆有贤德，至今三十余（二行）

世，光宠山河之间。其墓始在城阳玉溪之下，至于至正十五年中秋良日，孙（三行）

长老段长孝心［弥］厚，欲致敬而如其在焉，移斯苍山隐仙溪之平原[2]，列请祖（四行）

名记之，如左：（五行）

始祖　慈爽官段圆义　　经白选官段义君　　妙明医术利济大师段君宝（六行）

明阴洞阳广济大师段宝世　　四部众长段世忠　　总将三藏要文大师段忠正（七行）

智通元累神测［大师］段忠连　　研修密行善教大师段忠祥　　伯妣玉桂香（八行）

观音寿　药师连　　蒙朝慈爽明道大师段忠福　　杨连秀（九行）

宅心道本体仁大师段福成　　慈妣杨释迦贵　　杨踰城秀　观音玉（十行）

文通义海天佑大师段成智　　融通教海循理大师段城兴　伯父段踰城福（十一行）

前大理路照磨兼提控案读［段］□光　　赵观音娘　段光日（十二行）

段玉桂　杨观音［姐］　　亡男 段观音光　　段长寿海（十三行）

段踰城隆　段药师义　　段观音定（十四行）

段观音禾　　　亡女 段观音善　　段药师寿[3]（十五行）

至正十五年中秋吉日　　孙长老段长立石（十六行）

[1] 大理路儒孝训导王子廉述。大理路，即大理路军民总管府。1253 年，蒙古军队攻占大理国，蒙古统治者给段兴智赐号“摩诃罗嵯”，封为中庆路八府总管，令其继续掌管原大理境内事务。至元七年（1270 年），元廷设立大理路军民总管府，简称大理总管，治大理府（羊苴咩城），下辖大理上万户府、大理下万户府。此碑叙述者王子廉与五华楼旧址出土《段氏长老墓碑铭并序碑》“大理路儒学训导王子廉撰并书丹”者，为同一人，生平无考。据新近发现喜洲镇文阁村万历七年（1579 年）举人李玉芳撰立《李氏祠堂家谱书院义田集录碑》载：“初，大理儒学建于元至元乙酉（1285 年）。维时，兄弟俱有勋业，名刻文庙之碑。”得知大理儒学的始建时间，并设于文庙，是为大理“庙学合一”之始。儒学训导，学官名。明清两朝的府学、州学、县学都设此官，其责任为帮助教授、学正或教谕教诲所属生徒。见《明史・职官四・儒学》《清史稿・职官三・儒学》。道光黄本骥《历代职官表》载：“儒学训导，明清制于府、州、县学校教授、学正、教谕之次均设训导一员，共同负责学校之管理。” 按元代学校官，路设教授、学正、学录各一人，散府及上中州教授一人，下州学正一人，县教谕一人，书院山长一人。见《元史・卷八一・选举志・学校条》。乃不见训导一职，惟元人文集往往有之。据此碑及虞集《道园学古录・卷三五・抚州路重修宣圣庙记》，姚燧《牧庵集・卷三四・次曹训导韵》，贝琼《清江贝先生文集・卷四・故训导胡先生画像记》①，元陈镒《和刘益洲训导见惠诗韵》《周铎笔记》云：“施耐庵者，江南才子也。元至顺间，赴大都，应试不第，乃师国子监司业刘本善，荐任郓城训导。”负守勤《秦汉至元代会宁教育极简史》考：“元代末，会宁设知州、同州，达鲁花赤、儒学正各 1 人，训导 3 人。学正、训导都是官府认定的负责或从事教育的人。”可见，元代州、路、府、县学未尝无训导之设，则明代儒学训导，乃沿袭元制。

[2] 城阳，即城南。“阳”字的本义指山的南面、水的北面，即受光的一面。《谷梁传・僖公二十八年》：“山南为阳，水北为阳。” 李元阳《嘉靖大理府志・山川条》“按一统志记其峰溪，自南而北……；六曰玉局峰、绿玉溪……；十曰应乐峰、隐仙溪……。”玉溪，疑漏“绿”字，即绿玉溪，在苍山龙泉峰和玉局峰之间，位于今大理古城西南一带。隐仙溪，位于大理古城北 3 公里，在苍山雪人峰和应乐峰之间（今银桥镇北五里桥）。

[3] 此碑共记段氏新移墓 33 座。据《段氏长老墓碑铭并序碑》记载了段氏长老段长的生平事迹，并涉及此碑部分段氏新移墓主间的家族关系。现按序考释：

始祖慈爽官段圆义。《段氏长老墓碑铭并序碑》作段员义，是蒙时（南诏国）慈爽官，为长老段长世系可考的始祖。慈爽，南诏行政衙署名，为中枢九爽之一。《增订南诏野史》曰“慈爽主礼”。《新唐书·南诏传》亦谓：“慈爽主礼”，即掌管内外各种礼节及仪式等，类似中央王朝的礼部。主官由清平官、酋望、大军将兼任。大理国时期仍沿用南诏国的九爽制度，基本等同于旧唐制。《增订南诏野史》载：高升泰“及长，有材器，仕为清平官，兼九爽之事，誉望日重”。此外，还有高泰明、高泰运、高明顺、高顺贞等为清平官，曾兼九爽之事。另有高惠寿（宗爽）、高隆政（引爽）、高明生（厥爽）等均任过爽职。《段氏长老墓碑铭并序碑》载：“长老姓段，讳长，蒙时（大理国前期）慈爽官（段）员义之后也。……其宗族世世获爵，为国耳目，作慈爽之事。慈爽者，蒙时礼部之司也，凡有爵秩斑列，位次进退，百官郊禘蒸尝天神地祇，宗□□□□□□□所职也。”则大理国时期幕、琮、慈、罚、劝、厥、万、引、禾等“九爽”之名或亦不废，唯有别称而已。《三十七部会盟碑》另有“督爽”署职，保天八年（1136 年）写本经卷上亦有“大理国督爽印”印文。督爽为南诏旧有机构，主管马牛仓廪，而由清平官、酋望、大将军兼任。《三十七部会盟碑》立于明政三年（971 年），属于大理国前期，而保天八年在大理国后期。一前一后两个署印，说明督爽机构在整个大理国时期一直沿设不废。②

经白选官段义君。《段氏长老墓碑铭并序碑》载：“义生君，敕号经白撰官，写万德寺钟记。”得知，段义君为段圆义之子。此碑“经白选官”，误，应为“经白撰官”，段玉明《大理国史》认为“属于书吏之官”。

妙明医术利济大师段君宝。《段氏长老墓碑铭并序碑》：“君生保”，宝作保，为段义君之子。《楞严经》云：“妙明真心，本觉妙明。”医术利济，即用医术救济，施恩泽。

明阴洞阳广济大师段宝世。《段氏长老墓碑铭并序碑》：“保生世”，宝亦作保，段君宝之子。明阴洞阳，出自唐太宗李世民撰《雁塔圣教序》（《慈恩寺圣教序》）：“是以窥天鉴地，庸愚皆识其端。明阴洞阳，贤哲罕穷其数。”

四部众长段世忠。《段氏长老墓碑铭并序碑》：“世生忠”，段宝世之子。四部众，佛教语，又曰四众，又曰四部弟子。指比丘、比丘尼、优婆塞、优婆夷。长，则指兄长、首领、长官、辈分高，排行第一等义。四部众长，即为僧尼总管。《大理圀仏弟子议事布燮袁豆光敬造佛顶尊胜宝幢记》称段进全为“大佛顶寺都知天下四部众、洞明儒释兹济大师”。《法苑珠林·卷十九》：“三世诸佛法，皆有四部众。”《法华经序品》曰：“时四部众咸皆欢喜。”仁王经下曰：“一切国王四部弟子。”梁书曰：“帝幸同泰寺，升法座，为四部众说摩诃般若波罗蜜经义。”

总将三藏要文大师段忠正。称号出自唐太宗李世民撰《雁塔圣教序》（《慈恩寺圣教序》）：“爰自所历之国，总将三藏要文，凡六百五十七部，译布中夏，宣扬胜业。”

智通元累神测□段忠连。元，笔误，应为“无”。称号亦出自唐太宗李世民撰《雁塔圣教序》（《慈恩寺圣教序》）：“故以智通无累，神测未形，超六尘而迥出，只千古而无对。”

伯妣玉桂香。与后文“伯父段踰城福”，疑为夫妇。

观音寿。药师连。家族关系无考。

蒙朝慈爽明道大师段忠福。《段氏长老墓碑铭并序碑》载：“君生保，保生世，世生忠，其宗族世世获爵，为国耳目，作慈爽之事。”又载：“至（段）忠福，则亦袭其祖业，能美其教[化]，厚人伦，□□□□□□□□□□□网在纲，有条而不紊，拔萃出伦，非人之所能及。”按父子连名制结构特征，疑段忠正、段忠连、段忠祥、段忠福四人为四兄弟，为段世忠之子，且皆作慈爽之职，段忠福“亦袭其祖业”，尤为优秀。可见，慈爽一职是可以世袭的。

杨连秀。家族关系无考。

宅心道本体仁大师段福成。《段氏长老墓碑铭并序碑》载："福生成，今之长老则成之子也。"即段福成乃此碑立碑者长老段长之父，碑云：长老段长"幼怀贞德，日进忠孝之心，长乃贤良，时思懋德之志。时大理总管段忠顺[③]见其忠信，善行精专，荐其才于□□□院，号为大师"。又云："至云南诸路参知政事段中奉[④]见是世□遍□□□□□□□其德于位下，敕受法旨，为大理等处长老。成为法门领袖。"

慈妣杨释迦贵。为段福成之妻，长老段长之母。

杨踰城秀。观音玉。家族关系无考。

文通义海天佑大师段成智。家族关系无考。文通，通达文学。义海，义理的渊海，喻义理博大精深。天佑，出自《尚书·泰誓上》："天佑下民，作之君，作之师。"

融通教海循理大师段城兴。家族关系无考。教海，疑为教诲。依循理，照道理或遵循规律。《荀子·议兵》："义者循理，然则又何以兵为？"《三国志·卷三十三·蜀书·后主传》评曰："后主任贤相，则为循理之君。"伯父段踰城福。与前文"伯妣玉桂香"，疑为夫妇。

前大理路照磨兼提控案读［段］□光。家族关系亦无考。读，误，为牍。照磨，官名。即"照刷磨勘"的简称。元始设，为首领官。《元史·百官志》载：照磨一员，正八品，凡六部、枢密院、宣政院、御史台、大都督府，以及中书省、廉访司、都转运盐使司，均设此官，其职责是核对文卷，承发文书，考核案卷。吕宗力《中国历代官制大辞典》载：照磨"设于总管府者，兼理案牍、刑狱"。此碑"照磨兼提控案读"，与史载相合。提控案牍，元朝始置，为各衙署首领官。置于府、上中州者为专职，置于路总管府及肃政廉访司者为兼职。掌文书案牍之事。多由书吏及都目升任，未入流。《元史·卷九十一·百官七》："下万户府，管军三千之上。达鲁花赤一员，万户一员，俱从三品，虎符；副万户一员，从四品，金牌。其官皆世袭，有功则升之。每府设经历一员，从七品；知事一员，从八品；提控案牍一员。"见《元史·百官七·诸路万户府》、吕宗力《中国历代官制大辞典》。

以下段氏新移墓主家族关系皆无考。不难发现，此碑33座段世家族墓主大多与佛事有关，姓名中带有"踰城""释迦""药师""观音"等佛号的多达十六人之多。

①方龄贵、王云《大理五华楼新出元碑选录并考释》录《段氏长老墓碑铭并序碑》。

②段玉明《大理国史》。

③方龄贵、王云《大理五华楼新出元碑选录并考释》录《段氏长老墓碑铭并序碑》：指段隆，大理路军民总管府第五代总管。

④方龄贵、王云《大理五华楼新出元碑选录并考释》录《段氏长老墓碑铭并序碑》：疑即段胜，《京兆郡夫人墓志铭碑》之"中奉大参胜公"，即大理路军民总管府第八代总管段光之弟。

段进明　录文　注释

方妍岚　重识

苍洱碑石

元碑

原释

故大理陈氏墓铭并叙碑

青石，残高 85 厘米、宽 58 厘米、厚 18 厘米。碑阳碑文右起直书阴刻楷书 17 行，行余字数不等。碑阴碑文横书阴刻梵文 13 行，第 8 行梵文中间左起横书阴刻楷书“□□□□□□陈踰城□ 神道”。

碑阳

（上阙）大理陈氏墓铭　并叙　　儒士大师杨晓元　述（一行）

（上阙）也，其家谱云，有元祖和尚，来至云南，俗姓陈，艺纯工，因悟道为师，释号圆（二行）

（上阙）宗镜也，则子孙承宜，居家不失，至十斤半之后，福相顺之孙，彦贲[1]顺连子（三行）

（上阙）少有思王之气，信阳之仪，温恭远耻，维贫君子之风，礼乐近征，正□（四行）

（上阙）信道而不怠于□，手管弦貌辰进之姿，观才能显出群之秀，纯中其（五行）

（上阙）职以才超，功由艺立，神州锦阙，咏歌于富贵者，非一朝一夕耳，于（六行）

（上阙）危如获安，斯际之间，游于艺，乐于心，善以庄饰其躬，不知老之（七行）

（上阙）不如得一之端，动山之摧，不如正命之□□元得然□□□于（八行）

（上阙）十四日终，子弟诸亲，拜葬礼于先营，春秋七十有六。意树歌其（九行）

（上阙）惊外尘于长生性月□□□神于往圀，运非难于□□□（十行）

温恭有礼兮　技艺难量（十一行）

逝水未往兮　其身已亡（十二行）

龙筝更拂兮　□不如常（十三行）

唯有清俾百代□（十四行）

（上阙）立（十五行）

（上阙）陁第一□品受众生威德无穷极我今大成依（十六行）

（上阙）人，尽生极乐国见佛兮生死如法度一切（十七行）

[1] 南诏官名，见于《新纂云南通志·卷八九·金石考·大理·段氏与三十七部会盟碑》，同上《卷九三·金石考·元·人匠提举杜昌海墓志铭》《宋会要稿》第一九七册、一九九册，《宋史·卷四八八·大理传》，职掌不详。

《大理五华楼新出元碑选录并考释》录文

方妍岚　重识

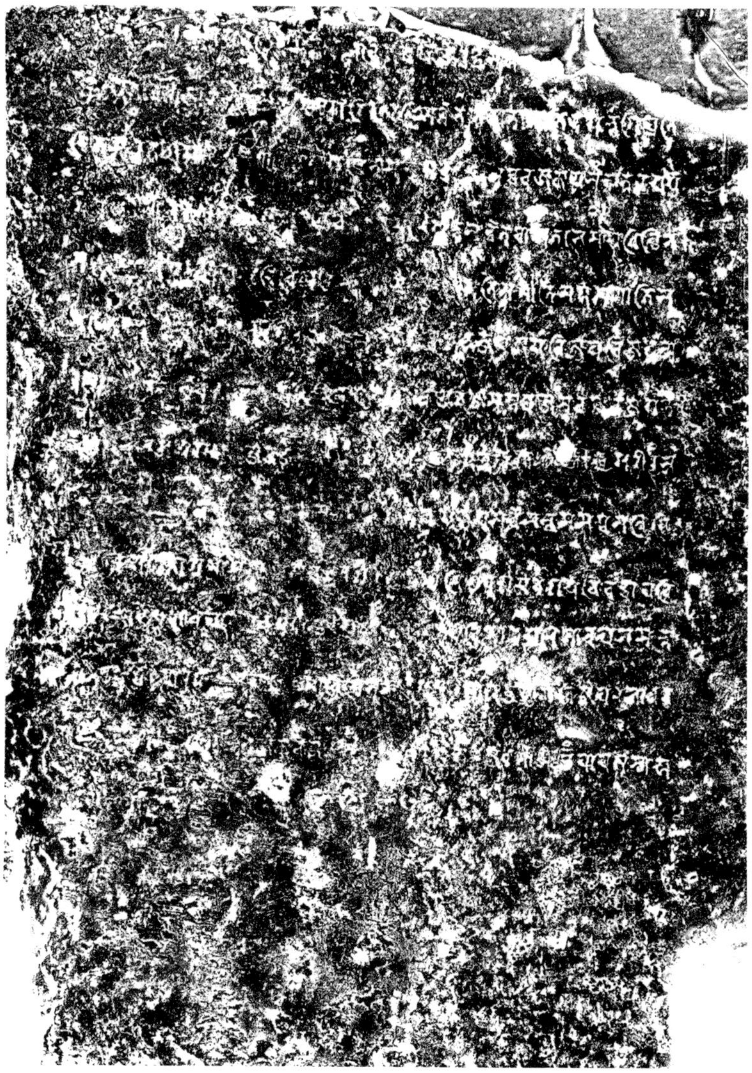

碑阴

故大理□□氏躬节仁义道济大师墓碑铭并序碑

青石，通高 100 厘米、宽 52 厘米、厚 16 厘米。碑阳碑文右起直书阴刻楷书 14 行，行余字数不等。碑阴无字。

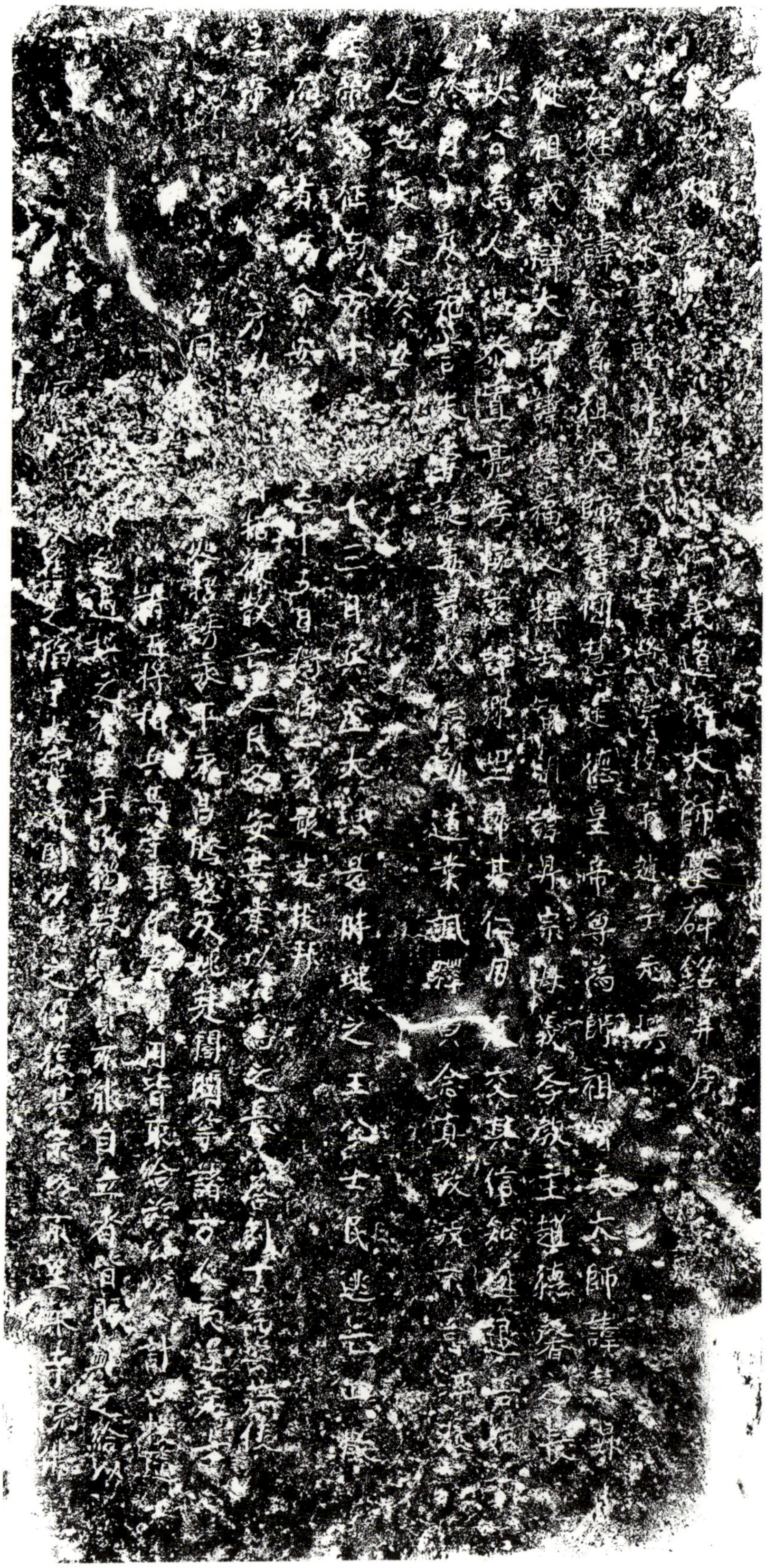

故大理□□氏躬节仁义道济大师墓碑铭并序（一行）

承事郎提举大理等路学校事赵子元[1]撰（二行）

公姓杨，讳公，曾祖大师，讳圆慧，建德皇帝尊为师，祖智天大师，讳慧升。（三行）

从祖戒辩大师，讳慧福，父释号智明，讳升宗。母义学教主赵德馨之长（四行）

女。公为人温恭直亮，孝悌慈祥，乡里归其仁，朋友交其信，知进退，善始（五行）

终，自少及老，言未尝诞。每习威仪，勤道业，讽释典，念真孜孜不怠，淳□（六行）

人也。天定癸丑①，（七行）

皇帝亲征南方，十二□十三日兵至大理[2]，是时理之王公士民逃亡四散，（八行）

而公有顺命安□□志，十五日，独自一身，最先投拜，（九行）

皇帝□□□乃以□□□招复散亡之民，各安其业，以公为之长，八答剌丁[3]为安抚使。（十行）

□□□力同□□□□处，招诱永平、永昌、腾越及姚楚、鄯阐等诸方人民□定安。（十一行）

（上阙）诸王将□兵马等事，凡百资用，皆取给于公，公心计口授，随（十二行）

（上阙）乏过误之有。至于孤独鳏寡，贫不能自立者，皆赈恤之，给以（十三行）

（上阙）故旧之陷于大军者，则以赎之，俾复其宗，终不望报。寺院佛（十四行）（下阙）

[1] 赵子元即《赛平章德政碑》撰人。碑今无存，景泰《云南图经志书》以下旧志多录其文。碑云："是岁（至元十一年甲戌）七月（公）抵大理。下车莅政，风动神行，询父老诸生利国便民之要。中庆、大理两设提举，令王荣午、赵子元充其职。"与此碑署"承事郎提举大理等路学校事赵子元"及《敕授鹤庆路照磨杨伯□墓志碑》"承事郎大理等路儒学提举赵公子元"云云相合。

[2]《元史·卷四·世祖本纪》载，岁癸丑十二月丙辰，忽必烈"军薄大理城"。据陈垣《二十史朔闰表》岁癸丑（宋理宗宝祐元年，元宪宗三年）十二月乙巳朔，则丙辰当十二月十二日。《元史》云："十二月十二日，军薄大理城。"碑云："十二月十三日兵至大理。"薄，迫也，盖蒙古军十二日迫近大理，而十三日到达城下，义允合。

[3]《元史·卷一三四·小云石脱忽怜传》："畏吾人……子八丹，事世祖为保儿赤，鹰房万户，从征哈剌章有功。"据白寿彝先生在《赛典赤·赡思丁考》（收入《中国伊斯兰史存稿》，宁夏人民出版社 1983 年 8 月银川第一版本）所考："八丹的名字似为八丹丁（ Badr al-Din）之省，也是穆斯林所惯用的名字。"则此八答剌丁当即史传之八丹，传失载其为安抚使事，可据补。

①大理国皇帝段兴智年号，其在位三年多。《大理古碑存文录》第 41 页中《故正直恭谦和尚墓碑铭并序》载有"天定三年"。天定癸丑即天定二年，1253 年。

《大理五华楼新出元碑选录并考释》录文

方妍岚　重识　加注

大理路兴举学校记碑

青石，通高 180 厘米、宽 88 厘米、厚 13 厘米。碑阳碑文右起直书阴刻楷书 21 行，行约 43 字。碑阴无字。

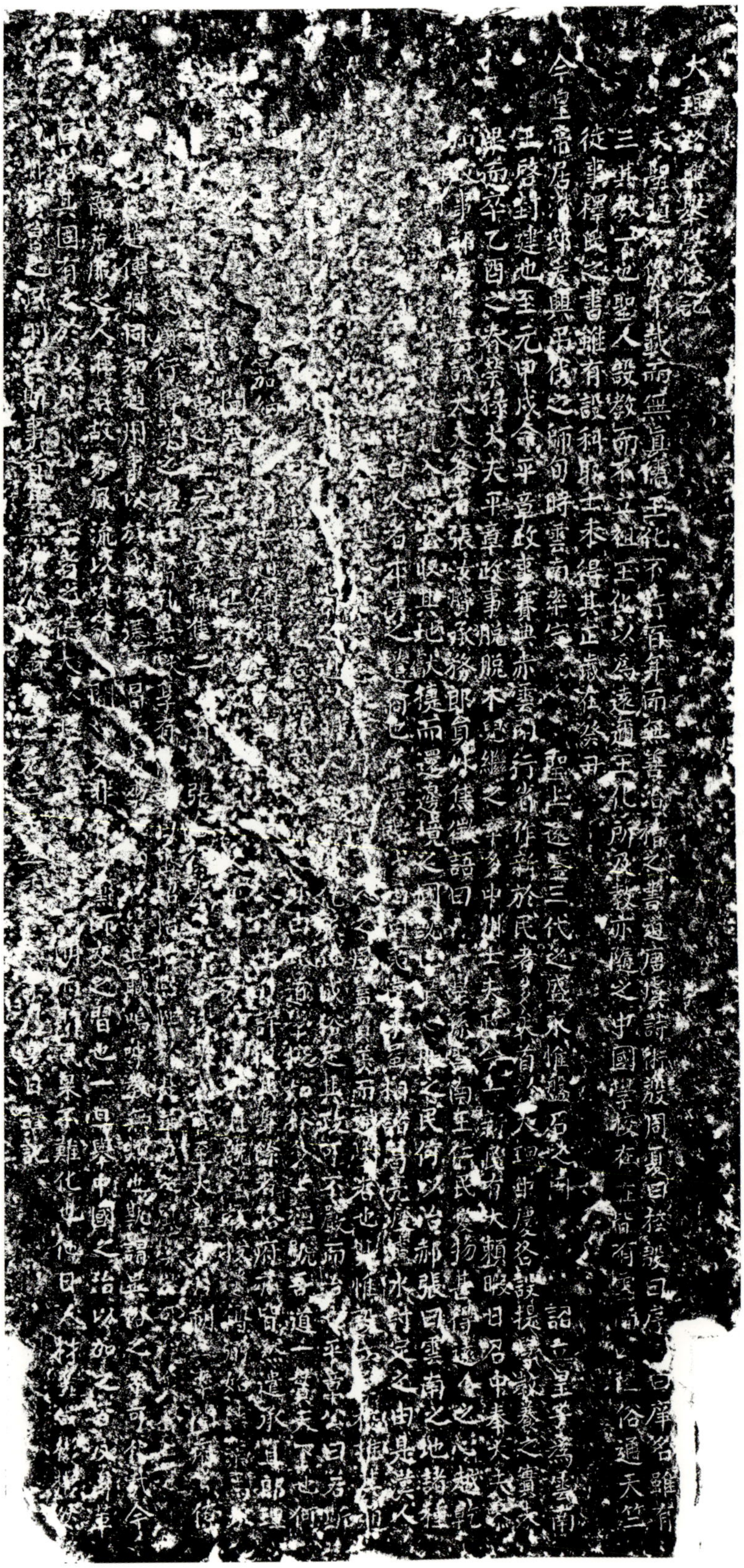

大理路兴举学校记[1]（一行）

夫圣道不传，千载而无真儒；王化不行，百年而无善治。稽之书道唐虞，诗术殷周，夏曰校，殷曰序，周曰庠，名虽有（二行）

三，其教一也，圣人设教而不立祖，王化以为远迩，王化所及，教亦随之，中国学校，在在皆有。云南西陲，俗通天竺，（三行）

徒事释氏之书。虽有设科取士，未得其正。岁在癸丑，（四行）

今皇帝[2]居潜邸，爰兴吊伐之师，旬时云南率定。圣上远鉴三代之盛，永惟盘石之固，诏立皇子[3]为云南（五行）

王，启封建也。至元甲戌，命平章政事赛典赤[4]云南行省，作新于民者多矣。首于大理、中庆各设提学教养之实，未（六行）

果而卒。乙酉之春，荣禄大夫平章政事脱脱木儿[5]继之，率多中州士夫，政令一新，民有大赖。暇日召中奉大夫参（七行）

知政事郝天挺[6]、嘉议大夫签省张汝贤[7]、承务郎员外焦征[8]语曰：“皇孙云南王[9]仁民爱物，甚得远人之心，越乾（八行）

□□□□□□缅酋逃窜入海，尽收其地，献捷而还。边境之国既已平，心服之民何以治？”郝、张曰：“云南之地，诸种（九行）

□□□□□□□□□□□白人者，本汉之遗裔也。昔汉武伐西南夷，汉末蜀相诸葛亮渡泸水讨定之，由是汉人（十行）

□□□□□□□□□□□□□□□□□□□□□□□□□□□人之风，盖质美而通学者也，其惟设立学校，推其通（十一行）

□□□□□□□□□□□□□□□□□之道，以明□□□□化服，化成俗定，其政可不严而治也。”平章公曰:“若斯（十二行）

□□□□□□□□□。”郝、张曰：□□□民逸居无教，□□□之亦由此道，学校如林，多士迺号吾道一贯天下也，何（十三行）

□□□□□□□嘉纳之，□□士赵傅弼[10]充大理□□□□□□□生员许复其身，余者路府亦皆然，遣承直郎理（十四行）

□□□□□□□□□ 闻 奏 □□**皇上**□**德**□□□□□□□ **人**□□□□□□□九月既望，教授赵傅弼始肄业焉，承（十五行）

□□□□□□□□以董之。至元丁亥①，郝、焦二公省掾张治衡奉命沙汰冗官，至大理，□□朔□率阖府官僚（十六行）

□□□□□□诣文庙，行释菜之礼②，牲币孔嘉，献享有仪，戴白垂髫③，怡怡熙熙，于是华夏之风，灿然可观矣。启（十七行）

云□升赵傅弼同知赵州事，以旌成效，迁永昌教授李**文**□以继其职。呜呼！教无类也，孰谓异俗之不可化哉？今（十八行）

□云南荒服之人，非有故家风流以资于见闻也，又非有乡党师友之习也，一旦举中国之治以加之，皆反身革（十九行）

面，若其固有之，于以见　　　　王者之德大以遐，夫子之道尊而明，而斯民果不难化也。他日人材辈出，彬彬然（二十行）

□有齐鲁之风，则任斯事者宜无愧于文翁□。至元二十五年④月　日谨记（二十一行）

[1] 此碑不署撰人，然文字与郭松年撰《创建中庆路大成庙碑记》(《新纂云南通志·卷九二·金石考》所收）多有近似。如此碑之“行释菜之礼，牲币孔嘉，献享有仪，戴白垂髫，怡怡熙熙，于是华夏之风，灿然可观矣”，与《创建中庆路大成庙碑记》之“行释奠礼于新宫，牲币孔嘉，献享有仪，戴白垂髫，怡怡熙熙迺观迺悦，于是华夏之风，灿然可观矣”，又此碑之“今□云南荒服之人，非有故家流风以资于风闻也，又非有乡党师友之习也。一旦举中国之治以加之，皆反身革面，若其固有之，于以见王者之德大以遐，夫子之道尊而明，而斯民果不难化也。他日人材辈出，彬彬然有齐鲁之风，则任斯事者，宜无愧于文翁□”与《创建中庆路大成庙碑记》之“今夫云南荒服之人，非有故家风流以资于闻见也，又非乡党师友之习也。一旦举中国之治以加之，皆反心革面，若其固有者，于以见王者之德大以遐，夫子之道尊而明，而异俗之果不难治也。他日化定成俗，人材辈出，彬彬乎齐鲁之风，则任斯事者，宜无愧于文翁云”。两者相较，行文几于全同。因疑此碑亦出郭松年手。检《大明一统志·卷八六·云南布政司·大理府·风俗条》云：“俗本于汉。”(注：元郭松年《大理府学记》）殆即此碑。碑云：“郝、张曰：云南之地诸种（中阙），白人者诸葛亮渡泸水讨定之，由是汉人（中阙）之风，盖质美而通学者也。”明志所谓“俗本于汉”，即此。碑立于至元二十五年，若是，则松年此时犹在大理，按松年为一时闻人，碑出其手，必当时已有移录流传，所以明初取碑以修五华楼，而所撰碑文固在，未曾湮没，《大明一统志》因得据以隐括其说。

[2] 碑立于世祖至元年间，则此所指为忽必烈。

[3]《元史·卷六·世祖本纪》载，至元四年八月丁丑，“封皇子忽哥赤为云南王，赐驼钮金银印”。又卷七至元八年二月乙巳，“大理等处宣慰都元帅宝合丁、王傅阔阔带等，协谋毒杀云南王，火你赤、曹桢发其事，宝合丁、阔阔带及阿老瓦丁、亦速夫并伏诛，赏桢、火你赤及证左人金银有差”。忽哥赤为元世祖第五子，见《元史·卷一〇七·宗室世系表》。

[4] 即赛典赤·赡思丁，回回人，《元史·卷一二五》有传。据本传，赛典赤以至元十一年至云南，拜行省平章政事，多善政，碑云甲戌，合。

[5] 据此碑，脱脱木儿任云南平章政事在乙酉岁即至元二十二年春，《元史·卷一三·世祖本纪·至元二十二年五月戊子条》：“云南行省臣脱帖木儿言蠲逋赋，徵侵隐，戍叛民，明黜陟，罢转运，给亲王，赋豪户，除重税，决盗贼，增驿马，取质子，定俸禄，教农桑，优学者，恤死事，捕逃亡十余事，命中书省议其可者行之。”此脱帖木儿当即脱脱木儿，所陈为到任不久事。吴廷燮《元行省丞相平章政事年表》据《创建中庆路大成庙碑记》有“初平章赛公既始其事，甫即叙而卒，诏平章政事脱脱木儿继领省事”之语，因将脱脱木儿任云南平章之年系于至元十七年至二十二年，微误。脱脱木儿至元二十二年前曾未任云南行省平章政事，当据碑校。又《元史·卷四〇·顺帝本纪·至正元年十二月壬戌条》：“云南车里寒赛刀等反，诏云南行省平章政事脱脱木儿讨平之。”其间去至元二十二年已五十六年，未必久任至此，恐非一人。

[6]《元史·卷一七四》有传，传云：“建省云南，选官属，遂除参议云南行尚书省事，寻升参知政事。”

[7] 无考。

[8] 无考。

[9]《元史·卷一〇八·诸王表》金印驼钮，云南王也先帖木儿，“至元十七年袭封”。又《卷一〇七·宗室世系表》云南王忽哥赤位下其子为“营王也先帖木儿”，即此人。《卷一〇八·诸王表》金印兽钮，营王也先帖木儿“大德十一年由云南王进封”。

[10] 万历《云南通志·卷一〇·官师·大理府·名宦·元·赵傅弼》：“教授。行身严毅，教人勤敏。”道光《云南通志稿·卷一一〇·秩官志·官制题名·元职官姓氏·大理路儒学教授·赵傅弼》：“至元初大理儒学教授。”又《卷一二七·秩官志·名宦·大理府·元·赵傅弼》：“大理儒学教授。严毅自持，勤于教导，其文章有法度，时郝天挺建大理学宫，其碑文皆傅弼之词也。据《元史》本传。”查《元史》无傅弼传，当误。

《新纂云南通志·卷九二·金石考·元·创建大理路儒学碑记》有案语云："碑文撰者赵傅弼不知为如何人，李元阳《云南通志·卷十》有传，文不过数字，盖已不知其详也。"据此碑，傅弼由大理路儒学教授迁同知赵州事，略可补其仕履。

①"至元"是元世祖孛儿只斤·忽必烈的年号，至元丁亥为至元二十四年，即 1287 年。

②释菜礼更早的记载见于《周礼·春官·大胥》："春入学舍采合舞。"郑玄注："舍，即释也；采，读为菜。始入学，必释菜礼先师也。菜。苹蘩之属。"释菜从周朝起就是一种尊师的礼仪。

③戴白，典故名，典出《汉书·卷六十四上·严朱吾丘主父严终王贾列传上·严助》："天下赖宗庙之灵，方内大宁，戴白之老，不见兵革。"颜师古注："戴白，言白发在首。"指老人。垂髫，亦作"垂齠"。《三国志·魏志·毛玠传》："臣垂齠执简，累勤取官。"指儿童或童年。

④即 1288 年。

《大理五华楼新出元碑选录并考释》录文

方妍岚　重识　加注

陈氏墓碑铭并序碑

青石，残高104厘米、宽50厘米、厚13厘米。碑阳碑文右起直书阴刻行书17行，行余字数不等。碑阴横书阴刻梵文24行，中间第15行左起横书阴刻楷书1行，右下右起直书阴刻楷书3行。

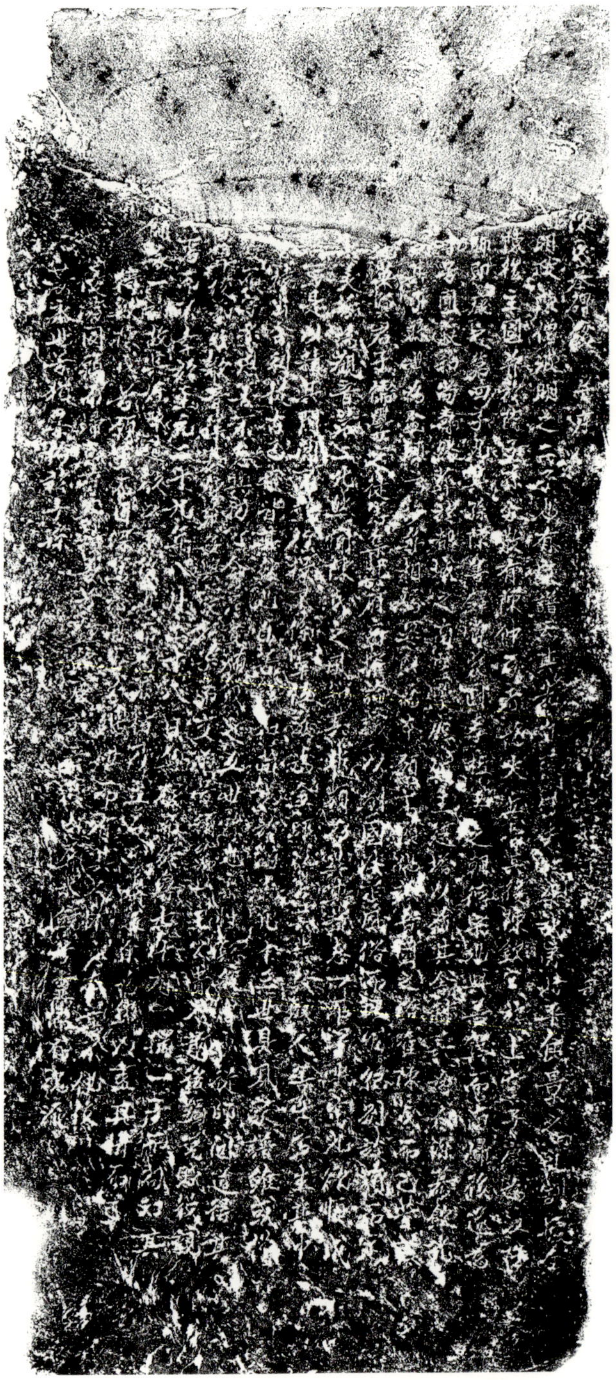

碑阳

碑阴

陈氏墓碑铭　并序　赵子高□□书丹（一行）

（上阙）讳明政，陈僧波明之二子也。有家谱云，其先自陈霸先[1]，□梁武帝[2]时，平侯景之乱[3]，割据金□（二行）

（上阙）□陈后主，[4]国并于隋，子孙分散，有陈仲弓者，为太丘长，其后陈钦官于上党，子康为江陵（三行）

（上阙）师即康之第四子也。其孙陈善铎当蒙国孝桓王[5]之朝德宗[6]也，与善铎而南归，后遂为（四行）

（上阙）寺，号圆护和尚，寿终，葬于都城[7]之南莹□□□主建塔以藏其舍利。其为人深慕钦光（五行）

（上阙）其子孙世为金师，一族每相婚娶，以为荣显，不顾他族吾国之俗，唯陈氏而已。昔□（六行）

（上阙）英贤君子，儒学之徒，悉集其府，商榷论议，以制国法，正风俗而理纲纪，别族类而定（七行）

（上阙）美善为观音第二化，然闻陈氏之风，知其非类，而异其执志，一而终陈□也。欲顺成（八行）

（上阙）第，是以精其门闾，不□徭役，不系军使，□为金师以善其□□□人善□与生其中（九行）

（上阙）□出舍利从古已□皆其然也。自善铎和尚□于满□凡十三世，具见家谱，虽或僧（十行）

（上阙）□□守□□善不怠。其初□今彦贲满载之五世孙也，禀性聪敏，□少从师问道，得其（十一行）

（上阙）书算伎艺弦歌音律基□筮数与蒙族子弟交□□□□□□王公贵人，前后蠲免赋役，亲（十二行）

（上阙）□□焉，而不幸于至元二十九年①八月二十八日，无疾而终，寿七十有一，独一子而尚幼，其（十三行）

（上阙）师表一□故其侄陈通欲以示后世而为□□乃立石于墓，求余为铭，以尽其情，而□（下阙）（十四行）

猗欤陈氏兮，愿灵而因深，笃志高□兮，继世而有其人。□□□□于他伎（下阙）（十五行）

优游同愿而归真。苟□□□吾兮，钟节庆于彦贲，□辱水镜兮灵而有魂。流（十六行）

芳永世兮犹厚□于子孙。（十七行）

碑阴梵文中间第 15 行左起横书阴刻楷书 1 行

追为彦贲陈明政

右下右起直书阴刻楷书 3 行

□□西方极乐世界大慈大悲（一行）

三十六万□□一十一万七千三（二行）

百□□□□□□阿弥陀佛（三行）

[1]《陈书·卷一·高祖本纪》："高祖武皇帝，讳霸先，字兴国，小字法生，吴兴长城下若里人，汉太丘长陈实之后也。"

[2]《梁书·卷一·武帝本纪》："高祖武皇帝讳衍，字叔达，小字练儿，南兰陵中都里人，汉相国（萧）何之后也。"

[3] 事见《梁书·卷五六·侯景传》。

[4]《陈书·卷六·后主本纪》："后主讳叔宝，字元秀，小字黄奴，高宗嫡长子也。"

[5]《增订南诏野史·南诏大蒙国·异牟寻》："封云南王，又封南诏王，伪谥孝桓王。"

[6]《新唐书·卷七·德宗本纪》："德宗神武圣文皇帝讳适，代宗长子也。"

[7] 大理国所称都城或皇都均指今大理。《新纂云南通志·卷九〇·金石考》所收大理国《兴宝寺德化铭并序》，署衔"皇都崇圣寺粉团侍郎赏米黄绣手披释儒才照僧录阇梨杨才照"云云，方国瑜先生跋曰："崇圣寺在大理，则皇都称大理。"都城当亦同此。碑虽立于元代，乃追述大理故事，仍沿旧称。

①至元二十九年即 1292 年。

《大理五华楼新出元碑选录并考释》录文

方妍岚　重识　加注

故大师白氏墓碑铭并序碑

青石，残高 116 厘米、宽 60 厘米、厚 15 厘米。碑阳碑文右起直书阴刻楷书 17 行，行约 35 字，左下部碑文被凿毁。碑阴碑文右起直书阴刻楷书 17 行，行约 35 字。

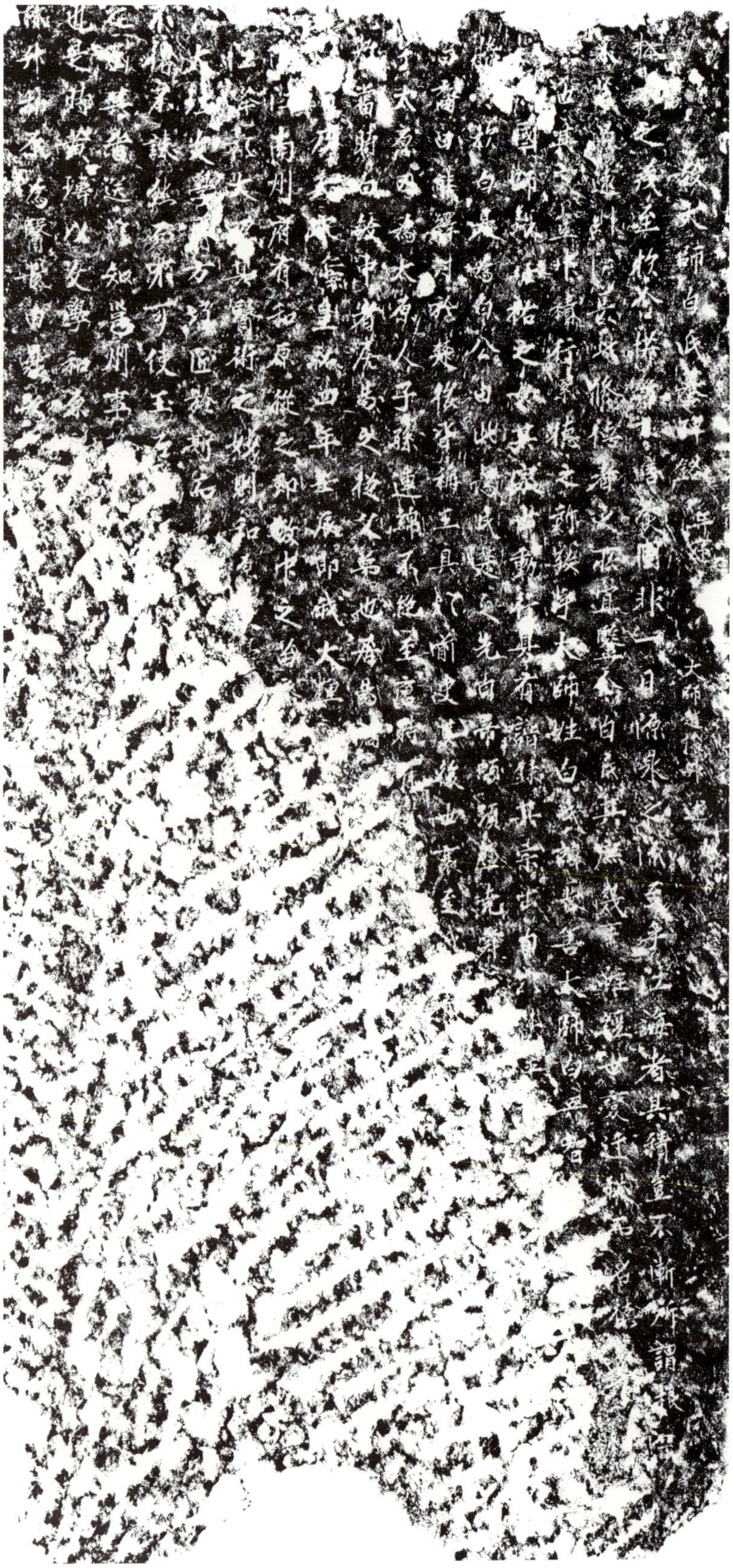

碑阳

故大师白氏墓碑铭并序　大师赵俊升述（一行）

□林木之茂，至于合拱，此其培养固非一日；源泉之流，至乎江海者，其积岂不渐。所谓根深（二行）

□木茂，源远则流长，此修德者之所宜鉴，公白氏其庶几焉。虽经世变迁徙，而名德□□□（三行）

□□世其家。岂非积行累德之所致乎。大师姓白氏，讳长善，大师白兴智□□□□□□□（四行）

□□□国师张汝祐之女，其家世勋行，具有谱录，其宗出自于楚平（下阙）（五行）

□胜封于白，是为白公，由此为氏[1]。楚之先，自帝颛顼历尧舜（下阙）（六行）

□苗裔曰熊绎，封于楚[2]，后皆称王，具于前史。其后世衰，至（下阙）(七行）

□于太原，因为太原人。子孙连绵不绝，至唐时有（下阙）（八行）

□于当时，白敏中者，居易之从父弟也[3]。居易（下阙）（九行）

□□□乃大宋仁宗皇祐四年壬辰，即我大理（下阙）（十行）

□□□南州府，有和原从之，即敏中之苗裔（下阙）（十一行）

□江，降于大理，其医术之妙则和原，文学（下阙）（十二行）

□大理文学医方巧匠，于斯而著，（下阙）（十三行）

不得不诛，然而不可使玉石（下阙）（十四行）

是函其首送于知邕州事萧[4]□，（下阙）（十五行）

也。是时黄玮[5]以文学，和原（下阙）（十六行）

林，升和原为医长，由是为（下阙）（十七行）

碑 阴

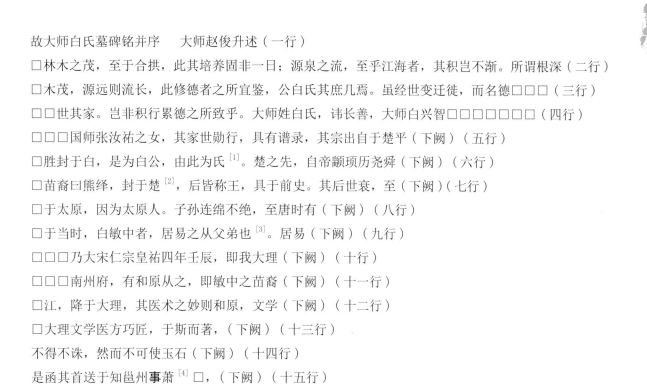

太生兴，兴生智，智生长。凡此数世，其方术之妙，禄位之尊，□□之俸，其谱录中甚详，不复备载。大师（一行）

和原之八世孙也，自少勤于道业，通知书史，格尽□□□□年十三，仕上国公高隆。[6]道隆七年（二行）

公子庆充姚州会川等节度，师以医药而为侍从，遂娶李氏坦绰[7]明朱之孙监府事宗救之女，（三行）

□立□家。道隆十二年庚戌[8]公子庆薨，弟高通袭姚州节度，师复事焉。至天定三年癸丑，[9]（四行）

天军南下，高通庐于会川，师保忠义，与高通同艰苦。至丙辰岁，高通复归姚州，以师为姚州僧长。中（五行）

统二年，□□□死高通，悉以其田宅人口授师。至元元年舍利僧[10]构乱，师先归顺，请复封高通弟（六行）

高坚于姚州，师佐高坚安集人民。至元十七年，段参政[11]

持大宝藏自（七行）

□朝始回，于经藏前欲旌师之名德，乃授大师之号，赉与胜德之田三十双[12]，宠爱越于伦辈。元（八行）

贞元年（九行）

王□以师药有验，常置左右，赏赐不可胜数。至大德三年己亥，段都元帅[13]有疾，众医更治不愈，乃（十行）□师于姚州。师既至，药灸有效。不幸而师染疾，至五月十

八日而终。都元帅以礼葬之于北陵，（十一行）

□生寿七十有三。师自少义随君亲，流于边地，而终死于先人之墓，谐其素志，亲族以为荣。（十二行）

□师诲人以忠信，礼义根于其心，孝友出于天性，严持禁戒，终始若一，宗教之学穷于精粹，脉（十三行）

□辨生死，药不问贵贱，心意坦然，类知道者。凡公相贵人，下至士庶，其所活者甚众，故能光（十四行）

□荣族，足以仪表后世，号曰宝明道蕴由理大师。其子远来，欲刊诸石，传示久远，乞余为文，（十五行）

□志其墓，余实录而铭之。铭曰　山石嵯峨兮塚之傍　陵谷变迁兮世其光（十六行）

魂有灵兮裕其后　死不朽兮名愈芳（十七行）

碑阴

[1] 陈士元《姓觿》引《姓源》云：白，“楚大夫白公胜之后”。

[2] 熊绎之封于楚，见《史记》卷四《楚世家》。

[3]《旧唐书·卷一六六·白居易传》：“白居易，字乐天，太原人，……敏中字用晦，居易从父弟也。”

[4] 按自皇祐四年以下所记，颇关重要，惜被划毁，无法卒读。细绎文义，所述当为侬智高事。曾巩《隆平集》、滕元发《孙威敏征南录》，李焘《续资治通鉴长编》《宋会要稿》《文献通考》《宋史》《滇载记》《南诏野史》等俱有著录，尤以《长编》为详。王本《南诏野史·大理国·段思廉》条概括言之云：“皇祐四年，广南侬智高叛，改年号大历，宋命狄青平之。智高走大理，思廉函其首送京。”《文献通考·卷三二九·四裔考》：“皇祐中，侬智高奔大理，其国捕之以闻。”又《卷三三〇·四裔考》西原蛮载，智高入大理国，“不知所终”，前后互歧。《隆平集·卷二〇·彝敌·广源州叛寇侬智高条》记智高“为大理国所杀”。《宋史·卷三三四·萧注传》：“贼破，（狄）青始闻（萧）注前功，以知邕州，智高走大理国，……募死士使入大理，取智高，至则已为其国所杀，函首归献。”核以此碑，《隆平集》《宋史》《南诏野史》所载当是。碑中“萧”字犹存其上半，“注”字阙，然必为萧注无疑。

[5] 据《续资治通鉴长编》及《文献通考》，黄师宓、黄玮二人并为从侬智高起事之广州进士，师宓后为狄青俘获枭首，而黄玮下落不明，今得此碑，知玮实入大理，以文学名，可据以补史。

[6] 当即《故溪□谥曰襄行宜德履戒大师墓志并叙》之让国公隆。

[7]《新唐书·卷二二二·南诏传》：“官曰坦绰，曰布燮，曰久赞，谓之清平官，所以决国事轻重，犹唐宰相也。”

[8] 此指段祥兴，《故溪□谥曰襄行宜德履戒大师墓志并叙》已经著录，惟祥兴即位及改元道隆，淡生堂钞本《南诏野史》系于宋理宗嘉熙二年，《滇载记》系于三年。核以此碑，作道隆十二年庚戌，则其元年当嘉熙三年己亥，《滇载记》所载得实。

[9] 按段兴智所用天定元始于何年，诸书异说，李京《云南志略》《增订南诏野史》、蒋彬《南诏源流纪要》《僰古通记浅述》均系于壬子岁，当为宋理宗淳祐十二年，蒙古宪宗二年，1252 年，惟淡生堂钞本《南诏野史》，王本《南诏野史》《滇载记》《段氏族谱》系于宋理宗淳祐十一年辛亥岁，当为蒙古宪宗元年，1251 年。今以此碑“天定三年癸丑”一语考之，当以淳祐十一年说为是。

[10] 此舍利僧即舍利畏（一作舍里威），《元史·卷一六六·信苴日传》载其起义及被镇压失败事。

[11]《元史·卷一六六·信苴日传》：至元十八年“复拜为云南诸路行中书省参知政事”。按信苴日即段实，乃元朝大理第一代总管，其拜参政在至元十八年，此于至元十七年谓段参政，盖撰文时追称。又淡生堂本、王本《南诏野史》并谓段实于宋度宗咸淳七年（元世祖至元八年）破舍利僧于安宁后升参政，不知何本。

[12] 按“双”为当时云南田制单位，《蛮书·卷八·蛮夷风俗条》，《新唐书·卷二二二·南诏传》并以五亩为一双，陶宗仪《辍耕录·卷二九·称地为双条》，支渭兴《中庆路增置学田记》（《新纂云南通志》卷九四金石考所收）则谓四亩为一双，由唐及元，有所不同。其亩积变化之迹，待考。

[13] 此段都元帅当指段庆。《元史·卷一六六·信苴日传》载段庆袭段实职在至元十九年，《增订南诏野史》谓在至元二十一年，淡生堂钞本《南诏野史》则谓在大德三年。今案据《大胜寺修造记》（见《新纂云南通志·卷九二·金石考》所收），至元二十一年，段实犹在世，又据《创建大理路儒学碑记》（见同上），至元二十二年段忠为总管，段庆袭职必在此以后。淡生堂钞本《南诏野史》以段庆为段忠子，未允，但以大德三年为段庆袭职之年，似可信。此碑著大德三年段都元帅云云，当即指段庆。《信苴日传》：“子阿庆袭爵，累授镇国上将军，大理金齿等处宣慰使都元帅，佩金虎符。”

《大理五华楼新出元碑选录并考释》录文

方妍岚　重识

无名残碑

青石，高 59 厘米、宽 58 厘米、厚 19 厘米。上缺下残。碑阳碑文右起直书阴刻楷书残存 13 行，行余约 15 字。

（上阙）全，全生效，效生宗，宗生寿，寿生二子（下阙）（一行）

（上阙）师寿晖之本支也，如其子孙，多有荣［显］（下阙）（二行）

（上阙）良合丹[1]暨摩诃罗嵯[2]收讨南宋回旆①，路（下阙）（三行）

（上阙）□毅，格天经地义之孝，蕴雄才大略之（下阙）（四行）

（上阙）修身齐家之事，二极一致之道，肃肃焉穆（下阙）（五行）

（上阙）贵贱贫富，直以救人为心，虽以少分（下阙）（六行）

（上阙）元二十年②（七行）

（上阙）称叹其德，公卿信用其术，可谓才超人右（八行）

（上阙）焉，以此蓄积不曾非净之用，以创佛著菩萨（九行）

（上阙）例及营福积善之事，孜孜焉，时无废者，于皇（十行）

（上阙）乎十日，葬于先茔，寿七十有三。其遗三孤，致□（十一行）

（上阙）乎芳烈奋于百世，今闻显于无穷者。铭曰：（十二行）

积善为其先务　　　　人皆口实称嗟（十三行）

[1] 核以上下文义，此必即兀良合台无疑。兀良合台西征名将速不台之子，《元史·卷一二一·速不台传》附传。

[2] 摩诃罗嵯梵语大王，所指为段兴智（一作智兴）。《元史·卷一六六·信苴日传》：“信苴日，僰人也，姓段氏。其先世为大理国王，后累为权臣高氏所废。岁癸丑，当宪宗朝，世祖奉命南征，诛其臣高祥，以段兴智主国事。乙卯，兴智与其季父信苴福入觐，诏赐金符，使归国。丙辰，献地图，请悉平诸部，并条奏治民立赋之法。宪宗大喜，赐兴智名摩诃罗嵯，悉主诸蛮白爨等部，以信苴福领其军。兴智遂委国任其弟信苴日，自与信苴福率僰，爨军二万为前锋，导大将兀良合台讨平诸郡之未附者。”又《卷一二一·速不台传·附兀良合台传》：“甲寅秋……遂进至乌蛮所都押赤城……至昆泽，擒其国王段智兴，及其渠帅马合剌昔以献。”按段智兴即段兴智，马合剌昔亦即摩诃罗嵯，此误为二人。

①《元史·信苴日传》：“入朝，兴智在道上卒。”《元史·兀良合台传》：“丁巳（1257年）…秋九月，遣使招降交趾……冬十月，进兵压境……兀良合台入交趾……越七日，日煚请内附……戊午（1258年）引兵入宋境……约明年（1259年）正月会军长沙，乃率四王骑兵三千，蛮、僰万人……遂自鄂州之浒黄洲北渡，与大军合。庚申（1260年），世祖即位。夏四月，兀良合台至上都。”《无名残碑》第三行书：“良合丹暨摩诃罗嵯收讨南宋回旆。”讨平交趾的时间为1257年冬，而1258—1260年，兀良合台讨宋，段兴智与其同行。1260年忽必烈即汗位后，兀良合台回师，上京祝贺；段兴智应卒于朝贺的路上。

②该碑记载段兴智随兀良合台征南宋，该碑时间应离此事件不远，为至元二十年，1283年。

《大理五华楼新出元碑选录并考释》录文

何永超　重识　加注

段氏长老墓碑铭并序碑

青石，残高 84 厘米、宽 46 厘米、厚 18 厘米。碑阳碑文右起直书阴刻楷书 20 行，行约 37 字。碑阴碑文横书阴刻梵文 18 行，下接右起直书阴刻楷书 8 行。

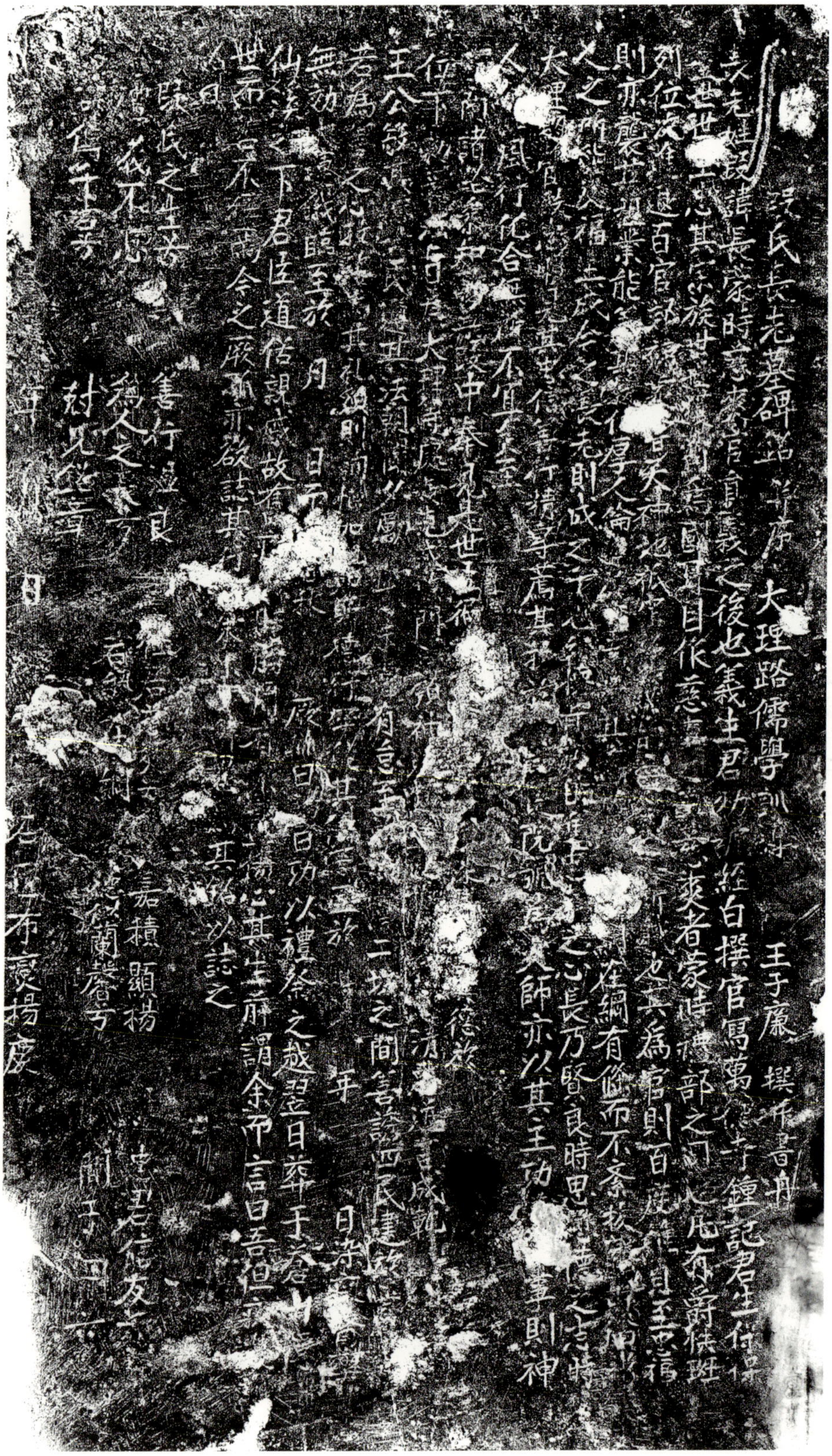

碑阳

段氏长老墓碑铭并序　大理路儒学训导王子廉[1]撰并书丹（一行）
长老姓段，讳长，蒙时慈爽官员义之后也。义生君，敕号经白撰官，写万德寺钟记。君生保，保（二行）
生世，世生忠，其宗族世世获爵，为国耳目，作慈爽之事。慈爽者，蒙时礼部之司也，凡有爵秩斑（三行）
列，位次进退，百官郊祪蒸尝天神地祇，宗（中阙）所职也[2]，其为官则百度维贤。至忠福（四行）
则亦袭其祖业，能美其教〔化〕，厚人伦，（中阙）纲在纲，有条而不紊，拔萃出伦，非（五行）
人之所能及。福生成，今之长老则成之子也。幼怀贞德，日进忠孝之心，长乃贤良，时思懋德之志。时（六行）
大理总管段忠顺[3]见其忠信，善行精专，荐其材于□□□院，号为大师，亦以其主功□□事则神（七行）
人□风行化合，无所不宜矣。至（八行）
云南诸路参知政事段中奉[4]见是世□遍□□□□□□□□其德于（九行）
位下，敕受法旨，为大理等处长老。成法门之领袖，（中阙）清□道言成轨，（十行）
王公敬其德，士民遵其法，朝闻夕励之志，未尝有怠。至□□□二坊之间，善诱四民，建于岁□□（十一行）
若为善之心孜孜焉，其礼貌则恂恂如，□斯德行，罕能其俦焉，至于　年　日染疾，医药（十二行）
无效，大运俄临，至于月日而□，□秋　厥孤曰赐，曰功，以礼祭之，越翌日，葬于苍山隐（十三行）
仙溪之下，君臣道俗，亲戚故旧，□□肝肠，罔有不尽伤心。其生前谓余而言曰：吾但疾□□（十四行）
世而善不□焉，今之厥孤，亦欲志其行□，余不□辞，略为其铭以志之。（十五行）
铭曰：（十六行）
段氏之生兮　善行温良　位居慈爽兮　嘉绩显扬　忠君信友兮（十七行）
礼义不忘　为人之长兮　若纲在纲　德似兰馨兮　闻于四方（十八行）
名传千古兮　克石铭章（十九行）
石匠布燮[5]杨庆（二十行）

碑阴

碑阴分上下二段，上段为梵文，横书阴刻梵文18行，下段为汉字，右起直书阴刻楷书8行，行约4字。

当愿（一行）

佛救万劫（二行）

之罪［薮］，顶（三行）

脱千生之（四行）

盖纏。尊胜（五行）

灭七返之（六行）

身，神咒超（七行）

清凉之岸（八行）

[1] 此人无考。按元代学校官，路设教授、学正、学录各一人，散府及上中州教授一人，下州学正一人，县教谕一人，书院山长一人；见《元史·卷八一·选举志·学校条》。乃不见训导一职，唯元人文集中往往有之。据此碑及虞集《道园学古录·卷三五·抚州路重修宣圣庙学记》，姚燧《牧庵集·卷三四·次曹训导韵》，贝琼《清江贝先生文集·卷四·故训导胡先生画象记》，则路、府、州、县学未尝无训导之设。《明史·卷七五·百官志》："府教授一人，训导四人，州学正一人，训导三人，县教谕一人，训导二人。教授、学正、教谕掌教诲所属生员，训导佐之。"明继元后，疑明代儒学之有训导，当有所承。

[2]《新唐书·卷二二二·南诏传》："慈爽主礼。"此碑对慈爽职掌，所述特为详明。

[3] 按此当指段隆，大理第五代总管。李源道《重修大崇圣寺碑》（《新纂云南通志·卷九三·金石考》所收）末署"泰定二年中顺大夫大理军民总管段信苴隆立石"，忠顺当即中顺。据《元史·卷九九·百官志》：文散官，中顺大夫，正四品。

[4] 疑即段胜，《□兆郡夫人墓志铭碑》之"中奉大参胜公"。

[5]《新唐书·卷二二二·南诏传》："官曰坦绰，曰布燮，曰久费，谓之清平官，所以决国事轻重，犹唐宰相也。"元代，大理段氏仍见布燮为遥授之虚衔，至石匠亦有膺其号者，此其例。

《大理五华楼新出元碑选录并考释》录文

方妍岚　重识

碑阴

赵连庆碑

青石，高 92 厘米、宽 55 厘米、厚 13 厘米。上缺下残，碑阳额残存尊胜佛母，梵文五方佛种子字母 2 字，饰云纹。碑文右起直书阴刻楷书 3 行。碑阴额残存佛像，梵文五方佛种子字母 4 字，饰云纹。碑文横书阴刻梵文 18 行。

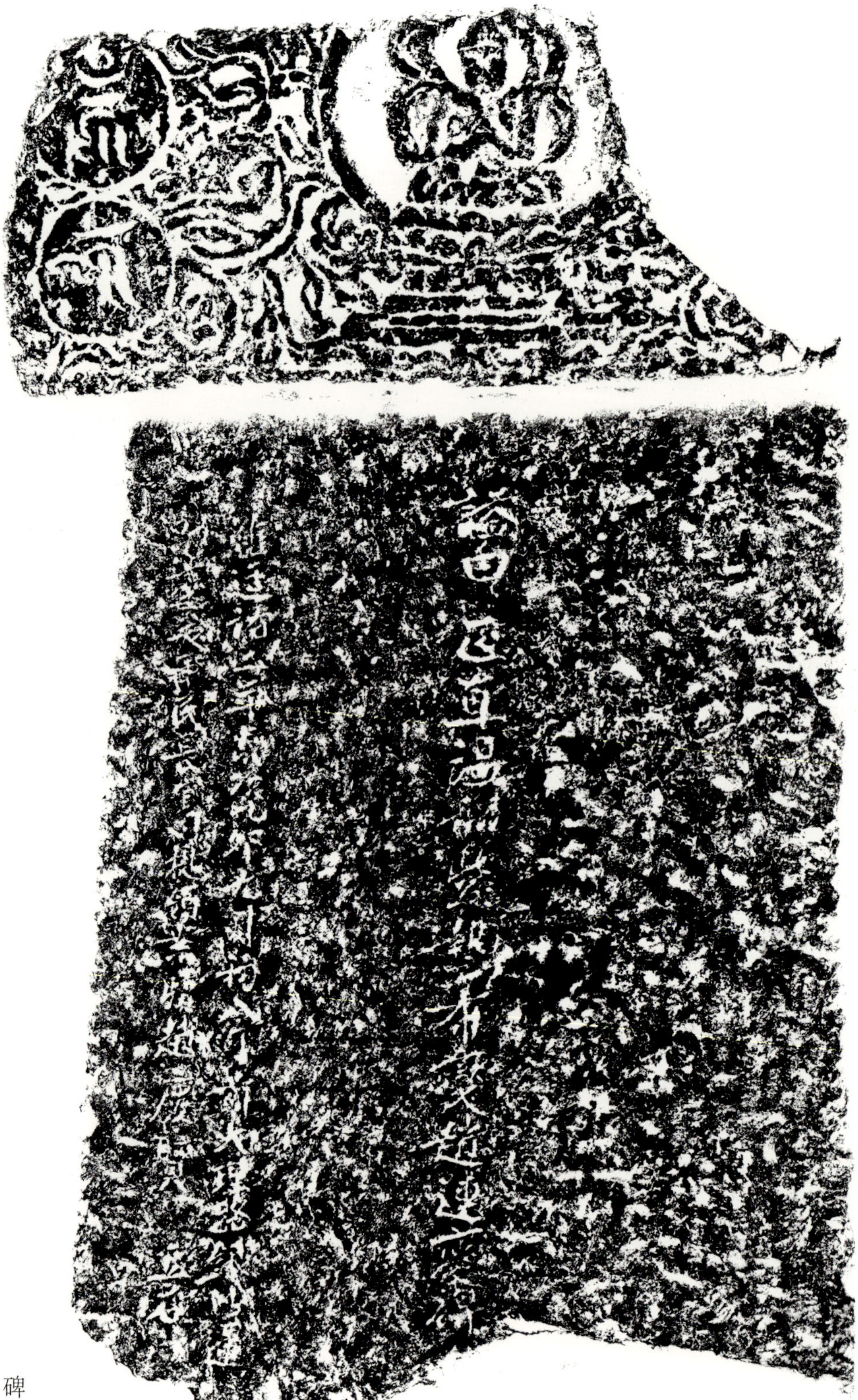

碑阳

谥曰正直温和紫艺布爕赵连庆碑（一行）

维延祐二年岁次乙卯①九月初八日前大理路银沙逻（二行）

甸蛮夷军民长官司[1]提领案牍[2]赵庆贤立石。（三行）

[1]《元史·卷三三·文宗本纪》：天历二年二日辛丑，“云南行省蒙通蒙算甸土官阿三木，开南土官哀放，八百媳妇、金齿、九十九洞、银沙逻甸，咸来贡方物”“乙卯，置银沙逻甸等处宣慰司都元帅府”。又《卷三五·文宗纪》：至顺二年五月己丑，“又置……者线、蒙庆甸、银沙逻等甸并为军民府，秩从四品”。据碑，知延祐二年前曾设蛮夷军民长官司，可补《元史》。《元史·卷九一·百官志》：“诸蛮夷长官司……秩如下州。”又：“下州，达鲁花赤、知州并从五品。”道光《云南通志稿·卷一三一秩官志·七之一·土司一·元》“银沙逻甸等处宣慰司都元帅哀赞”“谨案银沙逻甸在孟定、八百之间”。

[2]《元史·卷九一·百官志》“散府，设提控案牍一员”。此碑署“大理路银沙逻甸蛮夷长官司提领案牍赵庆贤立石”，提领案牍当即提控案牍，《元史·卷九一·百官志》“各官署所置之提控案牍”，在至顺本《事林广记·别集·卷一·官员廪俸给条》概作“提领案牍”，《元史·卷九一·百官志》“诸蛮夷长官司……秩如下州”。按《元史》及《事林广记》下州均不载提控案牍（或提领案牍）一职，顾此碑于蛮夷军民长官司见之，此亦所当拈出者。

①维延祐二年岁次乙卯为元仁宗爱育黎拔力八达第二个年号，为1315年。

《大理五华楼新出元碑选录并考释》录文

何永超　重识　加注

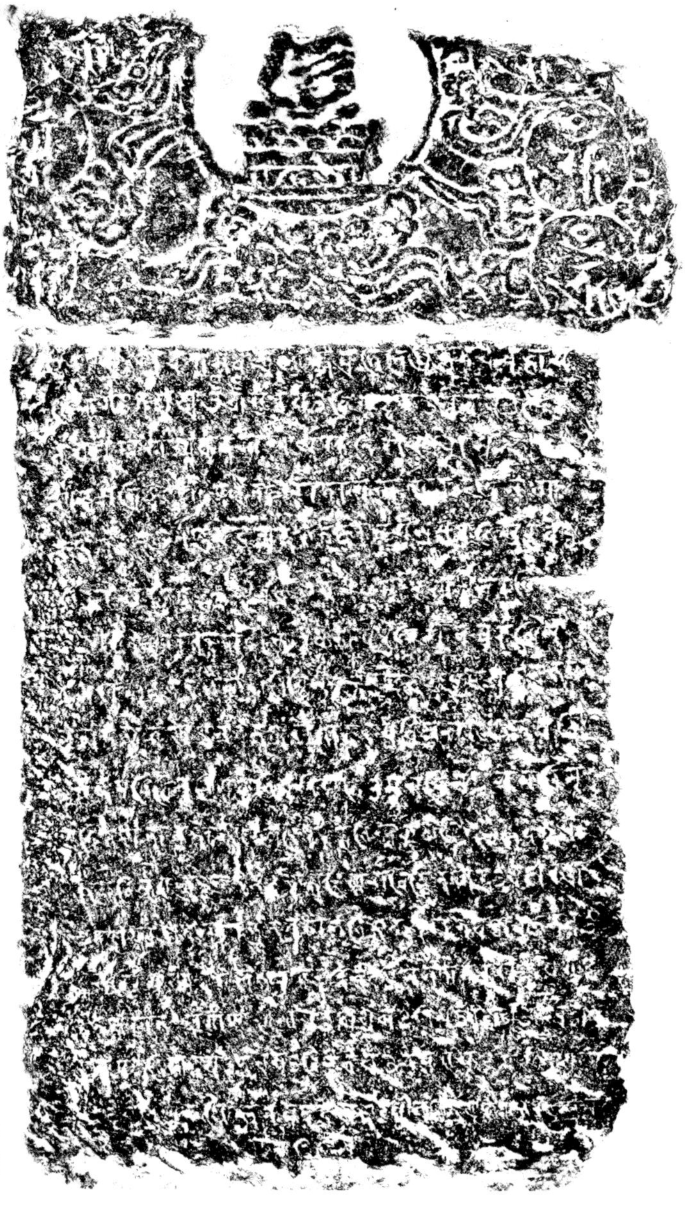

碑阴

泰定二年无名碑

青石，高 143 厘米、宽 71 厘米、厚 23 厘米。上残右损，碑阳碑文右残约 4 行，残存右起直书阴刻楷书 18 行，行 40 字。

（上阙）**七岁**（一行）

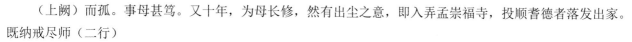

（上阙）而孤。事母甚笃。又十年，为母长修，然有出尘之意，即入弄孟崇福寺，投顺耆德者落发出家。既纳戒尽师（二行）

资之道焉。又明年，振超方锡，既再光精舍。段氏长老隆公[①]一见而器之，遂执弟子礼。自是戒行精卓，志意（三行）

廓然，虽众中久行自悬之人，无出其右者。越十年，超藏殿之任，孜孜穆穆，竭力修整，院宇雄丽，云水辐辏。（四行）

历十有三载，勇退众职。即寺西北隅，创一堂，以奉圆通大士；构一轩，为休隐所。花木森列，水石峥嵘。玄庭（五行）

子元宣抚丽江[②]，尝偕与记。自此，高谢人事，晦然自得，不复踵于俗阓也。虽邻峰名刹，以虚席见招，如崇圣、（六行）

光明者[③]，默然不复应矣。尝曰：吾佛之道，清净为先，俭约为最，安能以身之察察，受物之纭纭者哉。是以临（七行）

人甚庄，处己至约，饮食资具，必务素薄，虽鹿衣粝食，自视宴如也。然能严行切意，力勤斯道，昼夜六时，礼（八行）

白衣圣签，且诵大士名号万声，日课法华经一帙，自馀禅诵，不可殚录，自少迨者。垂四十零载，未尝少替（九行）

也。以故其徒称；难亲而少附。唯名公钜卿，如故大帅信苴忠，大参信苴庆等，偏向恭焉。泰定乙丑[④]二月二（十行）

十五日示微疾，不复用医药。顾谓余曰；我老且病，是必已矣，累子以后事，且为我志诸塔。先此十年，尝树（十一行）

塔于寺之北岗，为终藏之所。其明日，命圬者载镘焉；又明日，分遣衣钵贻诸山道，盖语气详正如平昔。不（十二行）

襄三月初四日卯时，端坐而逝。世寿七十，僧腊五十。留二日，荼毗于寺之北岗，舍利数十粒，明莹五色，附（十三行）

先塔葬焉。呜呼！吾教以等荣辱，达死生为学子至验，若老宿者，其可谓毕生辩死者矣。后之侥幸于吾徒（十四行）

者，闻老宿之风，得无愧于心乎。岂敢忘乎遗命，故志之。铭曰：（十五行）

师佛之道，明妙妙明，惟素与静，慎藏可行，达生辩死，靡为物使，生灭既亡，非灭自止，（十六行）

烈焰煌煌，旒珠累累，体之者真，依之者理，苍山其青，洱水其宁，惟道与德，乃久乃殷。（十七）

时泰定二年岁次乙丑八月吉日　　（上阙）口立石石匠（下阙）

①大理第五代总管段隆；段庆为段实儿子，第四任总管；《元史·本传》：段实与其子阿庆入朝，进大理、威楚、金齿等处宣慰使、都元帅，留阿庆宿卫东宫。《野史》：大德五年，授段庆都元帅。授段庆宣武将军，妻以公主。

②丽江路宣抚司，宣抚司秩正三品，每司达噜噶齐一员，宣抚一员，同知、副使各二员，佥事一员，计议、经历、知事各一员，提控案牍架阁一员。

③崇圣寺、光明寺，光明寺详见《大光明寺住持瑞岩长老智照灵塔铭并序》。

④泰定二年，1325 年。

《大理古碑存文录》录文

何永超　重识　加注

□兆郡夫人墓志铭碑

大理石，残高 101 厘米、宽 65 厘米、厚 19 厘米。碑阳碑文右起直书阴刻行楷 13 行，行字不等。碑阴左上部被凿毁，碑文右起直书阴刻行楷 6 行，行字不等。

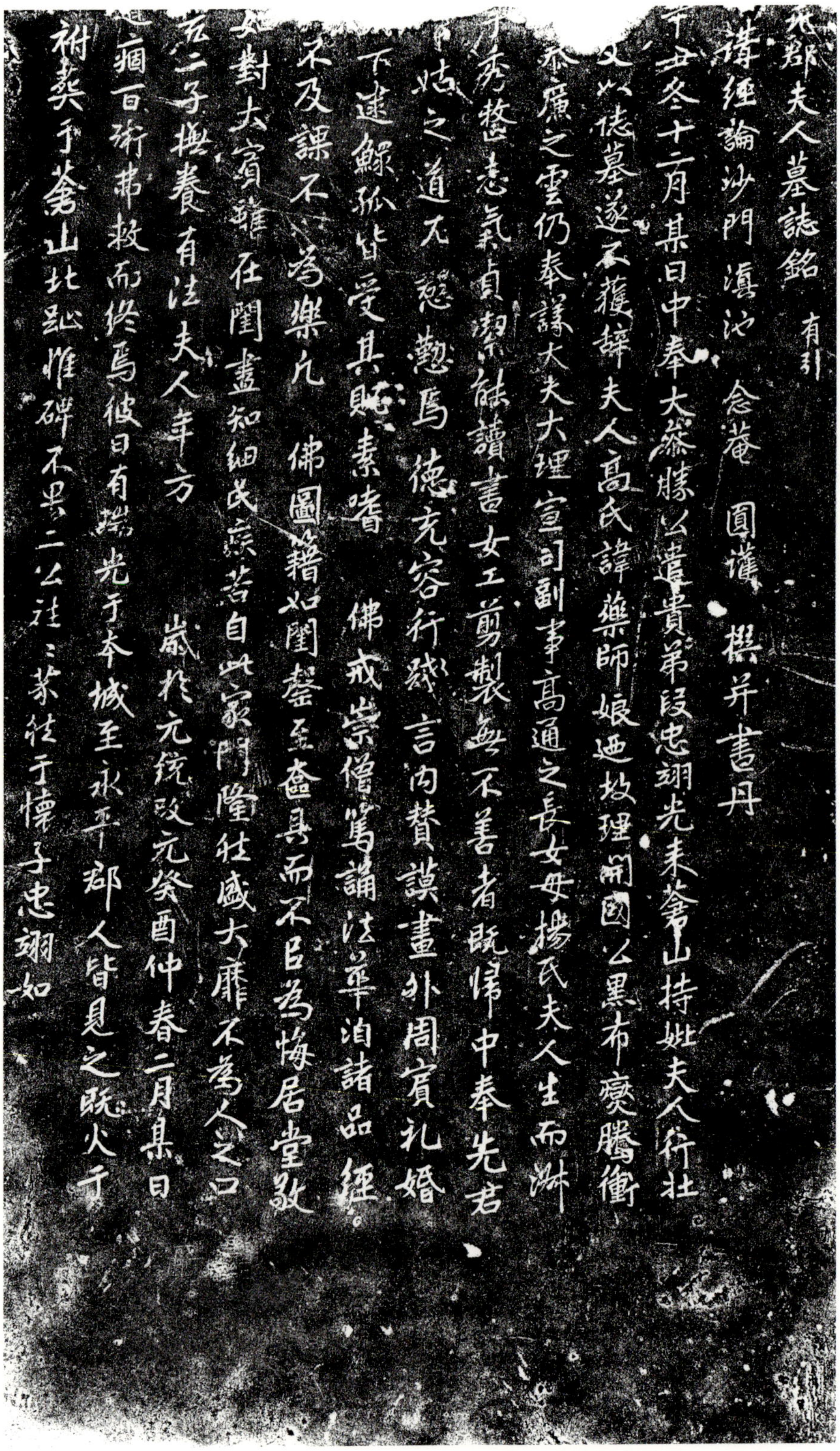

碑阳

（上阙）□[1] 兆郡夫人基志铭　有引（一行）

（上阙）讲经论沙门滇池　念庵圆护[2] 撰并书丹（二行）

（上阙）辛丑[3] 冬十二月某日，中奉大参胜公[4] 遣贵弟段忠翊光[5] 来苍山，持妣夫人行壮（三行）

（上阙）文以志墓，遂不获辞。夫人高氏，讳药师娘，乃故理开国公黑布燮腾冲（四行）

（上阙）泰廉[6] 之云仍奉议大夫大理宣司副事高通[7] 之长女，母杨氏夫人，生而淑（五行）

（上阙）字秀整，志气贞洁，能读书，女工剪制，无不善者。既归中奉先君[8]（六行）

（上阙）事姑之道，尤殷勤焉。德充容行，践言内赞，谟画外周，宾礼婚（七行）

（上阙）下逮鳏孤，皆受其贶。素嗜　佛戒崇僧，笃诵法华洎诸品经，（八行）

（上阙）不及课，不以为乐，凡　佛图籍，如闺罄至奁具，而不以为悔。居堂敬（九行）

（上阙）如对大宾，虽在闺，尽知细民疾苦，自此家门隆然盛大，靡不为人之口（十行）

（上阙）□二子，抚养有法。夫人年方　　岁，于元统改元癸酉①仲春二月某日，（十一行）

（上阙）痼，百术弗救而终焉，彼日有瑞光，于本城至永平郡，人皆见之，既火于（十二行）

（上阙）祔葬于苍山北趾，惟碑不果，二公往往芥然于怀，子忠翊如（十三行）

碑 阴

（上阙）赐亡祖父母暨妣夫人，皆（一行）

（上阙）云予不详夫人深细素行，但按行（二行）

（上阙）咸赖于正，既内外得其正位之人，则天（三行）

（上阙）茉莒②者，盖得内政，必治国之本欤。夫（四行）

（上阙）安能以书，姑志二公报昊天之（五行）

（上阙）天命也如斯，二子报德也如（六行）（下阙）

[1] □疑脱京字。

[2]《新纂云南通志·卷一〇四·宗教考·佛教·元代游方求法之高僧·圆护条》云：“僧永超《五灯全书·卷五十八》曰：‘云南苍山念庵圆护禅师，大理人，因读《证道歌》，契入段氏，称为弘辩大师。参中峰，本师初号无念……’（‘按：中峰《广录》卷四有《示云南护上人求示三聚净见法语》’……圆护以书法著称。）李元阳《崇圣寺重器可宝者记》曰：‘《证道歌》二碑，佛都二大字，为寺僧圆护手书。其用笔与赵孟頫同一三昧，为世所珍。世传，护右手自肘至腕，洞澈如水晶，然则笔之精妙，殆非偶然。’‘佛都’二大字陷崇圣寺山门壁中，《证道歌》亦称《玉手碑》《玉腕碑》，天启《志》谓在瑞鹤观，存四片。康熙《荡山志》谓在普贤山，圆护驻锡于此，因立石记，今已不存。又道光《志》‘金石门’载：大理圆济宫天历二年及至顺二年碑记，并圆护所书，亦未获见惟泰定二年《崇圣寺碑铭并序》署‘滇池苾刍圆护书丹’，至今完好。所著《磨镜法》未闻有传本也。”案崇圣寺碑近岁已毁，今得此碑及杨孝先墓志，并为圆护书丹，弥觉可珍。

[3] 此辛丑当为顺帝至正二十一年，1361 年。

[4] 按段胜为段光之兄，《明太祖实录》洪武五年春正月癸丑，“遣翰林待制王讳偕苏成赍诏谕云南诏曰：……惟尔梁王把都，平章段光，都元帅段胜守镇云南……”云云，其段胜与段光并称，当与此为同一人，诸书失载，俟考。又《段氏长老墓碑铭并序》之“云南诸路参知事段中奉”，《追为亡人大师李珠庆神道》之“元帅段镇国”，疑亦此人。

[5] 据《滇载记》及各本《南诏野史》，段光为大理第八代总管。其继任总管之年代，《滇载记》略系于

目父母暨妣夫人皆
云予不諱夫人孫细素行但接行
咸賴于正既内外得其正位之人則天
菅者盖得内政必治國之本歟夫
安能㠯書姑誌二公報昊天〻
人命也如斯二子報德也如

碑阴

至大二年（1309 年）前，淡生堂钞本《南诏野史》系于至顺乙丑（按至顺无乙丑，当误），王本《野史》系于至元元年乙亥（1335 年），《增订南诏野史》系于元统元年（1333 年）。云南省图书馆所藏风仪县北汤天法藏寺近年发现经卷，有附刻段信苴义至正九年（1349 年）题记之文，又《敕授鹤庆路照磨杨伯□墓志》，至正乙未十五年（1355 年），段功已署大理总管，则段光若任总管，当不出至正十年（1350 年）至十四年（1354 年）之间，但据此碑，段光于至正二十一年辛丑（1361 年），仍在世，只授忠翊校尉，更不著为总管，不知何故，屠寄《蒙兀儿史记・卷一一〇・段实传》注云："（段）义（段）光父子，依《云南通志》，似止蒙化州，未袭大理总管。"段义曾为总管，见《故神功梵德大阿左梨赵道宗墓碑》，段光未任总管，或有之乎。至于以（段）义、（段）光为父子，恐不足信。

[6]《滇载记》："（段）正淳复国，改元天授，以高太明为相，高太连为栅主，遣太连朝宋求经籍，得六十九家。"淡生堂钞本《南诏野史》、王本《南诏野史》所载均同此作高太连，唯《增订南诏野史》作高太运。按高泰廉即高太连，太、泰、连、廉通用，在大理原不乏其例，《增订南诏野史》连误为运，当据正。高泰廉殆药师娘之远祖。《新纂云南通志・卷一七二・部族考四・高氏世系》引《高氏家谱》云："归，封腾越，号黑演习。"今此碑称泰廉"乃故理开国公黑布燮腾冲（下阙）"云云，可参证。但一作黑演习，一作黑布燮为异。

[7] 与《故大师白氏墓碑铭并序碑》之姚州节度高通同名，唯年代相距过远，似非一人。

[8] 此所谓中奉先君，未举职衔名字，不知谁何。据王本《南诏野史》，段俊、段光、段功均为段隆之子，又《增订南诏野史》、淡生堂钞本《南诏野史》并同。然此碑唯举段胜、段光兄弟，不及俊、功。段俊为段隆子，有《□大理□差库大使董逾城福墓志□碑》可证，余不足证。据《□大理□差库大使董逾城福墓志□碑》，至顺癸酉四年，元统元年（1333 年）亦即高药师娘卒年，时段俊在位，俊为隆子，已有明证（见同上碑），若胜、光于俊为昆弟，碑中不可能无一言及之，可证胜、光非段隆子。然则关于段胜、段光之父究应谁属，待考。

①元惠宗年号，元统改元癸酉即 1333 年。

②芣苢：出自中国古代第一部诗歌总集《诗经》中的《周南・芣苢》。又作"芣苡"，野生植物名，即车前草，清凉、解毒，此处意为治国理政。

《大理五华楼新出元碑选录并考释》录文

方妍岚　重识　加注

□大理□差库大使董踰城福墓志□碑

青石，残高 112 厘米、宽 57 厘米、厚 18 厘米。碑阳碑文右起直书阴刻楷书 16 行，有阙文，下部残损，行字不等。碑阴无字。

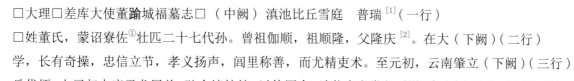

□大理□差库大使董踰城福墓志□（中阙）滇池比丘雪庭　普瑞[1]（一行）

□姓董氏，蒙诏寮佐①壮匹二十七代孙。曾祖伽顺，祖顺隆，父隆庆[2]。在大（下阙）（二行）

学，长有奇操，忠信立节，孝义扬声，闾里称善，而尤精吏术。至元初，云南肇立（下阙）（三行）

兵伐缅，上司起大廪于龙尾关，贮合境粮储，以待军食，选信实者掌之，擢福为（中阙）之，寻（下阙）（四行）

三年左丞阿昔思[3]同知大理宣阃使，巡镇金齿迤西，征收所赋差课，福以故旧，参（中阙）至信服（下阙）（五行）

月初四日，火化于安乐寺之前，□□男□趋丧泣血，敛骨而归，葬大理城南之祖茔，即是（下阙）（六行）

氏般若寿，抱贞节之志，矢靡之它，□□而卒。男五，曰善，风雅君子也，调大理路府吏[4]迁（下阙）（七行）

管信苴隆，孙总管信苴俊三代[5]所□□□龄濯足从道，落发□□，法号戒悟，屏迹于大光明寺[6]（下阙）（八行）

□□曰良，偕具惟孝，友于兄弟（中阙）女四，俱获良配，内外诸孙数十人，福（下阙）（九行）

□□□□□为礼□桩造雕塑，所谓（中阙）余躯图画再光梵宇五十三参（下阙）（十行）

（上阙）二印□，设食饭僧，且累千数（中阙）田五十亩，永为恒产，焚无尽香；以供于三官七圣，自（下阙）（十一行）

□□与友人杨鼎、段光手书遗札，端坐而逝。呜呼！其有得者欤，惜天不与其寿，职弗与其才，（下阙）（十二行）

所积也。至顺癸酉秋[7]，诸孤以家严之行实求铭，且曰，树石于墓，垂临三纪，而铭文未刻，抑将　有（下阙）（十三行）

董氏之兴　显自蒙诏　文行忠信　是谓寮佐　爰及我君　礼义是尊　　　不羞小官　□□□□（十四行）

临终不□　□□有道　有□□□　迺子迺孙　克承永世　彰此铭文（十五行）

至元三年丁丑岁六月十二日立石（十六行）

[1]《滇释记·卷一》误将普瑞收入宋释，并与妙观和尚混为一人，陈垣先生《明季滇黔佛教考·卷一·明以前滇黔佛教·普瑞条》辩之甚详，《新纂云南通志·卷一〇四·宗教考·佛教·元代藏经之传布与高僧撰述·普瑞条》并有考，《新志》且云："今搜得二事，可考普瑞之时代。"《道光志·金石类》曰："'圆济兰若碑阴天历二年己巳七月既望比丘雪庭普瑞撰文'，注曰：'文见寺观'，而寺观志失载，访碑亦未获。惟知天历二年普瑞居大理也。又述律杰撰《启建华亭山大圆觉禅寺碑》文曰：'师未开山之前，尝憩宝洞山雪庭法师之丈室，假寐中有人导至西南隅，睹广袤平原间芙蕖感发，且喻从者曰：佛祖高原陆地不生莲花，此原生莲花何也？恍惚聆导者答曰：宜即此创立道场，吉祥如意。忽寐，向雪庭举以所梦，雪庭应声曰：此非常之梦，乃山灵愿挽我师开辟之砣也'。雪庭即普瑞，玄通开华亭山寺始延祐庚申，知是时普瑞居昆明宝洞山。"今据此碑，得知元统元年即至顺四年癸酉（1333年），考见下，普瑞仍在大理。

[2]按南诏大理原有父子连名制，父名下一字，为子名之上一字，此其例。

[3]阿昔思之名见李源道撰《创修圆通寺记》，收入景泰《云南图经志书·卷一·云南布政司·云南府·寺观·圆通寺条》，注云："有寺曰圆通，云南行省左丞阿昔思之所新也。"即此阿昔思。又道光《云南通志稿·卷一一〇·秩官志·官志题名·元职官姓氏·大理金齿宣慰使同知·阿首思》引旧志："顺帝时为大理金齿宣慰司同知。"以时间官职核之，必亦此人。"首"字盖"昔"字之讹，宣阃使即宣慰使。《新纂云南通志·卷一二·历代职官表·元·大理金齿宣慰使同知条》仍作阿首思，殆沿旧志误，今得此碑，当据校。

[4]府吏指府所属之司吏。《元史·卷九一·百官志》诸路总管府下置"司吏无定制"。至顺本《事林广记·别集·卷二·官品禄廪俸给条》载：路、府、州县均有"司吏"一职，给钞米有差。《元典章·卷八·吏部二·官

制二·县吏准州吏月日条》：“大德十一年十月湖广行省准中书省咨该来咨县吏取充库子，得替例发州吏，各路多有无州去处，须由州吏转补府吏，终身不能显进，参详后县吏如历一考之上，取充库子，一界别无粘带，再发县吏，准理州吏月日，路吏有缺，依例挨次名排勾补，庶不淹滞。送吏部议得：州县司吏转补事，理合准湖广行省所言，都省除外，咨请依上施行。”是路、府、州、县司吏例得称路吏、府吏、州吏、县吏。唯碑此处作“大理路府吏”，疑义为大理路军民总管府司吏。

[5] 诸书以段俊为段隆之子，嗣隆为总管，与此碑合。

[6]《大明一统志·卷八六·云南布政司·大理府·寺观》：“弘圣寺，在点苍山十峰麓，中有塔高二十丈，又名一塔寺，其北有大光明寺。”万历《云南通志·卷一三·寺观·大理府·光明寺》：“在府西一里。”康熙《大理府志·卷二七·寺观·太和县·光明寺》：“城西，寺据涧之冲，建此以弥水患。”

[7] 癸酉当为至顺四年亦即元统元年，1333 年，已见前，是年六月己巳，顺帝即位于上都，冬十月戊辰下诏以至顺四年为元统元年。见《元史·卷三八·顺帝本纪》。

①助理事务的部属。《新唐书·卷一〇三·张玄素传》：“上惟东宫之重，高署贤才为寮佐，今乃不得进见，将何以朝纳诲、夕补遗哉。”《德化碑》云：“爰有寻传，畴壤沃饶，人物殷凑，南通渤海，西近大秦。开辟以来，声教所不及；羲皇之后，兵甲所不加。诏欲革之以衣冠，化之以义礼。十一年冬，亲与寮佐兼总师徒，刊木通道，造舟为梁，耀以威武，喻以文辞。”

《大理五华楼新出元碑选录并考释》录文

方妍岚　重识　加注

[illegible]律大使董踰城[illegible]
[illegible]家諮察佐壯[illegible]二[illegible]代孫[illegible]祖[illegible]文[illegible]慶[illegible]
[illegible]奇彈史信之節孝[illegible]稱善而尤精吏術壬元祐[illegible]
[illegible]司起大[illegible]居閣[illegible]信以待寧後遷信[illegible]之擢福[illegible]
[illegible]阿普田同知大理[illegible]閣[illegible]西[illegible]收所賦差課福以故舊[illegible]
[illegible]大化於安樂寺之前[illegible]無身而歸[illegible]大理城南之祖[illegible]
[illegible]寺抱身部之志矢靡之[illegible]年男五曰善[illegible]大理路府[illegible]
[illegible]隆孫總管信苴後三代[illegible]戒[illegible]居[illegible]大[illegible]
[illegible]眼[illegible]真[illegible]孝友于兄弟[illegible]良配内外諸孫[illegible]
[illegible]躬圖畫再光梵宇五十三[illegible]
[illegible]副永為恒產梵無盡者以使[illegible]
[illegible]有得者歟惜天不與其壽哉邪[illegible]
[illegible]且曰樹石于墓臨三紀而銘[illegible]未刻
[illegible]存佐[illegible]汝我君[illegible]禮義是尊[illegible]不[illegible]
[illegible]孫[illegible]玄[illegible]永世[illegible]彰此銘文
[illegible]日[illegible]石[illegible]

至正七年残碑

青石，残高 86 厘米、宽 51 厘米、厚 17 厘米。碑阳碑文右起直书阴刻楷书 15 行，行字不等，右上部残损。碑阴碑文横书阴刻梵文 14 行。

碑阳

（上阙）玉□后人□□□隆撰（一行）
（上阙）阳和人也，前□□□迁□□□源远情深不能（二行）
（上阙）湛然养气，敬重三宝，乡推为首。以□生光娶张氏，（三行）
（上阙）申生男，讳曰升，必有美质，二亲乐育，教以义方，后（四行）
（上阙）君辅之以忠。至至大①二年，充为大理路委差，上下皆（五行）
（上阙）延祐元年三月，受大理金齿等处宣慰使司都元帅[1]（六行）
（上阙）甸相副官。后至治②二年六月，大理路委新立（下阙）（七行）
（上阙）给正分名禄，不日成之，理事备矣，奉训大夫军民总管（八行）
（上阙）使掌内事，朝夕恭慎，精通出入，百端不失，未尝怠焉。（下阙）（九行）
（上阙）大经及诸家经各具卷部。又造三圣梵宇，西殿北廊大□，（十行）
（上阙）诸佛菩萨数尊，兄弟称其顺，乡党称其礼，可谓时之正焉，（十一行）
（上阙）知世兴亡，运转通塞，寿有长短，可不勤哉。玉局山下有故先（十二行）
（上阙）以觅为文，吾思浅陋□□云耳。铭曰　苍山巍兮遏过愁云（十三行）
（上阙）来后已分　寂寞精魂何处是　夕阳沉昧照孤坟（十四行）
［至］正七年③岁次丁亥孟秋上旬六日立石（十五行）

[1] 按道光《云南通志稿·卷一一〇·秩官志·官志题名·元职官姓氏》，大理金齿等处宣慰司兼管军万户府所举宣慰使（司）都元帅有宝合丁、纳速剌丁、忙古带、答失八都鲁等人，然时代均不相及，《元史·卷一四二·答失八都鲁传》：“出征云南，升大路宣慰司都元帅”，不言何年，唯下文云：“至正十一年特除四川行省参知政事”，则去延祐元年已三十七年，似亦不能以碑中之大理金齿等处宣慰使司都元帅属之。

①元武宗孛儿只斤·海山的年号。元武宗使用这个年号共4年，二年为1309年。

②元英宗孛儿只斤·硕德八剌年号。元英宗硕德八剌使用这个年号共3年，二年为1322年。

③元朝末代皇帝元惠宗孛儿只斤·妥懽帖睦尔的年号，七年为1347年。

《大理五华楼新出元碑选录并考释》录文

方妍岚　重识　加注

碑阴

故父张照磨墓志碑

青石，残高 129 厘米、宽 50 厘米、厚 16 厘米。碑额左右两端已残缺。碑阳额正中刊刻长 14 厘米、宽 15 厘米、深 1 厘米方框，内阴刻篆书“照磨张义墓志”6 字，方框四周各刻一单圈梵文种子字母，四周满刻阴刻云纹、卷草纹、莲纹纹饰。碑文右起直书阴刻行楷 18 行，行约 34 字。碑阴碑文横书阴刻梵文约 17 行，因碑身较为残泐，大部已模糊，无法辨识。

碑阳

碑阴

故父张照磨①墓志　　　承事郎甘肃儒学提举[1]孔有道撰（一行）

云南诸路儒学提举陈连富篆额（二行）

从仕郎[2]永平县尹杨福天禄书丹（三行）

张氏之祖名庆，乃清河郡之流派，蒙朝演习[3]元佐之后，掌职监场，娶章氏，生三子，曰泰，曰（四行）

连，曰宗。癸丑年间，（五行）

皇祖御大理，泰等领众归附，赐□敕田一百余顷。宗娶杨氏，生一子，讳义，顺宁府提控（六行）

按牍，娶李氏，寿七十而逝。生三子，曰恭，曰祐，曰情。恭以儒饰吏，任大理录事司判官[4]，娶赵（七行）

氏生二子，曰兴，曰寿。一□州判官张敬之同朝彦杨进士访余于泮宫，谓其父张义，生于（八行）

辛未年，殁于至正七年六月初六日，越三日，葬于城之南原，附于先祖之茔，享年七十有（九行）

七，虽已归山，顾视墓阡尚未立碑，知先生为（十行）

人□后也，愿乞一铭，以镌于石，使后之子孙，知其有祖，不忘其先，于斯为幸。余每见□（十一行）

□□即加敬慕，今判官为父求铭，可谓孝矣，铭曰：（十二行）

天上张公子　派衍清河源　祖居大理国　天教归（十三行）

皇元（十四行）

先王亲御赏　赐以百顷田　传家以诗礼　蛰蛰孙子贤　仕图陈茂绩（十五行）

晦迹归丘园　刊经施沙界　敬佛心灯煊　享年七十七　一梦回黄泉（十六行）

送死当大事　卜宅南原阡　愁云结苍山　泪雨钟洱川　慈恩兴孝思（十七行）

罔极怀终天　至正九年二月春　熙良日孤子张恭等立石（十八行）

[1]《元史·卷九一·百官志》："儒学提举司，秩从五品。各处行省所署之地，皆置一司，统诸路、府、州、县学校祭祀教养钱粮之事，及考校呈进著述文字，每司提举一员，从五品。"

[2]《元史·卷九一·百官志·文散官》："从事郎，从七品。"《元典章·卷七·吏部·官制·资品·文资·从七品》中有"从侍郎"，至顺本《事林广记·别集·卷一·官志类·大元官制·文资·从七品》中亦有"从侍郎"。核以此碑，疑"从仕郎"为是。元人文集所收碑传中多作"从仕郎"。《新元史·卷六三·百官志·勋爵条》从旧《元史》。

[3]南诏官名。《新唐书·卷二二二·南诏传》："大府主将曰演习。"景泰《云南图经志书·卷四·姚安军民府》引欧阳玄《升姚安路记》："考其载记，高氏自升泰相国六世至护隆，封其长子隆政为姚府、越嶲、会川三郡之演习，演习者彼国牧守之称也。"又《新纂云南通志·卷九四·金石考·元·重建阳派兴宝寺续置常住记》："至段正严时，封相国公高泰明之子明清为演习，即汉之节度使也。"

[4]《元史·卷九一·百官志·诸路总督府·录事司》："秩正八品，凡路府所治，置一司，以掌城中户民之事。中统二年，诏验民户，定为员数。二千户以上，设录事、司候、判官各一员，二千户以下，省判官不置。至元二十年，置达鲁花赤一员，省司侯，以判官兼捕盗之事，典史一员。"

①《元史·百官志·一》："照磨一员正八品，掌磨勘左右钱谷出纳缮科例，凡数计文牍簿籍之事。"官名，元朝始置，明清皆有此官，品秩随所属衙门高低而定，多为正八品，有的从八品，有的正九品。

《大理五华楼新出元碑选录并考释》录文

方妍岚　重识　加注

故理阳寨长官司案牍段琏墓铭并序碑

青石，高 84 厘米、宽 54 厘米、厚 14 厘米。碑身方形、无额，碑阳碑文右起直书阴刻楷书 21 行，行字数不等，右上已缺。碑阴横书阴刻梵文残存 23 行，第 16 行末左起横书阴刻楷书“追为亡人段政连法识”9 字。

碑阳

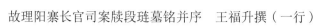

故理阳寨长官司案牍段琏墓铭并序　王福升撰（一行）

源出深潭者其流清，根培厚地者其叶繁，理之然也。案牍姓段氏，讳琏，考其世系源流，乃楚庄蹻[1]之□□（二行）

将官也。威王使蹻伐滇，既克，会秦灭楚，蹻遂留王滇池，以其众分为五将，而己总以统之，因成一百□□（三行）

之属，段氏其一也。其族属爵秩，具有家谱，兹不复赘。七世祖曰观音海，[2]配乃大高氏贵□□之女，□□（四行）

□满世生金豆保，保生金细容，容生祥成，以宦迁家第于理州。成生观音智，癸丑年冬，钦遇（五行）

（上阙）□□南下，智攜男观音正，率先款附，韩武二大相赐旗号以旌其忠。至元年间，平章政事赛公奉（六行）

（上阙）□□□□立行省，委正充规措库提控，[3]克修乃职，庶绩咸熙，过门不入，数十余载，暨辞职而田园□□□（七行）

□□□段中奉[4]嘉其志节，以布燮名号遥授之焉。厥妻则道白金禰赵胜之裔大师讳长之女曰□□、（八行）

（上阙）而辞俗为比丘尼，法名妙湛。厥嗣一曰禾，二曰益，三曰实，四曰生，皆号布燮，务□齐家。五曰（九行）

（上阙）檄典太和史。六曰琏，字继昌，今案牍是也。

七曰智，剃度为僧，法号道嵓，與其子比丘释性（十行）

（上阙）衣钵之资，即苍山感通寺[5]之上方，创建普光明殿，塑造普贤愿王，绘善财五十三参圣（十一行）

（上阙）挑昆州判官，八叶子孙，瓜瓞莘莘，姻亲延蔓，遍于境内。案牍以丙戌年①生，壬子②充（十二行）

（上阙）州吏，丁卯③升大理路吏，庚辰④省檄授以姜州吏目[6]，己丑⑤迁任普安路理阳寨长官司（十三行）

（上阙）覃思律章，忠心类秋月之明，劲节比寒梅之莹，举措符于公道，枉直无纤毫之（十四行）

（上阙）千里之胜，平生寡欲知足，克己复礼，允执厥中，上怀其能，下沐其惠。素以佛法（十五行）

（上阙）佛名，手不释数珠，三长八关，清斋甚肃，树僧房于普光明殿之左，给以田亩。（十六行）

（上阙）财有其一，于至正十年戊寅⑥七月初三日，以疾卒于私第，春秋六十有五，（十七行）

（上阙）附厥先茔，礼也。在生娶杨氏，生三男，曰通，曰宗，曰宝，皆格物致知者也。痛（十八行）

（上阙）表墓，赍谱求文，庶几纪其先绩，以垂于永世，观其抱德而处，戴仁而行，（十九行）

（上阙）从心，官未沐于都檄者命矣夫。呜呼哀哉！姑述大概，而系之铭，铭曰（二十行）

（上阙）好将心地常平坦，他时留与子孙耕　石匠杨兴日兴智刊（二十一行）

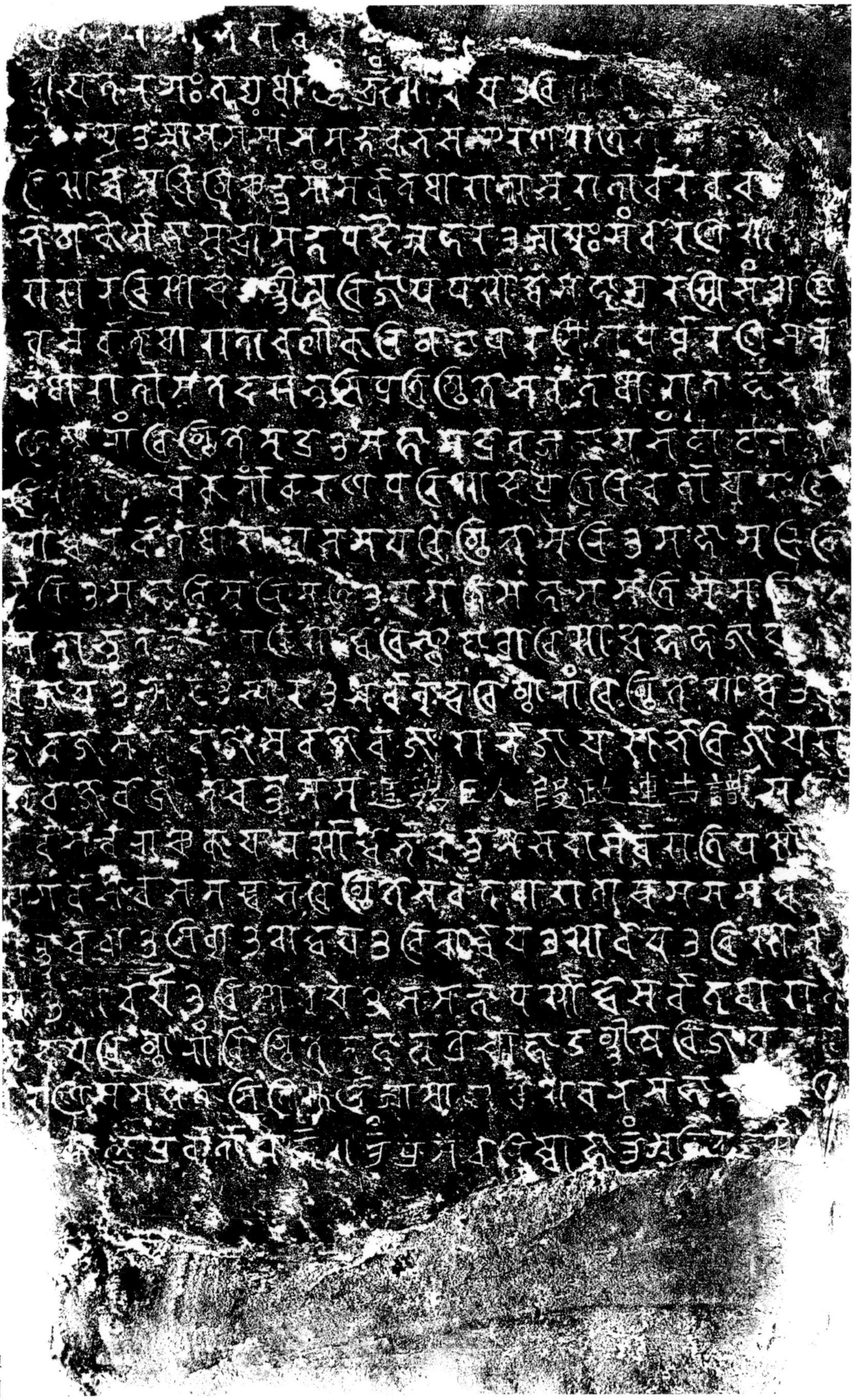

碑阴

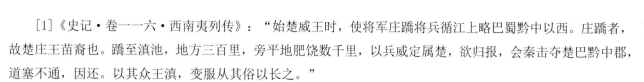

[1]《史记·卷一一六·西南夷列传》："始楚威王时，使将军庄蹻将兵循江上略巴蜀黔中以西。庄蹻者，故楚庄王苗裔也。蹻至滇池，地方三百里，旁平地肥饶数千里，以兵威定属楚，欲归报，会秦击夺楚巴黔中郡，道塞不通，因还。以其众王滇，变服从其俗以长之。"

[2] 按观音二字系佛号。

[3]《元史·卷八·世祖本纪》，至元十二年春正月己亥"置云南诸路规措所，以赡思丁为使"。

[4] 按《追为亡人杨庆良神识》有"云南行省参知政事段中奉信苴实"云云之语，以时代核之，此段中奉必亦信苴日即段实。

[5]《大明一统志·卷八六·云南布政司·大理府·寺观》："感通寺，在点苍山四峰之半，旧名荡山，又名上山，中有三十六院。"

[6]《元史·卷六一·地理志·建昌路》有"姜州，下"。又《卷九一·百官志·诸州参佐官》："下州，吏目一员或二员。"

①元世祖忽必烈至元廿三年，丙戌年，1286 年。

②元仁宗爱育黎拔力八达皇庆元年，壬子年，1312 年。

③元泰定帝泰定四年，丁卯年，1327 年。

④元惠宗至元六年，庚辰年，1340 年。

⑤元惠宗至正九年，己丑年，1349 年。

⑥"至正十年戊寅"，碑文有误，元惠宗至正十年应为庚寅年，1350 年。

《大理五华楼新出元碑选录并考释》录文

王 渐　重识　加注

敕授鹤庆路照磨杨伯□墓志碑

青石，高 105 厘米、宽 52 厘米、厚 18 厘米。方形碑，碑额无存。碑阳、碑阴碑文均右起直书阴刻行楷 15 行，行约 35 字。

碑阳

敕授鹤庆路照磨杨伯□墓志（一行）

苍山勤斋后人清逸先生杨泰子享[1]撰（二行）

赐进士承务郎云南诸路儒学提举李敬仁[2]书（三行）

亚中大夫大理路军民总管府总官段信苴功[3]篆（四行）

至正甲午①二月春熙之望，黎溪州幕　杨智惠卿，[4]揖□而言曰：生既不幸，始晬有五月，□□（五行）

赖母氏之贞，孀居二十五载，遵孟母三迁而□□传洎弱冠□□有司辟为书记：继□（六行）

氏病亡，服阕，由大理□□鹤庆路吏，寻复奉□□檄，两除郡目，游仕于外，未遑宁处，□（七行）

幸始归，欲竖石于先君[之]墓，志往世之事迹，用贻诸后焉，铭以酬素愿，可乎？愚应之曰：□□（八行）

祖考之休德，乃孝子之职也，吾虽耄耋临期，犹记子之家世，岂敢固辞，遂书其一二。按杨□（九行）

家谱，乃故理扬侯觉诺十七代孙。八代祖曰细师，职司演览。[5]师生般若恩，拜谋统演习，泽加境内，（十行）

威慑吐蕃，戎夷不敢入寇，朔方安堵。谋统乃今鹤庆路[6]也，恩生羌，袭父爵，后为国老，临薨，（十一行）

鼻祖以降，并谥王爵。羌生兴暨□，兴职畿民长。□□□□，□生隆，隆生救，救生功，皆有后。胜（十二行）

受凤羽县尹，知军国事。（中阙）玉局山下先茔。胜生庆与廉（十三行）

继袭县尹，兼管兵马。廉生益，事高国公陵[7]为□十七部等处使，迨国公逊位，仍以益为□□（十四行）

举族□贤（中阙）忠君泽民之绩为（中阙）路（下阙）（十五行）

碑阴

（上阙）配乃永平县尹细布燮之女高氏，生子讳（下阙）（一行）

六艺精通，宗族称孝，乡党称弟，忠明信厚。骨骼既成，大理路军民总管（下阙）（二行）

擢为吏，凡十有余岁，能慎而勤，称为循吏，遂升永昌府提控按牍，次充北胜、腾冲二府，职皆如故。□□□（三行）

敕授鹤庆路军民总管府照磨，所莅之方，上下悦服，咸有治声。偶于大德戊申②七月　遘疾而终，越翌日葬（四行）

于玉山址之窟宅，享龄五十有五。讣音所及，公卿悼其忠勤，亲族哭其孝慈，士庶慕其诚敬，识与（五行）

不识，莫不哀痛。室维尹氏曰和，生二女，皆适士族。二嗣：曰福　先没；存者惟智，娶赵氏，乃（六行）

宣授承事郎大理等路儒学提举赵公子元孙知事赵渊之女。孙男七人，曰通、荣、良、瑞、保、惠、镜也。嗟夫！杨君（七行）

承方伯贤良之后，抱忠信之材，不以家为念，仕宦二十余祀，所任有绩，（八行）

朝命方及一受，寻欲大用，遽然而捐馆，此非杨氏之不幸，抑时人之不幸也。然而不于其身，而于其子孙，（九行）

观乎惠卿，幼能遵母教以业学，长能从仕以显身，愈远而又不忘父之令德，欲勤贞珉，以图不（十行）

朽，岂惟尽其孝子之心，亦可以为后人劝，所谓孝子不匮，永锡尔类，固不伟欤。乃为之铭曰（十一行）

缅维杨氏　源流尚矣　派处殊域　腾馨播美　伊昔南中　辅佐蒙理　演习藩维（十二行）

民之所倚　振振绳绳　礼义廉耻　爰有幕公　忠诚雄伟　克俭克勤　宦历二纪（十三行）

欲竖勋庸　泽及遐尔　天耶人耶　倏然归死　有子有孙　是荷其祉　碑石可磨（十四行）

颂声不已　　至正乙未③孟春十七日孝嗣惠卿　杨智立石（十五行）

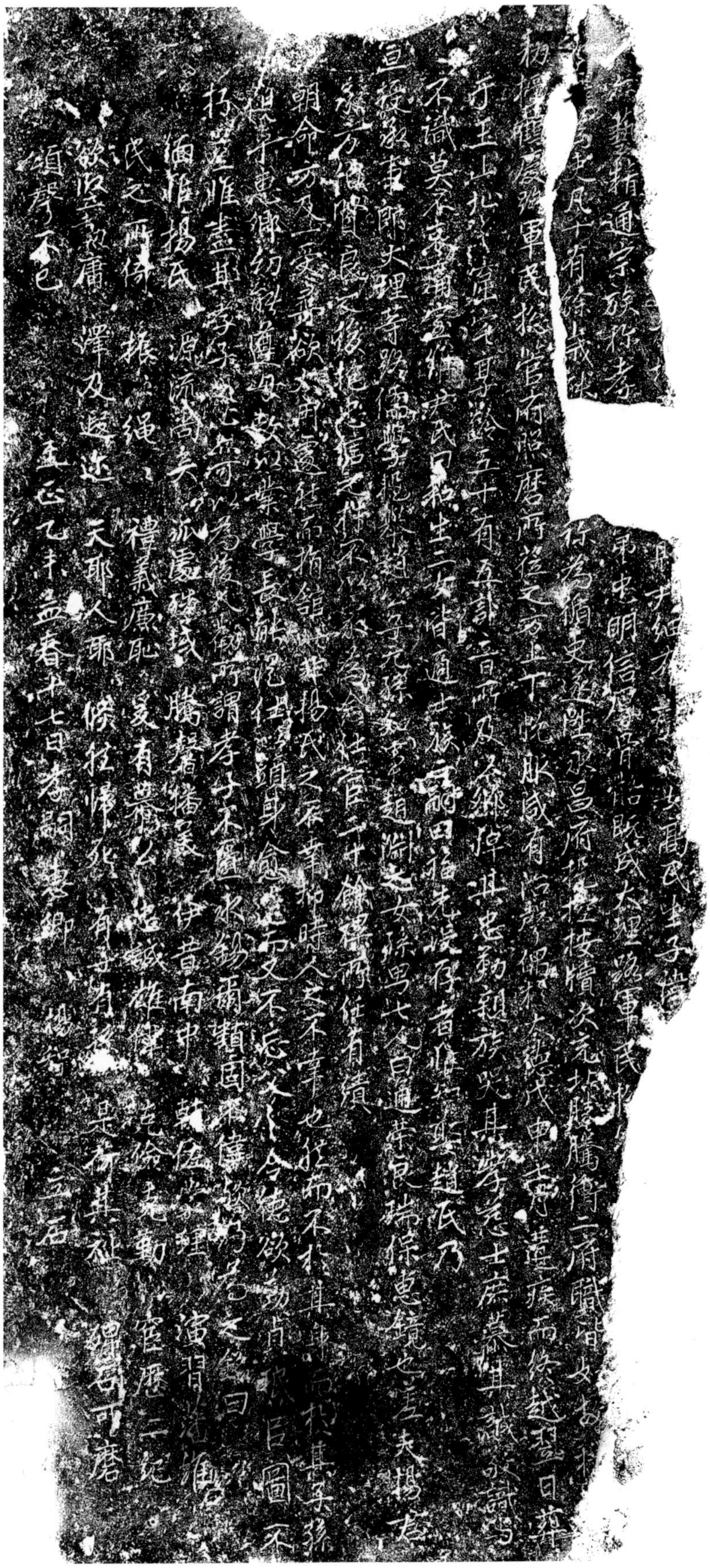

碑阴

[1] 据《张长老墓碑》："杨泰字子享。"按亨、享、烹古可通用，叶昌炽《语石》有考。

[2] 景泰《云南图经志书·卷一·云南布政司·云南府·科甲·李敬仁》："字德元，以书经登第三甲，赐同进士出身、授将仕郎，四川云阳州判官，终大理宣慰司副使，见旧志。"据《追为亡人杨昭宗神道》，敬仁且曾任儒林郎大理路推官。

[3] 段功为大理路军民总管府第九代总管。《元史·卷九一·百官志·文散官》："亚中大夫从七品。"功有此秩，史所未载。《新纂云南通志·卷九四·金石考》所收杨庭撰《玉井亭记》内载至正己亥（十九年）"路尹段公亚中"云云，所指亦即段功，按功在元末为云南重要人物，惜此碑篆额今不存。

[4]《增订南诏野史》载："至正癸卯二十三年三月，红巾贼明玉珍率其党李芝麻同弟明二等将兵三万攻云南，入金马山，梁王把匝剌瓦尔密奔楚雄。四月，梁王发中庆，至石碑村，红巾入城……于时四方乘机窃发，群盗满山，功乃谋于员外杨智字渊海者，同稽于卜，卜告吉。"下述功用计败红巾，梁王以女阿盖公主妻功，及至正二十五年，功思新婚，欲往梁王所，员外杨智于壁间题诗留功，张希矫亦上书留行，功曰："宝剑岂埋荒土物耶？"遂与夫人别，倍道至中庆，梁王疑之，私议曰："平章此来，得无有吞金马咽碧鸡之心？"其下有妒功者复谗构之，王与阿盖谋，欲以孔雀胆毒功，盖私泄之，愿与西归，令功周防，功不信。至正二十六年七月，梁王偕功东寺讲经，至通济桥，功马逸，王乘机令番将掖杀之。其家臣员外杨智渊海，闻而亦死之，云云。《新纂云南通志·一八八·汉至元耆旧传·杨智》载："杨智，字渊海"。据此将杨智与杨渊海订为一人，然非无可疑。《大理丛书·方志篇·卷一》、万历《云南通志·卷一六·羁縻·南诏始末·九代总管段功条》云：（梁）"王虽阳德之，心实忌之。功有臣杨渊海讽之不悟，其夫人高氏在大理寄乐府促之，功得书暂归复往，其从行杨智、张希乔再三留之，功不听，盖往为梁王寿，初无他意。既至善阐，梁人谮之于王，扬言于外曰：'段平章此来，气焰盛大，有吞金马咽碧鸡之心矣，盍早图之'……因令番将格杀之……"以渊海与智并举，当各为一人，其杨智似即此碑中之杨智，字惠卿，非渊海，碑称其"幼能遵母教以业学，长能从仕以显身"，身份亦合，碑立于至正十五年，时段功正任总管。

[5]《新唐书·卷二二·南诏传》："大府主持曰演习，副曰演览。"

[6]《元史·卷六一·地理志·云南诸路行中书省·鹤庆路军民府》："大和中，蒙劝封祐于样共立谋统郡。蒙氏后，经数姓如故。元宪宗三年内附，为鹤州。七年，立二千户，仍称谋统，隶大理上万户，至元十一年，罢谋统千户，复为鹤州。"

[7] 疑即高隆，陵或为隆之讹。据碑：杨智之父杨伯□卒于大德十二年戊申，即至大元年，1308 年，享龄五十有五，则当生于宋理宗宝祐元年，元宪宗三年癸丑，1253 年，亦即蒙古兵灭大理之年。又据王本《南诏野史·大理国·段智祥条》：谓宋理宗宝庆元年乙酉（1225 年）高隆（即逾城隆，逾误榆）继立为国主，则杨智之祖杨益殆及事之。按高隆《故大师白氏墓碑铭并序碑》称上国公，而《故溪□谥曰襄行宜德履戒大师墓志并叙碑》称让国公，此碑谓"国公逊位"云云，或不无关系。

①至正甲午，元惠宗孛儿只斤·妥懽帖睦尔至正十四年，1354 年。

②大德戊申，元武宗孛儿只斤·海山至大元年，1308 年。戊申年元武宗已改元为至大，碑文仍使用大德年号，疑为大理地处边境，消息迟滞，改元消息尚未及此处。

③至正乙未，元惠宗孛儿只斤·妥懽帖睦尔至正十五年，1355 年。

《大理五华楼新出元碑选录并考释》录文

王　渐　重识　加注

张长老墓碑

青石，高 70 厘米、宽 41 厘米、厚 14 厘米。方形碑，左上角、左下角均不同程度缺失，风化脱落严重。碑阳碑文右起直书阴刻楷书 14 行，行余字数不等。碑阴碑文横书阴刻梵文残存 17 行。

碑阳

张长老墓碑（一行）

勤斋后人清逸先生杨泰字子亨（二行）

长老姓张，讳明，释号道真，乃蒙国舅张乐进宁[1]之□，（三行）

（上阙）兴，兴德，德［开］，□温成，成俸，俸英，英生明，明生〔世〕，世生护。天开八年[2]敕赐（下阙）（四行）

代不乏人，而屡值兵燹，家谱名籍，未能尽详。胜尚为大理人［氏］，（下阙）（五行）

皇庆元年①春，中奉大夫肃政廉访使玄庭张子元[3]临按大理，（下阙）（六行）

云南王[4]因命祈晴祷雨，莫不立应，累锡赏赉。夏四月，敬奉（七行）

（上阙）命□充平云南碑[5]□长老，复蒙　云省札，榜谕提调碑殿，仍（下阙）（八行）

生三嗣，明、连、福也。明乃今之长老，遵奉家传，洞晓释儒，（下阙）（九行）

（上阙）云南碑殿长老，解行双高，学业益著，（下阙）（十行）

以百数。配杨氏，有三男，长曰俊，次曰泰，少曰□，（下阙）（十一行）

（上阙）年即日半殓，享□全年有（下阙）（十二行）

（上阙）尺寸之禄，功名之贵显，虽然，以道观之，（下阙）（十三行）

□（上阙）之文，以志于墓。（下阙）（十四行）

[1] 王本《南诏野史·建宁国》：“张氏国号……传三十三世，至张乐进求，一见蒙奇王有异相，遂妻以女，让位与奇王，王姓蒙，名细奴逻。”碑谓“蒙国舅张乐进宁”云云，可参证。

[2]《滇载记》：“（段）智祥以宋宁宗开禧元年立，改元天开，仁寿。”按开禧元年当为天开元年，即1205年，则天开八年当为宋嘉定五年，即1212年。

[3] 景泰《云南图经志书·卷八》所收邓麟撰《元宣慰副使止庵王公墓志铭》称王升受经于张子元，又袁桷《清容居士集·卷八》有《哀牢夷·送张子元佥事云南》诗，当即此人。《元史·卷八六·百官志》肃政廉访司，每道廉访使二员，正三品，又佥事四员（两广、海南止二员），正五品。《元史·卷一六七·张立道传》：“子元，云南省左右司郎中”。《新纂云南通志·卷九二·金石考·元·雄辩法师碑》署佥云南诸路肃政廉访司魏郡张元书丹，碑中有“魏郡张侯子元宣抚丽江状师之行”云云，《新志》以为子元即书碑张元别号，张立道子，所说近是。不可解者，《雄辩法师碑》款署“奉议大夫佥云南诸路肃政廉访司魏郡张元书丹”而碑称“魏郡张侯子元宣抚丽江”。考《元史·卷九一·百官志》奉议大夫为正五品，与佥事品秩合。又《元史》同上宣抚司秩正三品，碑立于至大三年庚戌，1301年，其宣抚丽江必在立碑之前，张元、张子元果为一人，署款何以不用正三品之丽江宣抚，而用正五品之佥事？此其一。《清容居士集》记张子元来云南时官为佥事，《元史·张立道传》则云张元在云南为郎中，新志以张元即张子元初任佥事，后为郎中，折衷为说。据查，佥事在元代为正五品（见上），而郎中则为从五品。先为佥事，后为郎中。则系由正五品降为从五品，殊无可能。此其二。新碑称“玄庭张子元”，则张元字子元之说与此未能相合。此其三。又张元、张子元若为一人，《张立道传》于张元官号不应只书郎中而不及其宣抚丽江及肃政廉访使等职。此其四。张元即子元之说，颇为可疑，仍拈出以俟方家论定。

[4] 按此云南王当为元世祖第七子西平王奥鲁赤之子老的，见《元史·卷一〇八·诸王表金印驼钮下》，《元史·卷一〇七·宗室世系表》平西王奥鲁赤位下作老的罕。《元史·卷二三·武宗本纪》至大二年三月己丑：“梁王（松山）在云南有风疾，以诸王老的代梁王镇云南，赐金二百五十两，银七百五十两，从者币帛有差。”

[5] 正德《云南通志·卷三·大理府·古迹·平云南碑》：“在点苍山下，元世祖征南驻跸之地，后寺废，

碑尚存，今教场即其旧址，元翰林学士程文海撰文。”《元史·卷一七二·程钜夫传》：“程钜夫，名文海，避武宗庙讳，以字行。”大德十年，“云南省臣言：‘世祖亲平云南，民愿刻石点苍山，以记功德。’诏钜夫撰其文。”按碑称：“大德八年，平章政事也速答儿建言：所领云南，地居徼外，历世所不能臣，先皇帝天戈一麾，无思不服，今其民衣被圣明，同于方夏，幼长少老，怡怡熙熙，皆自忘其往陋，非神武不杀之恩不及此。惟点苍之山，尝驻跸焉，若记圣功，刻石其上，使臣民永永瞻仰，于事为宜’。中书以闻，制曰可，以命词臣。”年分互异，当以碑为是。此文见《雪楼集·卷五·玉堂类稿》，并收入《元文类·卷二三》，景泰《云南图经志书》以下各志亦经著录。至碑末署“元宪二年仲春月黄道之吉”，颇有疑义。缘元无元宪年号，不知何以致误，诸家虽各有说，而未足释人之惑，仍有待论定。

①皇庆元年，皇庆是元仁宗孛儿只斤·爱育黎拔力八达的年号，即1312年。

《大理五华楼新出元碑选录并考释》录文

王　渐　重识　加注

碑阴

追为亡人张踰城瑞神道碑（残碑）

大理石，残高 70 厘米、宽 53.5 厘米、厚 17 厘米。上缺，碑阳右侧被凿，碑文右起直书阴刻楷书残存 17 行，行余字数不等。碑阴横书阴刻梵文残存 13 行，第 9 行左起横书阴刻楷书 1 行。

碑阳

碑阴

（上阙）普安路①（一行）

（上阙）吏考满（二行）

（上阙）癸卯三[1]（三行）

（全阙）（四行）

（上阙）境（五行）

（上阙）蕴忠（六行）

（上阙）贼兵大溃[2]，张氏（七行）

（上阙）照磨，继充本省宣使[3]，（八行）

（上阙）十有八，平章公[4]亦伤悼之，赗其丧，兄祥归葬于大理（九行）

（上阙）山再适中庆，道经定远县北山，乞铭于予[5]，予谓张氏肇自（十行）

（上阙）重其人，至五代祖隆公，于癸丑年②，（十一行）

（上阙）箪食壶浆，以迎（十二行）

（上阙）勤于　　　国，遂至名职，宜其子孙累代皆蒙国用。张氏，**可谓**（十三行）

（上阙）其仪不忒　曰祖曰孙　聿修厥德　天启（十四行）

（上阙）忠勤益效　惟德可**种**　惟世可延　兄友弟恭（十五行）

（上阙）并以甘竭　宜表于碑　百世永杰（十六行）

（上阙）年六月良日兄张祥孝妇陈观音③**寿**立，石匠张惠**等刊**（十七行）

碑阴

追为亡人张**踰**城④**瑞**神道

[1] 按通元代有两癸卯，一在成宗大德七年，1303 年，一在顺帝二十三年，1363 年，此当属后者。

[2] 此当指红巾军入滇事，诸书并系于至正二十三年癸卯，与此合。

[3]《元史·卷九一·百官志·行中书省》："椽史，蒙古必阇赤，回回令史，通事，知印，宣使，各省设员有差。

[4] 当指段功。

[5] 按《大光明寺住持瑞岩长老智照灵塔铭并序》署"威楚定远县住北山用源撰"。用源即《重建阳派兴宝寺续置常住记》（见《新纂云南通志·卷九四·金石考》所收）撰人。此碑似亦出其手。三碑分别立于至正二十三年（1363 年）、宣光六年（洪武九年，1376 年）、宣光九年（北元大元元年，洪武十二年，1379 年），时代亦近。北山当指北山寺，康熙《定远县志·卷三·祠祀考·寺观条》有北山寺，即此。《追为亡人杨庆良神识碑》疑为用源撰。

①原为于矢万户府，宪宗七年立（1257 年），属云南等处行中书省；十六年改为普安宣抚司，二十二年复改为路。

②隆公疑为段隆，大理第五代总管，癸丑年为 1313 年。

③大理有三字名，每用佛号，如若、药师、观音、踰城为通名，其下加一字，始为专名。王本《南诏野史·段智兴传》有"高观音隆"，水目寺《皎渊碑》有"高观音政"，《造幢记》有"高观音明"。"陈观音寿"亦为专名。

④踰城，又作逾城，为佛号，源于释迦摩尼"逾城修道"。

《大理五华楼新出元碑选录并考释》录文

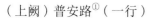

何永超　重识　加注

故神功梵德大阿左梨赵道宗墓碑

青石，高 128 厘米、宽 60 厘米、厚 20 厘米。碑额与碑身一体，半圆形碑额，碑阳额中篆“左梨释道宗墓碑铭”，旁饰莲花纹，残存梵文五方佛种子字母 3 字。碑文右起直书阴刻楷书 20 行，行 45 字。碑阴凿损严重，碑文右起横书阴刻楷书 11 行，行余字数不等，右下角亦有凿损。

碑阳

故神功梵德大阿左梨道宗（下阙）（一行）

清逸先生后人[1]（下阙）（二行）

立贤坊僧仁斋吉（下阙）（三行）

赵之为族显且尚矣，历世绵远（下阙）（四行）

□□厥职，能遵四业，为时所尚。（下阙）（五行）

□之下，祖曰泰，持重恢弘，德行功能咸懋。（下阙）（六行）

世皇奄有四海，光临是邦，泰与释功等四僧，（下阙）（七行）

良哈丹[2]取□管等处部落，泰□□为尚道。至元（下阙）（八行）

上命都元帅也先公[3]宣治三教，选泰为大理僧官，四众悦服，教纲（下阙）（九行）

□□□卜荡山之良地，开建大悲兰若，[4]三宝圆伊，四事如法。于时　中奉大夫[5]（下阙）（十行）

［至］元二十六年①，云南诸路都元帅也先八哈失[6]赐职曰　玄通秘法大阿左梨。嫂大阿左梨赵明□之女易（下阙）（十一行）

曰隆，曰寿，乃退职辞荣，山居乐道，受具戒而修头陀行，释名圆悟，二十九年三月，化寂于大悲兰若之庵，葬瘗山□□（十二行）

□□大德二年戊戌②二月，祖妣易长授卒于大理立贤坊私第，始宅兆于苍山北址，即今之茔也。厥考隆，号智生，天资（十三行）

悫谨，道行严明，精通瑜伽，缁俗怀信，口不道非法之言，足不履非善之地，肃肃翼翼如也，云南释教都总统所补德（十四行）

行高洁传印大阿左梨。造　佛宇于家园，经象交辉，香灯显焕，院落深静，花木繁英，行道其所，孳孳然日如一日，庚午[7]（十五行）

年九月四日，终于家堂，厥妣乃药师信，同胞有七，贤、光、生、庆、忠皆先殁，姊一人，适周家。从弟曰祥，叔寿之子也，修身慎（十六行）

行者焉，职受泰宽直善大阿左梨。公讳宗，号道宗，以大德己亥③生，自家塾就外傅，勤道好学，聪明敏毅，深通瑜伽，而观（十七行）

念精专，意气闲暇，而周急善友。尝曰；报四思，资三有，可不务乎！其与人行已类此，名实显然，启宣政分院，擢补神功（十八行）

梵德大阿佐梨，聿修世业，罔有攸怠。增修大悲招提，殿堂崇丽而庭苑幽雅，清众云集而福事圆成，物以重新，事不侔（十九行）

旧，我　先君清逸扁之曰：法界圆明宝光兰若，乞予为常住记，兹不重载。其私第之中，构轩曰尊贤，斋曰混兰，乃明教（二十行）

碑阴

大师赵叔明所修也。顾赵公□为说。至元二年讨车里泊六年伐木邦之二役[8]。总兵官（下阙）（一行）

云省平章爱秃鲁古[9]　　　丞□　　委路侯总管段信苴义[10]驰檄请公为（下阙）（二行）

祷雨祈晴，所向成□□□效□□□□皆甚敬重，攻战虽不利，士卒赖以全归。（下阙）（三行）

而终于家，□□□□□年五十有一，其孤曰良，曰寿，曰升，具礼葬于苍山北址，（下阙）（四行）

讬，余与道宗□□□□□亲，朋友之厚，义不可辞，直书其家行实之一二云，其道之（下阙）（五行）

（上阙）赵之祖先□故泰同族　畏爱芳名　麟经载录　历世蝉联□□□□　□□□□（六行）

碑阴

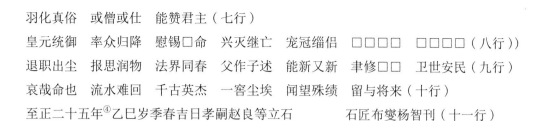

羽化真俗　或僧或仕　能赞君主（七行）

皇元统御　率众归降　慰锡□命　兴灭继亡　宠冠缁侣　□□□□　□□□□（八行））

退职出尘　报思润物　法界同春　父作子述　能新又新　聿修□□　卫世安民（九行）

哀哉命也　流水难回　千古英杰　一窖尘埃　闻望殊绩　留与将来（十行）

至正二十五年④乙巳岁季春吉日孝嗣赵良等立石　　　　石匠布燮杨智刊（十一行）

[1] 据《敕授鹤庆路照磨杨伯□墓志碑》及《张长老墓碑》，清逸先生即杨泰，字子亨（享）。此其后人。

[2] 即兀良合台，阙兀字，与《无名残碑》同。

[3]《元史·卷一六六·信苴日传》："其（至元元年）秋，舍利畏又以众十万谋攻大理，诏都元帅也先与信苴日讨之。"也先当即此人。

[4]《新纂云南通志·卷一一六·祠祀考·寺观·大理府·太和县·大悲寺》："在城东南隅"，今圮。

[5] 据李源道《大崇圣寺碑铭并序》（《新纂云南通志·卷九三·金石考》所收）段实（段信苴日）署衔"中奉大夫云南行中书省参知政事"，此中奉大夫当即其人。

[6] 也先八哈失当即上文之也先，按八哈失乃称号，蒙古语训为博士、师傅、师匠、喇嘛。程钜夫《雪楼集·卷八·秦国先墓碑》："王将远征，曰：八哈室老矣，其留平阳少休矣。八哈室者，汉云博士也。"八哈室即八哈失，此其第一义，明代字书或作巴黑石、把黑失、把失等等。又陶宗仪《辍耕录·卷一二·帝师条》载，八思巴法号为"皇天之下一人之上开教宣文辅治大圣至德普觉真知祐国如意大宝法王西天佛子元帝师板的达巴思八八合失"。此八合失即八哈失，即蕃僧之号，是其第二义。也先盖以"宣治三教"而有此号。

[7] 按庚午当为元文宗天历三年，1330 年。

[8] 至元二年及六年均当为后至元，然史不载征车里及木邦事。唯《元史·卷四〇·顺帝纪·至正元年十二月壬戌条》："云南车里寒赛、刀等反，诏云南行省平章脱脱木儿讨平之。"《元史·卷四一·顺帝纪·至正六年六月丁巳条》："诏以云南贼死可伐盗据一方，侵夺路甸，命亦秃浑为云南行省平章政事讨之。"或即所谓至元二年讨车里洎六年伐木邦之二役，《新纂云南通志·卷九四·金石考》于所收《元宣慰副使止庵王公墓志铭》"时南征车里，西讨木邦"二语有按语云："按死可伐为麓川土酋，与木邦近，故误为木邦耳。《南诏野史》正误作木邦夷斯可法。"则至元当为至正之误。

[9] 有阙字，待考。

[10] 诸书多谓义任总管一年，至顺三年（1332 年）卒。今据此碑，则义至正六年（1346 年）在世，又据凤仪县北汤天法藏寺近年发现之经卷有至正九年（1349 年）段信苴义题记，可证其任职绝不止一年。

①元世祖忽必烈至元二十六年，1289 年。

②元成宗孛儿只斤·铁穆耳大德二年戊戌二月，戊戌年，1298 年。

③元成宗孛儿只斤·铁穆耳大德三年，己亥年，1299 年。

④元惠宗孛儿只斤·妥懽帖睦尔至正廿五年／明夏玉珍天统四年，乙巳年，1365 年。

《大理五华楼新出元碑选录并考释》录文

王　渐　重识　加注

追为亡人大师李珠庆神道碑

青石，高73厘米、宽51厘米、厚13厘米。残，碑身上半部缺损。碑阳碑文右起直书阴刻楷书19行，行余字不等。碑阴碑文横书阴刻梵文残存19行，第12行末及13行首左起横书汉字2行。

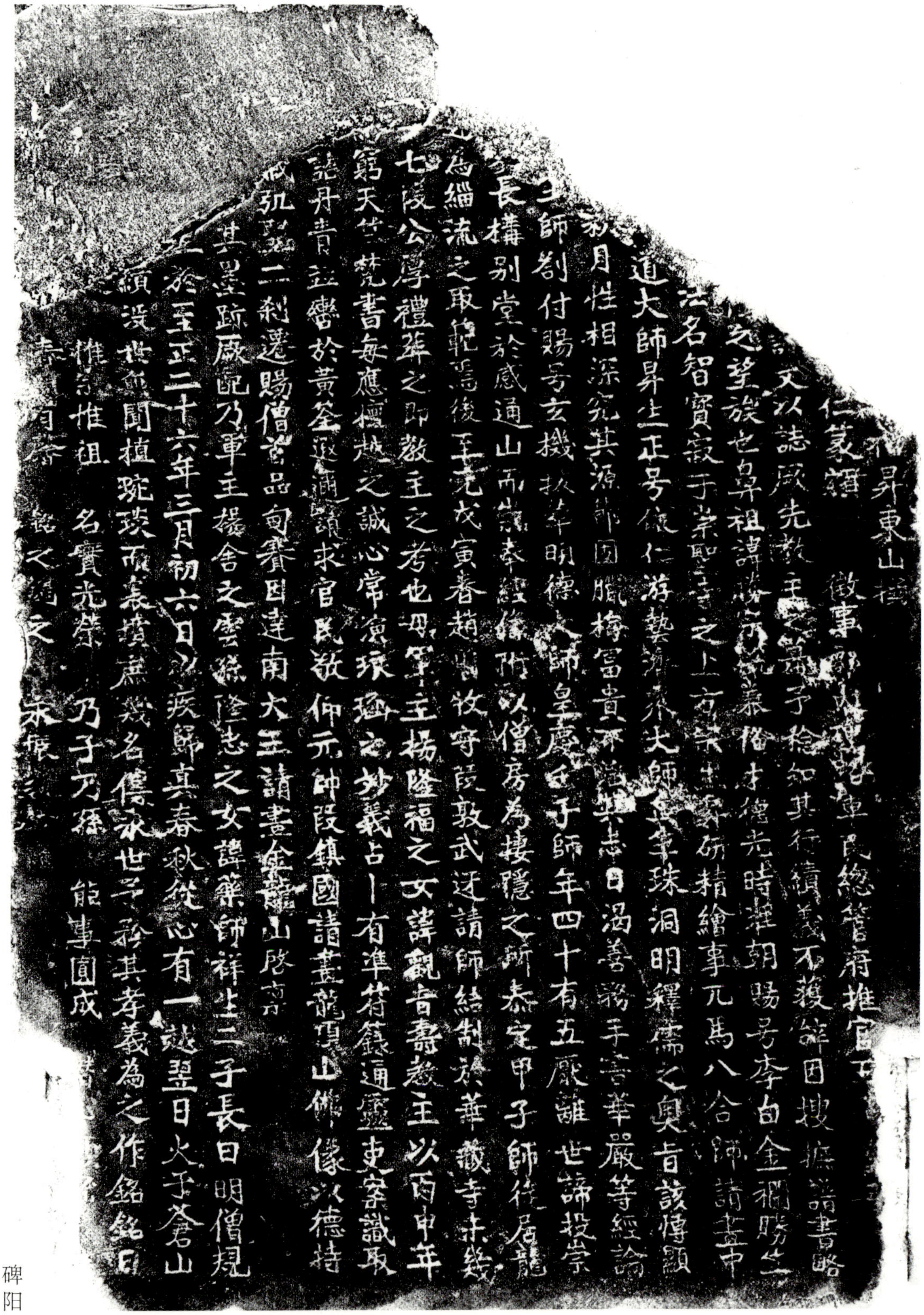

碑阳

（上阙）福升东山[1]撰（一行）

（上阙）仁篆额征事郎大理路军民总管府推官[2]王荣书丹（二行）

（上阙）[诗]文以志厥先教主之墓，予稔知其行绩，义不获辞，因搜摭谱书，略（三行）

（上阙）之望族也，鼻祖讳胜，宗说兼备，才德光时，理朝赐号李白金襕，胜生（四行）

（上阙）法名智宝，寂于崇圣寺[3]之上方。宗生升，研精绘事，兀马八合师[4]请画中（五行）

（上阙）道大师。升生正，号依仁游艺济众大师，正生珠，洞明释儒之奥旨，该博显（六行）

（上阙）秋月，性相深究其源；节固腊梅，富贵不淫其志。日渴善务，手书华严等经论（七行）

（上阙）师札付，赐号玄机拔萃明德大师。皇庆壬子①师年四十有五，厌离世谛，投崇（八行）

（上阙）长构别堂于感通山，而崇奉经像，附以僧房，为栖隐之所。泰定甲子②，师徒居龙（九行）

（上阙）遂为缁流之取范焉。后至元戊寅③春，赵州牧守段敦武，迓请师结制于华藏寺，未几（十行）

（上阙）五十七，段公[5]厚礼葬之，即教主之考也。母军主杨隆福之女，讳观音寿。教主以丙申年④（十一行）

（上阙）写穷天竺梵书，每应檀越之诚心，常演琅函之妙义，占卜有准，符箓通灵，吏案识取，（十二行）

（上阙）摩诘[6]，丹青并侔于黄荃[7]，遐迩请求，官民敬仰，元帅段镇国[8]请画龙顶山[9]佛像，以德持（十三行）

（上阙）藏弘圣二刹，迁赐僧首。品甸赛因达南大王[10]请画金龙山，启禀（十四行）

（上阙）多其墨迹，厥配乃军主杨舍之云孙隆忠之女，讳药师祥。生二子，长曰明，僧规（十五行）

（上阙）主于至正二十六年⑤三月初六日，以疾归真，春秋从心有一，越翌日，火于苍山（十六行）

（上阙）绩，没世无闻，植琬琰而表坟，庶几名传永世，予矜其孝义，为之作铭，铭曰（十七行）

（上阙）惟宗惟祖　名实光荣　乃子乃孙　能事圆成　潜心显密（十八行）

（上阙）寿□有馨　铭之镌之　永振家声（十九行）

碑阴

追为亡（一行）

人大师李珠庆神道（二行）

[1]《故理阳寨长官司案牍段琏墓铭并序》署“王福升撰”，此疑亦其人，东山盖其号。

[2]《元史·卷九一·百官志·诸路总管府》：“至元二十三年，置推官二员，专治刑狱。”

[3]《大明一统志·卷六八·云南布政司·大理府·寺观·崇圣寺》：“苍点山十峰之下，唐开元中建，中有三塔，制极精巧，今名三塔寺。”

[4]待考。八合师即《故神功梵德大阿左梨赵道宗墓碑》所见也先八合失之八合失。

[5]待考。其人当即上文之赵州牧守段敦武。按戊寅当为后至元四年，1338年，时大理总管为段义。查凤仪县（现属大理市）北汤天新出《普宁藏》中《大般若波罗密多经·卷三》末附至正九年武林佛日禅寺住持云屋觉瑞撰《大理赵州南山华藏寺大藏经记》内有“知州信苴贤乃武威公之嫡孙”及“其子奉训大夫大理路总管段信苴义，次子知州信苴祥”等语，知段祥为段义之弟。又据王昶《金石萃编未刻稿》所收《妙观和尚道行碑铭》：“明威公委弟信苴贤即今八伯司副使奉训公也，驭迎还于理。”又大理新出至大二年《加封圣诏碑》末署“明威将军大理路军民总管段信苴政”，知明威将军即段政或段正，段贤乃是其弟，而段义、段祥则都是段贤之子。段贤、段祥，都曾任赵州知州，此赵州牧守段敦武疑即段祥。《元史·卷九一·百官志·武散官》：“敦武校尉，从七品。”

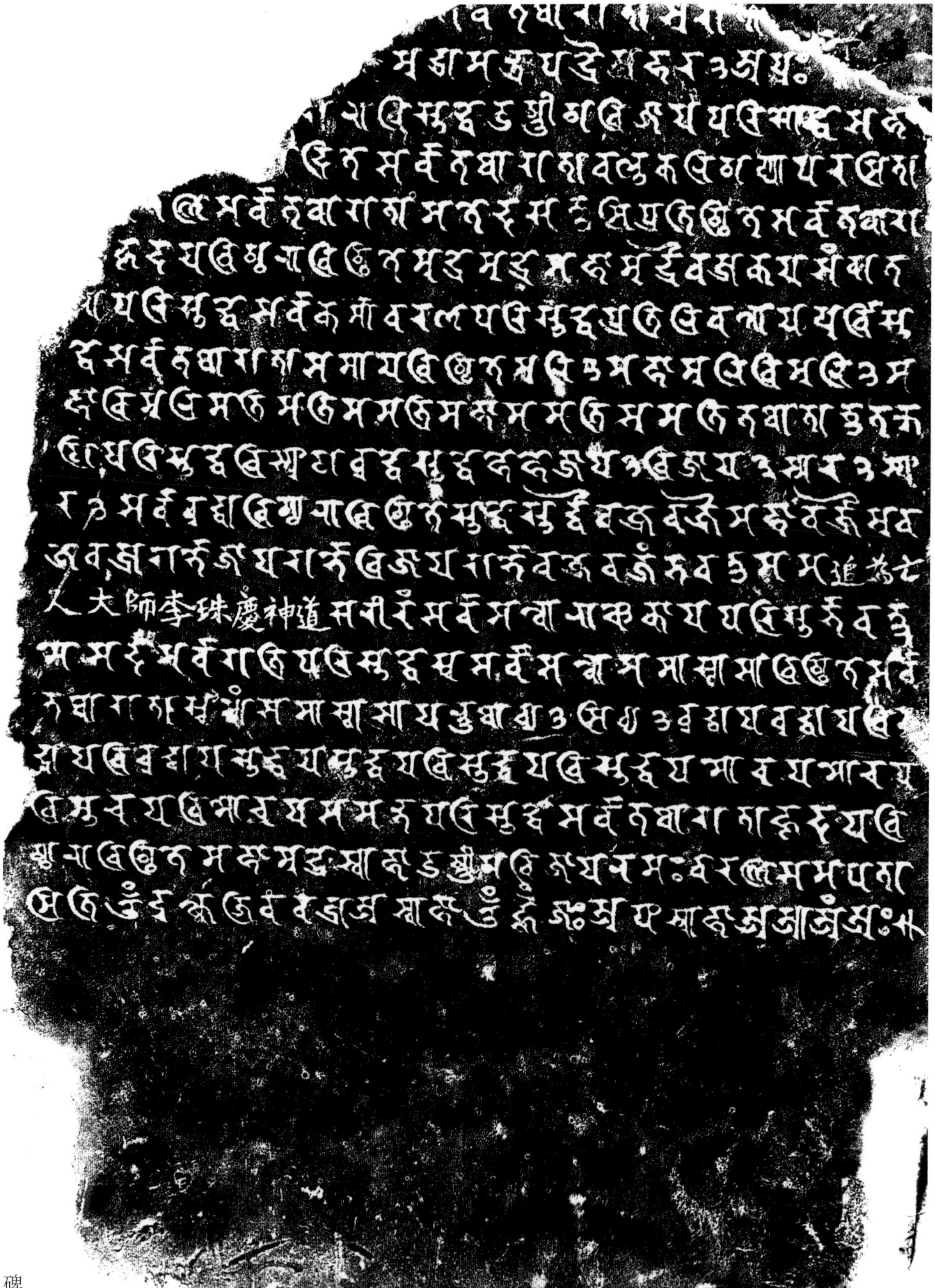

碑阴

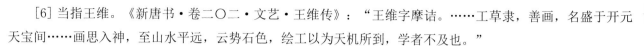

[6] 当指王维。《新唐书·卷二〇二·文艺·王维传》："王维字摩诘。……工草隶，善画，名盛于开元天宝间……画思入神，至山水平远，云势石色，绘工以为天机所到，学者不及也。"

[7] 黄休复《益州名画录·卷上》："（后蜀）黄筌者字要叔，成都人也，幼有画性。……刁处士入蜀，授而教之竹石花雀，又学孙位画龙水松石墨竹，学李升画山水竹树，皆曲尽其妙。"

[8] 颇疑即段胜。前引《明太祖实录·卷七一》：洪武五年春正月癸丑，遣翰林待制王祎偕苏成赍诏谕云南中有"惟尔梁王把都，平章段光，都元帅段胜守镇云南"云云。

[9] 疑即九龙顶山，《大明一统志·卷八六·云南布政司·大理府·山川·九龙顶山》："在赵州南五十里，其山九峰相聚。"

[10] 待考。《大明一统志·卷八六·云南布政司·大理府·云南县》："蒙氏至段氏，并为云南州，又称品甸。元初立品甸千户所，至元中复云南州，后降为县，隶大理路。"此品甸即云南县，今祥云县。《元史·卷三五·文宗本纪》至顺二年夏四月乙卯："镇西武靖王搠思班等已平云南，各遣使来报捷。诸王朵列捏镇云南品甸，自以赀力给军，协力讨贼，诏以袭衣赐之。"《新纂云南通志·卷九四·金石考·元·大盘龙庵大觉禅师宝云塔铭》："明年（至正二十二年）平章政事段敏斋偕品甸大王宝花延住云南水目山。"朵列捏、赛因达南、宝花都曾为品甸大王，然其系属不可考。

①元仁宗孛儿只斤·爱育黎拔力八达皇庆元年（壬子年），1312年。
②元泰定帝孛儿只斤·也孙铁木儿泰定元年（甲子年），1324年。
③元惠宗孛儿只斤·妥懽帖睦尔至元四年（戊寅年），1338年。
④元惠宗孛儿只斤·妥懽帖睦尔至正十六年（丙申年），1356年。
⑤元惠宗孛儿只斤·妥懽帖睦尔至正二十六年／明夏玉珍天统五年（丙午年），1366年。

《大理五华楼新出元碑选录并考释》录文

王　渐　重识　加注

追为亡人杨庆良神识碑

大理石，高 63 厘米、宽 60 厘米、厚 20 厘米。上下皆缺，碑阳碑文右起直书阴刻楷书残存 17 行，行余字不等。碑阴碑文横书阴刻梵文残存 15 行，12 行中左起横书阴刻楷书 1 行。

碑阳

（上阙）远北山住持[1]（下阙）（一行）

（上阙）金齿等处宣慰使司佥都①（下阙）（二行）

（上阙）二十六年五月端午②，前大理义军万户[2]宪卿扬明（下阙）（三行）

（上阙）庆良行壮，乞余志于墓，曰：亡父杨氏，讳庆良，迺昔理朝[3]蒙（下阙）（四行）

（上阙）相　兴宗王，[4]甚有绩焉，厥后历郑、赵、扬三代，[5]而耳孙有扬（下阙）（五行）

（上阙）元帝龙兴，勋功显著，暨癸丑冬归附③，（六行）

（上阙）之后，祖般若庆勤，随云南行省参知政事段中奉信苴实④为秉（下阙）（七行）

（上阙）献赴（八行）

（上阙）妻张氏曰贤，贤长女观音禾。有三男，长曰庆善，次曰庆（下阙）（九行）

（上阙）俭温厚。至不惑，随嘉议大夫八伯宣慰使司都元帅卜颜失[6]（下阙）（十行）

（上阙）省移咨中书，升充为孟老甸长官司长官。室陈氏女娘（下阙）（十一行）

（上阙）史，后因红巾陷滇，[7]公乃参随云省首相段荣录平章敏斋[8]（下阙）（十二行）

（上阙）曰君，曰护，泰定丁卯⑤，妣娘玉因疾而逝。继母前大理路（下阙）（十三行）

（上阙）亡父志不好仕，治家有道，供僧数万指，缮绘佛图于诸山（下阙）（十四行）

（上阙）三日辞众属而逝，纵心有六，宪卿哀泣，厚葬荐崇，不违于（下阙）（十五行）

（上阙）于碑阴；庸拔其往，识于觉地，抑亦示将来之不朽云。（下阙）（十六行）

至正廿[9]十年　重阳日立石（十七行）

碑阴

追为亡人杨庆良神识⑥

[1] 疑为用源撰文。

[2] 义军万户当即义兵万户。义兵乃元末镇压农民起义之一种地主武装，《元史·卷九二·百官志·义兵万户府》：“至正十四年二月，诏河南、淮南两省并立义兵万户府。五月置南阳、邓州等处毛胡芦义兵万户府，募土人为军。免其差役，令讨贼自效。”另据《元史·卷四五·顺帝本纪》所载，义兵万户府实不限于河南、淮南，远至泉州亦有义兵万户叛据之事，则大理之有义军万户，原不足异。

[3] 据此碑及《故大理□□氏躬节仁义道济大师墓碑铭并序碑》《□兆郡夫人墓志铭碑》及《追为亡人大师李珠庆神道碑》，或称理朝，或称理、故理。大理或后理均以理为国号，后自是附加词，大亦非译音，俄文新译本拉施特《史集》第一卷第一五六页云：“汉言大理，其义大国。”（参看《清华学报》第十四卷第一期邵循正《剌失德丁集史忽必烈汗纪译释》）。明人犹识此义。杨士云《弘山文集·卷一一·大理郡名议》有谓：“大汉、大唐、大宋，中国帝王有天下之鸿号也，即大夏、大商、大周之义也。段氏小丑也，安得而僭之！”云云。淡生堂钞本《南诏野史·大天兴国条》：“赵氏国号立未久，（杨）干贞又篡赵，号大义宁，才八年，通海节度使段思平讨之，自立号理国，即大理。”所说不为无据。

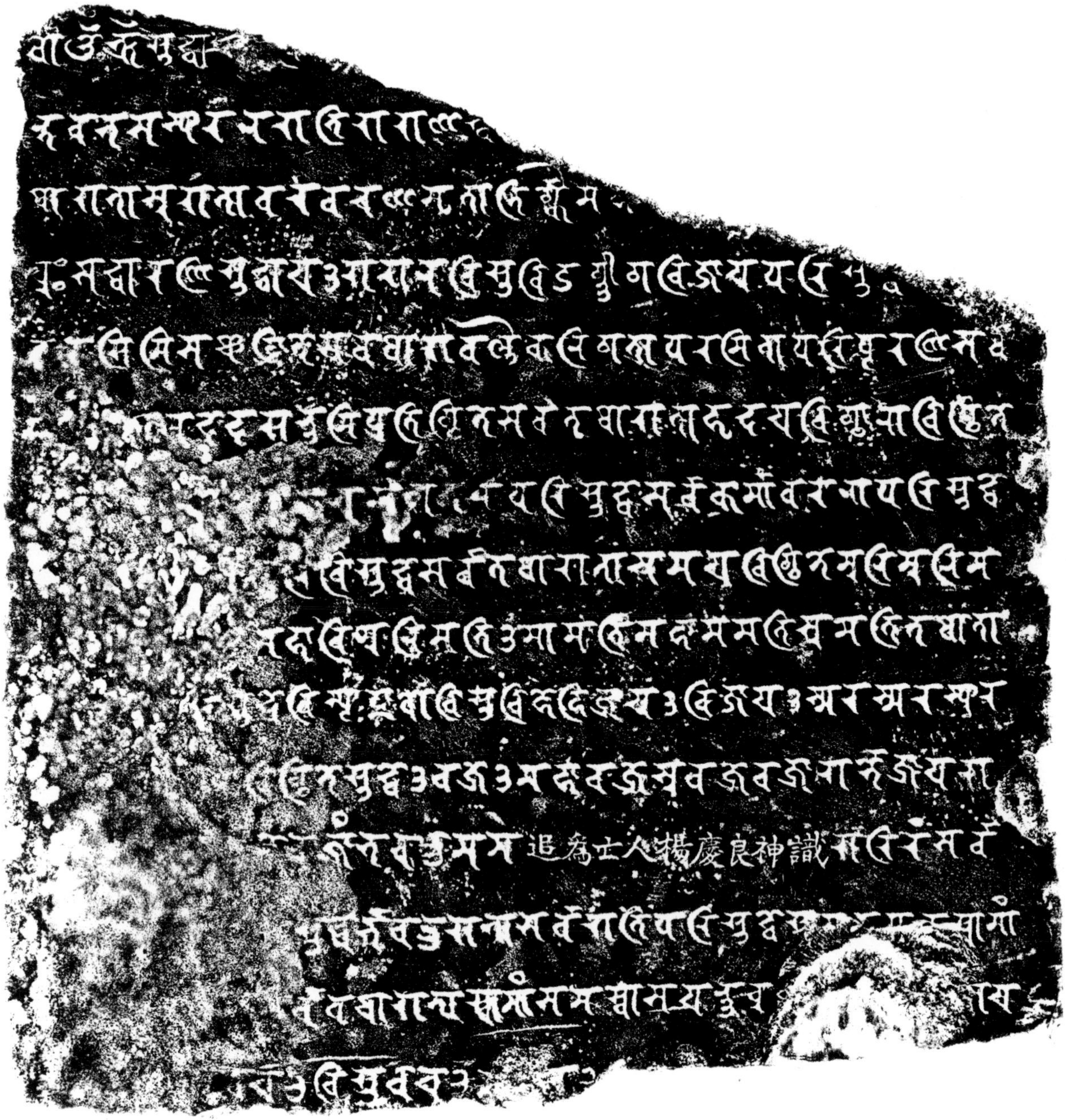

碑阴

[4] 李京《云南志略》："大蒙国"细奴罗……子罗晟立，是为兴宗王。"淡生堂钞本《南诏野史》大蒙国：兴宗王名罗晟伪谥兴宗，"唐上元元年即位，年二十一"。

[5] 据《滇载记》，郑买嗣唐昭宗光化五年（天复二年，902 年）灭南诏蒙氏。建大长和国；赵善政后唐明宗天成三年（928 年）为杨干贞拥立，灭郑氏，建大天兴国；旋杨干贞又夺赵氏位，自立为大义宁国。此所谓郑赵扬（通杨）三代。

[6] 疑即普颜失立。《元史・卷二十九・本纪第二十九・泰定帝一》载：泰定二年秋七月庚午，"威楚、大理诸蛮为寇，云南行省请出师，不允，遣亦剌马丹等使大理，普颜失立等使威楚，招谕之。"道光《云南通志稿・卷一二五・秩官志・使命・元・亦剌马丹》载：普颜失立"俱不知何官"。今得此碑，略可补普颜失立仕履。

[7] 元末利用白莲教组成的农民起义军，刘福通、郭子兴、徐寿辉、布王三、孟海马所领导的几支均以红布裹头为号，称红巾军。此处所指乃以四川为根据地明玉珍所领导的红巾军。玉珍本徐寿辉部下，红巾军入滇事在顺帝至正二十三年。

[8] 即段功。前引《大盘龙庵大觉禅师宝云塔铭》"明年，平章政事段敏斋阶偕品甸大王宝花延住云南水目山"之文，可参证。

[9] 按此处廿当为二十之异写，重出十字，上文有至正二十六年乞铭之语，则碑当立于至正二十六年之后。又所署年份，若非"十"字有误，或"廿十"为"三十"之异写乎。

①金齿等处宣慰司都元帅府为至元二十八年（1291 年）二月立。大理金齿等处宣慰使司都元帅府秩从二品，使三员从二品、同知二员从三品、副使二员正四品、经历二员从六品、都事二员从七品、照磨兼架阁管勾一员正九品。宣抚司秩正三品，每司达噜噶齐一员，宣抚一员，同知、副使各二员，佥事一员，计议、经历、知事各一员，提控案牍架阁一员。

②至元二十六年，1289 年。

③ 1253 年 12 月 15 日占领大理国都城。

④《元史・世祖本纪》中统二年（1261 年），赐大理国主段实虎符，优诏抚慰之。段实即信苴日，盖受元官后改名，以示服元也，1281 年为云南行省参知政事，《元史》有传。

⑤ 1327 年。

⑥杨庆良即扬庆良，杨、扬为同一个字。

《大理五华楼新出元碑选录并考释》录文

何永超　重识　加注

追为亡人杨昭宗神道碑

青石，高102厘米、宽50厘米、厚13厘米。方形碑，上端略有缺损。碑阳碑文右起直书阴刻行楷16行，行约40字，右上角部分文字被凿毁。碑阴上端残存梵文种子字母4字，碑文横书阴刻梵文19行。第13行末及14行首间刻右起横书阴刻楷书2行，由下而上，下部正中阴刻狮形纹饰。

碑阳

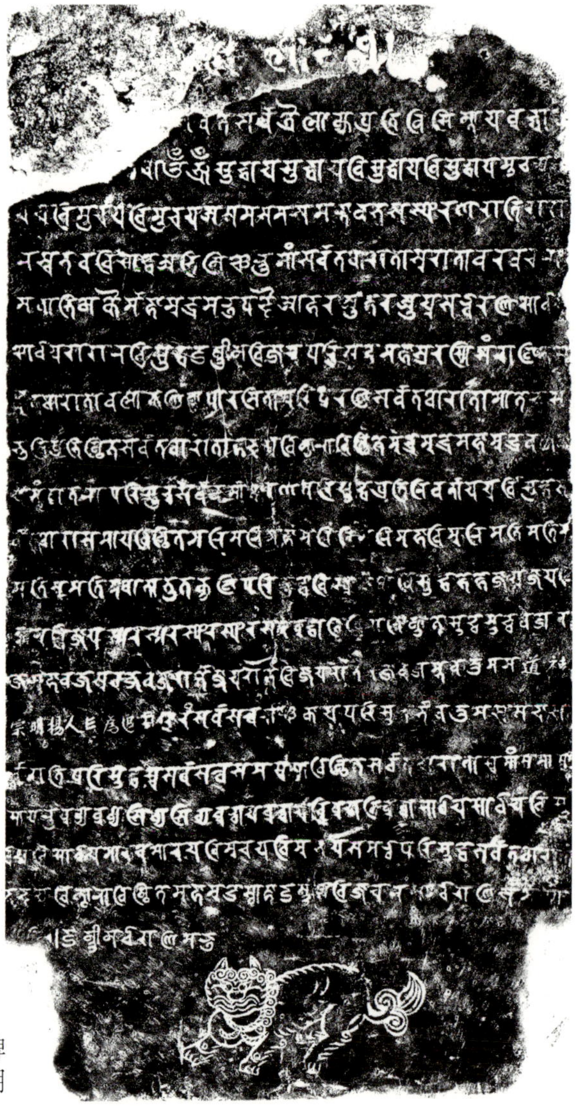

碑阴

（上阙）儒林郎前大理路推官滇郡李敬仁撰　江南武林灵隐寺沙门晚堂书丹（一行）

（上阙）彦诚，号复斋，世谱：高祖曰琮，乃大理巨族。琮生福，福生庆，庆生三子，长曰坚，为马□（二行）

（上阙）婆塞戒法，三曰生，生生明，为人性善，日课观音万声，年四十而卒。娶杨氏曰贵，生（三行）

（上阙）三曰通。四即彦诚也。母确守孀节，教养四子，黾勉敦严。海由吏入仕，甫学佛道。□（四行）

（上阙）[长]于文，通务农赡家，彦诚习通经史，清秀不与群侔，乡族有孝弟之称，故云省平章（五行）

□□□□□□□路侯时惧其宗属子侄逸居无教，请彦诚正蒙化州学训，[1]州牧段信苴兴□生礼义，（六行）

□□□敦有方。进士长宁州守支龙溪公[2]避地来寓是邦，观其所学，足冠苍珥，乃字其德而号其斋，士（七行）

□□□咸励子弟，以彦诚为法焉，然彦诚性常鲠直，州牧远耆比顽，与之数谏，不意取嗔，于丙午年①□（八行）

□□□二日，被其致戮而亡，遂卜窌葬于苍山之先茔，不逾年州牧亦坐法焉，彦诚春秋二十七，娶王（九行）

氏。余因寓卤村，无极师固优诸作，以亲故，不自述，哀具其由，请铭于余[3]，余曰：古之士夫君子，于生死之道。（十行）

或得正命而逝，或于去就事谏之机，遭厄暴恶而陨者有之矣。况孔门罹诸患难，靡不关系命焉。且杨（十一行）

子为读书人矣，其教问之实，慫劝之诚，人孰不知，夫以杨子之心，而回州牧不善，遂无至于后患之危而回州牧不善，遂无致于后患之危（十二行）

矣，州牧之咎不误，杨子之戮亦无以见诲谏之是矣。虽然，杨子之死，命矣夫！因为之铭，铭曰（十三行）

古之志士　轻生重义　生死之机　宁期所遇　纳诲从规　人踈监视（十四行）

归咎何由　命之所致　勒此坚铭　俯仰无愧　俾览汗颜　嗟吁堕泪（十五行）

至正二十八年②岁次戊申四月十有三日兄杨海杨通立石　石匠提领杨公刊（十六行）

碑阴

道神（一行）

宗昭杨人亡为追（二行）

[1] 当即儒学训导，亦可为州学有儒学训导之证。

[2] 景泰《云南图经志·卷一·云南府·官名·支谓兴》：“字文举，号龙溪，郃阳人，至顺庚午科第二甲赐同进士，授承事郎，成都路汉州同知，四川儒学提举，嘉定路总管府判官，长宁知州。”

[3] 按无极乃元末明初云南名僧，《滇释纪·卷二》入《明释传》，《新纂云南通志·卷一〇五·宗教考》有考。据《滇释纪·本传》：“荡山法天无极禅师，大理名家杨氏子”，此云无极与彦诚为亲，姓氏合。其具体关系待考。据碑：杨庆有三子，长曰坚，三曰生，彦诚即生子明之第四子。杨庆之第二子有阙文，失名，但云“（上阙）婆塞戒法”，其人或即无极，然则彦诚于无极为从孙。未敢断定其是，仍待续考。此碑对无极与杨彦诚之关系及其与李敬仁之交游，足资考证。

①元惠宗至正廿六年／明夏玉珍天统五年，丙午年，1366年。

②元至正廿八年／明洪武元年／明升开熙二年，戊申年，1368年。洪武十五年，明灭大理，因此大理沿用元号。

《大理五华楼新出元碑选录并考释》录文

王　渐　重识　加注

大光明寺住持瑞岩长老智照灵塔铭并序碑

青石，通高160厘米、宽59厘米、厚21厘米。方形碑，有额，碑身与碑额为一体。碑阳碑额中刻篆书“智照塔铭”4字，周围饰云龙纹及梵文五方佛种子字母。碑文右起直书阴刻楷书25行，行约50字。碑阴额正中刻浅浮雕尊胜佛母坐像，周围凿损严重。碑文横书阴刻梵文残存20行，左下部凿损。

碑阳

碑阴

大光明寺住持瑞岩长老智照灵塔铭并序（一行）

资善大夫云南诸路行中书省左丞大理顺宁等处宣慰司土官宣慰使玉山段信苴宝[1]篆额（二行）

威楚定远县住北山用源　撰　光明寺　雪林雄照　书丹（三行）

世衰道微而节不变，任重路遥而力不亏，放旷于空寂之门，优游于佳丽之地，所谓守死善道者，其瑞岩师之谓欤，师讳祥，号瑞岩。（四行）

本怯薛官[2]兀鲁氏[3]子，其先北庭察罕脑儿[4]人，大父讳南嘉台，至元初，（五行）

诏南嘉台侍从（六行）

谏凤哥赤云南王[5]殿邦南方。越四年，又（七行）

命南嘉台为总兵官，薄伐大缅，因功授正议大夫同知普安宣抚司事，既而家焉。父完者，袭嵩盟州达鲁花赤，[6]娶贡驾剌氏女，[7]生瑞岩。（八行）

师赋性淳淑，父母钟爱，至治初，年甫十四，投中庆妙高山[8]月□长老　祝发为僧，初受沙弥戒法，学习经文，侍师左右，八九年间，精勤（九行）

无倦。逮天历庚午，中庆镇兵叛，[9]师避乱大理暨腾冲之初，蒙土官高侯[10]延之以金轮寺。[11]既经年，□□苍珥间，时总管段奉训[12]复任以（十行）

大光明寺。权数十年，僧徒供馔，院宇修葺，大有功效，远近□□□□至正九年，龙集己丑，□云南省平章政事三旦班荣禄[13]给咨赴（十一行）

提□□得观光□□□，遂诣大觉寺，[14]参觐（十二行）

帝师，[15]蒙赐法旨，又蒙灌顶国师授以六字真言秘诀。未几，幸逢□诞（十三行）

□节，特诣阙祝赞，序立殿陛之左，亲瞻（十四行）

□穆之光，私窃踊跃，焚香□□。（十五行）

［至］德宴罢，蒙锡　玺书，仍旧充□□大□□寺住持长老，给驿驰□。□□癸卯，土官段亚中于云南省有大功勋，册功升为行省□平章[16]（十六行）

本镇大理路升为大理宣慰司，嗣男段信苴宝，字惟贤，升为宣慰司世袭宣慰使，兼云南省左丞。惟贤赋性仁慈，廉清勤俭，焯有父（十七行）

风，年虽弱冠，赈孤恤贫，濯痍煦寒，大得民心，民乐其生，又能崇信三宝，以故诸山列刹，硕德禅衲，员以千数。而瑞岩师夏腊高迈，耆（十八行）

年第一。尝致书于双清堂曰："□承数世国君之令德，久住名刹，将五十年，虽无嘉迹以诒于后，幸树兹灵塔，以著师资传授之绪，且（十九行）

旌段氏累世有功于　国家，以兹报德，将无取笑于后乎？且塔古有铭文，愿故旧不遗，何幸如之。"予拆书而知其意，乃谓之曰："夫自（二十行）

宇宙以来，有物必有名，有形必有影，自古及今，莫能掩也，而师于山河秀丽之地，自始至终，檀信敬仰，坚持梵行，老不少怠，而留名（二十一行）

遗影，以劝于后，若夫身世梦幻，有为无常，此为释子素所言也。虽然，以幻修幻，幻无自体，复何疑焉。"铭曰：法山律崒　法海弥漫（二十二行）

法衍支那　法灯普焕　节彼苍岳　迹胜地灵　宝坊梵宇　花木锦城　爰有檀信　爵称侯伯　先宗后嗣　克笃前烈　眷兹妙高（二十三行）

天目之孙　克承芳躅　南诏流芬　黾勉祥公　迺其苗裔　挹彼注兹　僧参俗稽　点苍苍苍　洱水洋洋　司厥疆土　系于包桑（二十四行）

大元宣光九年龙集己未[17]三月清明（中阙）领杨公雕（二十五行）

[1] 按《新纂云南通志·卷九四·金石考·元·段信苴宝立常住记》，宝署衔“大元国奉训（按：原误作顺）大夫都元帅”，碑当立于至正三十年。今此碑署衔“资善大夫云南诸路行中书省左丞大理顺宁等处宣慰司土官宣慰使”，碑立于宣光九年。按蒋彬《南诏源流纪要》：“功死子段宝（钞本误作实）以洪武元年嗣职，梁王遣将屡攻大理不克，乃讲和，奏升宝为云南左丞。”各本《南诏野史》《滇载记》所记略同。洪武元年当至正二十八年，前碑立于至正三十年而不署左丞衔，后碑立于宣光九年北元天元元年，洪武十二年（1379年）乃署之，不知何故。若非授职年份有异，则或段宝初时拒不奉命，后始受之乎。

[2] 怯薛乃成吉思汗创设的一种宿卫亲军。怯薛《元朝秘史》作客失克，旁译作“直班”“直”“班”，义为“番直”。宿卫之士《元史》作怯薛歹、怯薛带、怯薛台、怯薛丹，《元朝秘史》作客失克田，旁译护卫的每。成吉思汗将其宿卫之士分为四班，更番直班守卫，称为四怯薛。日本箭内亘博士著《元朝怯薛考》，可参照。

[3] 蒙古氏族名，《元朝秘史》作兀鲁兀惕、《圣武新征录》作兀鲁吾、《元史》作兀鲁兀台、兀鲁兀、兀鲁吾、吾鲁兀、兀鲁带、兀鲁、兀鲁兀敦（敦为惕之属格）。陶宗仪《辍耕录·卷一·氏族·蒙古七十二种》作兀鲁歹，重出作兀鲁歹、兀罗歹、兀罗罗歹。

[4] 察罕脑儿译言白色湖，元人诗文中多称为白海。为元代两京往来必经之地。

[5] 即云南王忽哥赤，世祖第五子。

[6] 达鲁花赤即长官，在蒙古早期迄有元一代，若干机构及各级地方行政单位辄设此职以统管之，人选例以蒙古、色目人充任，此制自成吉思汗征西域时首先建立，《元朝秘史》作答鲁合臣，旁译“镇守官名”。虞集《道园学古录·卷二五·大承天护圣寺碑》：“国语达鲁花赤，官属之长也。”王毅《木讷斋文集·卷三·代章益三上黑的元帅书》：（六月）二十七日克服（青田）县治，惜乎钱粮全乏，士卒饥疲，其官长达鲁花赤赍印远逃，不知去向。又郑玉《师山文集·卷六·徽州路达鲁花赤合剌不花公去思碑》：“皇元奄有天下，立经陈纪，设官分职，所以为吾民者至矣。各路设达鲁花赤一员，位在守贰之上，所以总裁政务，表率僚采，监临一郡也。按译言达鲁花赤汉言括囊玉也，言政之得失，系于长官，犹囊之启闭在于玉耳。”叶子奇《草木子·卷之三下·杂制篇》：“元路州县各立长官曰达鲁花赤，掌印信，以总一府一县之治，判署则用正官，在府则总管，在县则县尹。达鲁花犹华言荷包上压口捺子也，亦由古言总辖之比。”此外，达鲁花赤时亦称为监，如监路、监县等，《元史·卷一六七·张庭珍传》：“改郢，复二州达鲁花赤，宋平，迁平江路达鲁花赤。”姚燧《牧庵集·卷二八·南京路总管张公墓志铭》：“明年改监郢、复二州，位安抚使上……（至元）十四年升嘉议大夫，监平江路，位总管上。”是其例。

[7] 此乃一著名蒙古氏族。《辽史·卷三〇·天祚记》作王纪剌，《金史·卷九三·内族·宗浩传》作广吉剌，《元史·卷五五·百官志》作光吉剌，《元朝秘史》作翁吉剌惕，《圣武亲征录》作弘吉剌，《元史》作弘吉剌、弘吉烈、弘吉列带、弘吉烈带、雍吉剌、雍吉烈、雍吉剌、瓮吉剌带、瓮吉里，陶宗仪《辍耕录·卷一·氏族·蒙古七十二种》作瓮吉剌歹，重出作瓮吉歹。《元史·卷二一·成宗本纪》：大德七年八月癸巳，“月里不花将瓮吉里军赴云南，道卒，以其子普而耶代之”。是云南固有弘吉剌族人，贡驾剌当即其对音。

[8] 道光《昆明县志·卷一·山川志·三华山》载：“在昆明县西北三十五里，一名妙高山。”又《卷四·祠祀志》载：“石宝庵以石宝山名也。又北而西三华山为妙高寺，蒙氏建。林壑幽奇，栋宇璀粲，不假拂拭，自无尘埃，滇中叠遭兵燹，而此寺林木独存，信西南之福地也乎。”则寺以山名。月口长老未详。

[9] 庚午当为天历三年，即至顺元年，1330年，云南有诸王秃坚及万户伯忽领导的兵变，一时声势甚盛，元政府发各地之军以讨之，直至至顺二年初乱事始平，散见《元史·卷三四·文宗本纪》。此事在云南颇有影响，《元史·卷三八·顺帝本纪》元统二年六月丁巳朔：“中书省臣言：云南大理、中庆诸路，曩因脱肩（秃坚）、败狐（伯忽）反叛，民多失业，加以灾伤民饥、请发钞十万锭，差官赈恤。从之。”

[10] 乾隆《云南腾越州志·卷一·建置·建置沿革考》载：“元世祖为太弟时开云南，宪宗三年，腾越土酋高救内附，高氏先世官于腾，仍命其后继为之守，腾冲知府高泰、高惠其后也。”光绪《腾越厅志编·卷七·秩官志·官制题名·元·知府同知》载：“高泰，腾冲府知府，顺帝时任。”又《卷二〇·杂记志·邱墓·元·威

抚将军》载：腾冲府知府高泰墓“在来凤山，时知府带戎，号曰将军”。知腾冲历有土官高氏，其高泰未审即此碑之“土官高侯”否。

[11]《大明一统志·卷八七·云南布政司·腾冲军民指挥使司·山川·土山》载：“在司城北一十五里，上有龙池，周五十余丈，下亦有龙池，池旁金轮寺。”康熙《云南通志·卷一九·寺观永昌府·腾越州·金轮寺》载：“在州城西五里。”又乾隆《腾越州志·卷四·城署·寺观·金轮寺》载：“城西五里。相传蒙诏时夷首建殿于此，以名大佛寺，有大佛会。”

[12]天历庚午当为至顺元年，既经年，当为至顺二年。是时大理总管在任者，各本《南诏野史》著为段俊，疑是。此奉训大夫，亦即其人。其在位年数，《增订南诏野史》订为一年，淡生堂钞本《南诏野史》订为三年，王本《南诏野史》订为四年，当不止此。据《滇载记》，五代总管段隆，六代总管段俊，七代总管段义，诸书无异说。考《大理庙学残碑》于延祐庚申（七年，1320年）下著朝列大夫（中阙）段隆之名，而《至正七年残碑》于至治二年（1322年）下有奉训大夫军民总管（下阙），云云。《元史·卷九一·百官志·文散官》载：朝列大夫，从四品。奉训大夫为从五品，显非一人，则此奉训大夫非段俊莫属。又此碑于天历庚午（三年，至顺元年，1330年）之次年（至顺二年，1331年）著“总官段奉训”云云，亦应是段俊。《金石萃编未刻稿》所收《增建大圆济宫记》（亦见《新纂云南通志·卷九五·金石考·元·存目·增建大圆济宫碑》引道光《云南通志·卷一九六·金石门》云：“至顺二年辛未正月十九日，承事郎蒙化州段信苴义立石。”是年段义尚未任总管，总管仍是段俊，此亦一证。又普瑞撰《(□大理□差库大使董逾城福墓志□》称“至顺癸酉（四年，1333年）秋，诸孤以家严之得实求铭”，中有“（上阙）总管信苴隆孙总管信苴俊三代”之语，则此时段俊仍任总管。复查《故神功梵德大阿左梨赵道宗墓碑》于至正（原作至元，疑误，改，参前注）二年（1342年）及六年（1346年）下有“委路侯总管段信苴义”之语，则此时已为段义在职。

[13]即三旦八。景泰《云南图经志书·卷一·云南布政司·云南府·名宦》载：“三旦八至正间为云南行省右丞，善于为政，深得军民之心，有遗爱焉。”据碑知至正九年实任云南省平章政事，荣禄大夫，又《元史·卷四四·顺帝纪》至正十六年六月甲寅条，《元史·卷四五·顺帝本纪》至正十八年八月丁卯条，并著江浙行省平章政事三旦八事，盖即此人。参见朱德润《存复斋集》附录周伯琦《有元儒学提举朱府君墓志铭》，杨维桢《铁崖文集·卷二·江浙平章三旦八公勋德碑》，赵汸《东山存稿·卷五·克服休宁县碑》。

[14]《大明一统志·卷一·京师·寺观·大觉寺》载：“在府西北三十里，宣德二年因旧重建，正统十三年重修。”未悉即此否。

[15]元代崇信喇嘛教，世祖时封西藏大喇嘛八思巴为帝师，命其主持总制院（后改宣政院），总管全国佛教事务及藏族地区一应政教事宜，赐以“皇天之下一人之上开教宣文辅治大圣至德普觉真知佑国如玉大宝法王西天佛子大元帝师”的法号，自是其徒嗣者咸称帝师。《元史·卷二〇二·释老传》载：天历二年以辇真吃剌失思嗣为帝师，至正九年智照所参觐之帝师是否此人，待考。

[16]《敕授鹤庆路照磨杨伯□墓志》所署篆额之“亚中大夫大理路军民总管府总管段信苴功”，即此，碑云：“□□癸卯，土官段亚中于云南省有大功勋，册功升为行省□平章”，所指即段功败红巾军事，癸卯当至正二十三年，事见《滇载记》及《南诏野史》。碑此处隐约言之，似有所讳，盖功后为梁王所忌遇害故也。

[17]按宣光为北元顺帝太子爱猷识理达腊即位后所用年号，其元年当为洪武四年，1371年。宣光年号只八年，无九年，宣光八年当为洪武十一年，1378年，是年爱猷识理达腊卒，弟脱古思帖木儿继之。明年，改元天元。当时云南在梁王统治下，犹奉北元正朔，交通阻隔，不知改元事，仍以宣光九年纪年，实当为洪武十二年己未，1379年。参见《关于北元宣光年号的考证》一文（载《蒙古史研究论文集》，中国社会科学出版社1984年第一版本；又《元史论集》，人民出版社1984年12月第一版本）。

《大理五华楼新出元碑选录并考释》录文

王　渐　重识

杨孝先墓志碑

青石，高96厘米、宽60厘米、厚16厘米。方形碑，碑上部缺失。碑阳碑文右起直书阴刻楷书19行，行约40字。

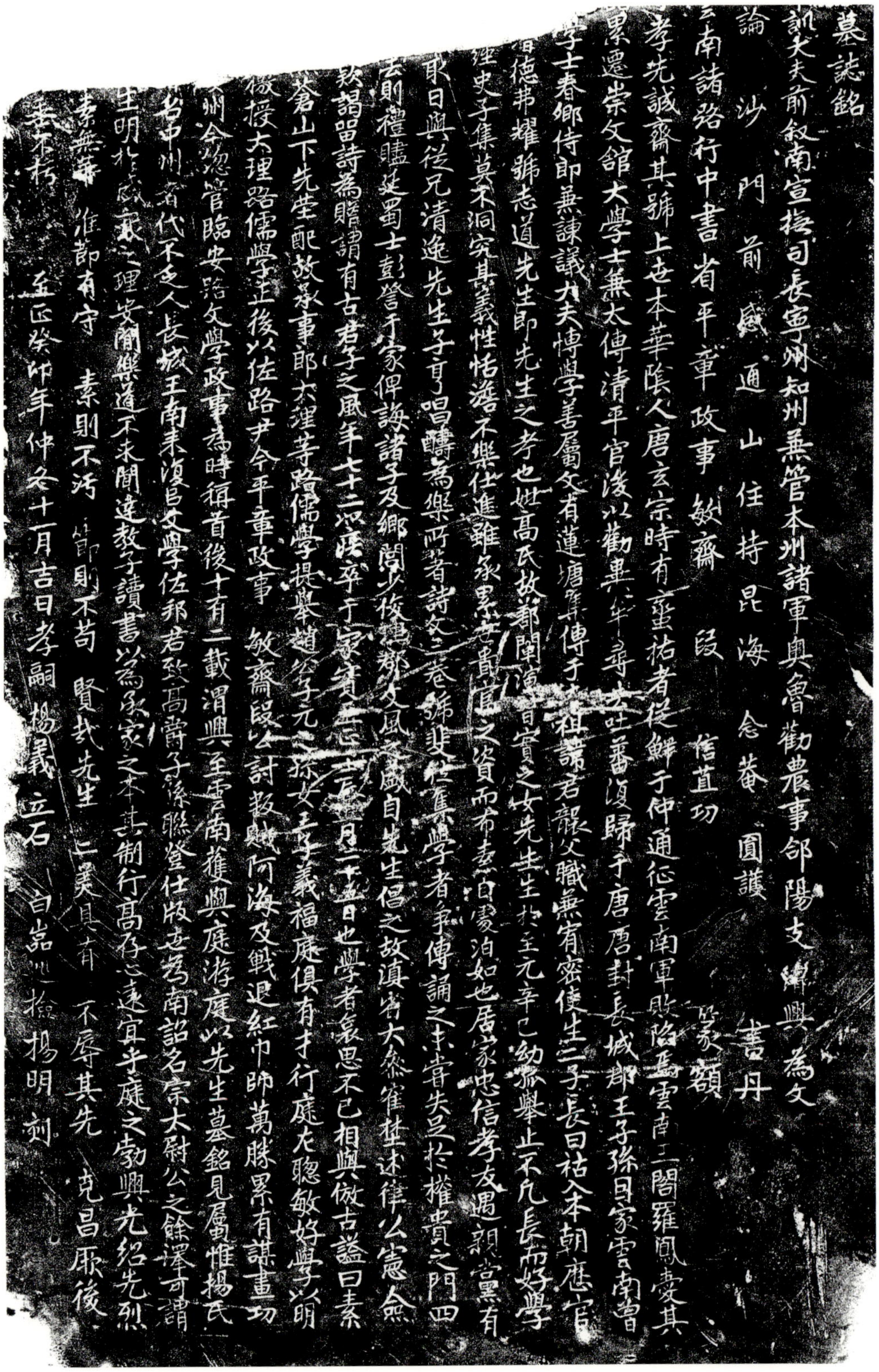

□□□□□□□墓志铭[1]（一行）

□训大夫前叙南宣抚司[2]长宁州[3]知州兼管本州诸军奥鲁[4]劝农事[5]部阳[6]支渭兴为文（二行）

□□论沙门前感通山住持　昆海念庵圆护　书丹（三行）

云南诸路行中书省平章政事敏斋段信苴功　篆额（四行）

（上阙）字孝先，诚斋其号，上世本华阴[7]人，唐玄宗时，有蛮祐[8]者，从鲜于仲通①征云南，军败陷焉。[9]云南王阁罗凤　爱其（五行）

（上阙）累迁崇文馆大学士兼太傅[10]清平官，后以劝异牟寻[11]去吐蕃复归于唐，唐封长城郡王[12]，子孙回家云南。曾（六行）

（上阙）学士春卿侍郎　兼谏议大夫，[13]博学善属文，有《莲塘集》传于世。祖讳君，袭父职，兼宥密使。[14]生二子，长曰祐，入本朝历官（七行）

（上阙）德弗耀，号志道先生，即先生之考也。妣高氏，故鄯阐②演习实之女。先生生于至元辛巳③，幼孤，举止不凡，长而好学，（八行）

（上阙）经史子集，莫不洞究其义，性恬淡，不乐仕进；虽承累世贵宦之资，而布素自处，泊如也。居家忠信孝友，遇亲党有（九行）

（上阙）取，日与从兄清逸先生子亨[15]唱酬为乐。所著诗文三卷，号《斐然集》，学者争传诵之。未尝失足于权贵之门，四（十行）

（上阙）去则礼熙延蜀士彭誉于家，俾诲诸子及乡闾少俊。理郡文风之盛，自先生倡之。故滇省大参鹤野述律公、[16]宪佥（十一行）

（上阙）款谒，留诗为赠，谓有古君子之风。年七十二，以疾卒于家，实至正壬辰④正月二十五日也。学者哀思不已，相与仿古谥曰素（十二行）

（上阙）苍山下先茔。配故承事郎大理等路儒学提举赵公子元[17]之孙女。三子：义、福、庭。俱有才行，庭尤聪敏好学，以明（十三行）

（上阙）檄授大理路儒学正。[18]后以佐路尹今平章政事敏斋段公⑤讨叛贼阿海及战退红巾帅万胜，[19]累有谋画功，（十四行）

（上阙）州，今总管临安路文学政事，为时称首。后十有二载，渭兴至云南，获与庭游，庭以先生墓铭见属。惟杨氏（十五行）

（上阙）名中州者代不乏人，长城王南来，复以文学佐邦君，致高爵，子孙联登仕版，世为南诏名宗，太尉公[20]之余泽可谓（十六行）

（上阙）生，明于盛衰之理，安闲乐道，不求闻达，教子读书以为承家之本；其制行高，存心远，宜乎庭之勃兴，光绍先烈。[21]（十七行）

（上阙）素无华，维节有守。素则不污，节则不苟。贤哉先生，二美具有。不辱其先，克昌厥后。（十八行）

（上阙）永垂不朽。至正癸卯年[22]仲冬十一月吉日孝嗣杨义立石白岩巡检杨明刻（十九行）

[1] 此墓志系《考古》1994年第一期大理市博物馆《云南大理发现元代碑刻》一文所收，原为大理五华楼出土故物，流落民间，1989年征集回馆。因此补录于此。

[2] 即叙南等处蛮夷宣抚司。见《元史・卷六〇・地理志・四川等处行中书省》著录。

[3]《新元史・卷四八・地理志・四川等处行中书省・马湖路・长宁州》：“下。本羁縻州，宋政和中建为长宁军，至元十二年，守将黄立以城降。二十二年，设录事司，后与所属安宁县俱省入本军。泰定二年，又改军为州。”

[4] 奥鲁，蒙古语，义为“老小营”，指出征军人后方家小之军户，初由奥鲁官管理，后改由地方官兼领。

[5]《元史·卷九三·食货志·农桑》：至元七年，立司农司，“专掌农桑水利，仍分布劝农官及知水利者，巡行郡邑，察举勤惰，所在牧民长官提点农事，岁终第其成否，转申司农司及户部”。

[6]《元史·卷六〇·地理志·陕西等处行中书省·奉元路·同州·郃阳县》：“下。”治所在今陕西郃阳县东南。

[7]《元史·卷六〇·地理志·陕西等处行中书省·奉元路·华州·华阴县》：“下。”治所在今华阴县东南。

[8] 按《僰古通纪浅述》著录有“杨蛮佑”之名，当即其人。“祐”“佑”字通。

[9]《滇载记》：“阁罗凤之立，以天宝八年。……天宝十年夏四月庚寅，剑南节度使鲜于仲通将命致讨，凤伽异及段俭魏逆战于西洱河。唐兵死者六万人，仲通仅以身免。”

[10] 无考。

[11]《滇载记》：“异牟寻以唐代宗大历十四年嗣立，有智术，善抚众。”

[12] 无考

[13] 无考。

[14] 无考。

[15] 即杨泰。《敕授鹤庆路照磨杨伯□墓志碑》《张长老墓碑》撰人。

[16] 即述律杰。本名多儿只、铎尔直。亦作萧从道、萧存道、萧遵道、契丹人。曾任云南行省参知政事，故称“大参”云云。鹤野其号。

[17] 即《赛平章德政碑》撰人。

[18]《元史·卷八一·选举志·学校》：“凡师儒之命于朝廷者，曰教授，路府上中州置之。命于礼部及行省及宣慰司者，曰学正、山长、学录、教谕，路、州、县及书院置之。”

[19] 明黄标《平夏录》：“戊戌春二月，完者都来自果州，屯嘉定之大佛寺（一名凌云），规复重庆，（明）玉珍使义弟明二御之。明二者，黄陂人也，智勇过人，玉珍宠爱之，妻以弟妇，称为明二（一曰三奴），后复姓名曰万胜。”

[20] 当即上文之“太傅”，重出互异。指蛮祐。

[21]《新纂云南通志·卷九四·金石考·后期·元》所收《玉井亭记》，署杨庭撰，殆即其人。

[22] 当为至正二十三年，1363 年。

①鲜于仲通（693—755 年），本名鲜于向，字仲通，蓟州渔阳县（今天津市蓟县）人。唐朝时期大臣。开元二十年（732 年），中进士，交好杨国忠。天宝九年（750 年），荐为剑南节度使。天宝十年（751 年），攻打南诏战败，仅以身免，迁为京兆尹。天宝十二年（753 年），违背杨国忠遭到贬官。天宝十四年（755 年），病故，著有《鲜于向集》，如今已佚。

② 937 年，白蛮段思平联络滇东乌蛮三十七部灭杨氏，建大理国。其疆域基本同于南诏，行政区划分八府、四郡、四镇。鄯阐府为八府之一，府治仍在鄯阐城。辖有昆明、晋宁、嵩明、禄丰、易门、安宁、罗茨等县。“大理国仍以鄯阐为东京，在鄯阐设有东府。北宋仁宗宝元三年（即康定元年，1040 年），在段素明任命布燮段子琼与三十七部会盟石城，平定求州首领代连弄之后，时和年丰，段素兴雅好游侠，广营宫室于东京……”倪蜕（原名羽，字振九，晚更名蜕，自号蜕翁，松江人，久居昆明。清代诗人、云南史研究学者，著有《滇小记》《滇云历年传》）称：“东京，即今省城。蒙段时，城亦甚小。宋徽宗政和元年（1111 年），滇东三十七部起事，

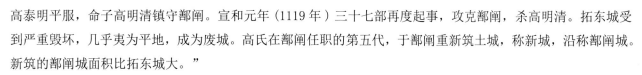

高泰明平服，命子高明清镇守鄯阐。宣和元年（1119 年）三十七部再度起事，攻克鄯阐，杀高明清。拓东城受到严重毁坏，几乎夷为平地，成为废城。高氏在鄯阐任职的第五代，于鄯阐重新筑土城，称新城，沿称鄯阐城。新筑的鄯阐城面积比拓东城大。”

③元世祖忽必烈至元十八年，辛巳年，1281 年。

④元惠宗妥懽帖睦尔至正十二年，壬辰年，1352 年。

⑤敏斋段公即段功。

《大理五华楼新出元碑选录并考释》录文

王　渐　重识　加注

杨药师生碑

青石，高 115 厘米、宽 54 厘米、厚 17 厘米。碑额残。碑阳额残存梵文五方佛种子字母 3 字，碑文横书阴刻梵文 18 行，正中直书阴刻楷书 1 行。碑阴额中刻尊胜佛母坐像，残存梵文五方佛种子字母 3 字，碑文横书阴刻梵文 9 行。

谥曰才壮世用工巧坦绰 杨药师生 神道

《大理五华楼新出元碑选录并考释》录文

何永超　重识

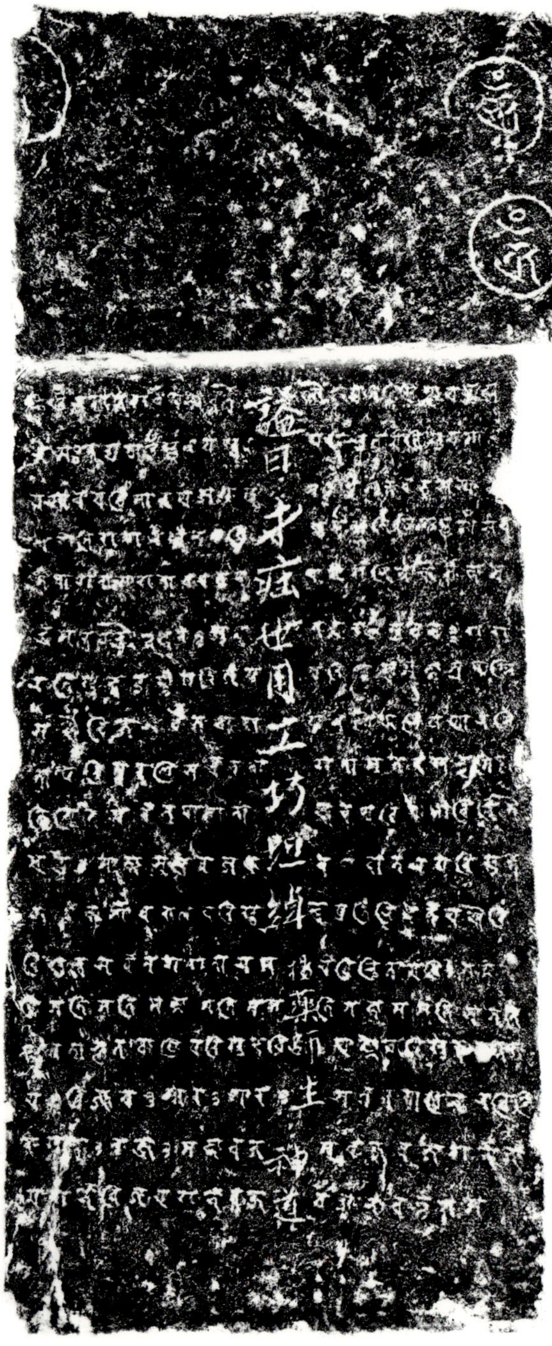

碑阳

碑阴

张闲通碑

青石，高107厘米、宽64厘米、厚21.5厘米。碑阳碑文直书阴刻楷书1行。碑阴残泐，无法识读。

[追][为]亡人彦赍张闲通神道

《大理五华楼新出元碑选录并考释》录文

何永超　重识

碑阳

碑阴

杨生善碑

青石，高 124 厘米、宽 71 厘米、厚 16 厘米。碑阳碑文右起直书阴刻楷书 3 行。碑阴碑文横书阴刻梵文 20 行，14 行中左起横书汉字 1 行。

智巧呈机（一行）

号曰　　　　　杨生善（二行）

兴宗布爕（三行）

碑阴

追为慈考布爕杨生善神道

《大理五华楼新出元碑选录并考释》录文

何永超　重识

碑阳

碑阴

布鲁罕碑

青石，高 100 厘米、宽 51 厘米、厚 15 厘米。方形碑，有额，额上部及右边缺失，风化较严重。碑阳碑文直书阴刻楷书 2 行，碑阴无字。

兀鲁氏蒙古军官和尚（一行）

嫡女亡妇布鲁罕之墓（二行）

《大理五华楼新出元碑选录并考释》录文

何永超　重识

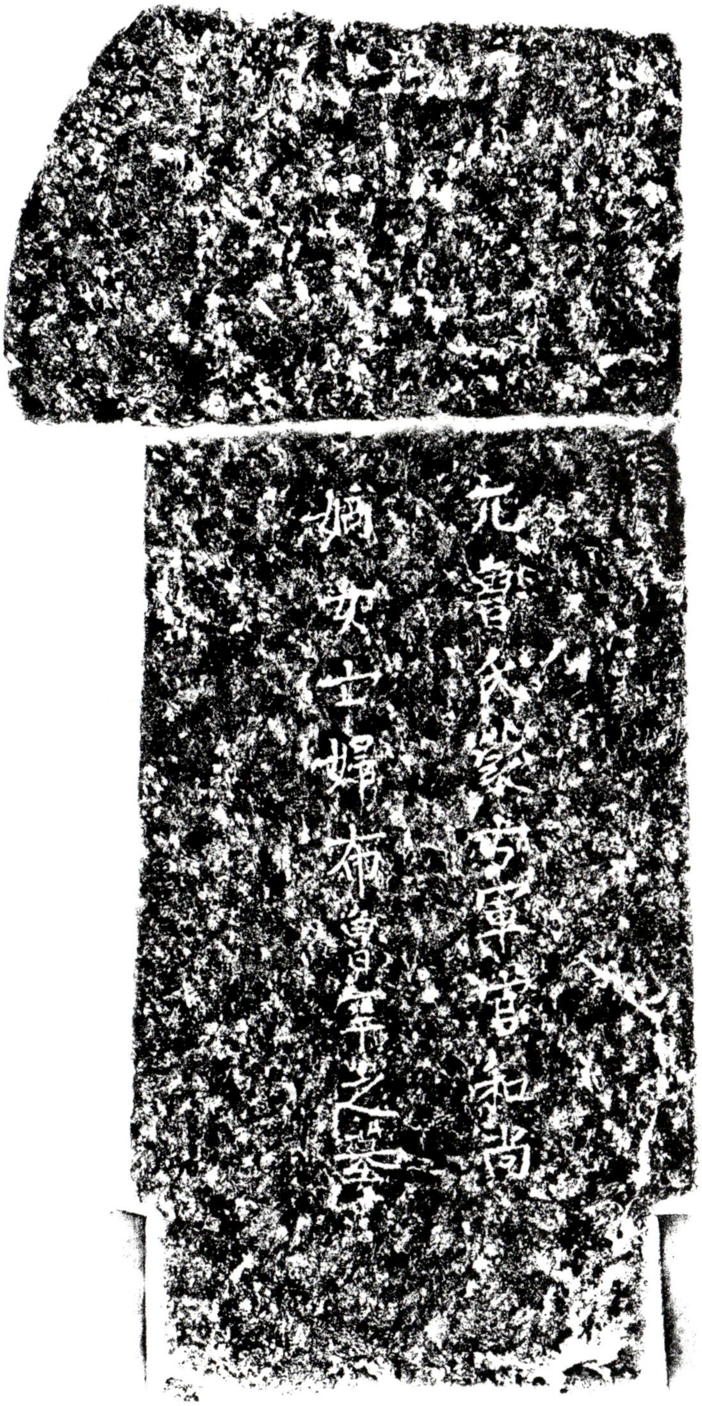

释道兴碑

青石，高 82 厘米、宽 48.5 厘米、厚 15.5 厘米。上阙，碑阳碑文直书阴刻楷书 3 行。碑阴碑文直书阴刻楷书 1 行。

释道兴碑（一行）

□曰玄通密教大阿左梨[①]（二行）

俗讳　周泰连（三行）

碑阴

癸巳岁十一月二十五日冬[②]

①与佛号格体不同，不是佛号。《重峰五华寺记》记“□管左梨僧长老阳坚”，疑左梨为为阿吒力教。

②癸巳岁，元代有两个年款，至元卅年（1293 年），至正十三年（1353 年）。

《大理五华楼新出元碑选录并考释》录文

何永超　重识　加注

碑阳

碑阴

释戒超碑

青石，高 123 厘米、宽 52 厘米、厚 17.5 厘米。碑额残，碑阳额中刻尊胜佛母，饰云纹。碑文直书阴刻楷书 1 行。碑阴额阳刻佛像，饰云纹，残存梵文五方佛种子字母 2 字。碑文横书阴刻梵文 14 行，下饰梵文种子字母， 第 11 行左起横书阴刻楷书 1 行。

碑阳

号曰一真五道德行大师释戒超之灵

碑阴

［追］［为］亡人段□□神道

《大理五华楼新出元碑选录并考释》录文

何永超　重识

碑阳

碑阴

周智太碑

青石，残高 82 厘米、宽 62 厘米、厚 12 厘米。碑身上部缺失。碑阳碑文直书阴刻楷书 3 行。

（上阙）海（一行）

释慧昇讳周智太　神道碑（二行）

（上阙）梨（三行）

《大理五华楼新出元碑选录并考释》录文

何永超　重识

杨踰城实碑

青石，高 100 厘米、宽 53 厘米、厚 17 厘米。上缺下残，碑身上端刻梵文五方佛种子字母 5 字，碑文横书阴刻梵文 21 行，正中直书阴刻楷书 1 行。

号曰 大理宣慰使司都元帅府奏差[1] 杨踰城实之灵

[1] 至顺本《事林广记·别集卷二·官员禄廪俸给条》，宣慰司官吏有“奏差二十名，各钞一十五两，米一石”。

《大理五华楼新出元碑选录并考释》录文

何永超　重识

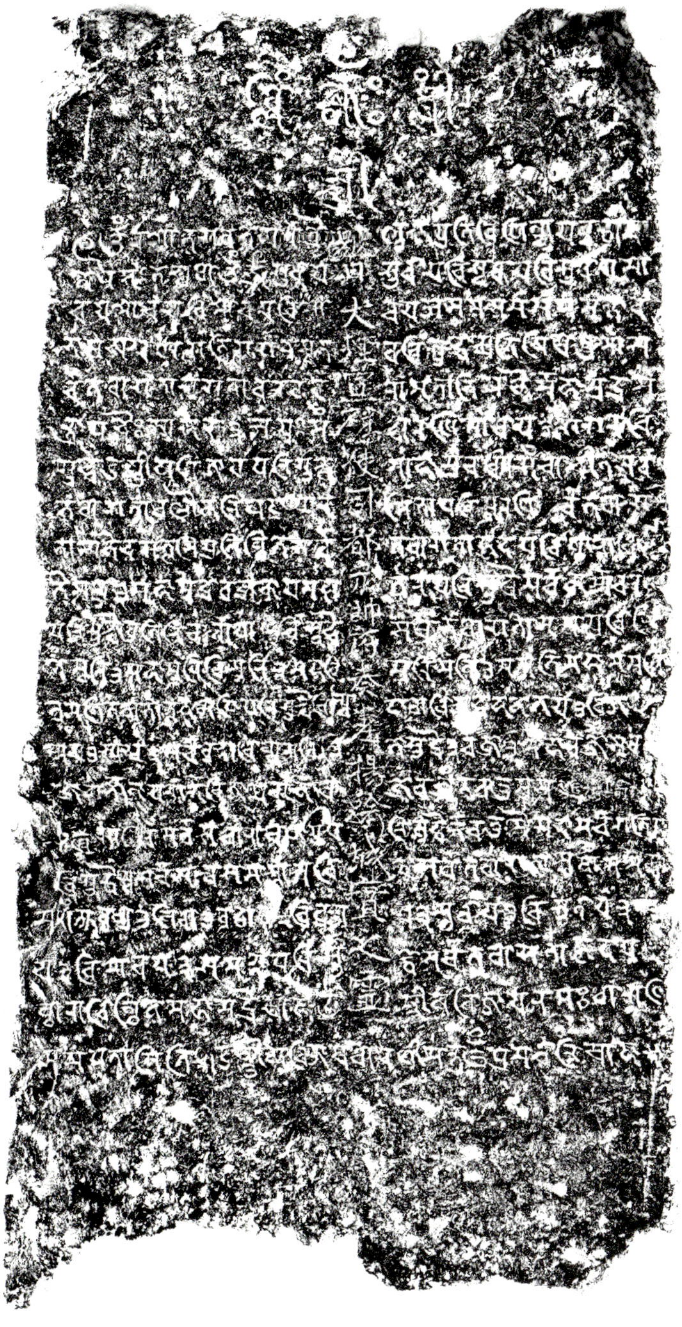

苏参碑

青石，残高 80 厘米、宽 57.5 厘米、厚 19.5 厘米。上缺左残，碑阳上段残存右起直书阴刻楷书 13 行，下段残存横书阴刻梵文 13 行。碑阴碑文残存横书阴刻梵文 19 行，14 行左起横书阴刻楷书“观音公神道”5 字。

来（一行）

如来（二行）

如来（三行）

如来（四行）

如来（五行）

来（六行）

如来（七行）

号曰大理路府吏苏参之灵[①]（八行）

菩萨（九行）

菩萨（十行）

菩萨（十一行）

菩萨（十二行）

　母（十三行）

来（十四行）

①《新纂云南通志》全称大理路军民总管府；宪宗六年（1256 年），立大理上、下二万户；至元七年（1270 年），并上、下万户为大理路，治太和县。

《大理五华楼新出元碑选录并考释》录文

何永超　重识　加注

碑阳

碑阴

杨成庆碑

青石，高 106 厘米、宽 48.5 厘米、厚 18 厘米。上缺下残，碑阳额残存一浅浮雕尊胜佛母坐像，梵文五方佛种子字母 1 字，饰云纹。碑文残存横书阴刻梵文 17 行，正中直书阴刻楷书 1 行。碑阴额中刻阿弥陀佛坐像，残存梵文五方佛种子字母 2 字，饰云纹，碑身无字。

孟定路[①]府吏杨成庆碑

①孟定路至元三十一年（1294 年）置，属云南行省治所今耿马。

《大理五华楼新出元碑选录并考释》录文

何永超　重识　加注

碑阳

碑阴

李明碑

青石，残高 85 厘米、宽 58 厘米、厚 16 厘米。上残下阙，碑阳额中刻尊胜佛母坐像，饰云纹，残存梵文五方佛种子字母 2 字。碑身正中直书阴刻楷书 1 行，前阴刻梵文字母，两侧各直书阴刻梵文 1 行。碑阴额残存梵文八大菩萨种子字母 4 字，碑文残存横书阴刻梵文 15 行。

追为亡人宣慰使司宣使[1]李明

[1] 至顺本《事林广记·别集卷二·官员禄廪俸给·条宣慰司吏下》不载此职。《元典章·卷一二·吏部六·宣使奏差条》有一款云："宣使。行省·行台·行院宣使拟令于各道宣慰司请俸，一考奏差，本衙门两考典吏内选补。"据此碑宣慰司或亦有宣使一职。

《大理五华楼新出元碑选录并考释》录文

何永超　重识

碑阳

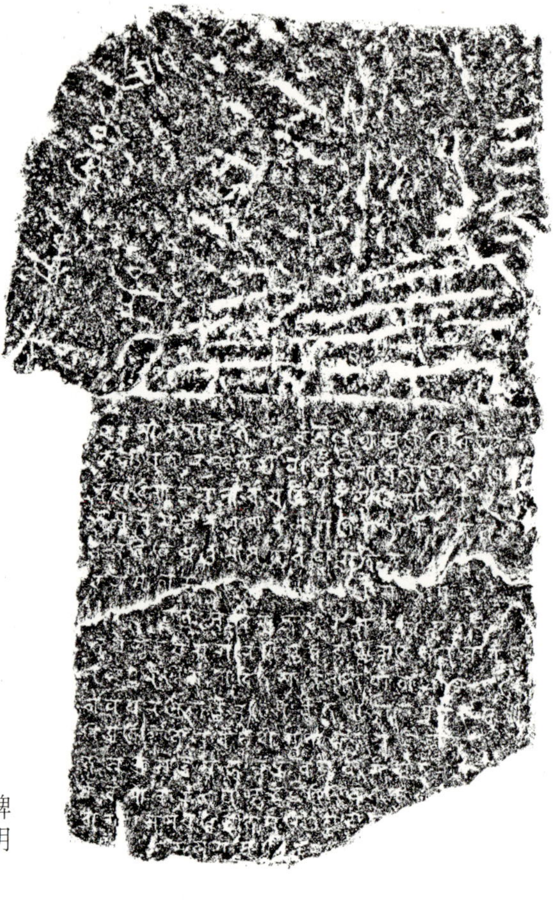

碑阴

杨接碑

青石，高 91 厘米、宽 56 厘米、厚 20.5 厘米。上残，碑阳横书阴刻梵文 19 行，14 行起中直书阴刻楷书 1 行。碑阴残存横书阴刻梵文 17 行。

追为亡人吏目杨接神道

《大理五华楼新出元碑选录并考释》录文

何永超　重识

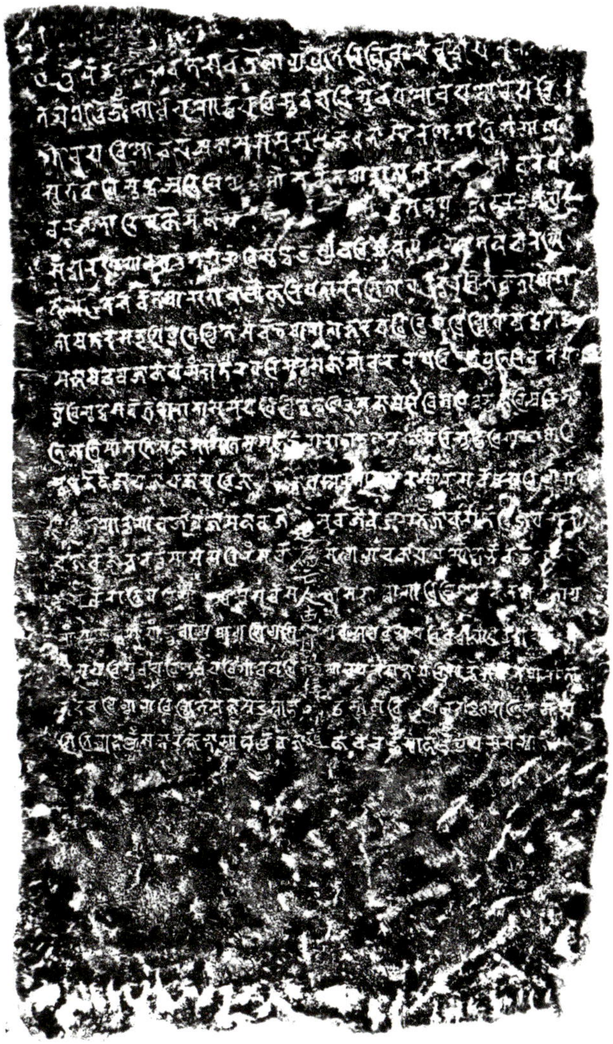
碑阳

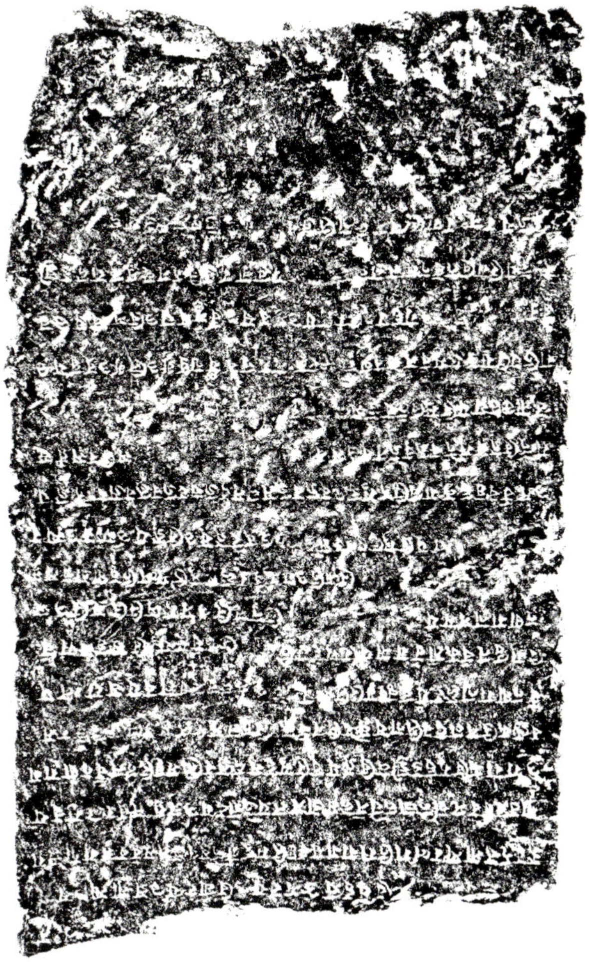
碑阴

杨踚城珮碑

青石，残高 94 厘米、宽 49 厘米、厚 20 厘米。方形碑，风化较严重，两面刻梵文。碑阳上部横书阴刻梵文种子字母 3 行，排列为 5、3、1 个字母，正中直书阴刻楷书 2 行。碑阴横书阴刻梵文 19 行，下部正中刻有梵文直书种子字母，残存 4 字。碑左右两侧各直书阴刻楷书 1 行。

号曰大壮宣功仁行布燮杨踚城珮墓碑（一行）

至元二十四年□正月二十二日①（二行）

左侧

南无救苦观世音菩萨

右侧

南 无

①元世祖忽必烈至元廿四年，丁亥年，1287 年。

《大理五华楼新出元碑选录并考释》录文

何永超　重识　加注

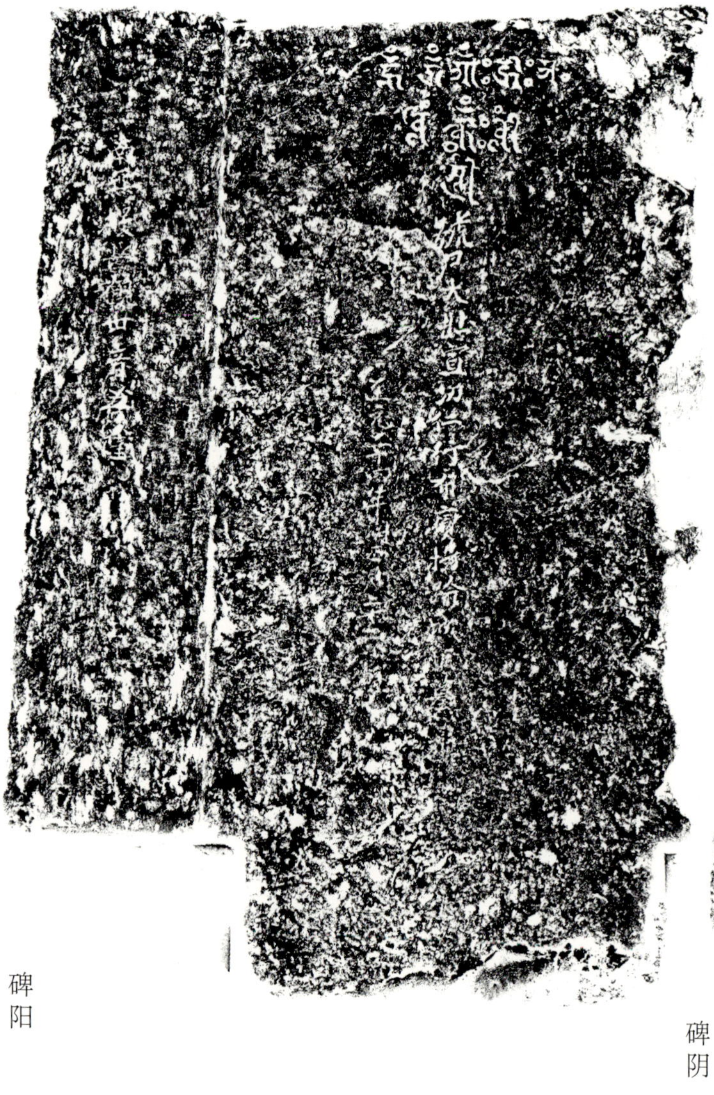

碑阳

碑阴

段观音善碑

大理石，残高 71 厘米、宽 61 厘米、厚 18 厘米。上残，残存横书阴刻梵文 14 行，第 8 行间左起横书阴刻楷书“追为亡人段观音善神道”10 字。

《大理五华楼新出元碑选录并考释》录文

何永超　重识

苏升福碑

青石，残高 80 厘米、宽 58 厘米、厚 18.5 厘米。上阙下残。碑阳正中直书阴刻楷书 1 行。碑阴残存横书阴刻梵文 16 行，11 行左起横书阴刻楷书 1 行。

□懿宣功崇善布燮苏升福神道

碑阴

亡人苏福神道

《大理五华楼新出元碑选录并考释》录文

何永超　重识

碑阳

碑阴

李踰城连碑

青石，高 92 厘米、宽 51.5 厘米、厚 19.5 厘米。上阙下残，有凿痕。碑阳正中直书阴刻楷书 1 行。碑阴残存横书阴刻梵文 21 行。

[□][谥][曰]天资善布燮李踰城连神识

《大理五华楼新出元碑选录并考释》录文

何永超　重识

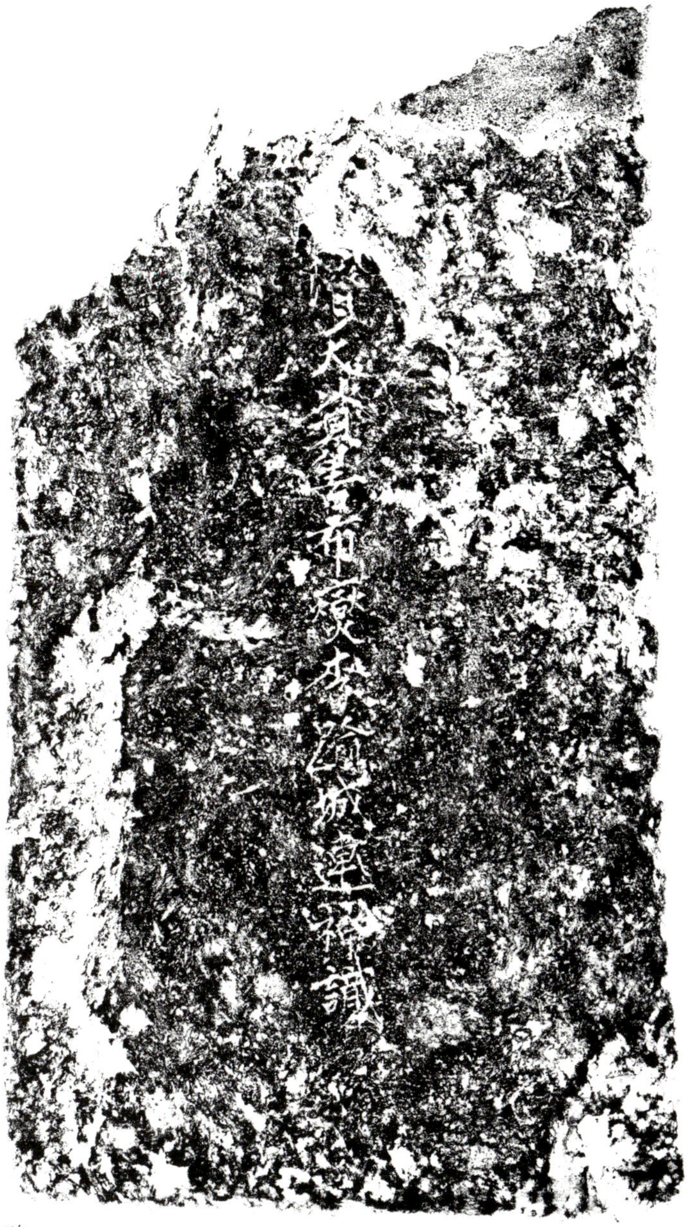

碑阳

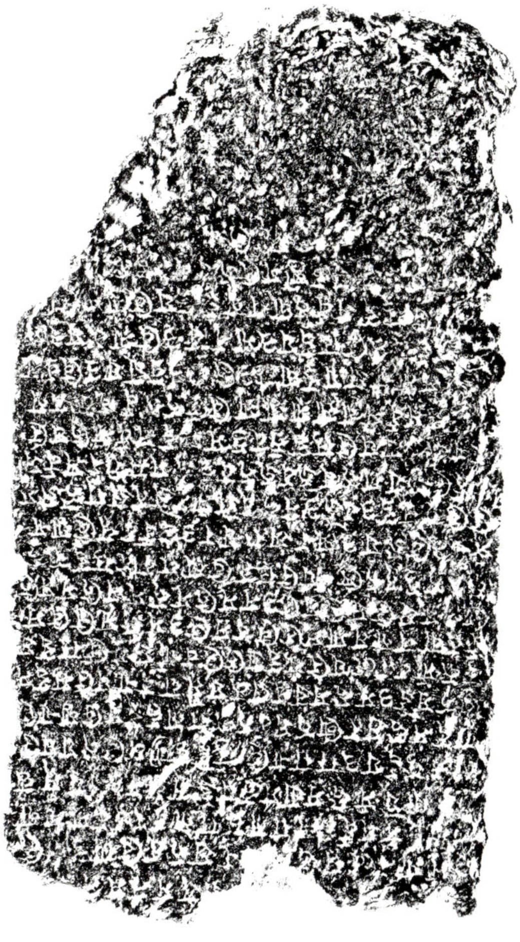

碑阴

董 益 碑

青石，残高 90 厘米、宽 50 厘米、厚 17 厘米。方形碑，上缺，右下角残。碑阳正中直书阴刻楷书 1 行。碑阴残存横书阴刻梵文 20 行，第 15 行末及 16 行首横书阴刻楷书 2 行。

大理宣慰使司①札付董益充木匠提举②墓铭

碑阴

追为（一行）

□□□升亦神道（二行）

①按《元史·百官志》：宣慰司，掌军民之务，分道以总郡县，行省有政令则布于下，郡县有请则为达于省。有边陲军旅之事，则兼都元帅府，其次则止为元帅府。其在远服，又有招讨、安抚、宣抚等使，品秩员数，各有差等。大理、金齿等处宣慰使司都元帅府，秩从二品，使三员，同知二员，副使二员，经历二员，知事二员，照磨兼架阁管勾一员。

②提举一词原意是“管理”。宋代以后设主管专门制度的职官，即以“提举”命名。如：“医学提举”“儒学提举”“盐课提举”等，官职多为正八品。

《大理五华楼新出元碑选录并考释》录文

王　渐　重识　加注

碑阳

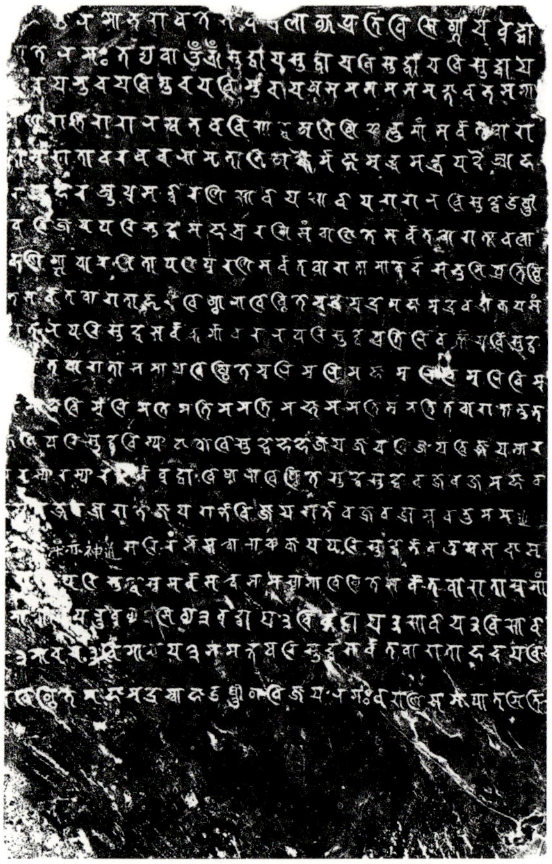

碑阴

杨生直碑

青石，高 107 厘米、宽 50.5 厘米、厚 25 厘米。碑阳正中直书阴刻楷书 1 行。

谥曰 居仁由义遗爱国师 讳杨生直

《大理五华楼新出元碑选录并考释》录文

何永超　重识

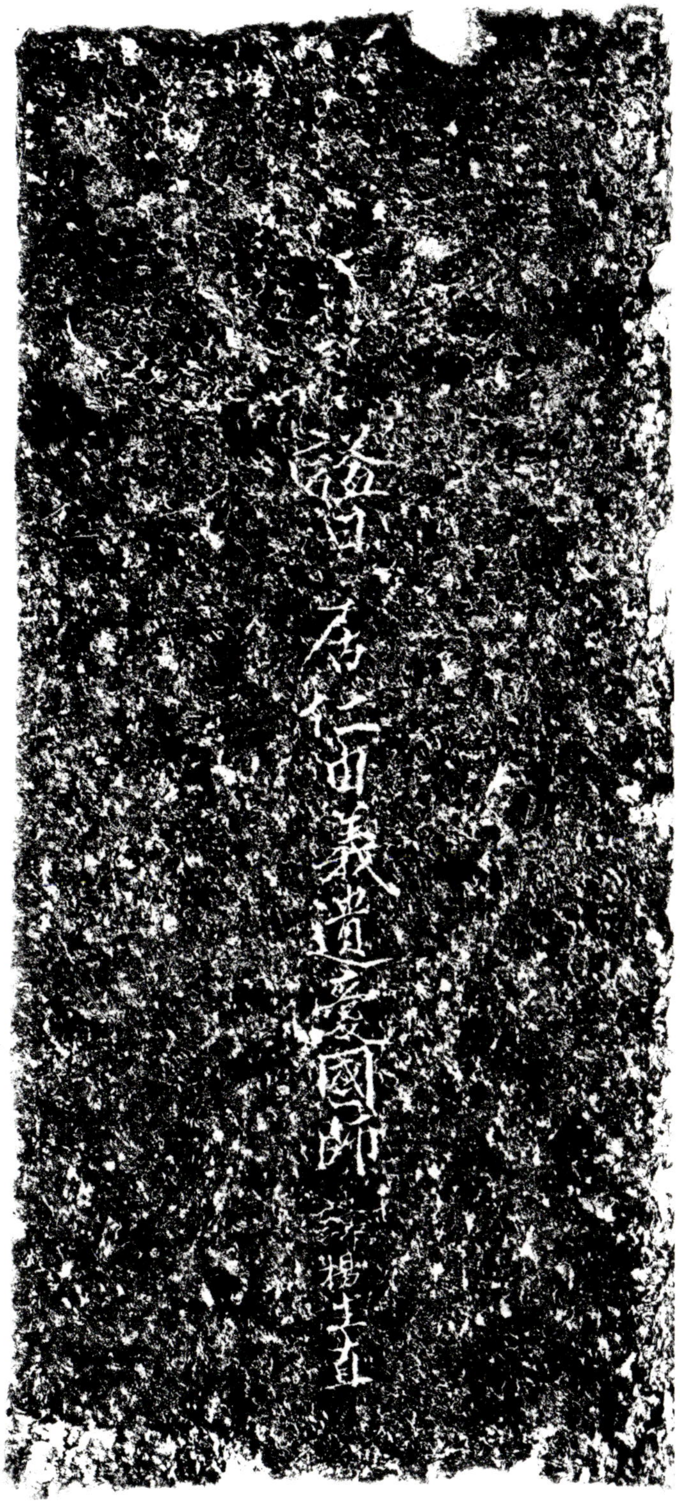

杨庆碑

大理石，残高 80 厘米、宽 46 厘米、厚 23 厘米。上缺。碑阳正中直书阴刻楷书 1 行。碑阴残存横书阴刻梵文 14 行。

大理路布燮民通事[1] 杨庆碑

[1]《元史·卷九一·百官志》：诸路总管府下，至元二十年设有译史、通事各一人。

《大理五华楼新出元碑选录并考释》录文

何永超　重识

碑阳

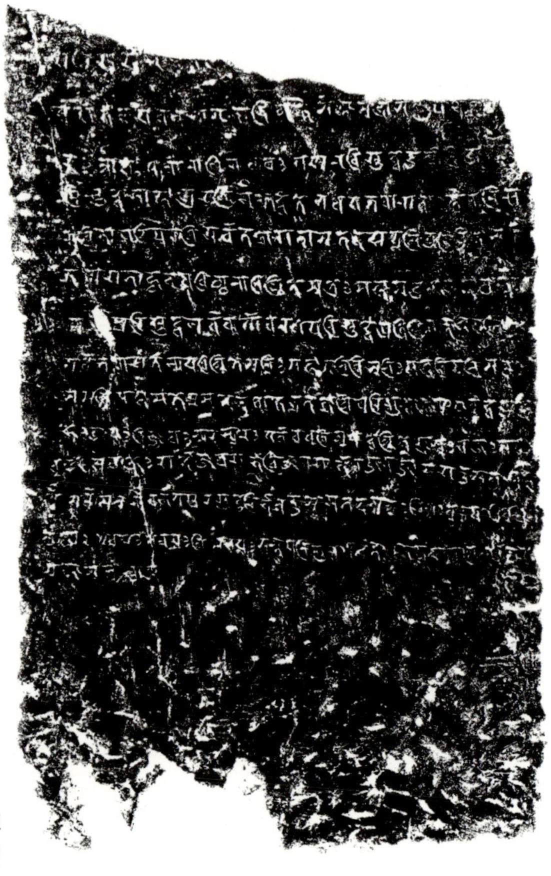

碑阴

张福日碑

青石，残高 84 厘米、宽 48 厘米、厚 17 厘米。上缺。碑阳正中直书阴刻楷书 1 行。

元故大师张福日墓碑

《大理五华楼新出元碑选录并考释》录文

何永超　重识

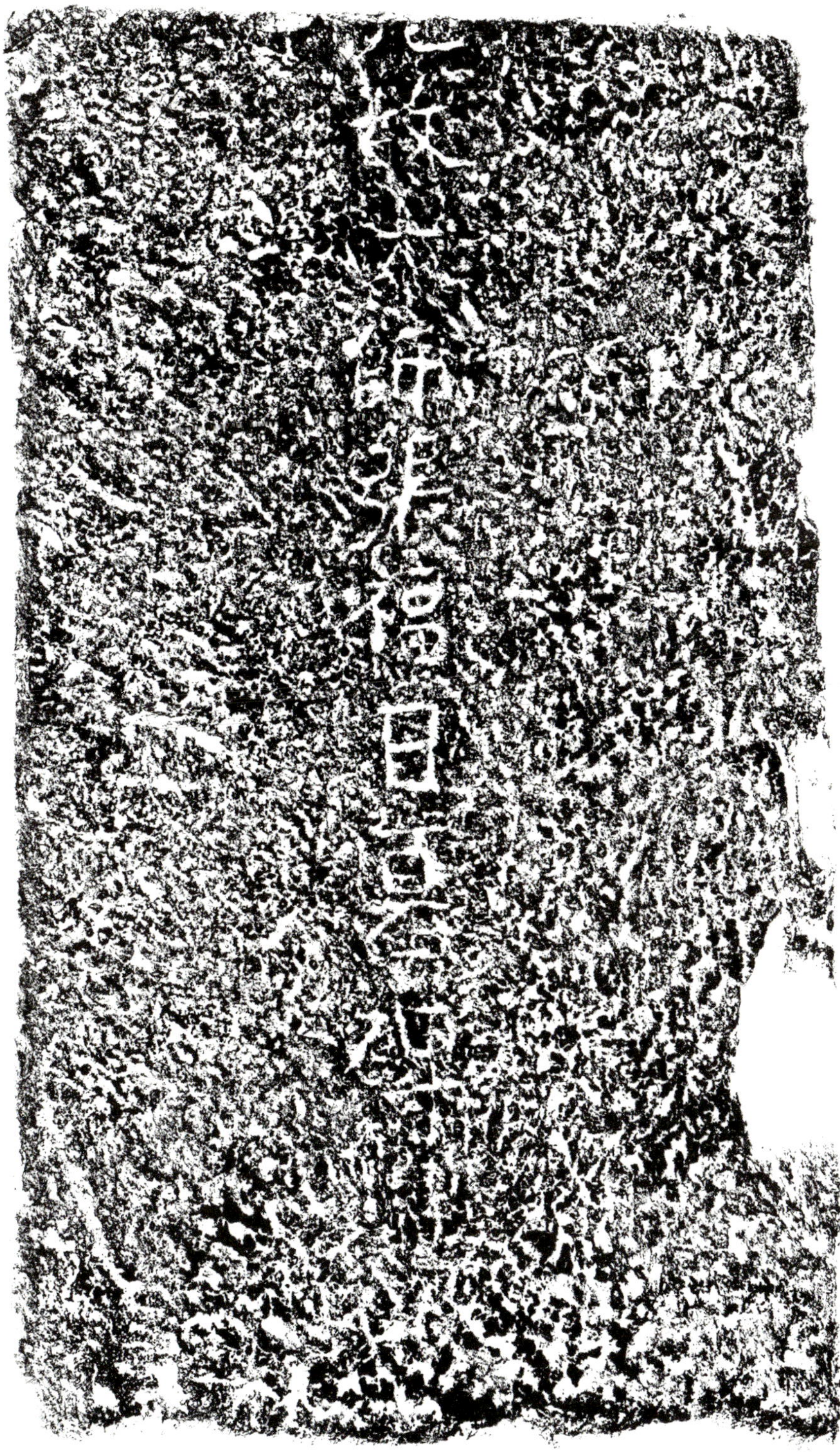

段踰城顺碑

青石，残高 71 厘米、宽 55 厘米、厚 17 厘米。上缺下残。碑阳正中直书阴刻行楷 1 行。碑阴残存梵文五方佛种子字母 3 字，横书阴刻梵文 3 行。

追为亡人段踰城顺神道

《大理五华楼新出元碑选录并考释》录文

何永超　重识

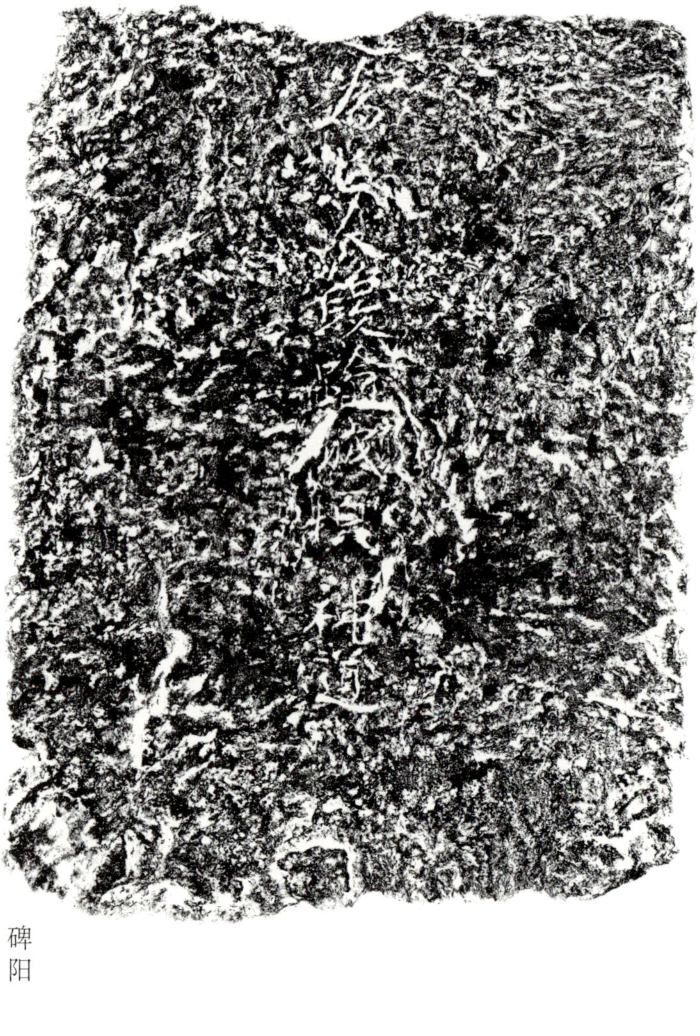

碑阳

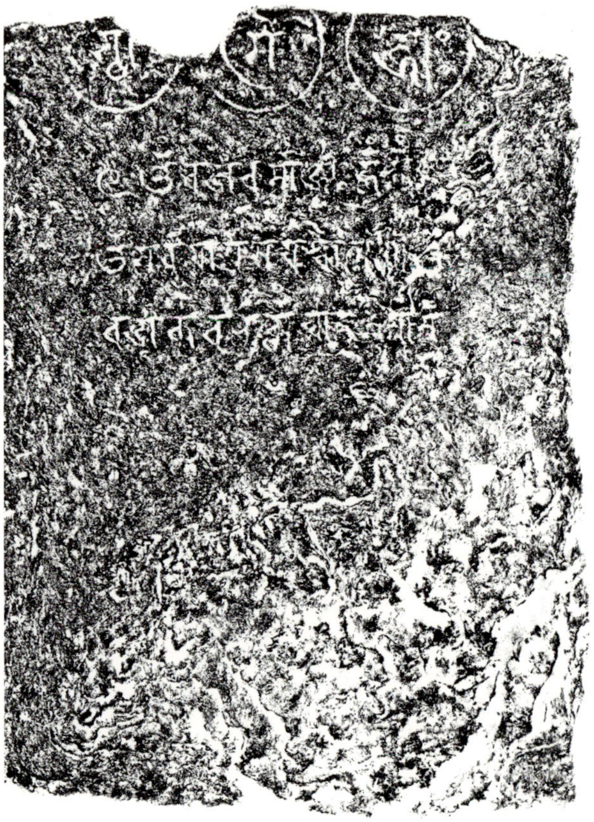

碑阴

苏祥福碑

青石，残高 85 厘米、宽 64 厘米、厚 23 厘米。上缺，两面刻字。碑阳正中直书阴刻楷书 2 行。碑阴残存横书阴刻梵文 9 行，第 4 行梵文间左起横书阴刻楷书 1 行。

（上阙）月吉日建碑（一行）
（上阙）勤由善布燮苏祥福之灵（二行）

碑阴
追为慈考苏祥福神道

《大理五华楼新出元碑选录并考释》录文
何永超　重识

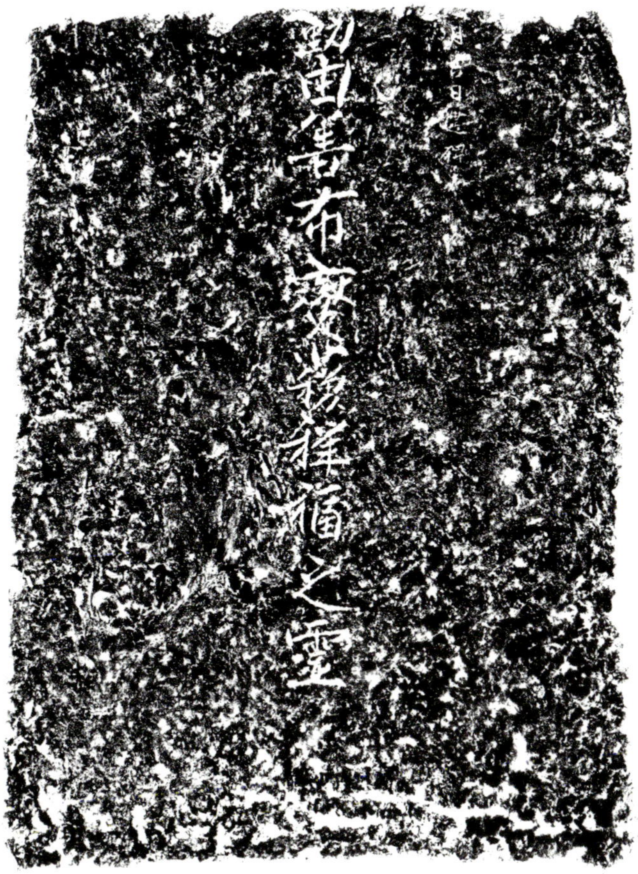
碑阳

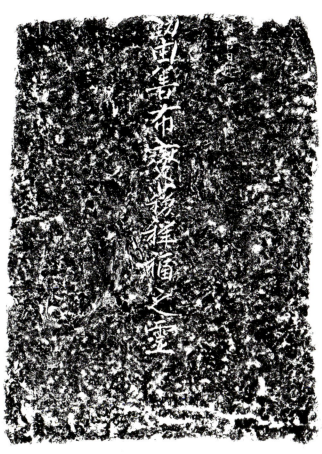

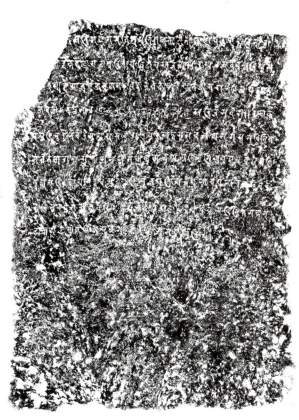
碑阴

张齐□碑

青石，高 114 厘米、宽 56 厘米、厚 17 厘米。额残，碑阳额中刻尊胜佛母坐像，饰云纹，残存梵文五方佛种子字母 1 字。碑文正中直书阴刻楷书 1 行，横书阴刻梵文 14 行。碑阴额中刻阿弥陀佛，饰云纹，残存梵文八大菩萨种子字母 6 字，碑文横书阴刻梵文 7 行，下刻梵文种子字母。

号曰 习业承宗有义布燮张齐□之灵

《大理五华楼新出元碑选录并考释》录文

何永超　重识

碑阳

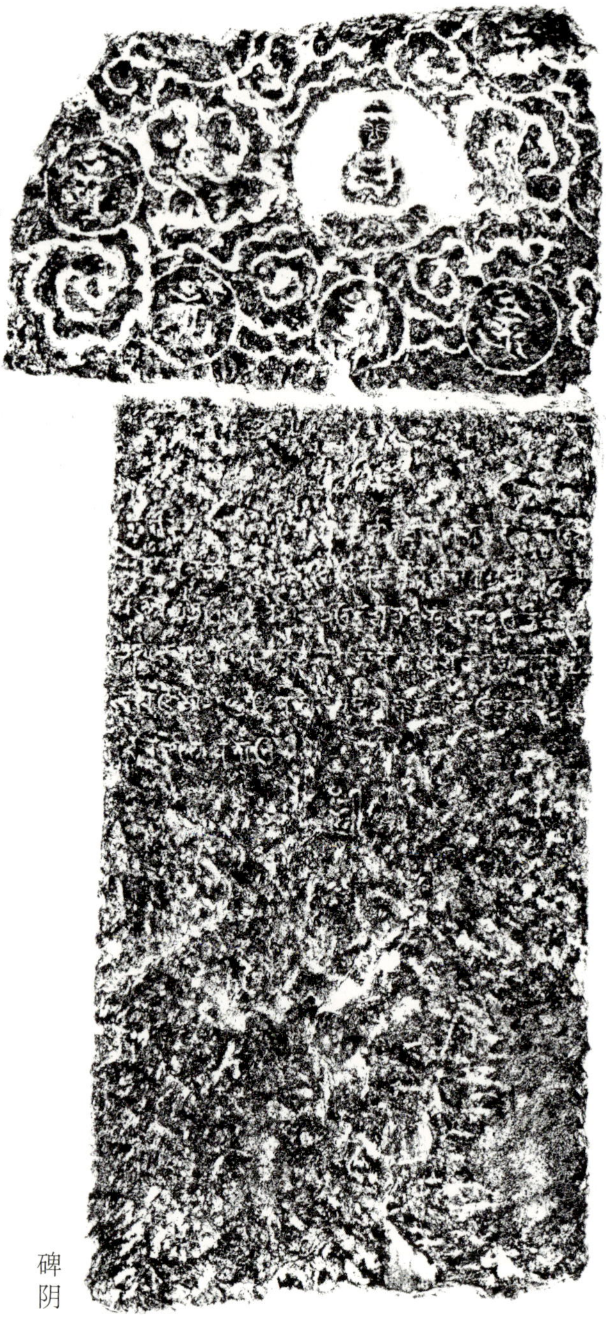

碑阴

李贤生碑

青石，残高 76 厘米、宽 54.5 厘米、厚 19 厘米。上阙下残。碑阳正中直书阴刻楷书 1 行，碑两侧残存横书阴刻梵文 16 行。

（上阙）军民总管府译史李贤生之灵

《大理五华楼新出元碑选录并考释》录文

何永超　重识

译史杨公碑

青石，残高 98 厘米、宽 57 厘米、厚 22 厘米。上阙下残。碑阳正中直书阴刻楷书 1 行，两侧残存横书阴刻梵文 17 行，下端阴刻狮形。

（上阙）元帅府译史①杨公之灵

①《元史·地理志·永昌等处宣慰使司都元帅府》：“至正三年（1343 年）七月，中书省奏，遂定置永昌等处宣慰使司都元帅府以治之。置宣慰使三员、同知二员、副使二员。首领官：经历、知事、照磨各一员，令史十人，蒙古译使四人，知印二人，怯里马赤一人，奏差八人，典吏二人。”《元史·百官志》：“二十一年春（1361 年），罢云南都元帅府，所管军民隶行省。”

《大理五华楼新出元碑选录并考释》录文

何永超　重识　加注

李明益碑

青石，高 120 厘米、宽 48.5 厘米、厚 19.5 厘米。碑额残，碑阳额有凿痕。碑文正中直书阴刻楷书 1 行，下刻狮形。碑阴额正中残存佛像、梵文五方佛种子字母 2 字，碑文残存横书阴刻梵文 13 行。

追为亡人布燮李明益之灵

《大理五华楼新出元碑选录并考释》录文

何永超　重识

碑阳

碑阴

云南县残碑

青石，残高 54 厘米、宽 50 厘米、厚 14 厘米。上下缺，碑阳正中直书阴刻楷书 1 行。碑阴残存横书阴刻梵文 12 行，11 行末横书阴刻楷书“追为亡人杨”5 字。

近故大理路云南县[1]（下阙）

[1]《大明一统志·卷八六·云南布政司·大理府·云南县》：“蒙氏至段氏，并为云南州，又称品甸。元称品甸千户所。至元中复称云南州，后降为县，隶大理路。”

《大理五华楼新出元碑选录并考释》录文

何永超　重识

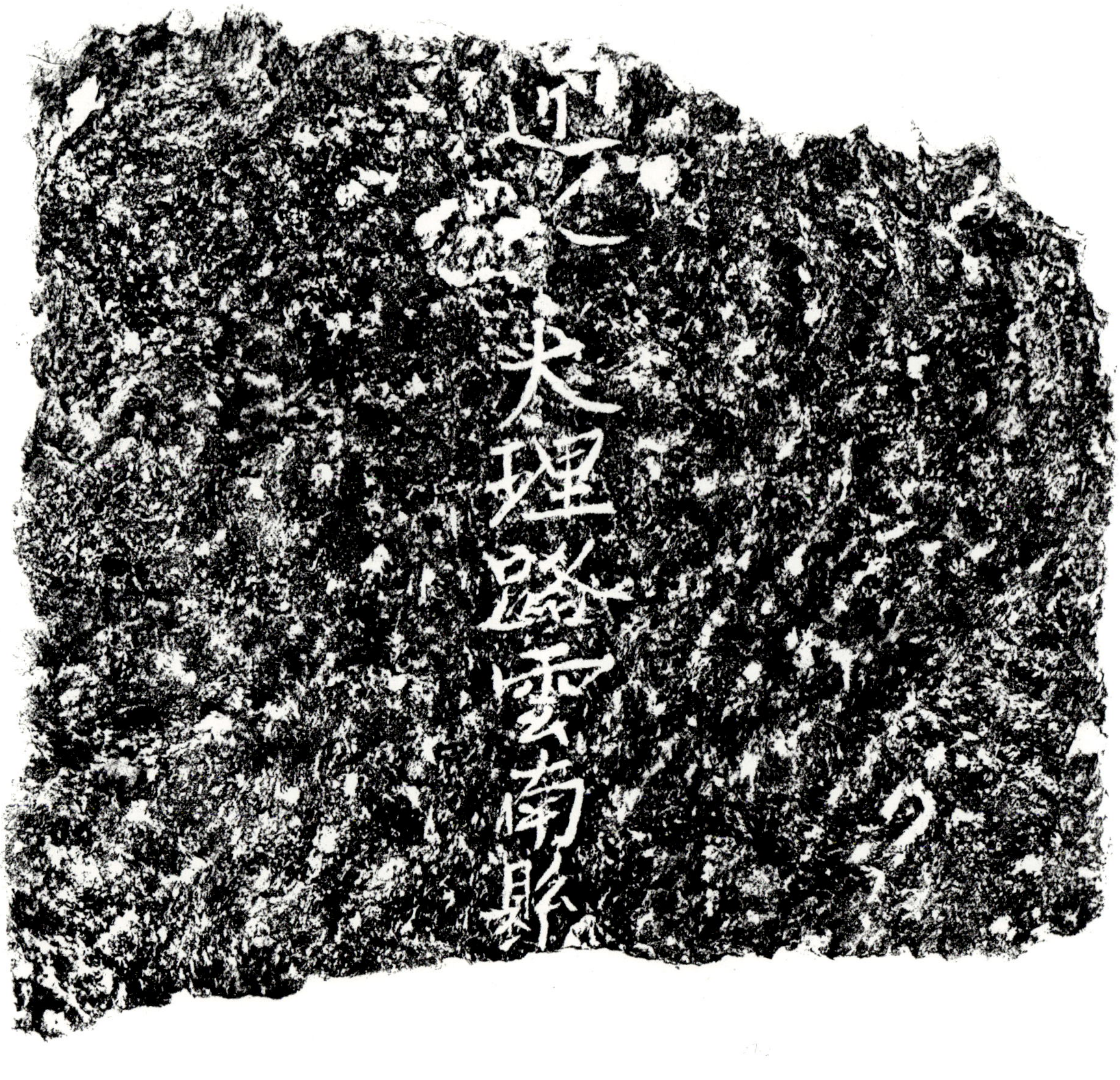

碑阳

碑阴

张顺兴碑

青石，高114厘米、宽54厘米、厚14厘米。碑阳横书阴刻梵文25行，中间直书阴刻楷书1行。碑阴碑文直书阴刻楷书“佛说般若波罗密多心经”文13行，行23字。碑身左侧刻有直书阴刻楷书1行。碑刻风化、表面脱落情况较严重。

南无极乐世界阿弥陀佛追为亡人张顺兴神道

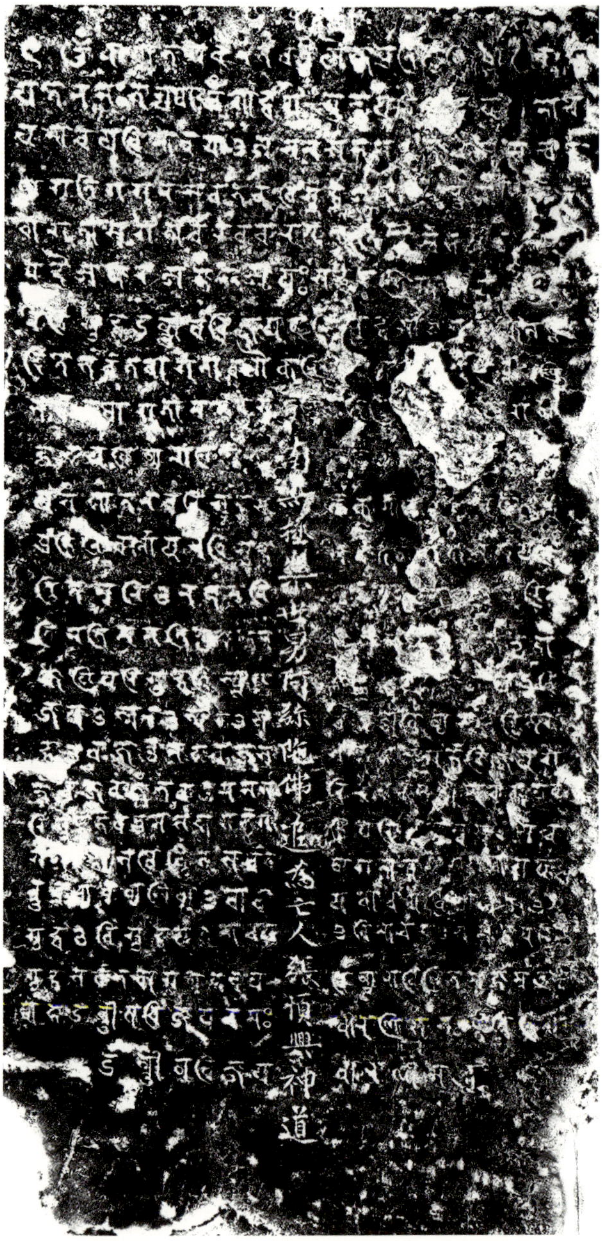

碑阳

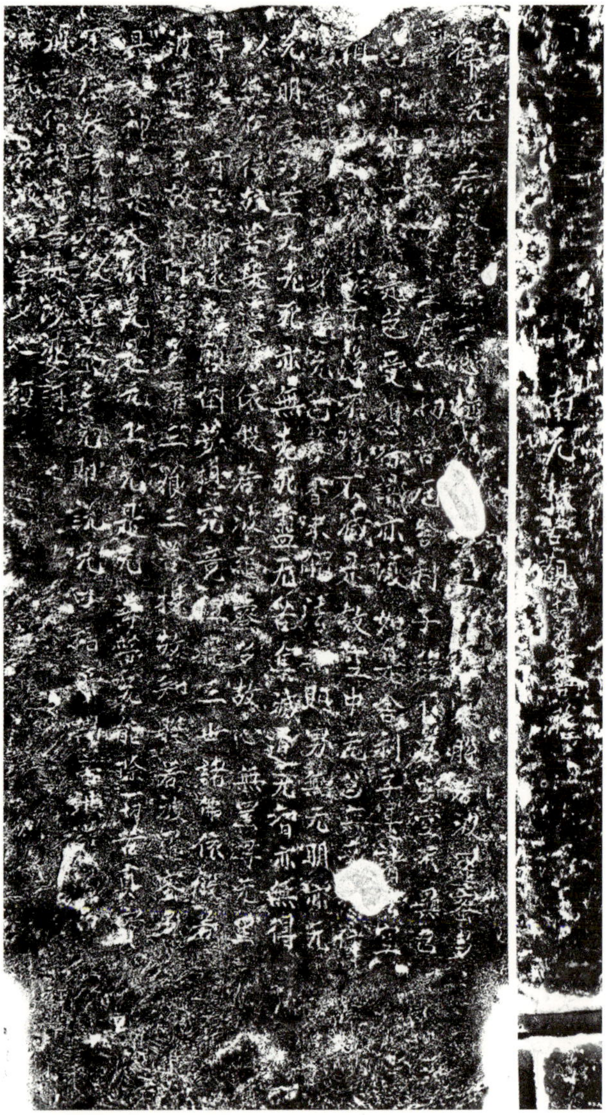

碑阴

碑阴

佛说般若波罗蜜多心经[①]　观自在菩萨，行深般若波罗蜜多（一行）
时，照见五蕴皆空，度一切苦厄。舍利子，色不异空，空不异色，（二行）
色即是空，空即是色，受想行识，亦复如是。舍利子，是诸法空（三行）
相，不生不灭，不垢不净，不增不减。是故空中无色，无受想行（四行）
识，无眼耳鼻舌身意，无色声香味触法，无眼界，无无明，亦无（五行）
无明尽，乃至无老死，亦无老死尽。无苦集灭道，无智亦无得。（六行）
以无所得故，菩提萨埵，依般若波罗蜜多故，心无罣碍，无罣（七行）
碍故，无有恐怖，远离颠倒梦想，究竟涅槃。三世诸佛，依般若（八行）
波罗蜜多故，得阿耨多罗三藐三菩提。故知般若波罗蜜多，（九行）
是大神咒，是大明咒，是无上咒，是无等等咒，能除一切苦，真实（十行）
不虚。故说般若波罗蜜多咒，即说咒曰：揭谛揭谛波罗揭谛波罗（十一行）
僧揭谛菩提萨婆诃。（十二行）
佛说般若波罗蜜多心经（十三行）

碑左侧

南无救苦观世音菩萨

①《般若波罗蜜多心经》通称《心经》，在中国乃至东亚的历史文化中有巨大的影响。《心经》有多种汉文译本，其中最早的心经汉译本是来自西域龟兹的鸠摩罗什，名为《摩诃般若波罗蜜大明咒经》，吴支谦译。流行最广泛的是著名的译经家玄奘的译本。梵文《佛说般若波罗密多心经》及《佛顶尊胜陀罗尼神咒》在大理地区元代碑刻中常见于墓志碑刻的碑阴，在大理现存已知元代碑刻中，镌刻汉文《佛说般若波罗密多心经》的还有《陆福溪［智］碑》《连秀碑》，因碑文大多字迹模糊，经比对，略有差异，差异原因待考。

《大理五华楼新出元碑选录并考释》录文

王　渐　重识　加注

杨观音护碑

大理石，高 107 厘米、宽 44 厘米、厚 22 厘米。方形碑，半圆额，额与碑身为一体，额上部与左侧缺失，碑阳额正中龛刻尊胜佛母坐像，周围纹饰被凿损，仅在碑额右侧保存了部分精美云纹。碑文横书阴刻梵文 27 行，第 16 行末左起横书阴刻楷书 1 行。碑阴额龛刻阿弥陀佛坐像，碑身文字凿损。

追为亡人杨观音护神道

右侧

南无西方极乐世界大慈大悲一切诸大菩萨

至正四年[1]十一月二十三日故六十六寿终

①元惠宗孛儿只斤·妥懽帖睦尔至正四年，甲申年，1344 年。

《大理五华楼新出元碑选录并考释》录文

王　渐　　重识　　加注

赵踰城公碑

大理石，残高 88 厘米、宽 66.5 厘米、厚 16.5 厘米。上阙。碑文残存横书阴刻梵文 13 行，第 6 行末左起直书阴刻楷书 4 字，分 2 行。

赵 城（一行）

踰 公（二行）

《大理五华楼新出元碑选录并考释》录文

何永超　重识

张兴光碑

青石，高 119 厘米、宽 55 厘米、厚 18 厘米。上缺下残，碑阳额中刻尊圣佛母像。碑文残存右起直书阴刻楷书 5 行，行余字不等。碑阴额有凿痕，残存佛像。碑文横书阴刻梵文 19 行，17 行右横书阴刻楷书 1 行，另残存直书阴刻楷书 4 行。

（上阙）布燮张兴光墓志铭（一行）

（上阙）也五世祖张玉，玉生保，保生明，尤工铸伎□（二行）

（上阙）充□□□赏□□□将军高隆[1] □王舍寻塔（三行）

（上阙）生兴智□（四行）

（上阙）铸洪钟□（五行）

碑阴

追为张兴光神道

南无（下阙）（一行）

南无（下阙）（二行）

南无多（下阙）（三行）

南无阿弥陀佛（四行）

[1] 高隆与高护之子同名，是否为一人？待考。

《大理五华楼新出元碑选录并考释》录文

何永超　重识

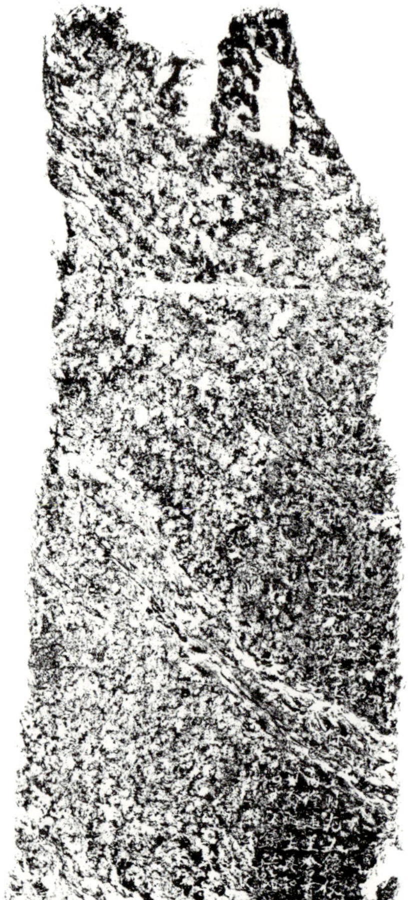

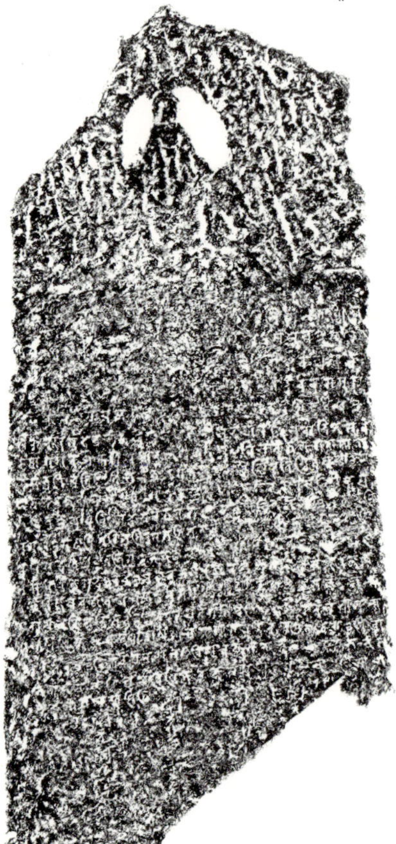

张氏残碑

青石，高95.5厘米、宽55厘米、厚22厘米。碑文残存直书阴刻行楷6行，行余字不等，下有凿痕。碑右侧直书阴刻楷书“谥曰”2字。

夫贤人以天地为宗，以道德为□，（下阙）（一行）
知穷之有分，显诸仁，藏诸（下阙）（二行）
者。于此有人焉，张氏之谓（下阙）（三行）
太原人，因迁播而在焉。自（下阙）（四行）
豁如，不刚不柔，挺拔乾坤，（下阙）（五行）
伐人文足（下阙）（六行）

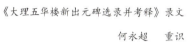

《大理五华楼新出元碑选录并考释》录文

何永超　重识

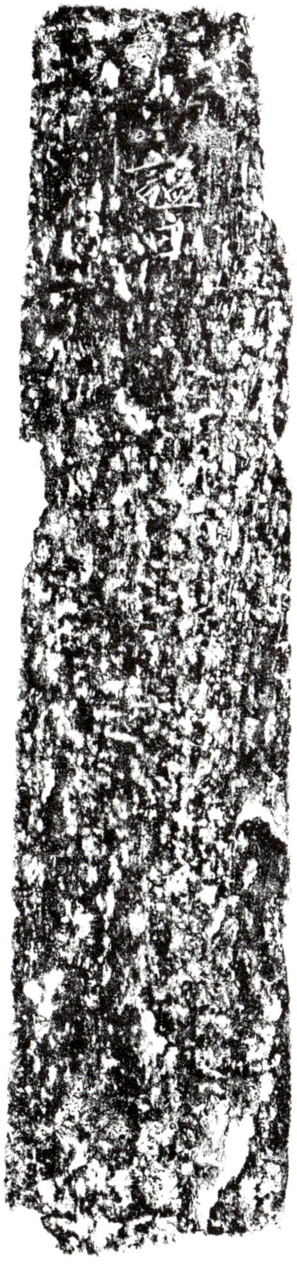

碑右侧

圆悟残碑

青石，残高 79 厘米、宽 68 厘米、厚 14 厘米。上缺，碑阳上部刻有阴线框。碑文残存右起直书阴刻楷书 10 行，行余字不等。碑阴上刻梵文五方佛种子字母 5 字（残），下横书阴刻梵文 17 行。

谥曰圆悟□□［祯］□□［师］□□（下阙）（一行）
释□［圆］□□□□□□□沙门［久］（下阙）（二行）
（上阙）□□□师长□□（中阙）高兴贤□□□（下阙）（三行）
（上阙）□□□如积命□□逍遥□□□□（下阙）（四行）
（上阙）□□继述绝向（下阙）（五行）
（阙）（六行）
（阙）（七行）
□□［圆］（下阙）（八行）
□无念无（下阙）（九行）
（上阙）月（中阙）二（下阙）（十行）

《大理五华楼新出元碑选录并考释》录文
何永超　重识

碑阳

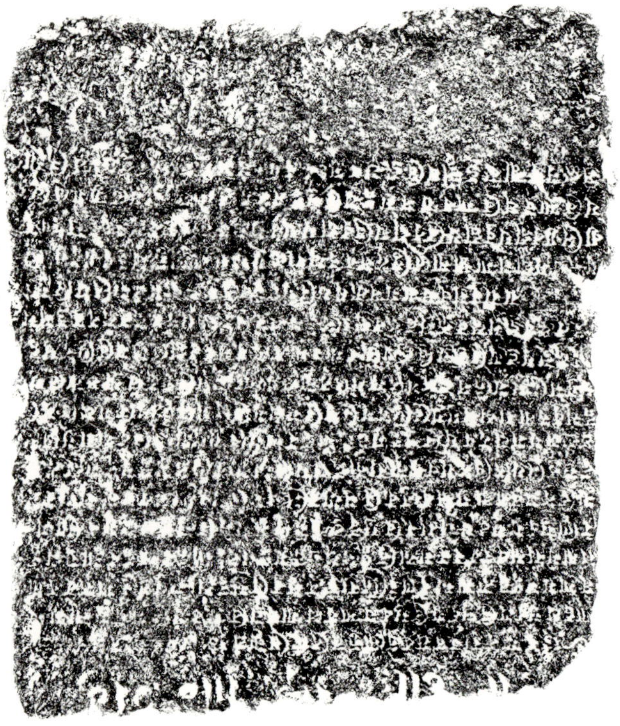
碑阴

张踰城盛碑

青石，高 100 厘米、宽 57 厘米、厚 16 厘米。上残右损。碑阳碑文残存横书阴刻梵文 24 行，17 行中横书阴刻楷书 1 行。碑阴额刻有佛像，饰云纹，残存梵文五方佛种子字母 2 个。

追为亡人张踰城盛□□

《大理五华楼新出元碑选录并考释》录文
何永超　重识

碑阳

崇奉圣旨碑

大理石，通高 309 厘米、通宽 152 厘米、厚 15 厘米。碑由半圆形碑额、碑身和碑座组成，中有插相连。碑阳额正中阴刻楷书“崇奉圣旨”4 字，周刻双龙赶珠浮雕，饰云纹，碑文四周饰有连枝花卉纹。碑文右起直书阴刻楷书 14 行，满行 33 字。碑阴有明显凿痕，中部有一块高 47 厘米、宽 54 厘米较规整方形区域，文字无。

上天眷命，（一行）

皇帝圣旨：谕中外百司官吏人等。（二行）

孔子之道，垂宪万世，有（三行）

国家者，所当崇奉曲阜林庙。上都、大都，诸路、府、州、县、邑庙学书院，照依（四行）

世祖皇帝圣旨，禁约诸官员使臣军马，毋得于内安下，或聚集理问词讼，亵渎饮宴，工（五行）

役造作，收贮官物等。其赡学地土产业及贡士庄田，外人毋得侵夺。所出贷（六行）

粮，以供春秋二丁朔望祭祀及师生廪膳。贫寒老病之士，为众所尊敬者，月（七行）

支米粮优恤赡养。庙宇损坏，随即修完。作养后进，严加训诲，讲习道艺，务在（八行）

成材。若德行文学高出时辈者，有司保举肃政廉访司，体覆相同，以备选用。（九行）

本路总管府提举儒学肃政廉访司，宣明教化，勉励学校。凡庙学公事，诸人（十行）

毋得沮坏。据合行儒人事，理照依已降（十一行）

圣旨施行，彼或恃此非理妄行，（十二行）

国有常宪，宁不知惧。宜令准此。（十三行）

至元三十一年①七月　日大理路军民总管府立石。（十四行）

（题名直书3行，刻于碑右下角）

云南诸路行尚书省②令史韩敬（一行）

承务郎同知茫部路③总管府事王如珪书丹（二行）

奉政大夫云南诸路行尚书省左右司郎中也舍奴题额（三行）

①元世祖忽必烈至元三十一年，甲午年，1294年。

②行中书省秩从一品，掌国庶务，统郡县，镇边鄙，与都督为表里。国初，有征伐之役，分任军民之事，皆称行省，未有定制。中统、至元间，始分立行中书省，因事设官，官不必备，皆以省官出领其事。其丞相，皆以宰执行某处省事繁冲。其后嫌于外重，改为某处行中书省。凡钱粮、兵甲、屯种、漕运、军国重事，无不领之。至元二十四年，改行尚书省，寻复如旧。至大二年，又改行尚书省，二年复如旧。每省丞相一员从一品，平章二员从一品，右丞二员、左丞一员正二品，参知政事二员从二品，郎中二员从五品，员外郎二员从六品，都事二员从七品，掾史、蒙古必阇赤、回回令史、通事、知印、宣使，各省设员有差。

③按《元史·地理志·云南行省》P75页、P84页、P109页。唯曹学佺《蜀中广记·卷三十六·镇雄军民府》曰："元至元中，置芒布路。隶乌撒乌蒙宣慰司。"魏源《元史新编》即从此说。至元二十四年，立乌撒乌蒙宣慰司时已设部路，字亦作"茫布"。《元史·地理志》又有"市"，即"市"为"布"之误也。

《大理古碑存文录》录文

王　渐　重识　加注

加封孔子圣诏碑

大理石，通高 250 厘米、碑身高 165 厘米、宽 119 厘米、厚 20 厘米。碑由半圆形碑额、碑身和碑座组成。碑阳额正中阴刻楷书“加封圣诏”4 字，四周刻双龙赶珠浮雕，饰云纹，碑文四周饰有连枝花卉纹。文分上下两栏，中间以阴刻单线条分隔：上栏文 15 行，行 4～16 字；下栏文 27 行，行 5～23 字，直行楷书，左半部分以单线条阴刻为框。碑阴部分刻有龙形浮雕及卷云纹，文字无。

加封孔子圣诏碑

（上栏）

大元统天继圣钦文英武大章孝皇帝诏（一行）

上天眷命，（二行）

皇帝圣旨。盖闻先孔子而圣者，非孔子无（二行）

以明；后孔子而圣者，非孔子无以（四行）

法。所谓祖述尧舜，宪章文武，仪范（五行）

百王，师表万世者也。朕纂承丕绪，（六行）

敬仰休风，循治古之良规，举追封（七行）

之盛典，加号（八行）

大成至圣文宣王。遣使诣阙里，祀（九行）

以太牢。于戏！父子之亲，君臣之义，（十行）

永惟圣教之尊。天地之大，日月之（十一行）

明，奚罄名言之妙。尚资（十二行）

神化，祚我（十三行）

皇元。主者施行（十四行）。

大德十一年[①]七月十九日（十五行）。

（下栏右半部）

皇帝圣旨里，云南诸路行尚书省，准（一行）

尚书省咨，该至大二年[②]五月十九日太保三宝（二行）

奴丞相奏：在先孔夫子汉儿帝王虽是封赠了，（三行）

不曾起立碑石来，如今各处行与文字封赠了。（四行）

于瞻学地土子粒钱内教立碑石呵。今后学本（五行）

事的人，肯用心也者。奏呵，奉（六行）

圣旨是有那般者，钦此。照得先据御使台呈亦为此事，已（七行）

经遍行去讫，都省咨请照验，钦依施行，准此省（八行）

府合下，仰照验钦依施行，须议咨付者（九行）。

至大二年五月十九日（十行）。

（下栏左半部）

奉议大夫佥云南诸路肃政廉访司事张元题额并书丹（一行）。

镇国上将军大理金齿等处宣慰使都元帅段阿庆（二行），等立石。

明威将军大理路军民总管段信苴政（三行），

武略将军大理路军民总管府治中忽都卜花监造（四行）。

云南诸路肃政廉访司书吏郭志监造（五行）。

云南诸路肃政廉访司书吏白赉监造（六行）。

大理路军民总管府知事卢闰监造（七行）。

大理路军民总管府照磨杨珑监造（八行）。

大理路云□□教授史昌裔监造（九行）。
蒙化州州判刘成监造（十行）。
（以下行文行不对齐，根据碑文排列录文如下：）
大理路录事司达鲁花赤□蓝。
大理路录事司录□□□□安。
进义校尉大理路太和县达鲁花赤乞台不花
录事司典史张升
太和县典史李明
石匠李成救等刊
石匠杨救
石匠杨和胜
石匠杨连日
石匠杨兴成
石匠李公日
　　李智连掌役（十一至十七行）

①元成宗孛儿只斤·铁穆耳大德十一年，丁未年，1307 年。
②元武宗孛儿只斤·海山至大二年，己酉年，1309 年。

《大理古碑存文录》录文
王　渐　重识　加注

加封聖詔

大元綂天繼聖欽
上天眷命
皇帝聖旨蓋聞先
以明後孔
法所謂祖
百王師表
敬仰休風
之盛典加
大成至聖
以太牢於
永惟聖教
明奚罄名
神化祚我
皇元主者
大德十

弘农氏故千户护碑

大理石，高 145 厘米、宽 55 厘米、厚 14 厘米。碑额与碑身一体，碑呈弧线形，两面刻文。碑阳额正中直书阴刻楷书“弘农氏故千户护碑”8 字，周围饰连枝莲纹及单圈梵文五方佛种子字，碑文右起直书阴刻楷书 19 行，行 2～33 字。碑阴额正中刻阿弥陀佛坐像，周围饰云纹及单圈梵文八大菩萨种子字母残留 6 字。碑文横书阴刻梵文 17 行。

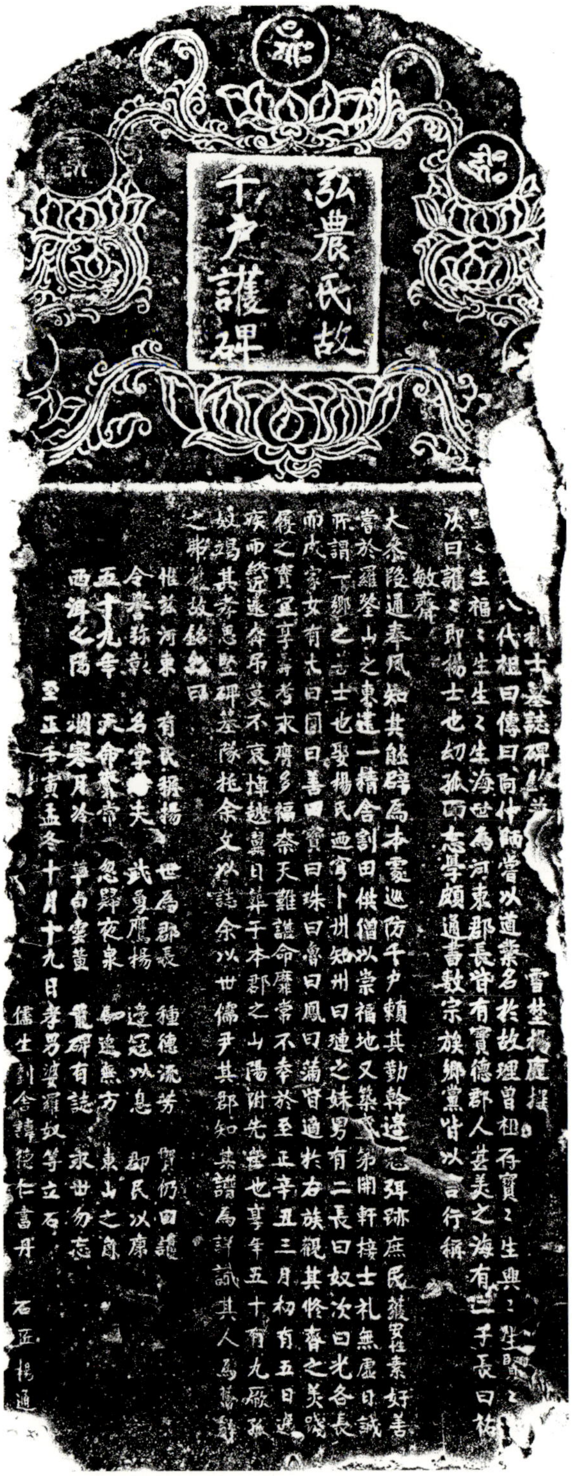

碑阳

碑阴

□□杨士墓志碑铭并序雪野杨庭撰。（一行）
弘农氏八代祖曰传、曰局、仲师，尝以道业名于故理。曾祖存宝，宝生兴、兴生贤、（二行）
贤生坚、坚生福、福生生、生生海，世为河东郡长，皆有实德，郡人甚美之。海有二子：长曰佑，（三行）
次曰护，护即杨士也。幼孤而志学，颇通书数，宗族乡党皆以言行称。（四行）
敏斋（五行）
大参段通奉，夙知其能，辟为本处巡防千户。赖其勤干，边寇弥迹，庶民获安。性素好善，（六行）
尝于罗荃山之东，建一精舍，割田供僧，以崇福地；又筑府第，开轩接士，礼无虚日，诚（七行）
所谓一乡之善士也。娶杨氏，乃穹卜州知州曰琏之妹。男有二：长曰奴，次曰光，各长（八行）
而成家。女有七：曰圆、曰善、曰宝、曰珠、曰鲁、曰凤、曰满，皆适于右族。观其修养之美，践（九行）
履之实，宜享寿考，永膺多福。奈天难堪命靡常，不幸于至正辛丑[1]三月初有五日，遽（十行）
疾而终。近远奔吊，莫不哀悼。越翼日，葬于本郡之山阳，附先茔也。享年五十有九。厥孤（十一行）
奴，竭其孝思，竖碑墓，遂托余文以志。余以世儒尹其郡，知其谱为详，识其人为旧，辞（十二行）
之弗获，故铭之曰：（十三行）
惟兹河东，有氏称杨。世为郡长，种德流芳。贤乃曰护，（十四行）
令誉弥彰。名掌□夫，武勇鹰扬。边寇以息，郡民以康。（十五行）
五十九年，天命靡常。忽归夜泉，驷追无方。东山之岗，（十六行）
西洱之阳。烟寒月冷，草白云黄。荒碑有志，永世勿忘。（十七行）
至正壬寅[2]孟冬十月十九日，孝男婆罗奴等立石。（十八行）
儒生刘舍讳德仁书丹。石匠杨通刊。（十九行）

①元惠宗孛儿只斤•妥懽帖睦尔至正廿一年，辛丑年，1361 年。
②元惠宗孛儿只斤•妥懽帖睦尔至正廿二年 / 明夏玉珍天统一年，壬寅年，1362 年。

《大理古碑存文录》录文
王　渐　重识　加注

苍洱碑石

元碑新整理

DBK1—4 碑

大理石，半圆形碑额，高 53 厘米、宽 85.5 厘米、厚 17.5 厘米。额正中阴刻一方框，框内无文字，方框外阴刻双凤图，额上部正中饰有宝珠莲花焰火纹饰、舒卷吉祥云纹，额下部饰有吉祥云纹、连枝花卉纹。

方妍岚　识读

DBK1—7 碑

青石，高 95 厘米、宽 57 厘米、厚 16 厘米。碑阳左半部被凿毁，碑文上端仅残存梵文种子字母 3 字，正中直书阴刻楷书“谥曰　志窮儒” 5 字。碑阴横书阴刻梵文 28 行。

方妍岚　识读

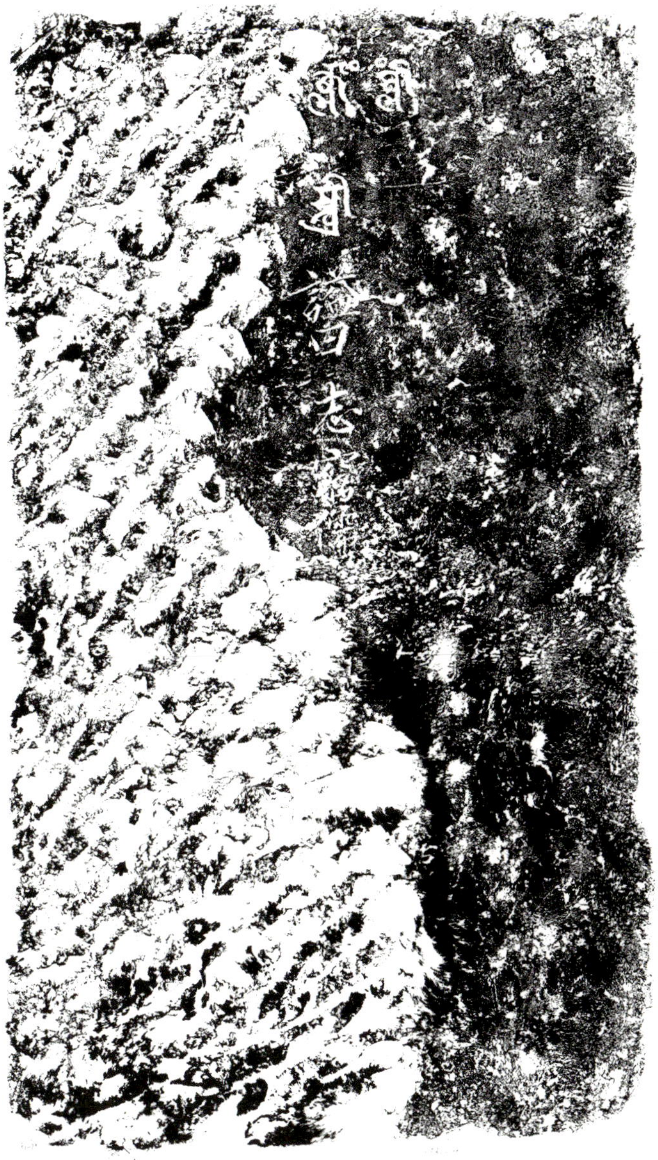

碑阳

碑阴

张福日神道碑

青石，残高 65 厘米、宽 64 厘米、厚 14.4 厘米。碑身上下部均残损缺失，残存阴刻梵文 8 行，第 3 行首左起横书阴刻楷书“人张福日神道”6 字。自第 4 行起，正中直书阴刻楷书“追为亡人张福日神道”9 字。风化严重。

王　渐　识读

阿弥陀佛坐像碑额

大理石，高 53.5 厘米、宽 80 厘米、厚 21 厘米。半圆形碑额。碑阳额中阳刻一拱形佛龛，龛中端坐一阿弥陀佛坐像，头戴高冠，两耳肥硕下垂。坐像四周阴刻有 5 个梵文五方佛种子字母，上端阳刻双凤朝阳纹饰，额满饰阳刻吉祥云纹。碑阴额中阳刻一拱形佛龛，龛中端坐一尊胜佛母坐像，坐像两手合十于胸前，两手合十于头顶，身着袈裟，舒坐于高台莲花座上。额四周浅雕 8 个圆形梵文八大菩萨种子字母，满饰阳刻舒卷吉祥云纹。额顶中间阴刻一框，内阳刻一万字符号，下部均饰有阳刻舒卷吉祥云纹。

方妍岚　识读

碑阳

碑阴

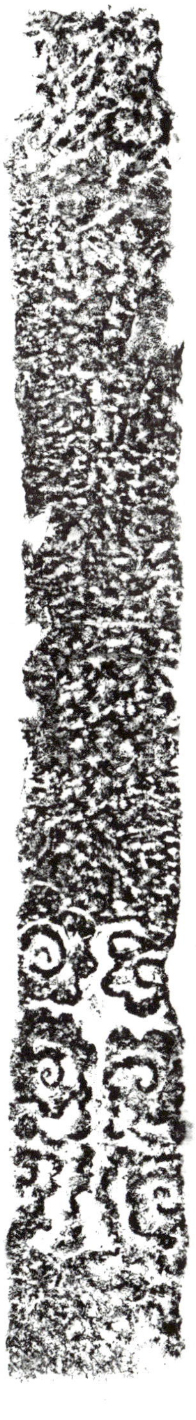

额顶

大理使司副使神道碑

青石，高 87 厘米、宽 54 厘米、厚 14 厘米。碑身较为残泐。碑阳碑文正中直书阴刻楷书“大理□州□使司副使□□□□　神”14 字。

方妍岚　识读

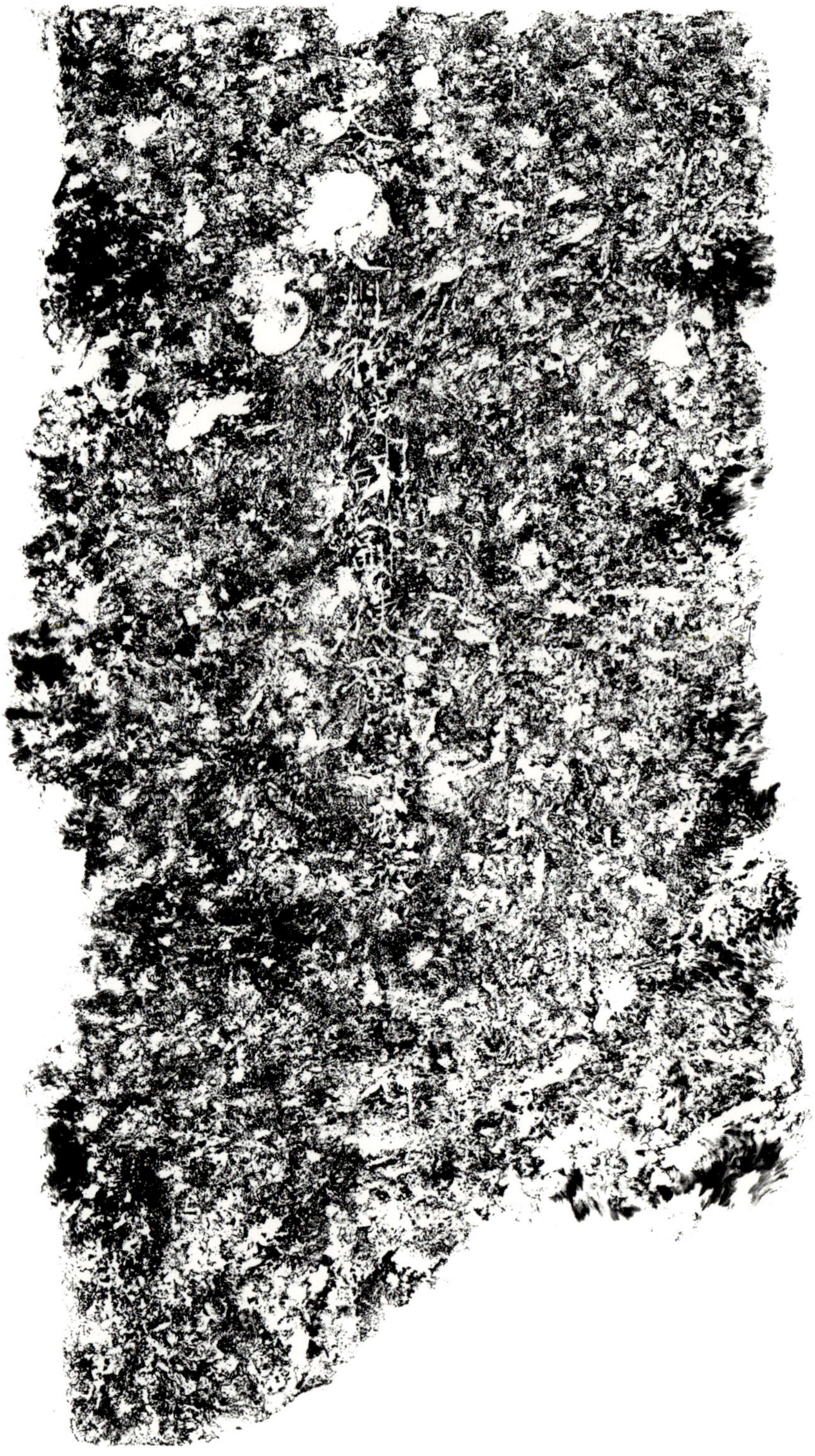

提举陈惠神道碑

青石，高 110 厘米、宽 57 厘米、厚 20 厘米。碑额残，残存部分隐约可识正中雕刻有一尊佛像。碑阳碑文正中直书阴刻楷书“追为亡人提举陈惠神道”10 字。

方妍岚　识读

DBK1—47 碑

青石，残高 61 厘米、宽 52.5 厘米、厚 10 厘米。碑身上部残损缺失，左下部残泐。碑文横书阴刻梵文残存 12 行，第 7 行中有横书汉字仅“追”字可辨。风化严重。

王 渐　识读

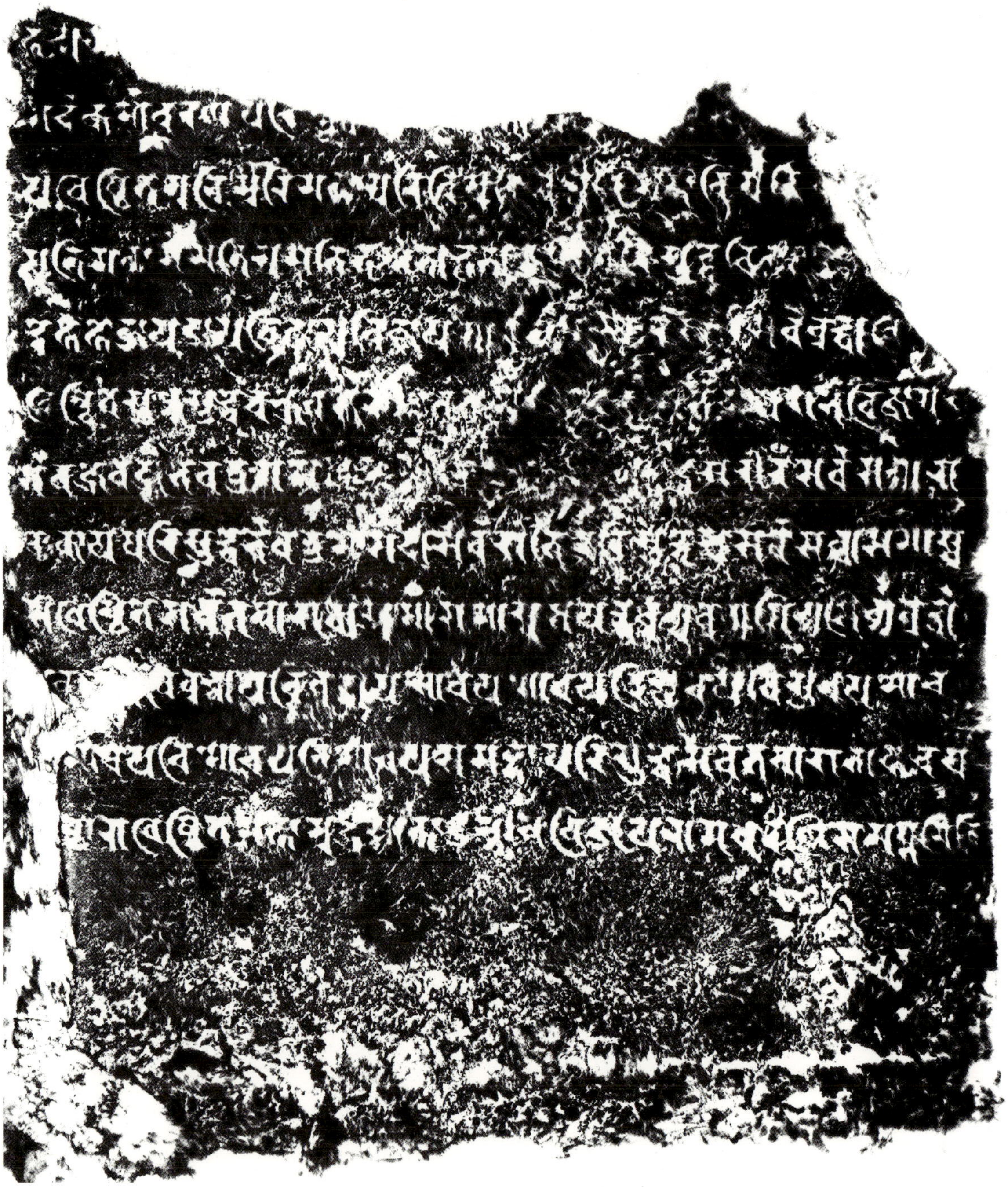

杨海莲神道碑

青石，残高48厘米、宽47.5厘米、厚11厘米。碑身仅残存下半部。碑阳碑文残存直书阴刻楷书“莲神道”3字。碑阴残存横书阴刻梵文10行，第9行中央左起横书阴刻楷书“杨海莲”3字。

方妍岚　识读

碑阳

碑阴

DBK1—51 碑

青石。残高 62 厘米、残宽 44 厘米、厚 15 厘米。碑额残，上部及左右两边均不同程度缺失。碑阳正中有佛龛，龛内浮雕尊胜佛母坐像，跏趺坐于莲花台上，双手于胸前合十，另双手于头顶上方合十，身后饰有葫芦状飘带。面部用简单的线条刻画五官，刀法简练粗犷但十分传神。佛龛四周有明显凿痕，文字、纹饰皆无存。

王　渐　识读

大理录事李祥灵位碑

青石，残高 97 厘米、宽 61 厘米、厚 16.5 厘米。碑残损严重，经整理，发现该碑与编号为 DBK1-99 的碑刻为同一通碑，上部缺失。碑阳碑身四周饰有内框阴刻双线条、外框阴刻单线条、宽 6～7 厘米不等边框，框内饰阴刻云纹纹饰，正中残存直书阴刻楷书“大理录事司录事李祥灵位”11 字。

碑阴残存横书阴刻梵文 12 行，第 5 行中左起横书阴刻楷书“追为亡人李祥神道”8 字。

方妍岚　识读

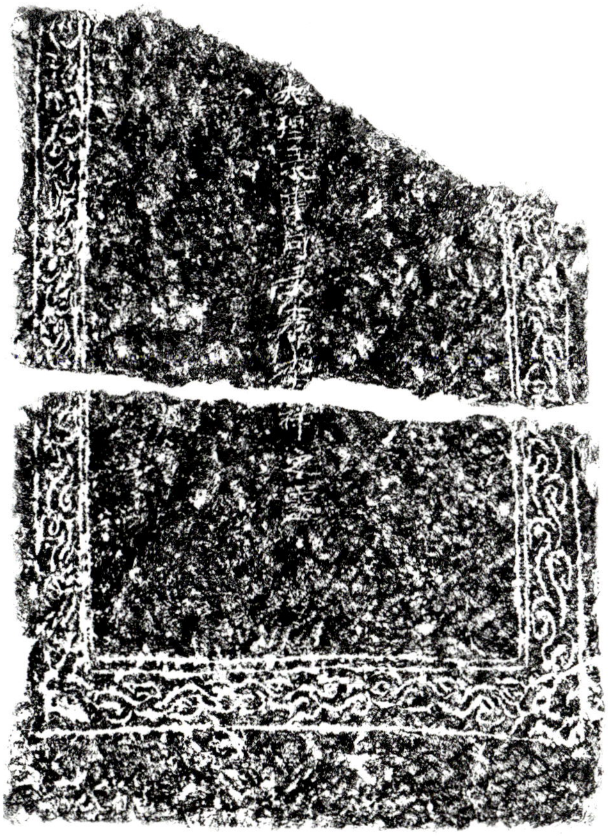

碑阳

碑阴

杨善处碑

青石，残高 50 厘米、宽 46 厘米、厚 13 厘米。碑残损严重，仅残存中间一段。碑阳碑文正中残存直书阴刻楷书“近故杨善处之”8 字。碑阴残存横书阴刻梵文 10 行。

方妍岚　识读

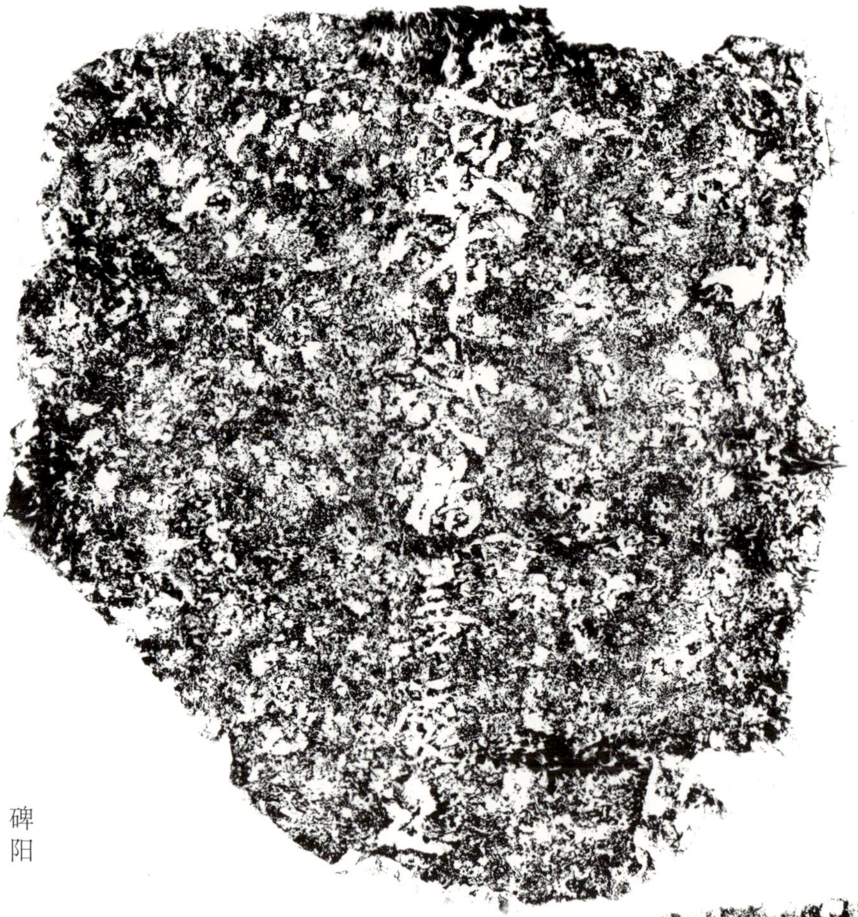

碑阳

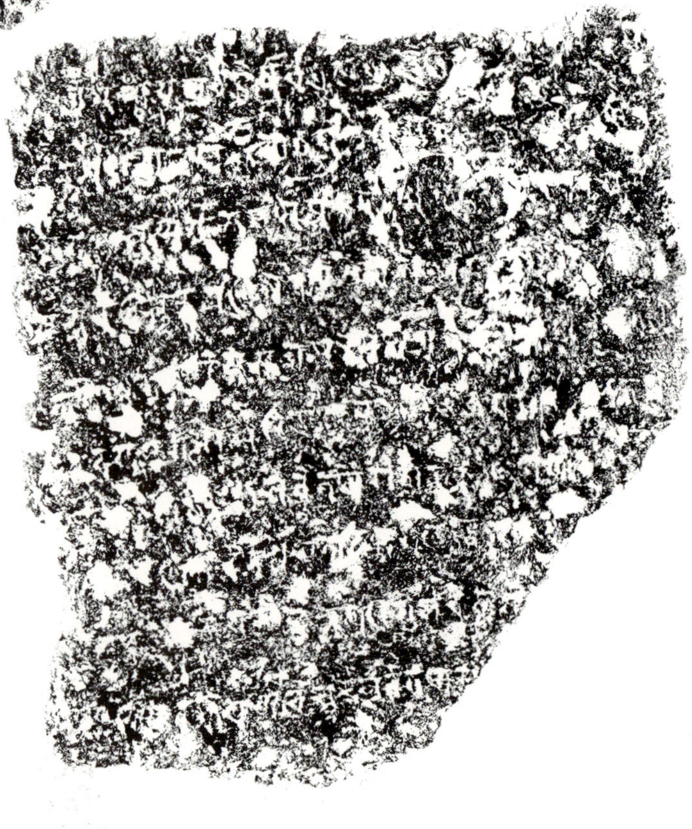

碑阴

DBK1—60 碑

青石，残高 64 厘米、宽 61 厘米、厚 16 厘米。碑残损严重，仅残存右半段碑额及 10 ～ 25 厘米碑身一段。额中阴刻一尊胜佛母坐像，尊胜佛母舒坐于二阶莲花须弥座上，两手合十于胸前，两手合十于头顶，两侧腰带向上飘逸。佛像左右两侧饰有阴刻双凤牡丹及连枝花卉纹饰，四周残留可辨 5 个阴刻单圈梵文五方佛字母。碑阴额左边依稀可见阴刻纹饰及单圈梵文种子字母，未发现有文字。

方妍岚　识读

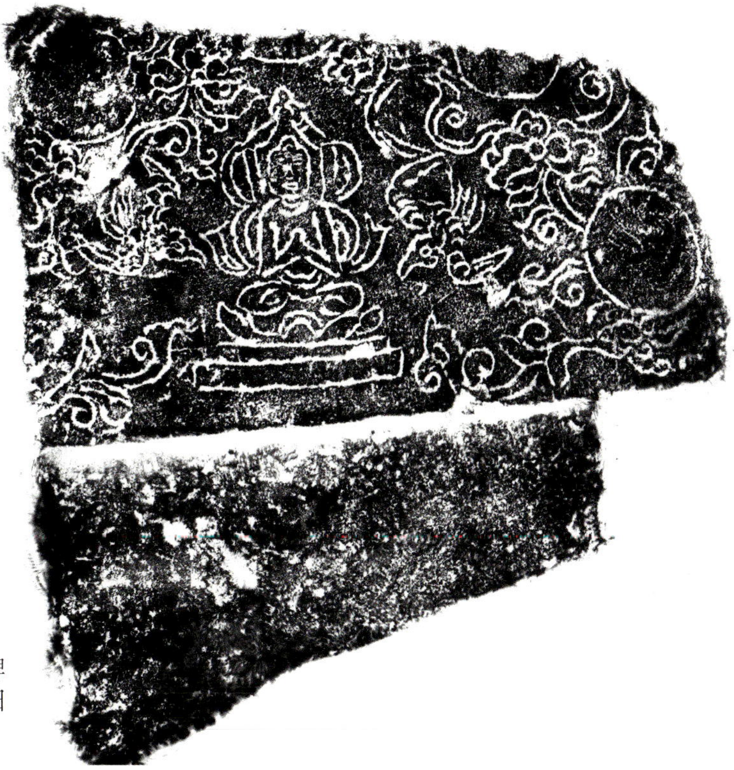

碑阳

碑阴

DBK1—61 碑

青石，残高 43 厘米、宽 44.5 厘米、厚 9 厘米。碑身上下部均残损缺失，残存阴刻梵文 15 行，第 7 行首左起横书阴刻楷书“□□□□杨[亲]神道”8 字。第 13 行末左起横书“亡人杨□[亲]神[道]”7 字，风化严重。

王　渐　识读

神咒碑

青石，残高 56 厘米、宽 40 厘米、厚 9.5 厘米。仅残存碑额左部一小段，较为残泐。半圆形碑额，额边饰有阴刻舒卷云纹，正中刊一佛龛，隐约可辨龛内雕一佛像，双手结印，跏趺坐于莲花座。碑额上下部均有明显凿痕。佛像左边残存直书阴刻行楷“□佛□生死如佛度一切”10 字，文字左下残存 1 个梵文字母。碑身残存阴刻梵文 2 行 4 个字母。

方妍岚　识读

DBK1—64 碑

青石，残高58厘米、残宽48厘米、厚23厘米。碑阳碑文直书阴刻楷书残存4行，行余字数3～5字不等。碑阴无字。

（上阙） □□□（下阙）（一行）

（上阙）调于言（下阙）（二行）

（上阙）子中庸得（下阙）（三行）

（上阙）总管段明威（下阙）（四行）

王　渐　识读

DBK1—66 碑

青石，残高 51 厘米、残宽 51 厘米、厚 14 厘米。碑阳碑文直书阴刻楷书残存 7 行，行余字数 2～4 字不等。碑阴无字。

（上阙）［其］ 意克［勤］（下阙）（一行）
（上阙）服膺而弗夫（下阙）（二行）
（上阙）［年］七月忽染（下阙）（三行）
（上阙）六，其父张（下阙）（四行）
（上阙）□□（下阙）（五行）
（上阙）［人］命靡常（下阙）（六行）
（上阙）姓名香（下阙）（七行）

王 渐 识读

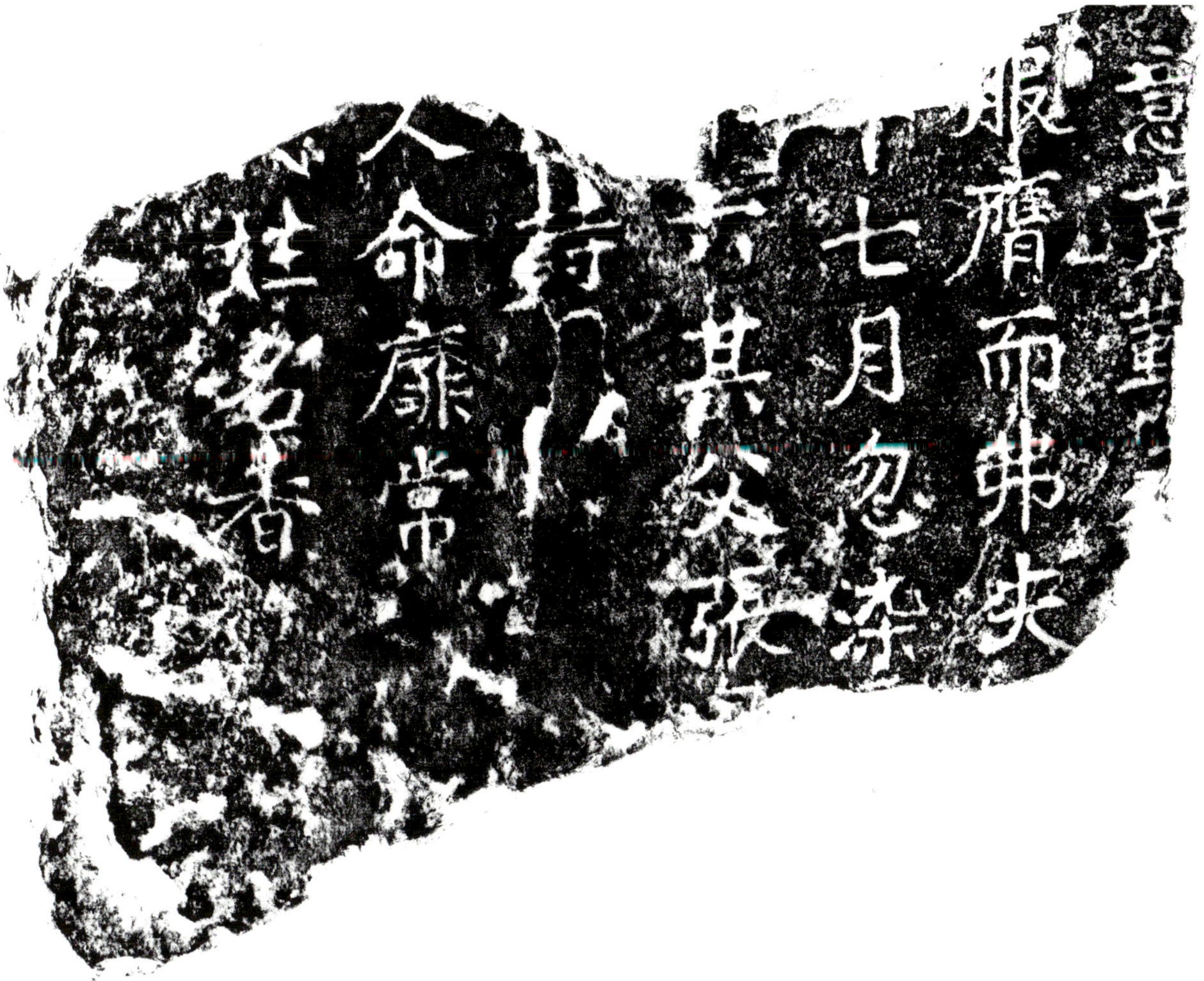

经 咒 碑

青石，残高 82 厘米、宽 55 厘米、厚 11.5 厘米。碑残损严重，仅残存碑额左半段及碑身上段。半圆形碑额，额正中刻一佛龛，内阳刻尊胜佛母座像，佛母跏趺坐于莲花台上，两手合十于胸前、两手合十于头顶。佛像四周阴刻单圈梵文五方佛种子字母现存 4 字。碑身残存横书阴刻梵文 12 行。

方妍岚　识读

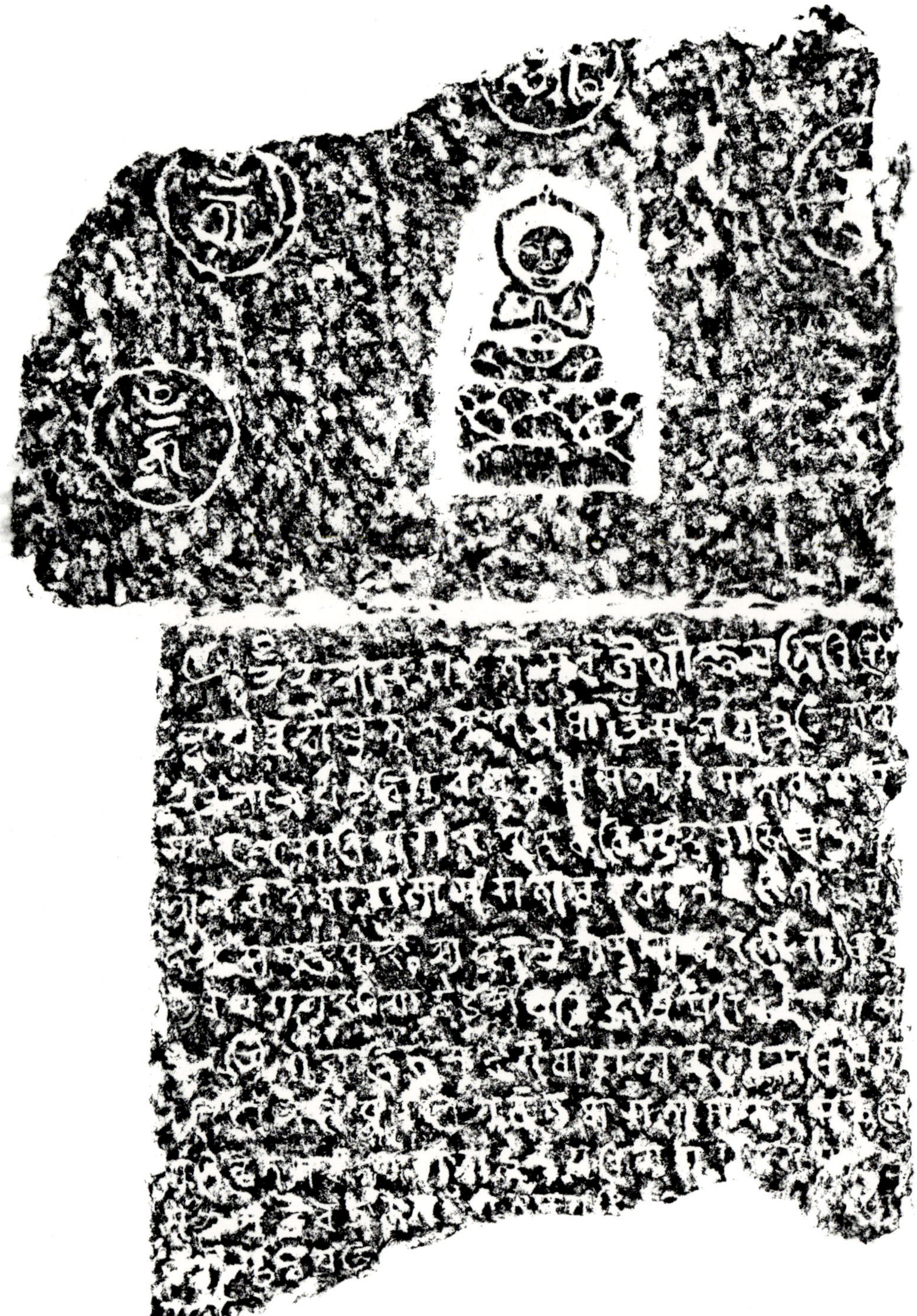

DBK1—76 碑

青石，残高 33.5 厘米、残宽 47 厘米、厚 11 厘米。碑额残件，上部及左右两边均不同程度缺失。碑阳正中有佛龛，龛内浮雕尊胜佛母坐像，跏趺坐于莲花台上，双手于胸前合十，另双手合十于头顶，面部刻画已模糊不清。佛龛周围阴刻单圈梵文五方佛种子字母，佛龛下方阴刻横书梵文 2 字。碑阴正中有佛龛，龛内浮雕阿弥陀佛坐像，结跏趺坐，面部刻画已模糊不清，头部及四肢雕刻较圆润粗壮。佛龛四周阴刻单圈梵文八大菩萨种子字母，残存 7 字。

王　渐　识读

碑阳

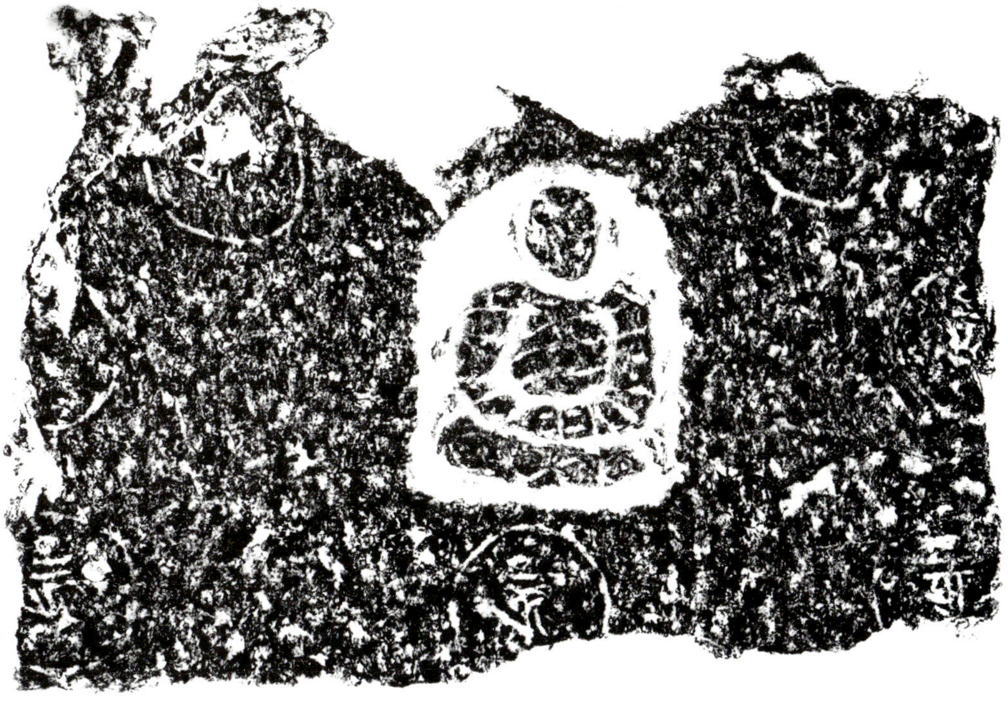

碑阴

赵五福贤神道碑

大理石，残高53.5厘米、宽47.5厘米、厚22.5厘米。碑上下部均已残损、缺失，仅存碑身中段。碑阳碑文正中直书阴刻楷书3行，“贤”字左边阴刻一梵文字母，右侧阴刻13行梵文。碑阴上部阴刻大小约8～10厘米不等5个梵文种子字母，其下横书阴刻梵文10行，右侧阴刻13行梵文。

碑文

永有慈恩（一行）

谥曰　　赵五福贤（二行）

垂裕贤母（三行）

方妍岚　识读

碑阳

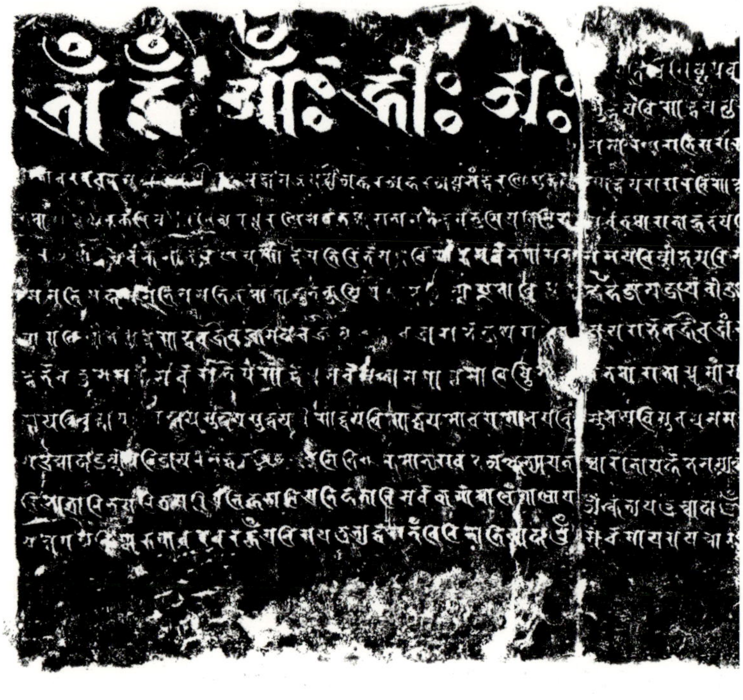

碑阴

治中杨公墓志

大理石，高 52.5 厘米、残宽 78 厘米、厚 18 厘米。半圆形碑额，右部残损缺失，雕刻精美。碑阳正中阳刻 29.5 厘米 ×24.5 厘米方形字龛，边框线条宽约 2 厘米，龛内阴刻直行篆书两行“治中杨公墓志”，四周饰双凤云纹及梵文五方佛种子字母，残存 4 字。碑阴正中龛刻阿弥陀佛坐像，佛像跏趺坐于莲花台上，手结禅定印。四周饰双凤云纹及梵文八大菩萨种子字母，字母下饰莲纹，残存 7 字。

王　渐　识读

碑阳

碑阴

“大理路”残碑

青石，残高 37 厘米、宽 58 厘米、厚 19 厘米。仅残存碑额与碑身相连约 30 厘米的中间一段，四周均有残损。碑阳正中残存 4 个阴刻梵文种子字母，分 2 行，按 3、1 排列，下连直书阴刻楷书“大理路”3 字。碑阴残存横书阴刻梵文 7 行。

方妍岚　识读

碑阳

碑阴

经咒碑

大理石，残高 80 厘米、宽 57 厘米、厚 23.5 厘米。经整理，发现该碑与编号为 DBK1-106 的碑刻为同一通碑，碑残损严重，上部缺失。碑阳碑身上部阴刻一排八大菩萨梵文字母，其下正中阴刻一梵文种子字母，字母下正中雕一佛龛，龛内阳刻“西方三圣”，主尊为阿弥陀佛坐像，左边立观音菩萨，右边立大势至菩萨。阿弥陀佛像面部损毁严重，可见高肉髻，身着圆领下垂式通肩袈裟外衣，衣纹通身形成密集条纹状，手施定印，跏趺坐于高台莲花须弥座上，身后饰有背光。阿弥陀佛像两侧菩萨像头戴高花冠，肩搭帔帛，下着密褶长裙。佛龛左右两侧横书阴刻梵文 9 行。

碑阴上部阴刻 5 个梵文五方佛种子字母，其中 2 个延伸至左右两侧，下横书阴刻梵文 9 行并延伸至左右两侧。

方妍岚　识读

碑阳

碑阴

赵正贤神道碑

青石，残高52厘米、残宽50厘米、厚10.5厘米。碑身上下部均残损缺失，残存阴刻梵文10行，第3行末正中直书阴刻楷书“追为亡人赵贤神道”8字。在梵文下正中右起直书汉字2行。

追为亡人赵（一行）

正贤神道（二行）

王　渐　识读

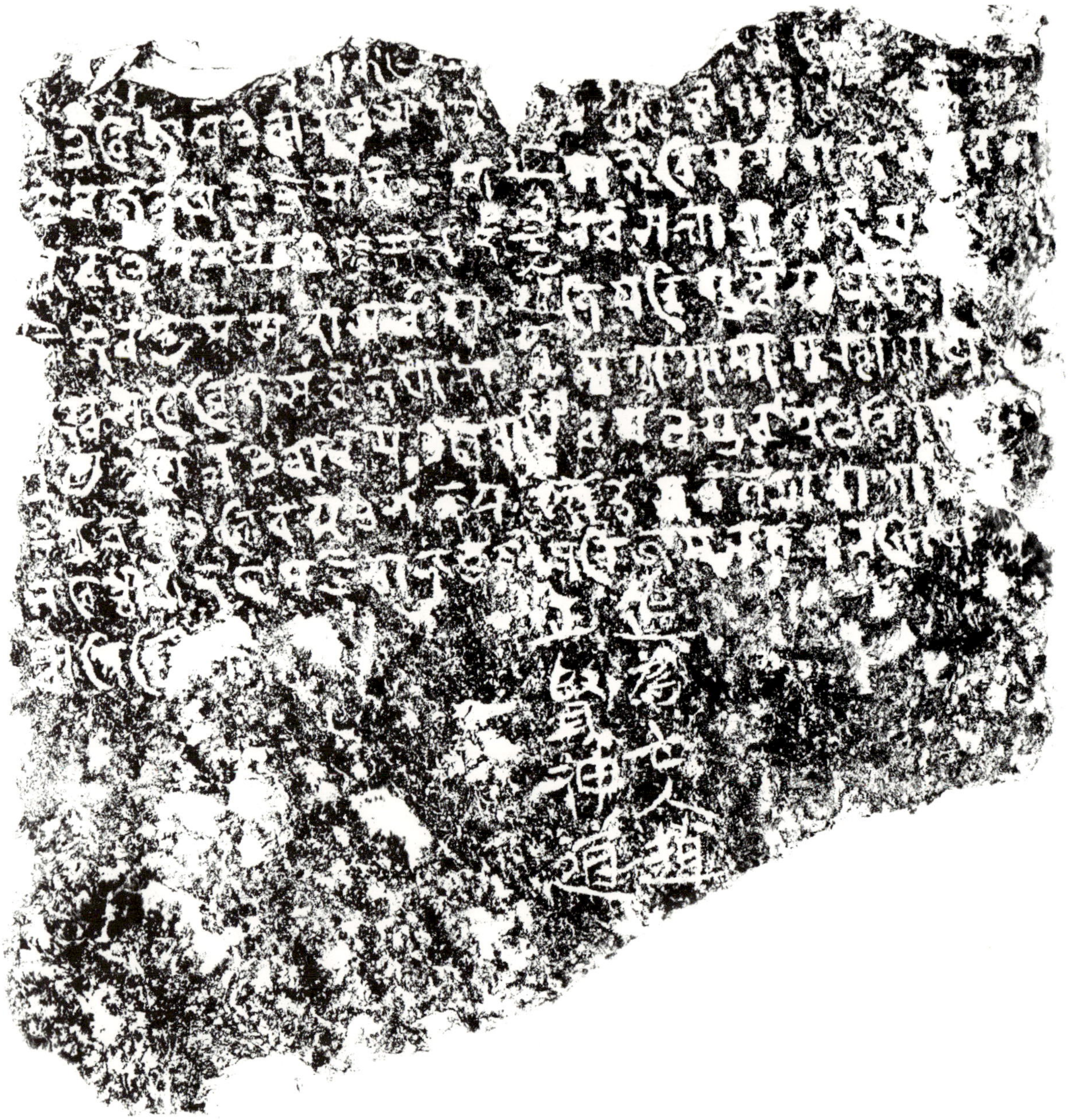

DBK2—3 碑

青石，残高 94 厘米、宽 46 厘米、厚 14 厘米。此碑刻应为半成品，没有文字。碑阳额上部缺失，与碑身为一体，略高出 0.5 厘米，下部接近与碑身连接处正中阴刻莲花座，其上应有佛像，但已缺失无法辨认。碑身正中有单线阴刻长方形字框，长 45 厘米、宽 9 厘米，其内空白无字，框下阴刻狮形纹饰。碑阴无字。

王　渐　识读

长官杨氏墓志碑额

大理石，高 53 厘米、宽 89 厘米、厚 22 厘米。半圆形碑额，额正面正中阴刻 21 厘米 ×25 厘米双阴线方框，内篆“长官杨氏墓志”6 字，四周阴刻 5 个单圈梵文五方佛种子字母。碑阴正中阴刻阿弥陀佛坐像，坐像基座为二层方形莲花须弥座，阿弥陀佛跏趺坐于莲花台上，宝珠形发髻高束于头顶，双耳下垂于肩，身披袈裟，双手施定印。佛像上端阴刻一梵文种子字母，两边阴刻有梵文八大菩萨种子字母，碑额满饰浅浮雕吉祥卷云纹饰。

方妍岚　识读

碑阳

碑阴

杨踰城□碑

青石，残高 99 厘米、残宽 54.5 厘米、厚 17 厘米。碑阳正中直书阴刻楷书 1 行，残存 10 字。碑阴横书阴刻梵文 20 行，第 15 行末左起横书“杨踰城□”4 字，下部正中饰有阴刻狮纹。风化严重。

（上阙）路理州判官扬□之灵碑

王 渐 识读

碑阳

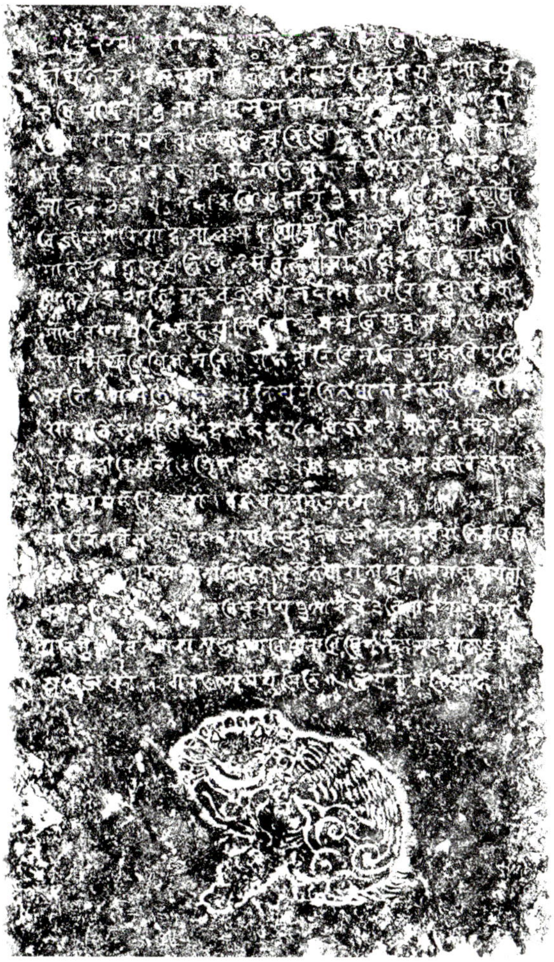

碑阴

大阿左梨释慧海灵位碑

大理石，高 89.5 厘米、宽 46 厘米、厚 15.5 厘米。无碑额，碑阳正中直书阴刻行楷 3 行，碑阴无字。

释慧海（一行）

号曰　德高行直大阿左梨　之灵（二行）

□救海（三行）

方妍岚　识读

布燮杨政祥碑

青石，残高 112 厘米、宽 51 厘米、厚 20 厘米。碑额、碑身上部及左右两侧均有不同程度残损。碑阳额正中阴刻一阿弥陀佛坐像，跏趺坐于莲花台上，身后阴刻双层莲瓣形背光，身披袈裟，双手施定印。碑身正中直书阴刻楷书“故义天朗月□善布燮杨政祥碑”13 个字。碑阴碑额正中阴刻一光头地藏菩萨坐像，身披袈裟，一手持锡杖，一手持宝珠。碑阴无字。

方妍岚　识读

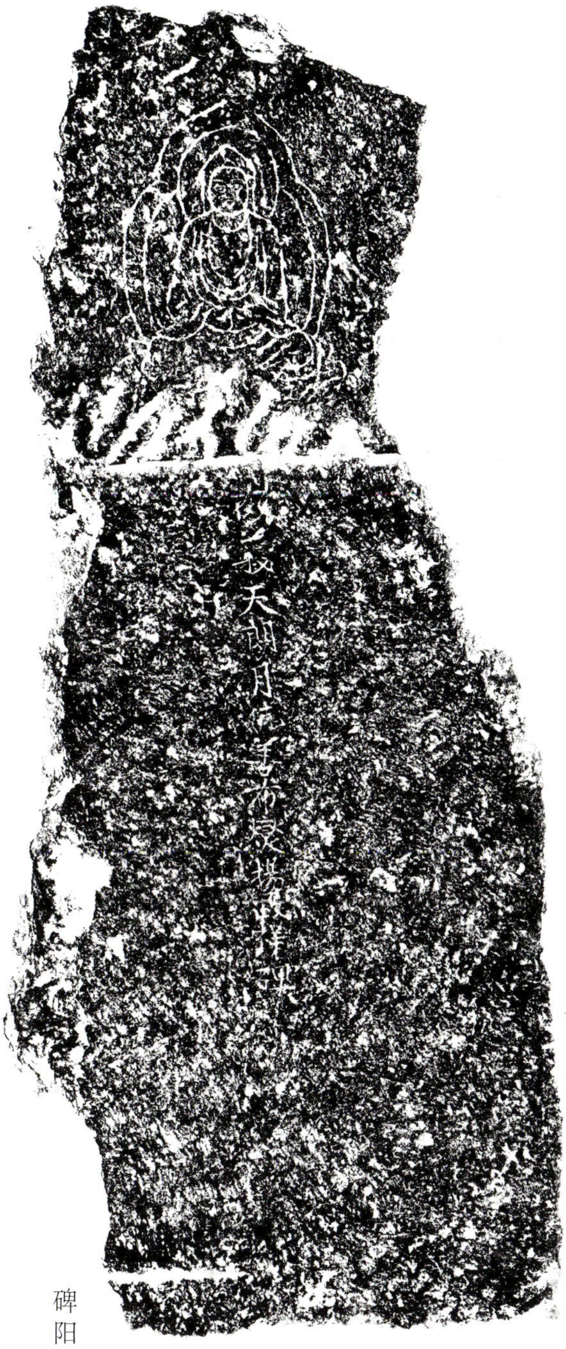
碑阳

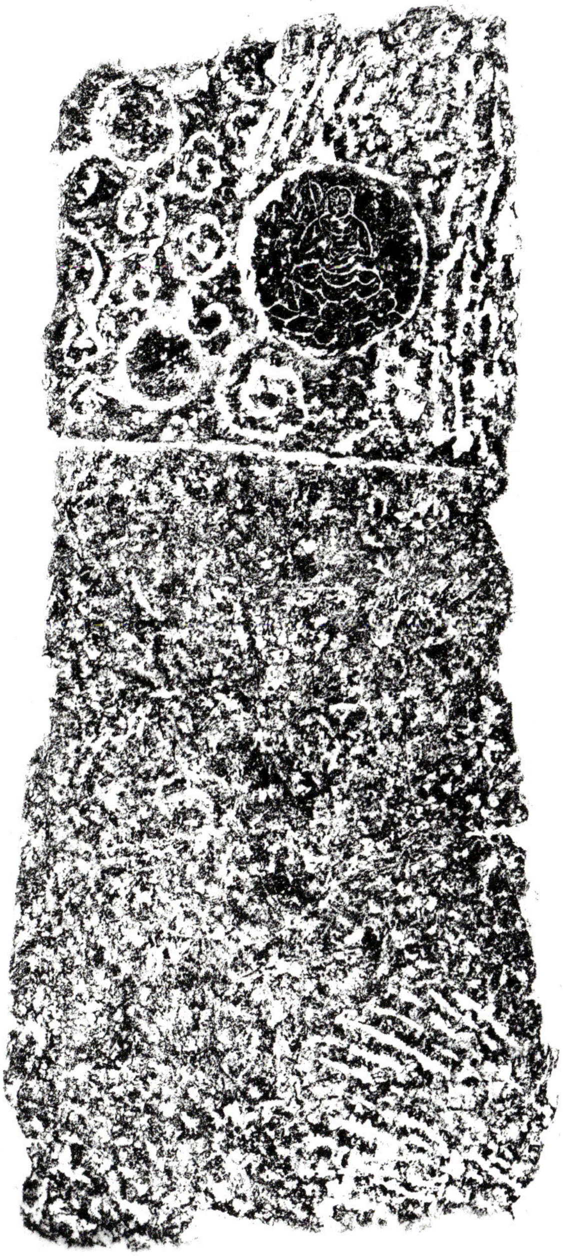
碑阴

追为亡人李智庆碑

青石，残高 82 厘米、残宽 55 厘米、厚 19.5 厘米。碑额顶部及右部均残损缺失，碑身下部缺失。碑阳额正中龛刻尊胜佛母坐像，周围阴刻单圈梵文五方佛种子字母，残存 3 字。碑身正中直行阴刻楷书 1 行，仅存“追为亡人李智庆”7 字。碑阴额正中龛刻阿弥陀佛坐像，四周饰单圈梵文八大菩萨种子字母，残存 6 字。碑身无字，风化严重。

王　渐　识读

碑阳

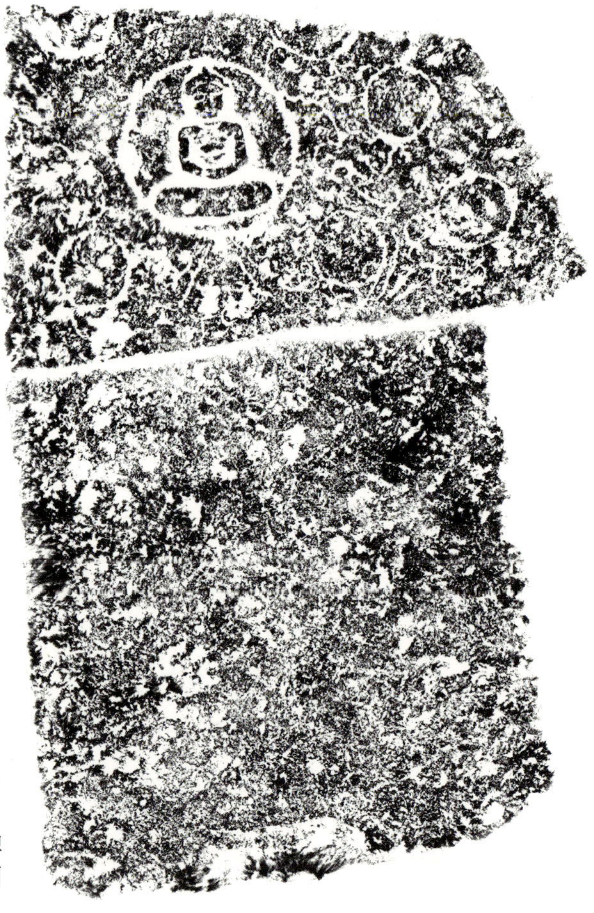

碑阴

DBK2—23 碑

大理石，残高 75 厘米、宽 63 厘米、厚 22 厘米。碑阳残存阴刻梵文 19 行，字体较粗壮，刻工精湛。碑身左侧残泐，字迹无存。

王 渐　识读

杜踰城空碑

青石，残高 130 厘米、残宽 52 厘米、厚 14 厘米。碑阳额大部凿损，正中饰有阴刻尊胜佛母坐像，坐像左、右两侧各残存单圈梵文种子字母 1 字。碑文直书阴刻楷书 3 行。碑阴额残损严重，中间佛像已模糊不清，佛像左下侧残存阴刻单圈梵文种子字母 1 字。碑文横书阴刻梵文 22 行，风化严重。

显族光身（一行）

号曰　　　　　　　　杜踰城空（二行）

彰名布燮（三行）

王　渐　识读

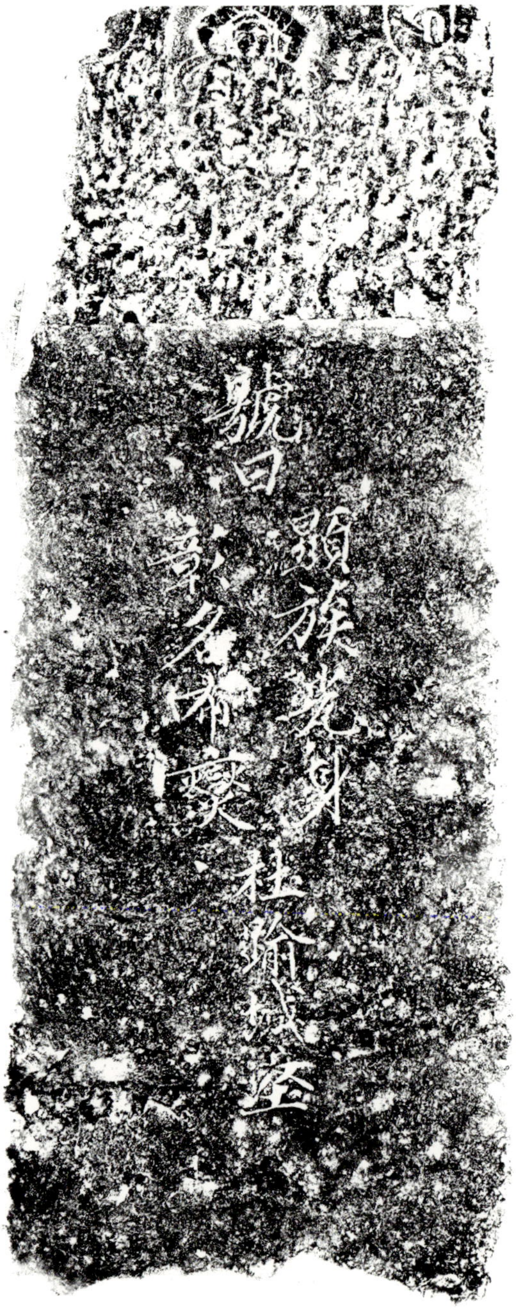

碑阳

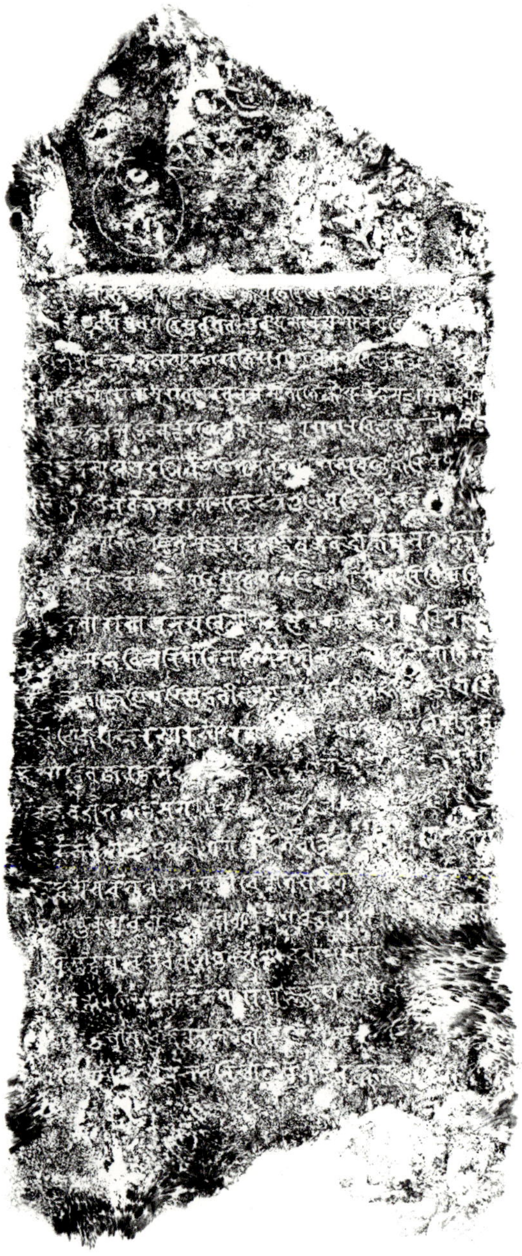

碑阴

杨祐碑

青石，残高 83 厘米、宽 54 厘米、厚 18.5 厘米。碑身上部残，无碑额，四周均有残损。碑阳碑文残存直书阴刻行楷 3 行。碑阴无字。

显研清（一行）

释圆通杨祐（二行）

弘□□［大］师（三行）

方妍岚　识读

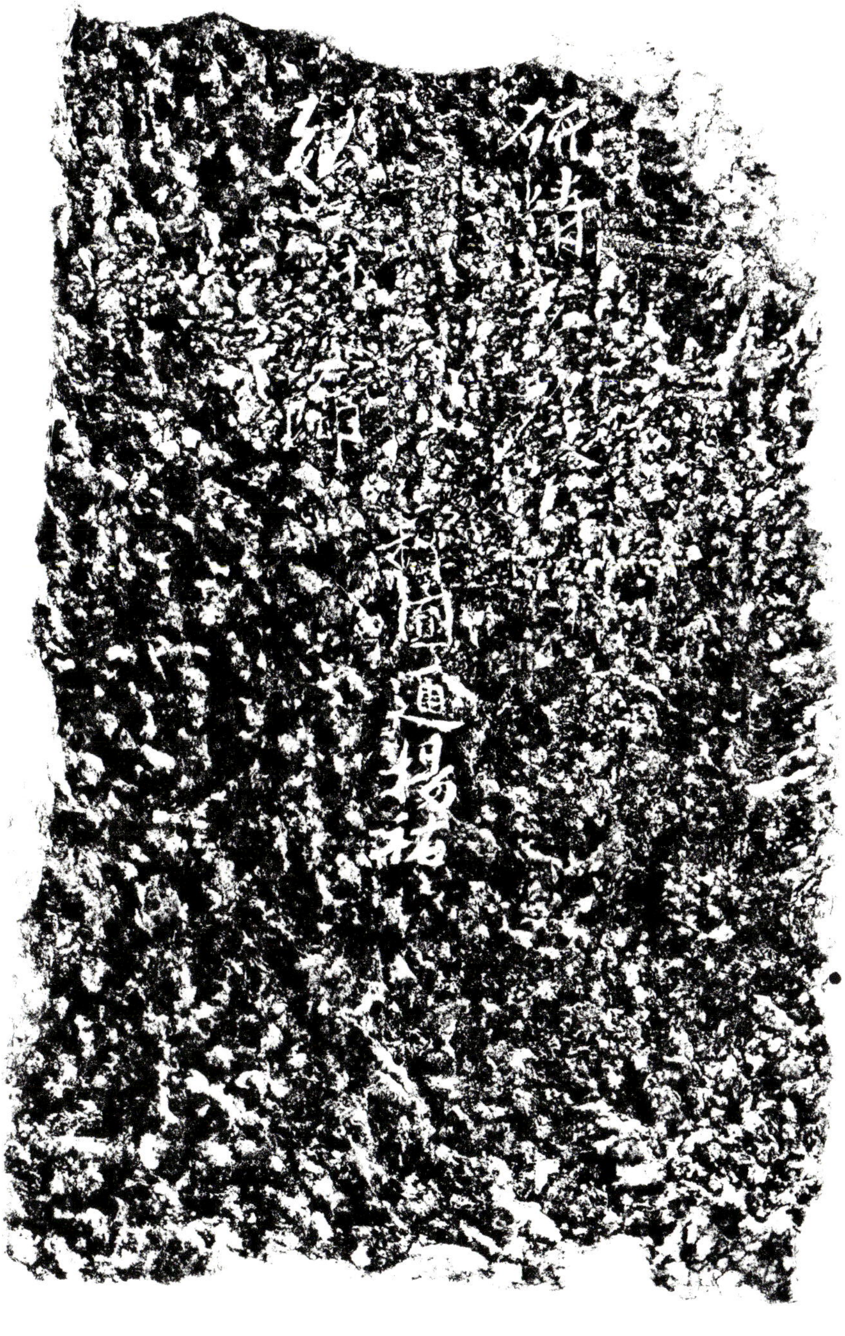

近故承直郎大理金齿等［处］碑

大理石，残高 78 厘米、残宽 61 厘米、厚 17 厘米。碑阳额左部及上部缺失，残存单圈梵文种子字母 3 字。碑身下部缺失，正中直书阴刻楷书 1 行 11 字，字左上侧有阴刻万字符号 1 个。碑阴额残存单圈梵文八大菩萨种子字母 4 字。碑身残存梵文 11 行。

近故承直郎大理金齿等［处］

王　渐　识读

碑阳

碑阴

DBK2—38 碑

青石，残高 80 厘米、宽 69 厘米、厚 17 厘米。碑身上部残缺，右下部缺失。残存梵文 11 行，9 行以下中部基本空白，第 10 行仅存右边几字，中部横向排列从左至右有“同 张”2 字。

王 渐 识读

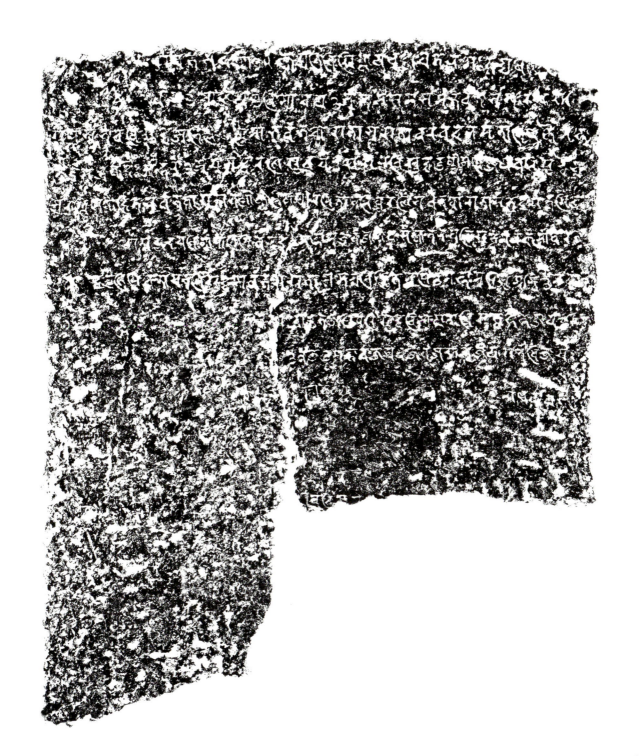

李义神道碑

青石，残高83厘米、宽48厘米、厚18.5厘米。碑阳直书阴刻楷书3行，风化较严重。碑阴无字。

神（一行）

追为亡人白严甸□长李义（二行）

道（三行）

王　渐　识读

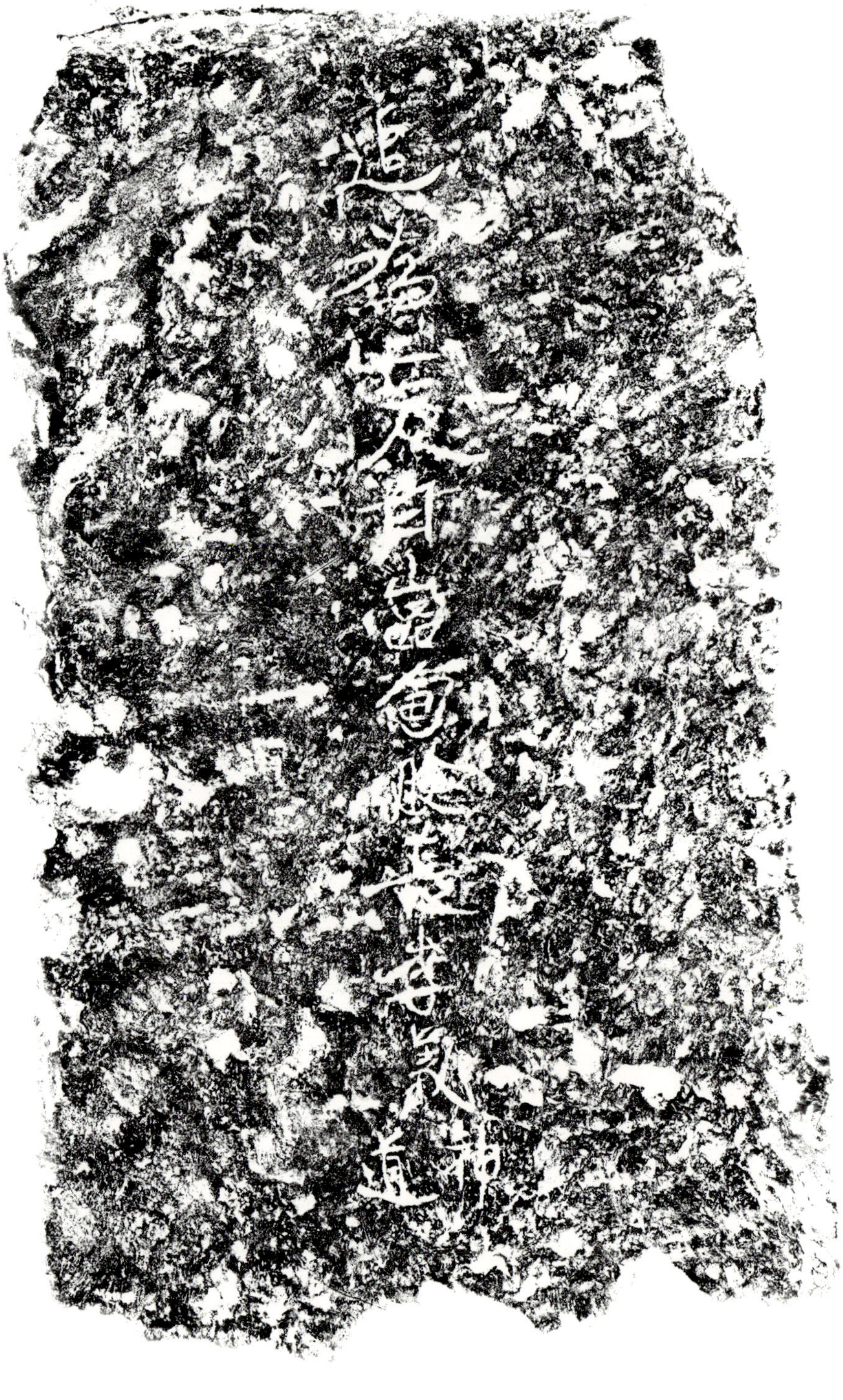

DBK2—88 碑

青石，高 63 厘米、残宽 95 厘米、厚 14.5 厘米。半圆形碑额，左下部残损。碑阳额正中阴刻尊胜佛母坐像，跏趺坐于莲花台上，下有须弥座。佛像面部圆润，头戴宝冠，双手合十于胸前，另双手合十于头顶，身后饰飘带及葫芦形火焰背光。两侧各饰云凤文，凤鸟呈俯冲状。外围有单圈梵文五方佛种子字母及缠枝花卉纹饰。碑阴正中阴刻阿弥陀佛坐像，佛像头部线条圆润，脑后有圆形头光，身后以线条勾勒出圆形背光，跏趺坐，下部残泐。四周饰缠枝花卉纹及单圈八大菩萨梵文种子字母，仅存 5 字。

王　渐　识读

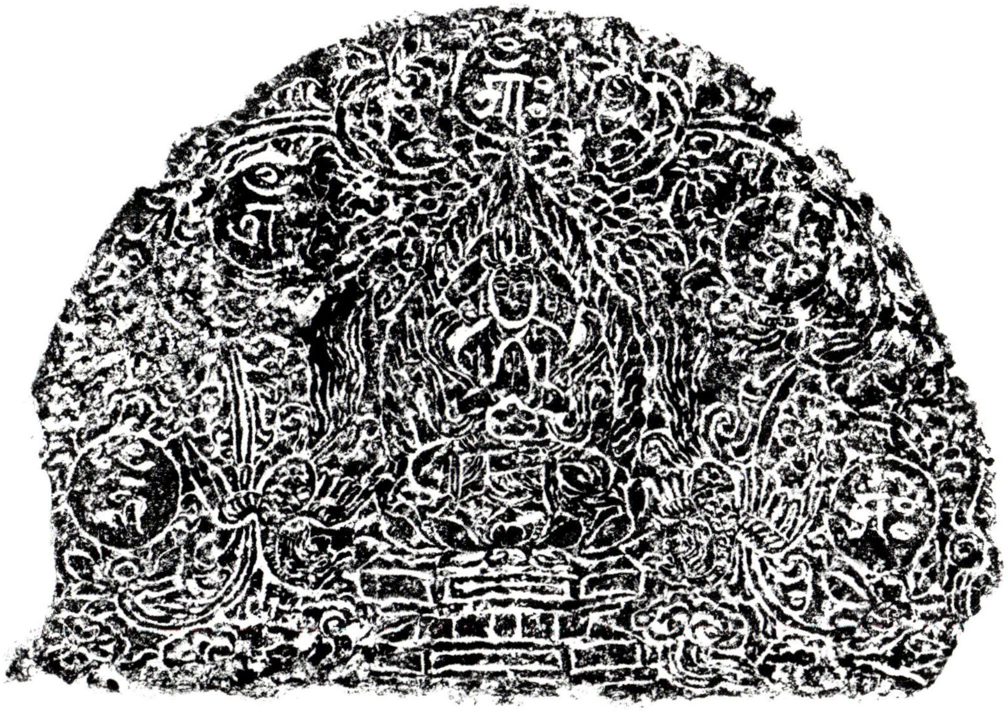

碑阳

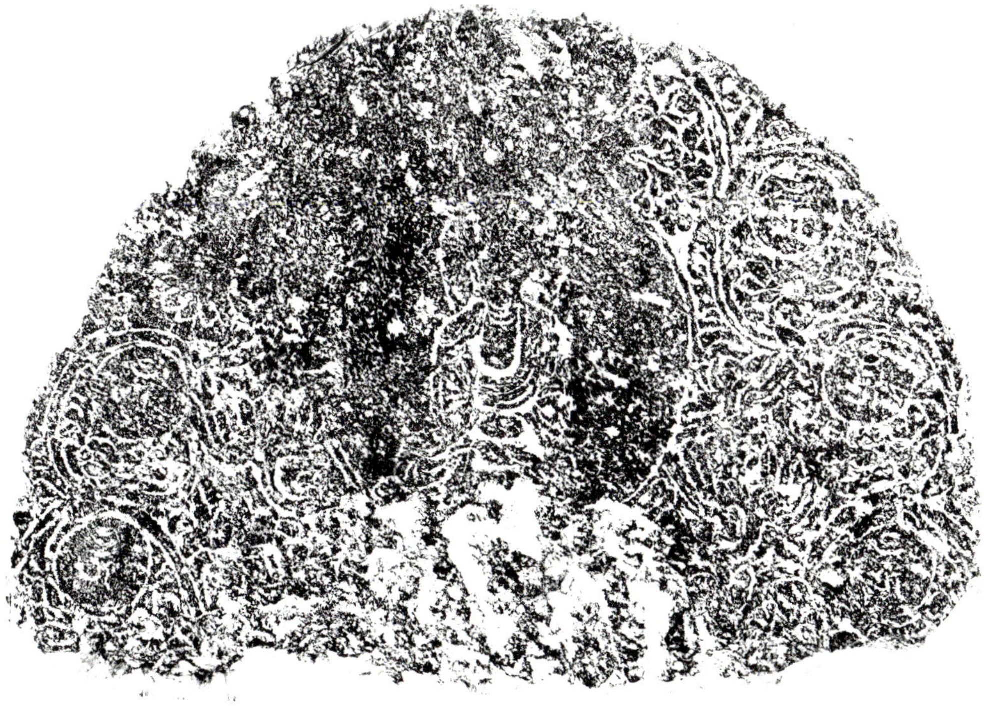

碑阴

总管府译史杨□碑

青石，残高 55 厘米、宽 59 厘米、厚 19.5 厘米。碑身上下部均残损缺失，碑阳正中直书阴刻行楷 1 行仅存"民总管府译史杨"7 字。碑阴横书阴刻梵文，残存 8 行，朱砂描红。

王 渐 识读

碑阳

碑阴

经咒碑

青石，高 62.5 厘米、宽 52 厘米、厚 13.5 厘米。碑仅存左部碑额及碑身上部一段，半圆形碑额，碑额毁坏较为严重，依稀可辨额中刻一佛龛佛像，仅残存 2 个阴刻梵文字母。碑身左边残存直书阴刻楷书“南无西方极”5 个字。

方妍岚　识读

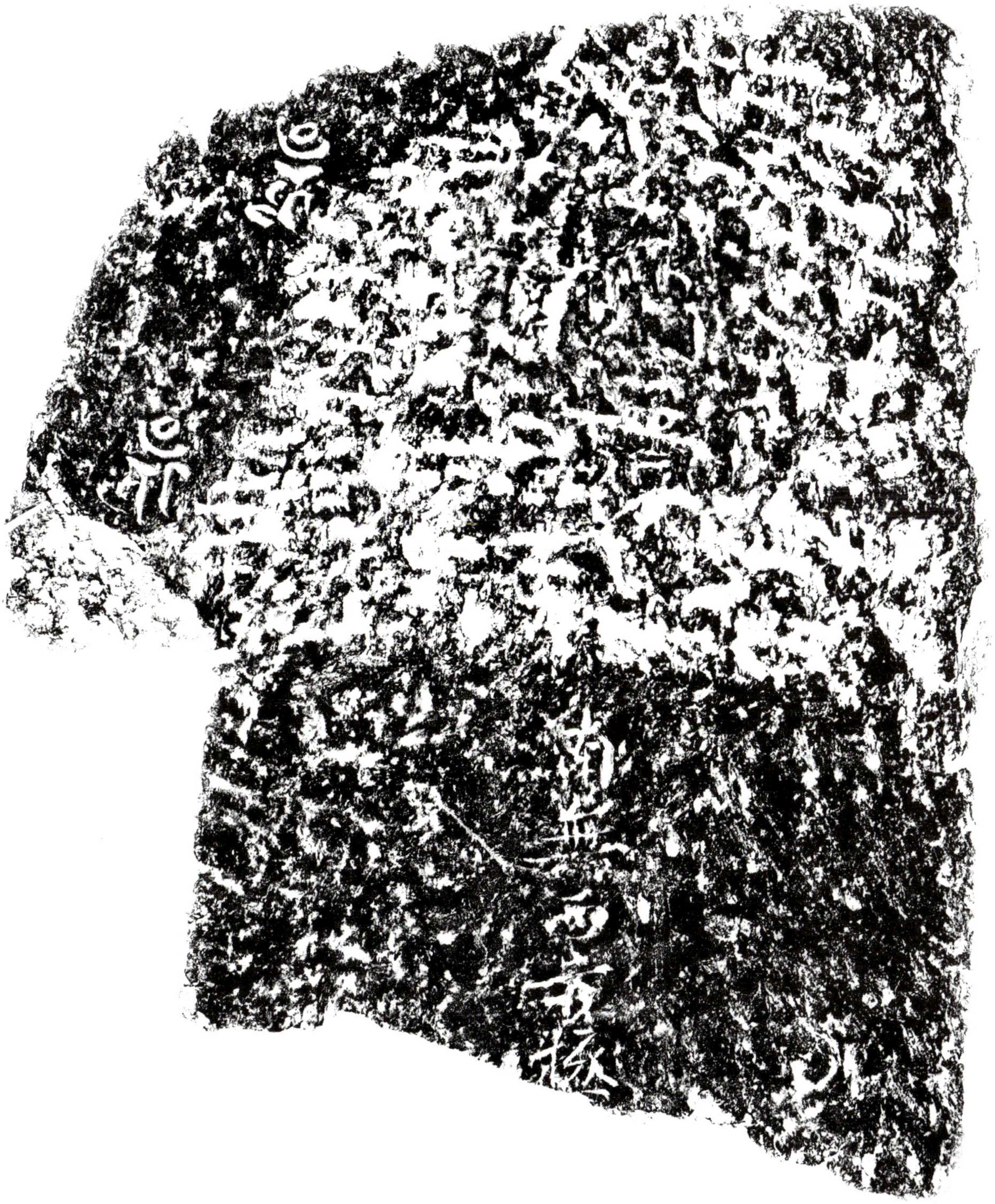

□［为］亡人大师赵福碑

青石，残高 54 厘米、残宽 54 厘米、厚 13.5 厘米。碑上部缺失，左下角残损，残存阴刻梵文 7 行，第 2 行首横书阴刻楷书“□［为］亡人大师赵福”7 字。风化严重。

王 渐 识读

苏泰祥神道碑

青石，残高 130 厘米、宽 68 厘米、厚 19 厘米。碑额残，残存梵文种子字母 2 字。碑正中直书阴刻楷书 3 行。

从仕郎大理（一行）

故　　　　　　　　　　　苏泰祥 神道 碑（二行）

路太和县尹[1]（三行）

①宪宗七年，于城内外立上、中、下三千户。至元二十六年，中千户立录事司，上、下二千户立县。

何永超　识读　加注

释门领袖大阿左梨碑

青石，残高 123 厘米、宽 62 厘米、厚 19 厘米。额及右侧残。碑阳额中刻尊胜佛母、残存梵文五方佛种子字母 3 字，饰云纹，碑身直书阴刻楷书 3 行。碑阴额残，正中刻阿弥陀佛，饰云纹，碑身中直书阴刻楷书 1 行。

释门领袖（一行）

谥曰（二行）

大阿左梨（三行）

碑阴

南无西方阿弥陀佛

何永超　识读

碑阳

碑阴

T6 碑

青石，残高 98 厘米、宽 49 厘米、厚 21 厘米。上残左缺，残存横书阴刻梵文 25 行，中空白。

何永超　识读

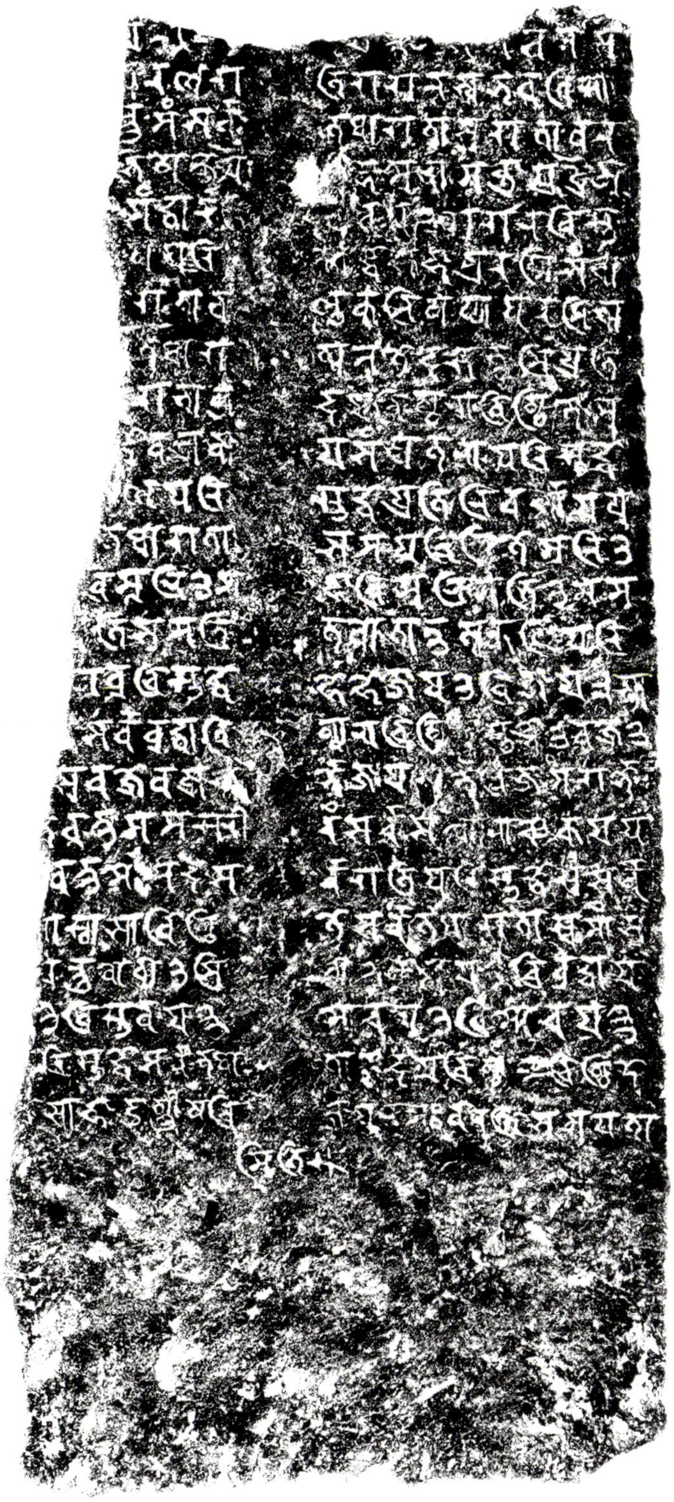

张踰城□神道碑

青石，残高 148 厘米、宽 62 厘米、厚 21.5 厘米。上残下损，碑阳额中刻阿弥陀佛，残存梵文八大菩萨种子字母 7 字，碑文横书阴刻梵文 21 行，第 1、16 行左起横书阴刻楷书各 1 行。碑阴额中刻尊胜佛母，仅存梵文五方佛种子字母 2 字，饰缠枝花卉纹，碑身残泐。

佛顶尊胜大陀罗尼神咒真言曰（一行）

追为亡人张踰城□神道（十六行）

何永超　识读

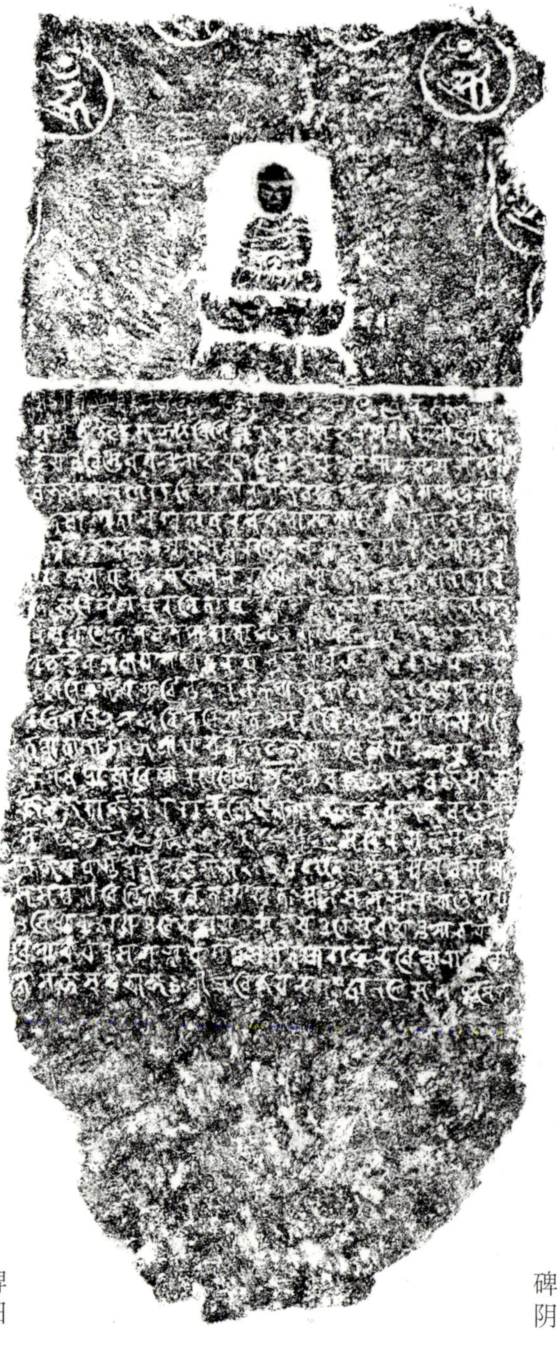

碑阳

碑阴

追为亡人碑

青石，残高 88 厘米、宽 60 厘米、厚 14 厘米。上缺下残，碑阳额中刻有尊胜佛母（残）、残存梵文八大菩萨种子字母 4 字，饰云纹。碑文残存横书阴刻梵文 17 行，14 行右侧横书汉字 1 行。碑阴额中刻阿弥陀佛，残存梵文五方佛种子字母 3 字，饰云纹。碑文为佛说般若波罗蜜多心经，隐约有 12 行，少数可辨，碑身残泐。

追为亡人（阙）

何永超　识读

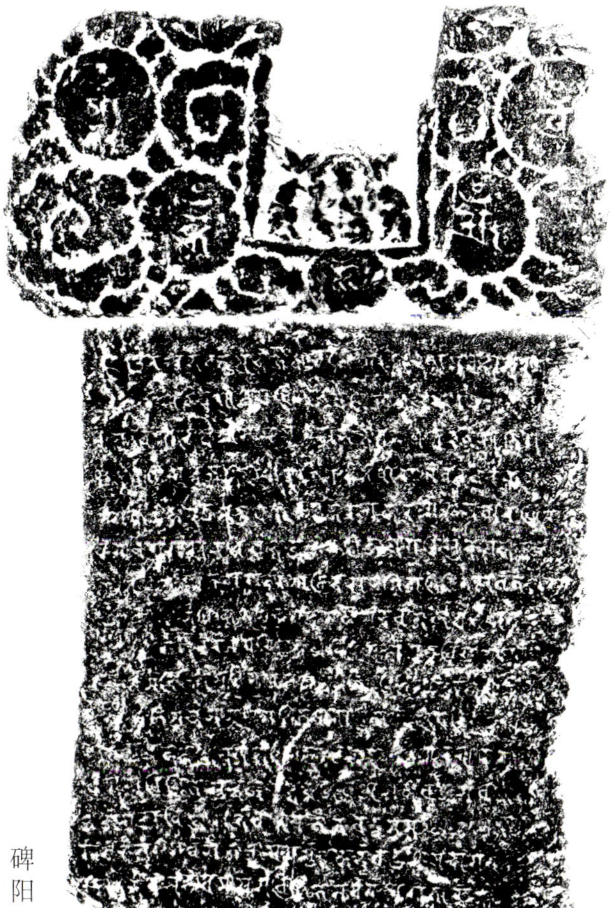

碑阳

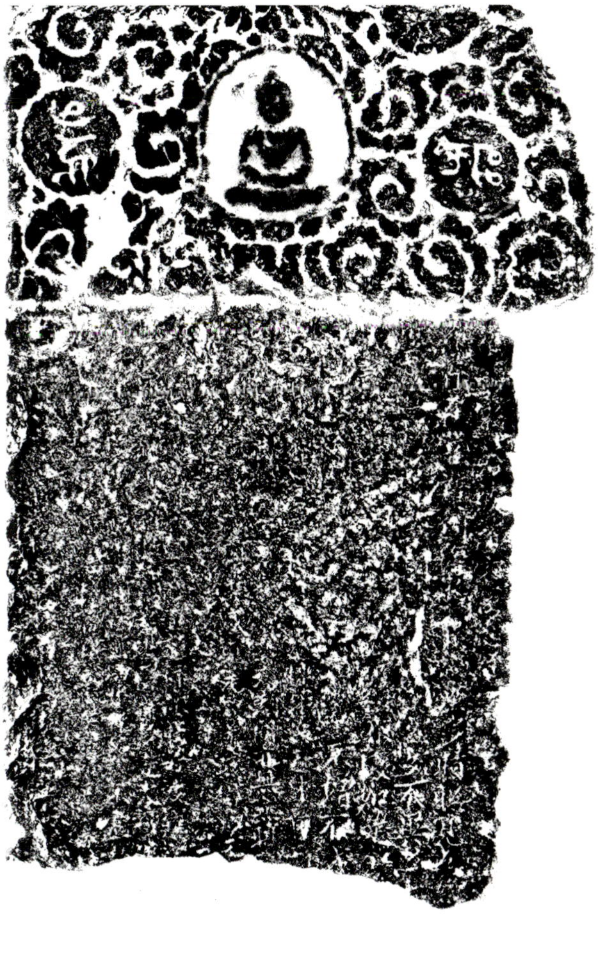

碑阴

陆福湲［智］碑

青石，高 115 厘米、宽 62 厘米、厚 19.5 厘米。上残，碑阳额中刻尊胜佛母、残存梵文八大菩萨种子字母 6 字，饰云纹。碑文阴刻梵文 19 行，14 行中左起横书阴刻楷书 1 行。碑阴额残，正中刻阿弥陀佛，残存梵文五方佛种子字母 3 字。饰云纹，碑文直书阴刻行楷 19 行，为佛说般若波罗蜜多心经。

追为彦赍陆福湲［智］

碑阳

碑阴

佛说般若波罗蜜多心经（一行）

观自在菩萨，行深般若波罗蜜多时，照（二行）

见五蕴皆空，度一切苦厄。舍利子，色不（三行）

异空，空不异色，色即是空，空即是色，受（四行）

想行识，亦复如是。舍利子，是诸法空相，（五行）

不生不灭，不垢不净，不增不减。是故空（六行）

中无色，无受想行识，无眼耳鼻舌身意，（七行）

无色声香味触法，无眼界，乃至无意识（八行）

界。无无明，亦无无明尽，乃至无老死，亦（九行）

无老死尽。无苦集灭道，无智亦无得。以（十行）

无所得故，菩提萨埵，依般若波罗蜜多（十一行）

故，心无挂碍，无挂［碍］［故］，［无］［有］恐怖，远离［颠］（十二行）

倒［梦］［想］，究竟［涅］［槃］。三世诸佛，依般若波（十三行）

罗蜜多故，得阿［耨］多罗三藐三菩提。故（十四行）

知般若波罗蜜多，是大神咒，是大明咒，（十五行）

是无上咒，是无等等咒，能除一切苦，真（十六行）

实不虚。故说般若波罗蜜多咒，即说咒曰：（十七行）

揭谛揭谛波罗揭谛波罗僧揭谛菩提萨婆诃。（十八行）

佛说般若波罗［蜜］多心经（十九行）

何永超　识读

碑阴

布燮赵□□碑

青石，残高 87 厘米、宽 54.5 厘米、厚 16 厘米。上缺下残。碑阳碑文横书阴刻梵文，残存 14 行，正中直书阴刻楷书 1 行，下刻梵文种子字母。碑阴右边直书阴刻楷书 1 行。

精通谐妙布燮赵□□碑

碑阴

八年戊子岁[1]九月初二日立碑

①元惠宗孛儿只斤·妥懽帖睦尔至正八年，公元 1348 年。

何永超　识读　加注

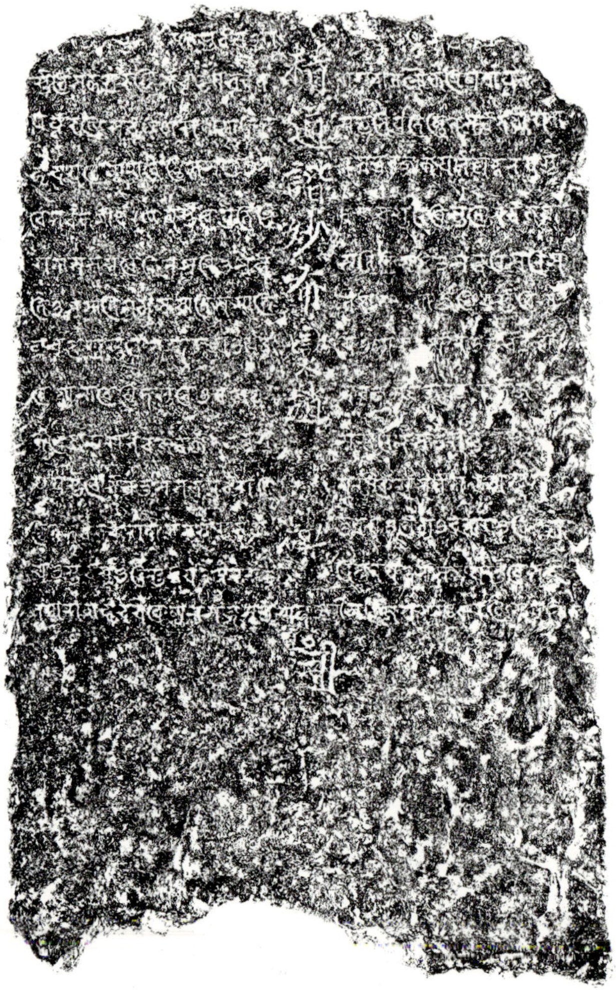

碑阳

碑阴

何生福之灵碑

青石，高 88 厘米、宽 60 厘米、厚 14 厘米。上缺下残。碑阳额中刻尊胜佛母，残存梵文五方佛种子字母 3 字，饰云纹。碑身正中直书阴刻楷书 1 行。碑阴额中刻阿弥陀佛，残存梵文八大菩萨种子字母 4 字，饰云纹。碑身横书阴刻梵文 18 行。

追为亡人何生福　之灵

何永超　识读

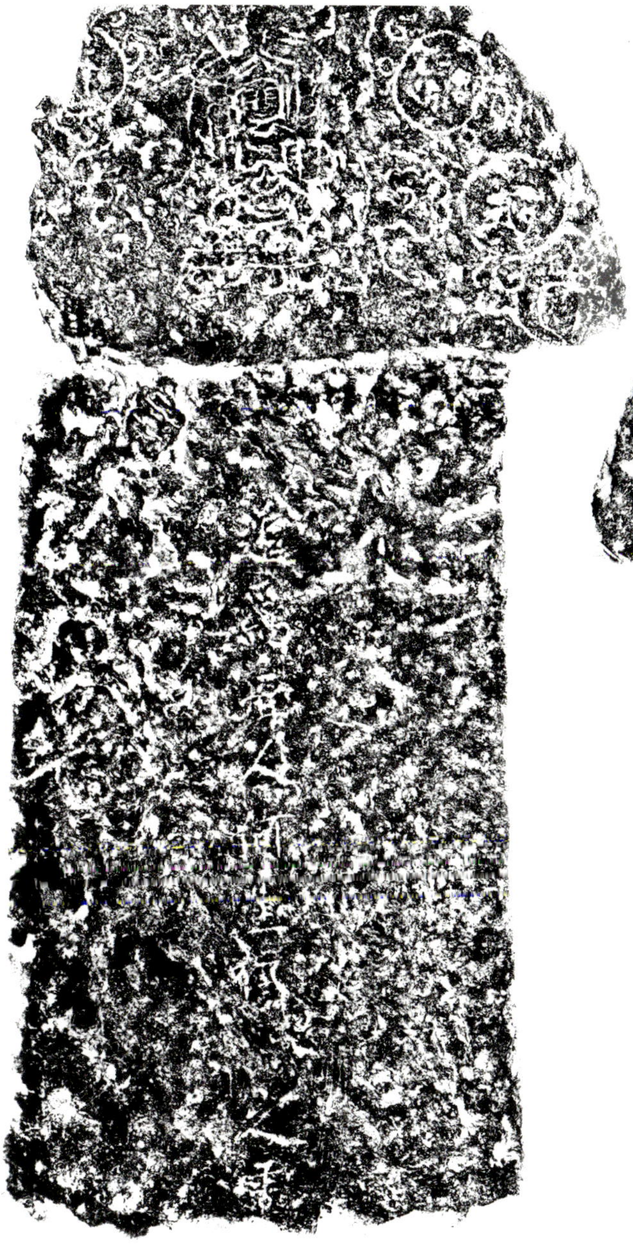

碑阳

碑阴

T21 碑

大理石，残高 78 厘米、宽 51 厘米、厚 16 厘米。上缺。碑身横书阴刻梵文残存 20 行。

何永超　识读

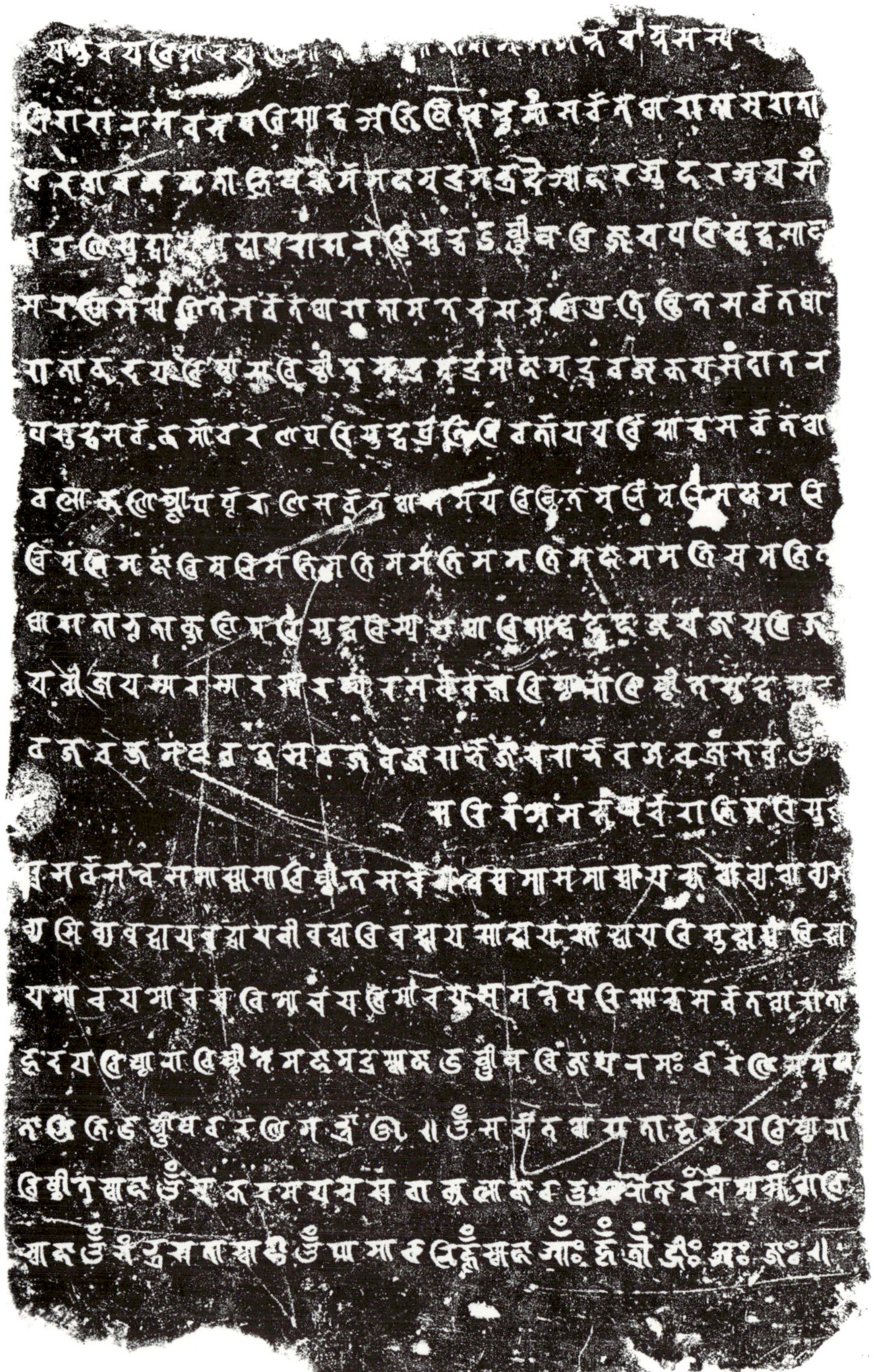

杨［公］迦益神道碑

青石，高 120 厘米、宽 62 厘米、厚 13.5 厘米。额残。碑阳有凿痕，额中刻尊胜佛母坐像，残存梵文五方佛种子字母 3 字，饰云纹。碑身横书阴刻梵文 21 行，第 3 行中起直书阴刻楷书 1 行。碑阴额右缺，中刻阿弥陀佛坐像，残存梵文八大菩萨种子字母 6 字，饰云纹。碑身正中直书阴刻楷书 1 行。

追为亡人杨［公］迦益神道

碑阴

南无西方极乐世界阿弥陀佛

何永超　识读

碑阳

碑阴

师释元妙讳俊碑

青石，残高 64.5 厘米、宽 46.5 厘米、厚 13.5 厘米。上缺。碑左直书阴刻楷书 1 行。

（上阙）师释元妙 讳俊

何永超　识读

连 秀 碑

大理石，残高 41 厘米、宽 40 厘米、厚 16 厘米。上残下缺。碑阳残存横书阴刻梵文 12 行，7 行中横书阴刻楷书“亡人连秀”4 字。碑阴碑身直书阴刻楷书 10 行，为《佛说般若波罗蜜多心经》。

亡人连秀

碑阴

（上阙）时照见五蕴皆空，度一切苦厄。（下阙）（一行）

（上阙）空即是色，受想行识，亦复如是。舍（下阙）（二行）

（上阙）增不减。是故空中无色，无受想（下阙）（三行）

（上阙）无眼界，乃至无意识界。无无明，（下阙）（四行）

（上阙）苦集灭道，无智亦无得。以无所得（下阙）（五行）

（上阙）挂碍，无挂碍故，无有恐怖，远离颠（下阙）（六行）

（上阙）蜜多故，得阿耨多罗三藐三菩提。（下阙）（七行）

（上阙）咒，是无上咒，是无等等咒，能除一（下阙）（八行）

（上阙）即说咒曰：（九行）

（下阙）揭谛菩提萨婆诃。（十行）

何永超　识读

碑阳

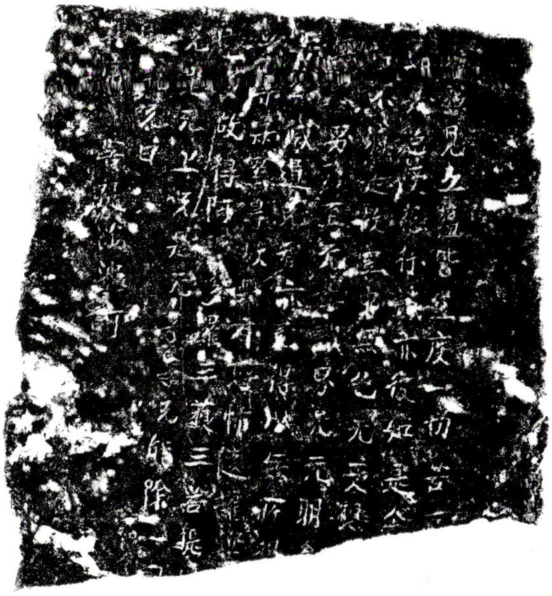

碑阴

T29 碑

大理石，残高 54.5 厘米、宽 50 厘米、厚 20.5 厘米。碑阳有凿痕，残存阿弥陀佛坐像及梵文种子字母 5 字。碑阴凿损严重，残存尊胜佛母坐像及梵文种子字母 2 字。

何永超　识读

碑阳

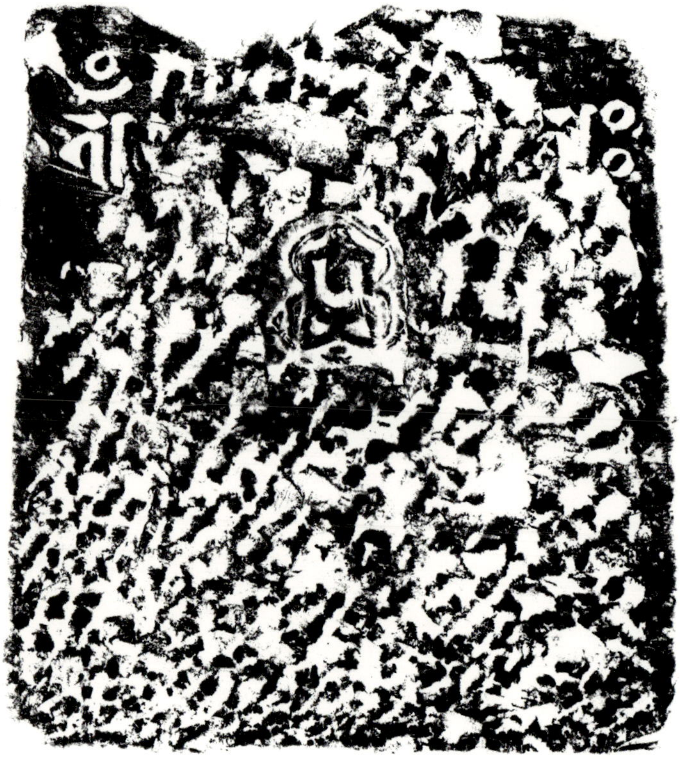

碑阴

T31 碑

青石，残高 90 厘米、宽 65 厘米、厚 18 厘米。上残下阙。碑阳两侧饰连枝花卉纹，残存横书阴刻梵文 17 行。碑阴两侧饰连枝花卉纹，无字。

何永超　识读

碑阳

碑阴

张宝之墓碑

青石，残高 69 厘米、宽 64 厘米、厚 14 厘米。上缺下残。碑阳中刻莲花座灵位，内直书阴刻楷书 1 行。碑阴残存横书阴刻梵文 15 行，14 行左横书汉字阴刻楷书 1 行。

□□□□□［能］张曰宝之灵

碑阴

追为张□

何永超　识读

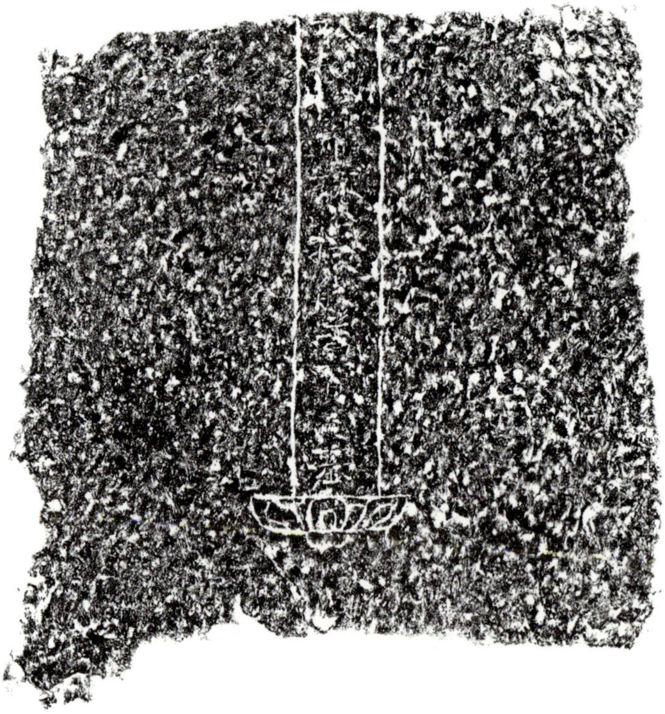

碑阳

碑阴

T37 碑

青石，残高 63 厘米、宽 59.5 厘米、厚 18.5 厘米。上残下缺。碑阳残存梵文 10 行，右侧饰云纹，下饰莲瓣纹。碑阴无字，左侧饰云纹，下饰莲瓣纹。

何永超　识读

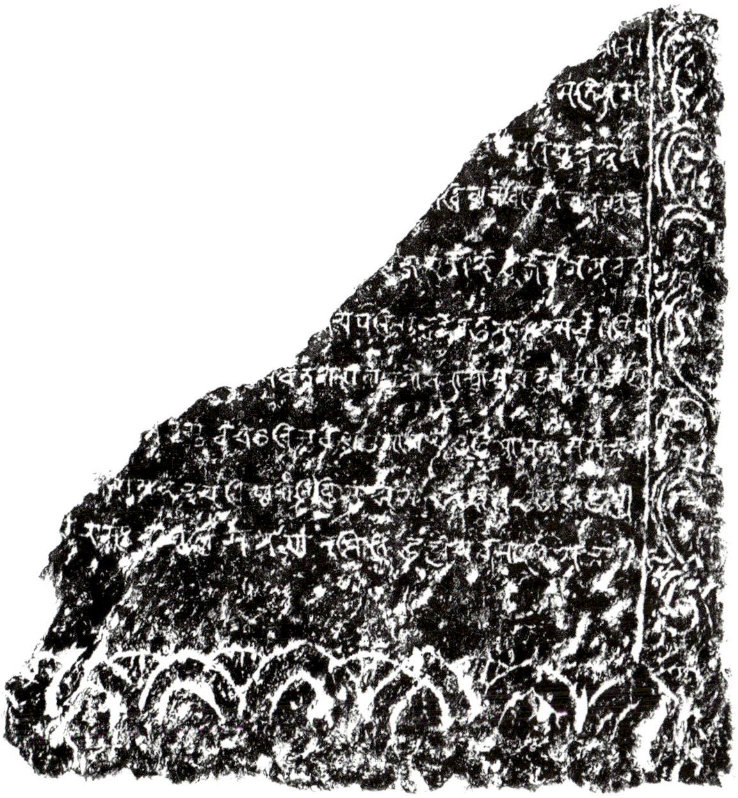

碑阳

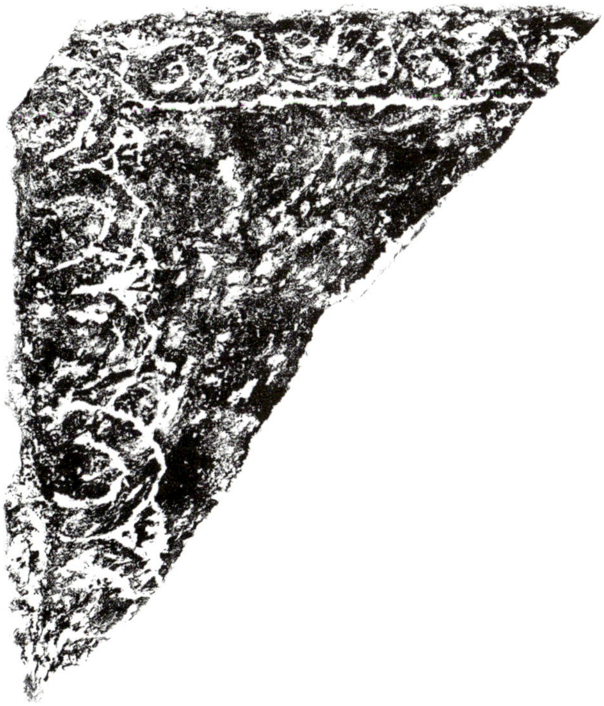

碑阴

追为亡人布燮任碑

青石，残高 55 厘米、宽 51 厘米、厚 13 厘米。上残下缺。碑阳正中直书阴刻楷书 1 行，残存“追为亡人布燮任”7 字。碑阴残存横书阴刻梵文 13 行。

何永超　识读

碑阳

碑阴

□□神道碑

青石，残高 75.5 厘米、宽 47 厘米、厚 17 厘米。上残右损。碑身残存横书阴刻梵文 14 行，梵文下正中直书汉字 1 行，“□□神道”，可辨 2 字。

何永超　识读

杨踰城实神道碑

大理石，通高142厘米、宽65.5厘米、厚25.5厘米。碑阳额正中刻尊胜佛母坐像、两侧各立凤鸟一只，饰单圈梵文五方佛种子字母5字，饰云纹。碑身右起直书阴刻楷书18行，为“佛说地藏菩萨经”，1行、16行汉字下有梵文。碑阴额正中刻阿弥陀佛坐像，饰单圈梵文八大菩萨种子字母8字，饰云纹。碑身横书阴刻梵文29行。

碑阳

碑阴

佛说地藏菩萨经（一行）

尔时地藏菩萨住在南方琉璃世界，以净天眼观见地狱之中受苦众生，铁碓捣、铁磨磨、（二行）

铁犁耕、铁锯解，镬汤涌沸，猛火旦天，饥则吞热铁丸，渴饮热铜汁，受大苦恼无有休期，地（三行）

藏菩萨不忍见之，即从南方来到地狱之中，与阎罗王同共一处别床而座，讃曰有四种因缘，一（四行）

者察阎罗王断罪不平；二者恐文案交错，恶苦日深；三者［恐］未合死，枉法横死；四者受罪（五行）

了出地狱。［还］有此四种因缘，所以在□［处］［状］若有积善男子善女人，□心造地藏菩萨形像，或造此经，（六行）

读诵或念［音］地藏菩萨名号者，此人现世雠福，无诸殃，□定得往生西方极乐世界阿弥陀佛前（七行）

莲花化身，受诸状乐，不可思议。具六神通，游历十方，从一佛国至一佛国，从一天堂至一天堂；此□（八行）

定造地藏菩萨经像之福，及念音地，念音地藏菩萨名号之力，所得功德，舍命之日。其地藏菩萨（九行）

亲自来迎，常得与地藏菩萨同共一处。佛说此经，□韵神八□，一切众生皆大欢喜信受奉行。（十行）

佛说地藏菩萨经 破地狱真言曰菴波罗磨陀诃你娑婆诃 追为亡人布燮杨踰城实神道。（十一行）

佛说解百生恶家，陀罗尼经，闻如是：一时佛在毗耶雠，音乐树下，与八千比丘众俱。时有一菩萨，（十二行）

名曰普广菩萨①摩诃萨，众所知识，说往昔因缘。未来世中，末法众生，多造罪苦。结冤雠已，世世皆（十三行）

须相遇。若有善男子、善女人，闻述陀罗尼，七日七夜，洁净斋戒，日日清朝，念此普广菩萨摩诃萨名号，及（十四行）

念此陀罗尼一百八遍，七日满，尽得消灭，冤家不相遇会。佛说是语时，四众人名，咸悉欢喜，受教奉行。（十五行）

佛说解百生恶家除业，陀罗尼真言曰：唵、嘛弥、呢、叭、叭、咪、吽。佛说解百生恶家，陀罗尼经。（十六）

当愿 诸佛□□菩萨□持众经或□□□□□□□而往生□□［迷］生□早□□（下阙）（十七行）

至正九年岁次②己丑（1）九月十九日立。（十八行）

①应为普光菩萨。

② 1349 年。

何永超 识读 加注

T58 碑

青石，高 117 厘米、宽 52 厘米、厚 16 厘米。上残下缺。碑阳额正中刻阿弥陀佛坐像，残存梵文种子字母 5 字，饰云纹，碑身无字。碑阴额正中刻尊胜佛母坐像，残存梵文五方佛种子字母 4 字，饰云纹。碑身无字。

何永超　识读

碑阳

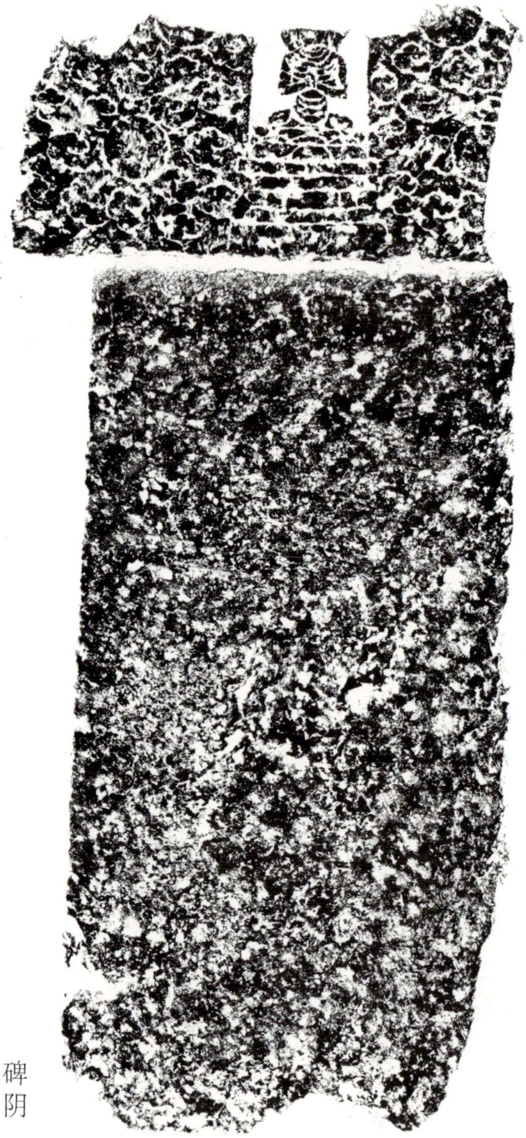

碑阴

无号碑

青石，残高 57 厘米、残宽 51 厘米、厚 17 厘米。碑额残件。碑阳正中阴刻拱形佛龛，内有浮雕阿弥陀佛坐像，佛像面部轮廓模糊，双手结禅定印，跏趺坐于须弥座上。佛龛周围饰有阴刻单圈梵文八大菩萨种子字母，仅存 7 字。碑阴纹饰及文字皆无。

王　渐　识读

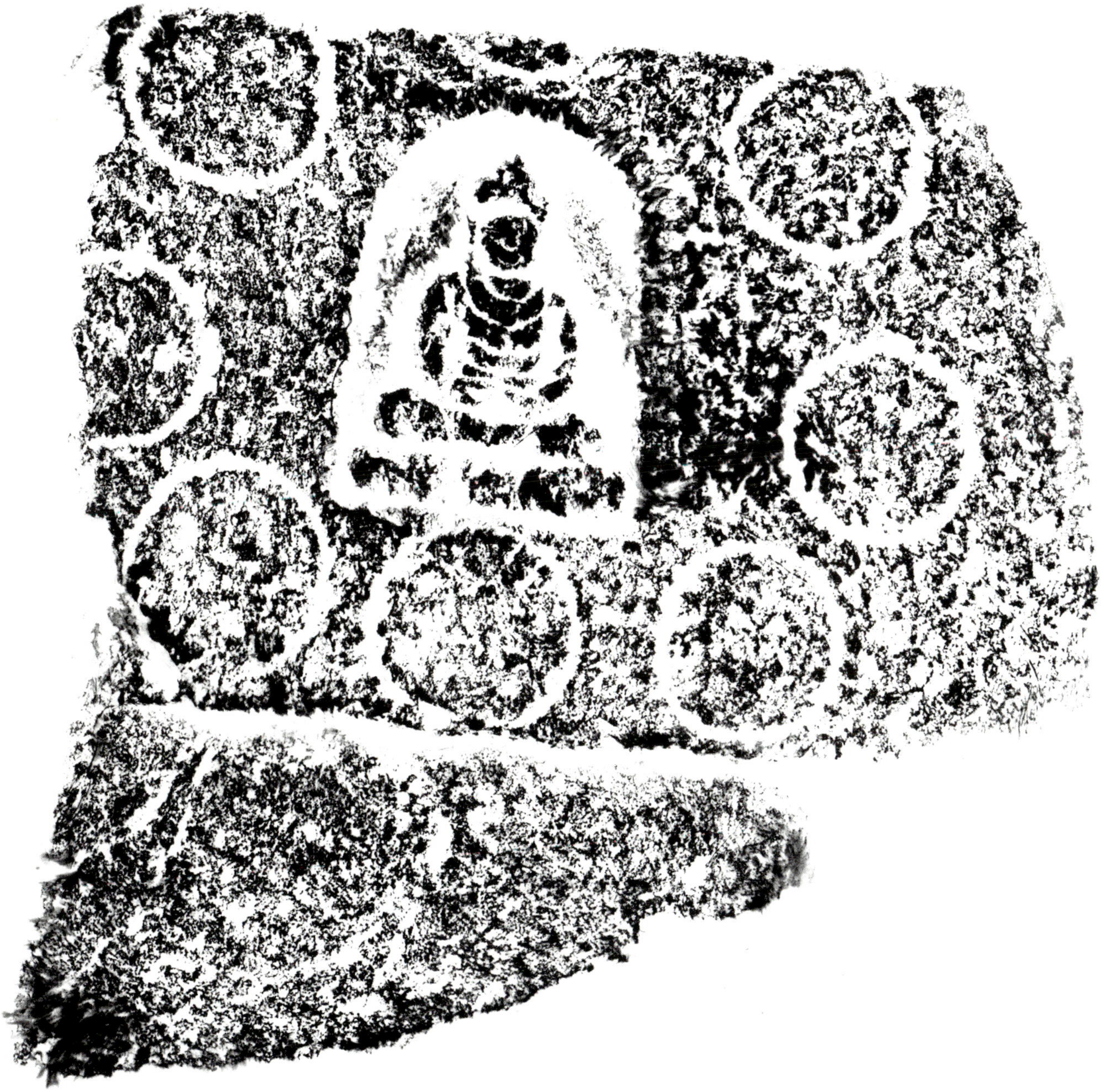

时光荏苒，岁月蹉跎！自1979年专攻蒙古史、元史研究的云南师范大学教授方龄贵老先生、昆明师范学院原副院长王云两位专家对大理五华楼出土元碑第一次整理至今已40余年。因多种原因，大理五华楼出土元碑第一次清理时未能全面清理。2011年6～7月，我馆在各方大力支持下对被镶砌为大理古城灯光球场看台的五华楼出土元碑进行了第二次清理。在后续整理过程中一通《回鹘文残碑》赫然跃入眼帘，该碑的出土在云南尚属首次发现，其意义不言而喻。据此，现任中央民族大学语言文学系主要从事现代汉语、语言学、古代突厥语文及文献研究的张铁山教授专门做了考释并公开发表，成为国家社科基金重大项目“新发现民族古文字调查研究与数据库建设”的研究成果之一。另外一通《故优游天道容众大师墓铭并序碑》碑文追述墓主人杨隆其宗族源流及其十五代世祖郑回后裔在大理国时期医国济民、从事佛教密宗阿吒力教活动等对大理国的影响，对研究大理国时期历史提供了宝贵的史料。

此书共收录整理了我馆收藏的143通宋、元碑刻，其中含《大理五华楼新出元碑选录并考释》中收录的60通，《大理古碑存文录》中收录的4通，以上64通碑刻此次均进行重识和加注，对错漏之处加以更正，以加粗字体和加注的形式标注。对第二次清理出土的凡有文字、纹饰的79通元碑均进行录文、注释及描述。因前者专家已作注释，限于行文格式，且编者水平有限，前后体例、内容、注释等难免有重复、详略不同或不一致之处，敬请各位方家批评指正！

资料整理期间特邀谢道辛、田怀清、杨长城、李学龙、孙健先生对部分碑刻进行释读，刘丽女士提供了相关资料，在此一并致谢！另特别要感谢云南省民宗委和云南美术出版社，在本书出版过程中给予了正确指导，对书中的部分考释、注释内容提出了宝贵的意见和建议！

诚望第二次清理出土的碑刻能为大理宋元碑刻研究提供宝贵资料。在此期间我馆原馆长段进明同志因病不幸离世，即以此书作为纪念。

编者

2022年6月